CONTRIBUTION A L'HISTOIRE

DE

# L'INSTRUCTION PRIMAIRE

DANS LA GIRONDE

*AVANT LA RÉVOLUTION*

PAR

M. LE CHANOINE E. ALLAIN

Archiviste du diocèse de Bordeaux.

BORDEAUX  
MM. FERET ET FILS  
15, cours de l'Intendance.

PARIS  
Alph. PICARD ET FILS  
82, rue Bonaparte.

M.DCCC.XCV

# CONTRIBUTION A L'HISTOIRE
## DE
# L'INSTRUCTION PRIMAIRE
### *DANS LA GIRONDE*
#### AVANT LA RÉVOLUTION

# DU MÊME AUTEUR

L'Instruction primaire en France avant la Révolution, *d'après les travaux récents et des documents inédits*. Paris, libr. de la Société Bibliographique, 1881. In-12 de xvi-304 p. *Ouvrage couronné par l'Académie de Bordeaux.*

La Question d'enseignement en 1789, d'après les Cahiers. Paris, H. Laurens, 1886. In-12 de vii-360 p. *Ouvrage couronné par l'Académie française* (Prix Thérouanne).

L'Œuvre scolaire de la Révolution, 1789-1802. *Études critiques et documents inédits.* Paris, Didot, 1891. In-8º de vii-436 p.

L'Enquête scolaire de 1791-1792 (Extrait de la *Revue des Questions historiques*). Paris, bureaux de la *Revue*, 1891. In-8º de 64 p.

L'Enquête scolaire de l'an IX (Extrait de la *Revue des Questions historiques*). Paris, bureaux de la *Revue*, 1892. In-8º de 48 p.

Archevêché de Bordeaux. Inventaire-Sommaire des Archives antérieures a 1790. Bordeaux, impr. Duverdier, 1893. In-4º de xxiii-241 p.

Pouillé du Diocèse de Bordeaux au xviii° siècle, *dressé d'après les documents inédits des Archives de l'Archevêché*. Bordeaux, impr. Duverdier, 1893. In-4º de 33 p.

Organisation administrative et financière du Diocèse de Bordeaux avant la Révolution (Extrait de la *Revue des Questions Historiques*). Paris, bureaux de la *Revue*, 1894. In-8º de 44 p.

Paroisses et Couvents de Bordeaux aux deux derniers siècles, fasc. Ier. Bordeaux, Feret, 1894. In-8º de 88 p.

*François de Sourdis et l'affaire des Autels.* Trois lettres inédites du roi Henri IV, *publiées avec une introduction et des notes*, par MM. E. Allain et Ph. Tamizey de Larroque. Bordeaux, imp. Bellier, 1893. In-8º de 16 p.

## POUR PARAITRE PROCHAINEMENT

*Un* Ordo sponsandi *bordelais du XVe siècle.*

Vita Sancti Emiliani confessoris, *d'après un Ms. du XIIe siècle des Archives diocésaines de Bordeaux.*

Les Abbayes du Diocèse de Bordeaux. *Additions et rectifications au* Gallia Christiana.

# CONTRIBUTION A L'HISTOIRE
## DE
# L'INSTRUCTION PRIMAIRE
## DANS LA GIRONDE

*AVANT LA RÉVOLUTION*

PAR

M. LE CHANOINE E. ALLAIN

Archiviste du diocèse de Bordeaux.

| BORDEAUX | PARIS |
|---|---|
| MM. FERET ET FILS | Alph. PICARD ET FILS |
| 15, cours de l'Intendance. | 82, rue Bonaparte. |

M.DCCC.XCV

TIRÉ A CENT EXEMPLAIRES

# AVANT-PROPOS

*Il y a une vingtaine d'années, j'avais formé le projet d'écrire l'histoire de l'instruction publique dans notre département, sous l'ancien régime. Avec la belle ardeur et aussi avec l'inexpérience de la jeunesse, je me mis à la besogne, fouillant les archives, copiant et analysant sans relâche, et je parvins ainsi à former un dossier assez considérable, mais non à réunir les éléments de l'œuvre complète que j'avais rêvée* (1). *D'autres*

---

(1) *Nous possédons d'ailleurs plusieurs ouvrages, d'importance diverse, sur nos anciens établissements d'enseignement* : Statuts et Règlements de l'ancienne Université de Bordeaux *(1441-1793), avec préface et notice, par H. Barckhausen. Bordeaux, 1886, in-4° de LIV-148 p., avec un plan* (*Cf. Marcel Fournier,* Les Statuts et Privilèges des Universités françaises depuis leur fondation jusqu'en 1789. I<sup>re</sup> *partie, tome III, Paris, 1892 (n<sup>os</sup> 1768-1783). C'est la reproduction des premiers textes de M. Barckhausen).* — Une Enquête sur l'Instruction publique au XVII<sup>e</sup> siècle, *par H. Barckhausen. Paris, 1888, in-8° de 27 p.* [Université et collège de la Madeleine]. — *Du même:* Statistique des Étudiants de l'ancienne Université de Bordeaux [*en 1764*], *dans le* 1<sup>er</sup> *vol. du* Bulletin des Amis de l'Université de Bordeaux. — *Ant. de Lantenay*, Le Gallicanisme à l'Université de Bordeaux (*1663*); Rétablissement des cours dans la Faculté de théologie de Bordeaux (*1669*); Les Lettres provinciales devant le Parlement et l'Université

tudes d'un caractère plus général vinrent plus tard m'absor-
er et mes textes restèrent sans emploi, sauf un petit nombre
ue j'eus l'occasion de mettre en lumière, principalement au
ours d'une polémique assez vive dans laquelle je me trouvai
ngagé, en *1879-80*, et dans une communication que je fis à
a Sorbonne en *1882* (1).

Dans ces derniers temps, j'ai repris mes recherches et nota-
lement grossi mon recueil de documents, surtout en procédant
u classement laborieux des archives de l'Archevêché. Je ne
me dissimule pas les lacunes de mon œuvre, et je les indique
lus loin avec précision, mais l'heure me semble venue de
ublier ce que j'ai. D'autres travailleurs achèveront, je l'espère,
a tâche dont j'ai commencé l'exécution. Je ne me flatte pas
'appartenir à la catégorie des chercheurs qui ne laissent
ien à glaner derrière eux.

Ce sont des textes, soit reproduits intégralement ou par
xtraits, soit analysés consciencieusement, qui constituent le
onds de cet ouvrage. J'en ai, dans une étude critique, discuté
es données. Ce procédé m'a paru le plus scientifique et je crois

---

le Bordeaux (*1660*), dans Mélanges de Biograph. et d'Hist. Bordeaux, *1888*,
n-8° (*p. 49-74, 86-107*). — D<sup>r</sup> G. Pery, Histoire de la Faculté de Médecine
de Bordeaux et de l'Enseignement médical dans cette ville. Bordeaux, *1888*,
n-8° de xiv-*438* p. avec 7 pl. — L. Bertrand, Histoire des Séminaires de
Bordeaux et de Bazas. Bordeaux, *1894*. *3* vol. in-8° de xii-*483*, *438*,
xii-*383* p. = Prieuré Saint-James et Collège de la Madeleine (dans le
Compte rendu de la Commission des Monuments historiques de la Gironde,
*1853-54*, p. *18-38*; pl.). — H. Barckhausen, Une Réforme de Collège sous
Louis XV, dans la Rev. internat. de l'Enseignement, *15 mars 1891* [Collège
de la Madeleine]. — E. Gaullieur, Histoire du Collège de Guienne. Paris,
*1874*, in-8° de xxviii-*576* p. = Pour l'Histoire de l'Instruction primaire,
cf. ci-après, Etude critique, I. Sources.

(1) Elle a été imprimée dans la Revue Catholique de Bordeaux, au mois
de mai de la même année (p. *261-283*).

qu'il agréera au public restreint et compétent auquel ces pages arides sont destinées. Pour conclure en histoire, il faut tout d'abord recueillir, grouper, critiquer le plus grand nombre possible de faits certains. C'est uniquement sur cette base solide qu'on peut établir des thèses susceptibles d'être prises au sérieux par les gens qui pensent et de défier la contradiction. Comme j'entends démontrer ici quelque chose, je n'avais pas, ce me semble, d'autre voie à suivre. Une belle déclamation bien sonore m'aurait donné moins de peine ; elle aurait eu, malheureusement, l'inconvénient de ne rien prouver.

On remarquera que j'ai reproduit indistinctement les textes qui sont favorables aux idées que je soutiens depuis longtemps et ceux qui semblent les contredire, sauf, bien entendu, à discuter les uns et les autres dans mon étude critique. J'aimerais mieux ne jamais écrire une ligne que d'en user d'une autre sorte. Avec l'aide de Dieu, l'historien catholique doit s'approprier la parole de saint Paul (II Cor., XIII, 8) : Non possumus aliquid adversus veritatem sed pro veritate. Du reste, les vues d'ensemble que j'ai formulées en *1881* restent intactes et, qui plus est, se trouvent, comme on le verra, confirmées par les pièces d'archives, relativement nombreuses, rassemblées dans la présente monographie.

J'ai trouvé chez plusieurs de mes amis et de mes confrères un précieux concours dont je tiens à les remercier cordialement. Je mentionne exactement, au cours de mon recueil, les érudits auxquels je dois des textes et des indications. Mais je remplis un agréable devoir en groupant leurs noms à cette place et en y disant tout ce que je dois à mon savant maître, M. l'abbé L. Bertrand; à MM. Gouget et Brutails; A. et G. Ducaunnès-Duval; L. Roborel de Climens; Meynard, ancien curé de Saint-Michel; Suberville, ancien curé de Bazas; Maggiolo, recteur honoraire; J. Delpit et Leo Drouyn;

E. Maufras et Daspit de Saint-Amand; l'abbé Malsang; Dast
e Vacher de Boisville; l'abbé S. Fauché; l'abbé C. Thibaut;
'abbé P. Rambaud. Tous ont aidé pour leur part, et quelques-
ns dans une fort large mesure, à l'œuvre de justice historique
t de piété à l'égard des ancêtres à laquelle je me suis attaché
urant si longtemps. J'espère que la gratitude de mon public
e leur fera pas défaut. Ils savent bien que la mienne leur est
epuis longtemps acquise.

5 janvier 1895.

# ÉTUDE CRITIQUE

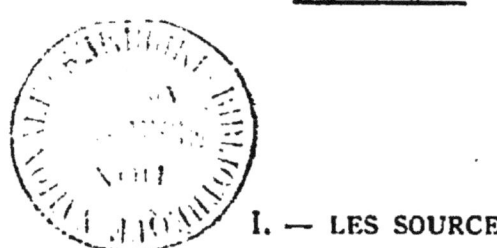

## I. — LES SOURCES

Pour former le recueil de textes sur l'histoire de l'Instruction primaire dans la Gironde avant la Révolution que je donne aujourd'hui au public, je n'avais pas à faire grand usage des ouvrages imprimés consacrés jusqu'ici à notre région. Le problème dont je cherche la solution n'avait guère fixé l'attention des travailleurs et nos livres d'histoire locale sont à peu près muets à son sujet. Il a pourtant été traité *ex professo*, tout récemment, par M. Rotgès (1). M. l'abbé Lacoste a étudié très sérieusement les origines des écoles de Bourg (2). Il y a quelques détails à glaner dans l'*Histoire*

---

(1) *Histoire de l'Instruction primaire dans l'arrondissement de Bazas, du XVIe siècle à nos jours...* Bordeaux, 1893, pet. in-4º de xv-366 p. avec 12 cartes scolaires [Les p. 13-26 se rapportent à l'ancien régime; les p. 30-66 à la période révolutionnaire; quelques renseignements touchant à mon sujet se trouvent, en outre, épars dans le reste de l'ouvrage.]

(2) *L'Instruction publique à Bourg sous l'ancien régime* (*Revue Catholique de Bordeaux*, 1889, p. 715-721). — J'indique pour mémoire la brochure, peu importante en somme, de M. V. Chaumet, *Monographie de l'école Sainte-Eulalie ou Henri-IV*. Bordeaux, imp. Lanefranque, 1868, pet. in-8º de 46 p., et la partie rétrospective de l'étude sur l'instruction primaire à Bordeaux, dans *Bordeaux... publié par la Municipalité bordelaise*. Bord., 1892, t. III, p. 7-10.

*de Libourne* de Guinodie (1) et dans l'*Histoire de La Réole* (2) du regretté Octave Gauban ; on en trouvera davantage dans l'*Histoire de la ville et du canton de Guîtres*, de MM. Godin et Howyn de Tranchère (3), et dans la *Monographie de Saint-Loubès*, par M. de Comet (4). Dom Devienne donne quelques lignes à la fondation des Écoles chrétiennes de Bordeaux et de trop brefs alinéas aux monastères de filles vouées à l'instruction de la jeunesse (5).

L'article *Guyenne et Gascogne* du *Dictionnaire de Pédagogie* est non seulement insuffisant mais absolument inexact, comme je le montrerai tout à l'heure. Bref, sur un peu plus de 1400 documents ici rassemblés, une cinquantaine seulement m'ont été fournis par des ouvrages imprimés. Les autres viennent en droite ligne de divers dépôts d'archives : j'en ai trouvé le plus grand nombre après avoir remué des milliers de pièces ; les autres m'ont été communiqués par de savants amis et confrères, à l'obligeance desquels j'ai été heureux de rendre hommage.

Les ARCHIVES DIOCÉSAINES ont été une de mes meilleures sources. Au début de mes recherches, j'y avais fait beaucoup de trouvailles intéressantes. En procédant à leur classement et à leur inventaire, je les ai examinées à fond, au point de vue de l'histoire de nos écoles, et je crois bien que de ce côté ma moisson a été aussi abondante qu'elle pouvait l'être (6).

J'ai peu travaillé aux ARCHIVES DE LA VILLE DE BORDEAUX. Elles sont pauvres en ce qui regarde mon sujet, et, jusqu'à ces derniers temps, l'accès en était fort difficile.

J'ai, au contraire, donné bien des jours et de fort longues heures aux magnifiques ARCHIVES DE LA GIRONDE, explorant surtout l'inépuisable fonds de l'*Intendance* (série C) : la correspondance des

---

(1) Bordeaux, 1845, 3 vol. in-8°.
(2) La Réole, 1873, in-8°.
(3) Bordeaux, 1889, in-8°.
(4) Bordeaux, 1869, in-8°.
(5) *Histoire de la ville de Bordeaux*. Éd. de Bordeaux, 1865, 2 vol. in-4°, tome II, p. 107, 109, 114, 139, 143, 153, etc.
(6) On peut voir dans la troisième table alphabétique de mon *Inventaire*, v° Petites Écoles, l'indication détaillée des 68 registres et liasses des Archives Diocésaines, où j'ai puisé des documents.

Intendants avec le pouvoir central et les subdélégués abonde en documents du plus grand intérêt, de même que les dossiers concernant l'administration communale, l'instruction publique, les communautés enseignantes. — La série B (*Parlement et Juridictions inférieures*), à peu près classée, mais non inventoriée, n'a été mise par moi à contribution que dans une assez faible mesure. — Il faudrait des années, il faudrait surtout des loisirs que je n'ai jamais eus pour dépouiller à fond les 6,000 liasses de minutes des *Notaires* (série E). — Dans la série G (*Clergé séculier*), j'ai mis à profit une collection incomplète d'ordonnances archiépiscopales et de registres du Conseil de l'archevêché. — Je n'ai guère pu faire usage de la vaste série H (*Clergé régulier*). Elle n'est encore que fort sommairement triée et les documents qu'elle rassemble sont surtout d'ordre temporel.

Les ARCHIVES HOSPITALIÈRES de Bordeaux sont classées et inventoriées (1). Mais il ne s'y trouve à peu près rien qui revienne à mon sujet.

Il y aurait bien des découvertes à faire dans les actes d'état civil conservés aux GREFFES DES TRIBUNAUX DE PREMIÈRE INSTANCE. C'est une source abondante, mais à laquelle je n'ai jamais eu le temps de recourir. Je la signale expressément aux érudits qui voudraient développer et perfectionner mon travail.

En ce qui concerne les ARCHIVES COMMUNALES, j'ai pu étudier avec fruit quelques inventaires manuscrits conservés au dépôt départemental. La plupart de ces inventaires sont dus à M. A. Ducaunnès-Duval qui les a rédigés avec beaucoup de soin et n'a pas manqué d'y relever tout ce qui touche à l'enseignement.

Mes informations sont donc fort incomplètes et je ne le dissimule aucunement. Bien des fois je me suis demandé s'il ne vaudrait pas mieux garder mes notes par devers moi et renoncer à un projet de publication chèrement caressé. J'ai fini par triompher de ces scrupules. Aussi bien n'ai-je pas la prétention d'écrire une *Histoire* en règle *de l'Instruction primaire dans la Gironde* sous l'ancien régime, mais d'apporter une simple *Contribution* à cette histoire. Mon livre donnera ce que promet son titre et je crois qu'il me sera permis de

---

(1) Hervieux. *Inventaire des Hospices de Bordeaux*. Paris, 1885, in-4º.

dire que j'ai « contribué » en effet, *pro virili parte*, à fournir des éléments de solution à un important problème.

Les indications que je viens de fournir sur les dépôts d'archives négligés par moi en raison d'obstacles insurmontables pourront avoir aussi leur utilité. Je formule encore une fois le vœu sincère qu'un érudit plus jeune que moi, et plus libre de son temps et de ses mouvements, reprenne la question, aille aux sources qui m'ont été fermées et achève le tableau dont j'ai simplement crayonné l'esquisse et tracé les grandes lignes.

## II. — EXISTENCE ET NOMBRE DES ÉCOLES

Existait-il, avant la Révolution, des écoles primaires dans notre département? Il y a trente ans, on n'aurait pas hésité à répondre négativement à la question, avec quelques réserves pourtant en faveur des centres importants de population. Pour résoudre scientifiquement ce problème, il aurait fallu une connaissance quelque peu approfondie des documents d'archives. Or personne n'y avait recouru; on se contentait de vues superficielles, on entretenait soigneusement de vieux préjugés. Ce n'est pas de cette façon qu'on peut arriver, en histoire, à des conclusions solidement établies.

Quand, aux premiers temps de la Révolution, Grégoire fit cette enquête sur les patois de France dont M. Gazier a publié le curieux dossier, ou du moins ce qui en reste, son correspondant bordelais fut Bernadau, médiocre compilateur et effronté plagiaire, absolument dépourvu de critique et d'impartialité, d'ailleurs probablement incapable d'observer les faits avec quelque suite et quelque attention. « L'enseignement des campagnes, écrivait-il, est assez nul dans ce district. *Quod vidi testor*. Après le *Syllabaire*, les enfants passent à l'*Office de la Vierge* en latin afin de pouvoir aider à chanter vêpres aux curés. Il n'y a que les *gros bourgs* qui soient pourvus de maîtres d'école; encore y paie-t-on depuis 15 jusqu'à 40 sous pour apprendre à nos élèves du latin et le catéchisme du diocèse. On ne trouve des maîtres d'écriture que dans nos petites villes; là l'éducation est mieux soignée mais plus dispendieuse. Généralement parlant, les ecclésiastiques se mêlent peu ou point du tout des écoles (1). » Grégoire se trouvait bien renseigné par son correspondant de Bordeaux ! Je n'aurai pas de peine à montrer l'inexactitude presque absolue des réponses de Bernadau. Qu'il s'agisse du nombre des écoles et des lieux où elles étaient établies, du programme, de l'action du clergé, tout ce qui est affirmé — sans preuves naturellement — dans les lignes que je viens de citer, est contraire à la vérité.

On doit apprécier presque aussi sévèrement l'article *Guyenne et Gascogne* du *Dictionnaire de Pédagogie* (2). Le nom de l'auteur suffit aux critiques avisés pour les mettre en défiance en ce qui touche au sérieux des informations et surtout à l'impartialité. E. Gaullieur a donc écrit de sang-froid, dans un recueil destiné à servir d'Alcoran au personnel de l'enseignement primaire officiel, les phrases que voici : « Quant aux écoles primaires, la question est encore fort controversée, bien qu'elle me semble très claire. Dans la généralité de Bordeaux composée de cinq élections (Agen, Bordeaux, Condom, Périgueux et Sarlat), l'éducation des filles n'existait pas, si ce n'est dans les grands centres où elle était confiée aux Dames de la Foi et aux religieuses cloîtrées. *Pour les garçons, sur 2178 paroisses, 150 environ, 170 peut-être, étaient pourvues d'écoles, plus de 2000 n'en avaient pas.* » Suit un alinéa, assez élogieux et juste, sur les « véritables services » rendus dans les villes de la province par les Frères du B[r] J.-B. de la Salle.

Ainsi donc, selon feu Gaullieur, la proportion des écoles dans la généralité de Bordeaux était, à la fin de l'ancien régime, tout au plus 170/2178, ce qui donnerait une école pour 12 paroisses environ. Cette assertion est fausse de tout point. En ce qui concerne l'Agenais, le Périgord et le Condomois, je puis me contenter de renvoyer à l'étude d'ensemble que j'ai publiée autrefois sur l'histoire de l'instruction primaire en France (3). Pour la Gironde, nous allons voir

---

(1) *Lettres à Grégoire sur les Patois de France, 1790-1794.* Documents inédits publiés par M. Gazier, Paris, 1880, in-8º, p. 141.

(2) Publié sous la direction de M. Buisson, à la librairie Hachette (1878-1887), gr. in-8º à 2 col. de 3099 p. pour la première partie et 2491 pour la deuxième. — Ma citation se trouve dans la Ire partie, p. 1227.

(3) *L'Instruction primaire en France avant la Révolution, d'après les travaux récents et des documents inédits.* Paris, 1881, in-12, p. 95-98.

de près ce que disent les textes et nous n'aurons pas de peine à constater qu'ils réduisent à néant l'affirmation toute gratuite de l'ancien archiviste de la Ville de Bordeaux.

Dans la *première partie* et le *supplément* de ce travail, j'ai mis en lumière 1374 documents classés selon l'ordre alphabétique des communes. 1094 de ces documents attestent l'existence d'écoles à diverses époques dans 225 d'entre elles; 112 documents établissent qu'à un moment donné plusieurs de ces mêmes communes s'en sont trouvées accidentellement dépourvues; 150 documents constatent qu'à certaines dates précises 116 communes n'avaient ni maître ni maîtresse alors que nous n'avons pas de textes démontrant qu'elles en aient jamais eu; 18 documents sont douteux et se réfèrent à 7 communes. En prenant les choses en gros, on peut dire que la proportion des documents affirmatifs aux documents négatifs serait un peu plus de 4/1 et celle du nombre des écoles à celui des communes serait 2/3 ou 8/12 et non 1/12 comme l'affirmait M. Gaullieur. L'écart est énorme, comme on le voit.

Mais je ne saurais me contenter d'une vue générale et je vais essayer de discuter de très près nos éléments d'information. Je n'entends pas du tout en imposer au lecteur en groupant insidieusement les chiffres et en « sollicitant les textes ».

Le département actuel de la Gironde comprend 563 communes. Sous l'ancien régime, son territoire tout entier appartenait à la généralité et au ressort du Parlement de Bordeaux. Au point de vue ecclésiastique, ses paroisses dépendaient de l'archevêché de Bordeaux, et des évêchés de Bazas et d'Agen (canton de Sainte-Foy).

Comme on l'a vu ci-dessus, j'ai pu réunir des documents scolaires sur 348 communes seulement, les procès-verbaux de visites épiscopales, qui sont la meilleure source à consulter, m'ayant manqué pour un certain nombre de paroisses de l'ancien diocèse de Bordeaux et pour toutes celles du diocèse de Bazas, dont les archives ont été presque totalement anéanties.

Les éléments d'une statistique complète me font défaut par conséquent et je ne puis, en ce qui concerne le nombre des écoles ayant existé dans nos communes sous l'ancien régime, que procéder par induction. Mais on conviendra qu'étant donné le nombre des pièces d'archives mises en ligne, la base de cette induction est large et qu'on peut avoir quelque confiance dans ses résultats.

Si maintenant l'on supposait que dans les parties de notre territoire départemental sur lesquelles nous ne sommes pas renseignés relativement à l'objet qui nous occupe, les choses se passaient de la même manière que dans celles dont nous connaissons les origines scolaires, nous pourrions nous en tenir, comme proportion générale, à celle que nous donnent nos documents, soit deux écoles environ pour trois communes.

La question est de savoir si en effet on peut admettre l'hypothèse de l'identité de situation entre les 348 communes pour lesquelles cette proportion est constatée et les 215 autres? Il n'y a contre l'affirmative qu'un seul argument. Il est vrai que sa valeur est grande : notre liste de 348 communes comprend presque toutes celles qui ont de l'importance, notamment tous les chefs-lieux de canton, moins trois (Branne, Captieux, Belin). Ceci suffirait à faire supposer que les nouvelles recherches donneraient pour les 215 autres des résultats inférieurs. Je le crois en effet; mais il y aurait à déterminer la proportion probable de cette infériorité et je pense que cette proportion ne serait pas très forte. Voici pourquoi. C'est que les très petites paroisses sont fort nombreuses aussi parmi celles à qui se réfèrent nos documents; que celles-ci sont, pour une bonne part, dans les régions les moins peuplées et les plus pauvres du pays (l'ouest et le sud-ouest du département, la Benauge, l'Entre-deux-Mers) ; c'est qu'enfin le protestantisme ayant eu de nombreux adeptes dans les cantons de l'ancien diocèse de Bazas avoisinant le Lot-et-Garonne, l'action de l'Église et de l'État s'y était fait sentir davantage dans le sens de la multiplication des écoles.

Admettons du reste si l'on veut que la proportion des deux tiers soit trop élevée pour les 215 communes en question et qu'il y ait lieu par conséquent de l'abaisser aussi pour le département entier, on pourrait, dans l'état actuel de nos connaissances sur l'ancienne situation scolaire, y revenir et même la dépasser par une autre induction fortement motivée.

Je crois que de nouvelles recherches auraient pour résultat d'accroître le nombre des communes pourvues d'écoles et de diminuer parallèlement le nombre des autres. D'abord, je suis sûr d'avoir atteint à peu près le maximum des renseignements négatifs qu'il est possible de rencontrer. Ils me viennent presque sans exception des procès-verbaux de visite et cette source est épuisée. Ensuite ces renseignements négatifs concluent uniquement pour leur date, et si cette date est relativement ancienne, rien ne prouve qu'un document postérieur ne viendra pas, un jour ou l'autre, démontrer que la situation avait été modifiée dans un sens favorable aux intérêts de l'instruction (1). Il faut remarquer en effet que sur les 116 communes que je classe provisoirement dans la série de celles où l'existence d'écoles n'est pas attestée, il y en a une seule (Andernos) pour laquelle j'ai trois témoignages négatifs; pour 33 autres, j'en ai deux; pour 82 je n'en ai qu'un seul et encore en faut-il considérer la date : 1616, pour Avensan ; 1634, pour Saint-Sauveur (canton de Lussac); 1641, pour Villeneuve; 1691, pour Budos, Comps, Léogeats, Saint-Magne de Belin, Pleineselve, Toulenne, le Tuzan; 1692, pour le Pout ; la plupart de mes renseignements sont antérieurs à 1750; deux seulement se réfèrent aux dernières années de l'ancien régime (Valeyrac, 1786; Talence, 1788). Or il est bien permis de penser que dans l'espace de temps plus ou moins long écoulé entre ces dates et le commencement de la Révolution, le mouvement en faveur du développement de l'instruction qui s'est constamment accentué au XVIIIe siècle dans toutes les provinces de France, et incontestablement aussi dans la nôtre, s'est fait quelque peu sentir dans ces communes comme dans les autres.

Il me semble donc que parmi les hommes auxquels l'usage de la critique est familier, il ne s'en trouvera pas pour contester sérieusement la proportion que j'ai admise, celle de deux écoles environ pour trois communes. Les résultats auxquels je suis arrivé par l'étude directe des documents concordent, d'autre part, avec ce que nous savons de l'état général de l'instruction primaire en France sous l'ancien régime. Elle était inégalement répandue sur notre territoire : très florissante dans certaines provinces où les paroisses dépourvues d'écoles étaient de rares exceptions et où par suite la proportion des

---

(1) De fait, à mesure que j'ai poussé plus loin mes recherches, j'ai constaté qu'il en était ainsi; constamment la liste des paroisses où je pouvais constater l'existence d'écoles s'accroissait. En 1882, je n'en pouvais enregistrer que 189, dans une communication que je fis à la Sorbonne; j'en ai 225 aujourd'hui, soit près de 1/5 en plus.

conjoints signant leur acte de mariage était fort considérable; moins développée ailleurs; très médiocre dans quelques provinces. Partout, du reste, s'accentuait, comme je l'ai dit tout à l'heure et prouvé autrefois (1), un large mouvement en faveur de la diffusion de l'enseignement primaire. Au moyen de très nombreuses monographies scolaires ayant pour unique objet un département ou un diocèse, un arrondissement, un canton, une commune, une paroisse (2), on peut arriver à constater l'existence et à fixer avec précision le nombre des écoles primaires au XVIII$^e$ siècle dans presque toutes nos anciennes provinces. D'autre part, le ministère de l'Instruction publique a fait procéder, il y a une quinzaine d'années, à un essai de statistique des lettrés et des illettrés, d'après les signatures des conjoints dans leur acte de mariage. Cet important recueil a été formé par mon vénérable et savant ami M. Maggiolo, surtout au moyen des documents recueillis par les instituteurs primaires (3). Il se trouve malheureusement que la base documentaire de cette enquête n'a pas été très large dans la Gironde : 3792 actes pour la période 1686-1690; 5228 actes pour 1786-1790; 6223, pour 1816-1820; 5835, pour 1866; 7443, pour 1872-76. Les moyennes des signatures sont pour cent : 1$^{re}$ période, époux 18.88; épouses 8.38; 2$^e$ pér., 27.04; 11.47; 3$^e$, 40.09; 19.07; 4$^e$ (1866), 71.03; 52.96; 5$^e$, 72.36; 55.51. — Si maintenant on prend le rang de la Gironde parmi les 79 départements auxquels s'est étendue l'enquête, il est pour les cinq périodes, en prenant pour point de départ la plus ancienne, 47, 55, 50, 44, 51 (4).

(1) *L'Instruction primaire... avant la Révolution...*, p. 116 seq.
(2) C'est par centaines qu'on peut compter ces monographies. On trouvera dans le *Polybiblion* d'innombrables renseignements à ce sujet. Chaque année, j'y rends compte des nouvelles publications de ce genre. Voir aussi dans la *Revue des Questions historiques* d'avril 1883, un premier essai de bibliographie méthodique où j'avais déjà rangé 102 mémoires imprimés (livres ou brochures). Si je reprenais actuellement ce travail, je pourrais, rien que pour les monographies, en tripler sans peine l'étendue.
(3) *Ministère de l'Instruction publique. Statistique rétrospective. État récapitulatif et comparatif indiquant par département la statistique des conjoints qui ont signé l'acte de leur mariage aux* XVII$^e$, XVIII$^e$ *et* XIX$^e$ *siècles.* Paris, 1879, in-4°.
(4) Il est assez remarquable qu'au XVII$^e$, au XVIII$^e$ et au XIX$^e$ siècle, les diverses régions de la France conservent sensiblement le même rang entre elles, en ce qui concerne la diffusion de l'instruction. Voici de nouveaux résultats que j'emprunte au

Les constatations que je fais ici, loin d'infirmer les conclusions générales de mon livre de 1881, les corroborent et la proportion de deux écoles pour trois communes à laquelle m'a induit l'examen direct de nos documents coïncide assez exactement avec le chiffre d'ensemble de 20 à 25,000 écoles primaires pour les 37,000 paroisses de tout le territoire auquel M. Taine s'est arrêté (1).

Il est possible que certaines personnes éprouvent une déception en lisant ceci, et me reprochent la modération de mes conclusions. J'en serai bien fâché, mais la vérité doit passer avant tout. Ma tâche aurait été beaucoup plus facile si j'avais eu la bonne fortune d'écrire la monographie scolaire d'un département du Nord-Ouest, du Nord-Est, de l'Est ou de la région parisienne. En réalité, malgré d'honorables efforts et d'éclatants succès partiels, on n'est jamais arrivé à faire prendre, dans le mouvement intellectuel de quelque ordre que ce soit, aux habitants de notre riche Gironde, la place qu'aurait dû leur valoir leur intelligence native, très supérieure à la moyenne. Quelque bien douée que soit une population, pour qu'elle arrive, en ce genre, à des résultats considérables, il lui faut ce travail persévérant, cet esprit de suite, cette ténacité par laquelle, en d'autres régions, on compense largement l'infériorité naturelle.

Je crois devoir m'en tenir à la solution ci-dessus formulée de notre première question, et dire qu'à la veille de la Révolution, le pays qui a formé notre département devait posséder, toute compensation faite, environ 2 écoles pour 3 communes. Il eût été d'ailleurs, à mon sens, assez difficile qu'il y en eût alors davantage. Mes lecteurs ont certainement dans l'esprit la topographie de la Gironde, laquelle comprend des régions très différentes, et ces divergences topographi-

---

*Dictionnaire de Pédagogie* (aux mots *Conscrits* et *Conjoints*). Dans la statistique des conscrits lettrés et illettrés, en 1874, alors que la proportion des illettrés était pour la France entière de 16,50 %, celle de la Gironde était encore de 18,11 %; pour les années 1871-75, elle était de 18,9 %; en 1866, de 21,9 %, et notre département venait, à cet égard, au 45e rang sur 87. — Pour la statistique des conjoints capables de signer leur acte de mariage, la Gironde avait, en 1866, le 49e rang avec 38,00 % d'illettrés; en 1875, le 60e avec 32,47 % (moy. gén. 25,40 %); en 1876-77, le 46e avec 14,60 %.

(1) *Le Régime moderne*, t. I, p. 213 (Paris, 1891, in-8°).

ques en entraînent nécessairement de fort notables dans la densité et le degré de culture de la population. Rien ne ressemble moins aux cantons de Saint-Laurent, de Castelnau, de Lesparre, d'Audenge, de Belin, de Saint-Symphorien, de Captieux, que le Blayais, les cantons du Carbon-Blanc, de Cadillac, de Podensac (du moins en partie), de Libourne, de Castillon. J'ai transporté sur une carte de la Gironde, au moyen de signes conventionnels, les résultats fournis par mes textes. Les lignes rouges indiquant les communes pourvues d'écoles se pressent et se suivent à peu près sans interruption le long des rives de nos fleuves, pays riches et aux communications faciles; elles s'espacent plus ou moins largement à mesure qu'on s'en éloigne. En Benauge et dans l'Entre-deux-Mers, les petites communes étaient nombreuses et rapprochées ; quoique les routes ne dussent pas être fort bonnes, on devait estimer qu'une école suffisait pour trois ou quatre agglomérations rurales. Et puis, quelque réduits que fussent les frais occasionnés par la présence d'un régent, encore fallait-il qu'on y pût pourvoir. Or, le moyen d'y arriver pour des paroisses comme Madirac (120 habitants) (1), Bellebat (103 h.), le Pout (139 h.), Montignac (180 h.), Donzac (201 h.), Blésignac (173 h.), etc.

Du reste, il est certain que les enfants n'étaient pas totalement privés d'instruction par le seul fait qu'il n'existait pas de maître d'école près de leur clocher. Nos documents nous les montrent souvent allant en classe dans les paroisses voisines. Ainsi à Teuillac, en 1755, le curé déclare « qu'il n'y a pas d'école, mais que les enfants vont à Mombrier (2) ». L'école de Prignac-Marcamps qui se tenait aux Lursines pouvait servir à Saint-Laurent d'Arce où d'ailleurs le maître habitait. A Macau (1737) on reçoit les enfants de plusieurs paroisses voisines; il en est de même, ou bien, faute de régent, on envoie les enfants ailleurs, à Vérac (1739), à Queynac (1778), à Castres (1781), à Galgon (1774), à Sainte-Foy-la-Grande

---

(1) N'ayant pas sous les yeux les résultats du dernier recensement, je donne les chiffres fournis par la 3º éd. du *Petit Dictionnaire de la France* de Joanne.

(2) Toutes les fois que j'énonce un fait se rapportant à une commune déterminée, le lecteur en trouvera la preuve aux documents rangés dans la *première partie* de la *Contribution* et dans le *Supplément* où les articles sont classés par ordre alphabétique.

(1771), à Castelmoron (1774), à Gradignan (1776), etc. Un regard jeté sur la carte permet de se rendre compte de la petite distance qui sépare souvent deux communes dont l'une possédait une école et l'autre en était privée.

Voilà ce que, à mon sens, disent les documents sur la grave question de l'existence des écoles dans notre pays girondin aux derniers temps de l'ancien régime; ou, si l'on veut, telle est sa solution quand on l'envisage dans son sens le plus général. Nous devons maintenant nous demander comment se passaient les choses à Bordeaux et dans les autres villes et « gros lieux ».

Pour la capitale de la province, les moyens d'instruction étaient assurément fort abondants, même au point de vue spécial auquel je me place uniquement dans ce travail.

Je ne parle pas de l'Université et des collèges, mais pour tout artisan ou petit marchand bordelais en mesure de consacrer quelques sols par mois à l'éducation de ses enfants, il n'y avait que l'embarras du choix entre les régents et régentes qui pullulaient dans tous les quartiers de la ville. Dans un registre de capitation se référant à l'année 1756 et incomplet de plusieurs feuillets, j'ai relevé le nom de 41 maîtres et maîtresses d'école, répétiteurs, maîtres de pension, maîtres de latin et de mathématiques (1).

En 1762, dans un mémoire adressé au Parlement, l'Université de Bordeaux signale leur « nombre *infini* » comme une des principales causes de la décadence des études (2).

Pour le réduire, les jurats prirent d'énergiques mesures, la même année, sur les réquisitions du procureur-syndic de la Ville (3). En 1774, les maîtres écrivains chargeaient leurs syndics de faire « tous actes et assignations » nécessaires pour arrêter « le progrès des contraventions sans nombre qui se multiplient tous les jours par divers particuliers, soit ceux qui tiennent classe, soit ceux qui vont dans

---

(1) Arch. Gir., C 2726.

(2) *Mémoire de l'Université de Bordeaux, sur les moyens de pourvoir à l'Instruction de la jeunesse.* Bordeaux, Chappuis, 52 p. in-12.

(3) *Ordonnance de MM. les maire et jurats, gouverneurs de Bordeaux, juges criminels et de police, portant règlement pour les écoles, pensions et pédagogies, du mercredi 21 juillet 1762.* A Bordeaux, de l'imprimerie de Pierre Raymond Brun, impr. ordin. de l'Hôtel de Ville. — Arch. Gir., C 3771.

les maisons (1) ». Je publie plus loin (p. 20-22), d'après les *Almanachs* du temps, de longues listes de maîtres et de maîtresses enseignant à titre privé.

Outre ces écoles et pensions particulières, il y avait celles de la corporation des maîtres écrivains et arithméticiens jurés, légalement instituée et pourvue de lettres-patentes, octroyées en 1636. En 1773, et en 1790, époque où elle fut dissoute, les maîtres écrivains étaient au nombre de 28.

En 1758-1759 furent fondées, pour les enfants pauvres qui ne trouvaient accès ni dans les écoles privées, ni dans les classes des maîtres écrivains, les quatre écoles chrétiennes dirigées par les frères du B$^x$ J.-B. de La Salle, dont je reparlerai bientôt.

Quant aux filles, outre les maîtresses particulières et quelques veuves de maîtres écrivains, elles avaient à leur service les Ursulines (1606), les Filles Notre-Dame (1606), les Dames de la Foi établies chez nous en 1687, les Filles de la Charité (2).

De plus, presque toutes les maisons religieuses de femmes recevaient de jeunes pensionnaires. J'aurai à y revenir.

Enfin la Ville entretenait une école gratuite de dessin (3), et donnait 600 l. à un « maître arithméticien pour enseigner l'arithmétique et à tenir les livres à double et simple partie et le change, le tout gratis » (4).

A Libourne (5), un collège, les Ursulines et les religieuses de l'Union chrétienne, des maîtres et des maîtresses enseignant privément. — A La Réole, les Annonciades, les Dames de la Foi, un maître de latin et un maître écrivain gagé par la Ville. — A Blaye, même organisation, avec cette différence que les maîtresses congréganistes étaient des Dames de la Foi. — A Bazas, un séminaire, un collège de Barnabites, des Ursulines, un maître écrivain municipal. — A Lesparre, un maître et une maîtresse gagés.

---

(1) Arch. Gir., C 1718, f° 11.
(2) A Saint-Michel, Saint-Éloi, Sainte-Eulalie, Saint-Projet, Saint-Seurin.
(3) *Bordeaux... publié par la Municipalité*, t. III, p. 330. L'Ecole des Beaux-Arts avait été fondée en 1690.
(4) Arch. Gir., C 992.
(5) Recourir pour la preuve de toutes les affirmations qui suivent aux *Documents publiés selon l'ordre alphabétique des paroisses* et au *Supplément*.

Les Jésuites du collège de Bordeaux, en raison de l'union à leur maison du prieuré de Saint-Macaire, devaient entretenir dans cette maison deux maîtres de latin et un maître écrivain. Les filles étaient instruites par les Ursulines. — Il en était de même à Bourg et à Saint-Émilion qui avaient en outre des maîtres de latin, dont la Révolution a supprimé l'emploi. — Il existait aussi des régents latinistes à Castelmoron-d'Albret, Rauzan, Coutras, Castillon, Sainte-Foy, Langon, Monségur, Gensac. Ces quatre dernières villes possédaient en outre des couvents de filles. Cadillac était pourvu d'un collège de Doctrinaires assez important. Fronsac avait depuis la fin du XVIIe siècle des Filles de la Charité.

Il est difficile d'affirmer après cela que nos arrière-grands-pères étaient dans l'impossibilité d'acquérir les connaissances indispensables. Assurément tout n'était pas encore pour le mieux dans le meilleur des mondes et bien des progrès étaient désirables dans l'organisation pédagogique au siècle dernier. Je ne l'ai jamais nié et je l'ai même dit plus d'une fois en propres termes. Mais enfin bien des institutions utiles existaient dès lors, plus ou moins florissantes — très florissantes même en certains endroits — et elles avaient, pour la plupart, une existence propre, autonome; elles étaient peu onéreuses au public et pour le minimum de frais elles produisaient des résultats déjà appréciables.

### III. — LA FRÉQUENTATION SCOLAIRE

Sur ce côté très intéressant de la question qui nous occupe, nos documents ne nous fournissent pas autant de lumières qu'on le souhaiterait. Comme je tiens essentiellement à me garder des généralisations injustifiées, je réunirai simplement ici les faits épars dans les textes que je publie. A Gujan, en 1691 : « Nous estans, dit le procès-verbal de visite, informez dudit sieur [le maître d'école] combien d'escolliers il auoit ordinairement, il nous a dit que les habitans ne vendant pas leurs denrées et ne peschant à cause que les matelots sont obligez d'aller seruir le Roy sur les vaisseaux, il n'en auoit pas si grand nombre que les années precedentes ; pourtant, presentement, il en auoit vingt et cinq. » — A Coutras (1755), le régent a beaucoup d'écoliers et il y a « cinq ou six écoles subsidiaires dans le bourg ». — A Pellegrue (1758), « le maître s'est enrichi dans son école qui est très nombreuse ». — A Arbis (1784), le régent déclare que « seul à la tête d'un grand nombre d'écoliers, il se voyoit sur le point de prier les citoyens d'alentour d'envoyer leurs enfans à d'autres maîtres ». — A Cadillac (1758), les jurats, sollicitant l'intervention de l'Intendant pour avoir un bon maître, affirment que, « s'il est habile, il gagnera considérablement, soit par les élèves dont il aura grand nombre, soit par la pension qu'il pourra ouvrir ». — A Saint-Émilion (1770), les officiers municipaux se plaignent du sieur Molas : il n'a plus que « quatre écoliers, majeure partie des bourgeois ayant mis leurs enfans hors de chez eux, sans doute par ce que ledit s$^r$ Molas ne les contentoit pas »; mais « les autres régents avoient beaucoup d'écoliers et tenoient pension ». — A Castres, en 1785, 70 enfants. — A Beautiran, en l'an VI, le régent a 20 écoliers, moins de la moitié de ceux qui avaient coutume de fréquenter la classe qu'il tenait depuis quinze ans (1). Or, à la fin de l'ancien régime, il y avait une autre école dans la commune. — A Gauriac (1773), le curé déclare que « la plupart des habitans sont en usage d'envoyer leurs enfans à l'école ».

Voici maintenant quelques renseignements relativement au nombre des enfants reçus dans les maisons religieuses. Dès 1638, les Ursulines de Bordeaux sollicitaient et obtenaient des jurats l'autorisation de joindre par un couloir souterrain leur couvent à un autre immeuble qu'elles avaient acquis, « leur dite maison estant remplie et occupée par un grand nombre de filles tant pensionnaires que autres qui les frequentent journellement pour estre instruictes »; les religieuses, novices, pensionnaires (2) et servantes étaient déjà 154 (3). — En 1749, le Parlement enregistre les lettres patentes accordées aux Ursulines de Langon pour l'acquisition d'un jardin et chai joignant leur couvent qui « n'étoit pas assez

---

(1) Arch. Gir., L. Instruction publique.
(2) Il faut remarquer que les externes, que nous savons avoir été nombreuses, ne sont pas comprises dans ce total.
(3) Arch. Dioc., K 2, liasse 1.

spacieux pour y placer commodément les écoles convenables pour l'éducation des jeunes filles à quoy elles sont tenues par leur institut ». — Celles de Bazas, à peine installées, sont en mesure de recevoir « toutes les écolières qui s'y présentent et ont bientôt des pensionnaires ». Ces derniers textes sont assez vagues, mais ce qui suit est plus précis : avant 1633, époque d'une maladie contagieuse qui avait fait les années précédentes le vide dans toutes les écoles (1), les Ursulines de Saint-Émilion réunissaient « plus de quatre-vingts escolières »; la même année celles de Libourne en avoient « cent ou environ », lesquelles étaient gouvernées par une maîtresse des pensionnaires, une maîtresse des classes, une maîtresse de chant et quatre régentes.

Les Dames de la Foi ont à Bordeaux, en 1736, 400 élèves. — A Sainte-Foy, en 1786, 80 *pensionnaires*. — Celles de Blaye, peu de jours après l'ouverture de leurs classes, ont 15 pensionnaires et 75 externes et, dès la même année (1760), il faut pourvoir à l'agrandissement du local qu'elles occupent : « vu, disent-elles, le grand nombre d'écolières externes et de pensionnaires que nous avons, il n'est pas possible que nous puissions les contenir ».

Quant aux frères des Écoles chrétiennes, leurs classes s'étaient remplies aussitôt après leur fondation. L'intendant Boutin, dans une lettre du 24 décembre 1764 au Contrôleur général, parlait de 2,000 enfants. Il exagérait sans doute puisqu'en 1770, le procureur-syndic de la ville, M. Tranchère, dans un rapport très étudié à l'Assemblée des Cent-Trente, indiquait 884 écoliers pour les 4 écoles chrétiennes alors existantes.

Voilà à peu près tout ce que nous disent les documents ici publiés sur la fréquentation scolaire dans notre pays au XVIIIe siècle. Quel que soit l'intérêt de ces données fragmentaires, elles me semblent insuffisantes pour autoriser des affirmations d'ensemble, même probables. Je m'en abstiendrai donc jusqu'à plus ample informé.

---

(1) En 1631, l'intensité du fléau avait pourtant diminué, du moins à Bordeaux, car nous avons une ordonnance d'Henri de Sourdis prescrivant de rouvrir, le 7 janvier de cette année, les collèges fermés *ob sordidam pestilentiae luem, ab anno et amplius, lento quamvis gradu, in hac civitate grassantem* (Ibid., T 4).

## IV. — LES INSTITUTEURS

Nous sommes mieux renseignés en ce qui concerne la condition des maîtres de nos petites écoles et il me semble que nous trouverons sans trop de peine dans nos documents de quoi nous en faire une idée nette. Il est peu de points sur lesquels les écrivains de l'école révolutionnaire aient plus déclamé et plus divagué. A les entendre, admis sans examen sous l'ancien régime, renvoyé sans motifs, ignorant, pauvre, méprisé, l'instituteur primaire dut son émancipation et la situation considérable qui lui est faite aujourd'hui aux principes proclamés par la Convention dans ses lois « immortelles ».

J'ai traité ailleurs (1) la question au point de vue général. Ici je m'en tiens strictement à ce qui touche les régents de notre région girondine et je vais interroger uniquement les textes ici rassemblés.

Les usages admis au XVIII° siècle dans presque toute la France pour la *nomination* des instituteurs étaient également en vigueur chez nous.

Dans les paroisses de campagne le choix du maître était d'ordinaire dévolu à l'assemblée générale des habitants; par exemple à la Brède (1774), à Créon (1779), à Gradignan (1776), à Sainte-Terre et à Queynac (1779), à Vayres (1769). Dans ces assemblées, l'influence des notables et, en première ligne, du curé était assurément considérable. Nous voyons même celui-ci revendiquer (au moins une fois, à Coutures en 1777-1789) le droit exclusif de nomination, et pour ce faire, il s'appuie sur « l'article 25 de l'édit de 1695 » (2).

Dans les villes grandes et petites, les maire, jurats ou consuls, généralement assistés des principaux habitants, procédaient à l'élection du régent. A Libourne c'était le « conseil politique », composé des maire et jurats et de six « prud'hommes »; à Rions,

---

(1) *L'Instruction primaire en France avant la Révolution*, chap. V, p. 121 seq.

(2) « Les Regens, precepteurs, maîtres et maîtresses d'Ecole des petits villages seront approuvez par les Curez des paroisses ou autres personnes ecclesiastiques qui ont le droit de le faire. » (Rousseaud de Lacombe, *Recueil de Jurisprudence canonique et bénéficiale*. Paris, 1755, in-f°, 2° part., p. 179)

« les jurats et autres prud'hommes du corps de ville »; à Cadillac, « les échevins et notables »; à Castillon, « les jurats et principaux »; à Bourg, les maire et jurats « mandent les bourgeois à l'Hôtel de Ville pour les consulter » sur le choix d'un nouveau régent (1); à la Réole, le corps de Ville appelle parfois à la délibération « les syndics des paroisses foraines » dont l'ensemble constituait la juridiction.

Les officiers municipaux avaient à compter, en certains endroits, (à Saint-André et à Saint-Seurin de Bordeaux, par exemple, à la Réole, etc.), avec des corps ecclésiastiques jaloux de leurs droits séculaires et d'autant plus fondés, au surplus, à en maintenir l'exercice qu'ils pourvoyaient au traitement des instituteurs ou du moins y contribuaient dans une large mesure (2).

Si les lois canoniques et civiles (3) avaient toujours été observées, le choix des habitants ou des magistrats municipaux n'aurait sorti son plein effet qu'après l'*approbation* de l'autorité épiscopale qui seule — sauf dans la juridiction de certains établissements ecclésiastiques exempts — avait qualité pour délivrer à l'élu des « lettres de régence ». Elles n'étaient refusées que pour des motifs graves et quand il y avait opposition de la part d'une fraction notable de la population.

Mais soit négligence, soit abus invétéré, soit coutume contraire, il arrivait assez souvent que le maître choisi dans les conditions que j'ai dites se tenait par là même pour suffisamment autorisé. « L'approbation consiste, écrivait en 1772 le curé de Saint-Sauveur de Blaye, dans une visite aux magistrats. » — A la même époque, on constatait à Bourg que « les maîtres et maîtresses ne sont pas approuvés par l'Ordinaire mais examinés sur leurs capacités par les maire et jurats

---

(1) Lacoste. *L'Instruction publique à Bourg sous l'ancien régime*, p. 716.

(2) Le parlement de Tournay avait jugé en 1696 que « ceux qui payent les gages d'un maître d'école ont droit de le commettre ». (D. J[ousse], *Traité du gouvernement spirituel et temporel des paroisses*. Paris, 1773, in-12, p. 235.)

(3) Pour les lois civiles, voir Rousseaud de Lacombe, ouv. cité, et le *Dictionnaire de droit canonique et de pratique bénéficiale* de Durand de Maillane, édit. de Lyon de 1776 (3e), 5 vol. in-4o, t. II, p. 443. — Je parle plus loin, dans mon exposé de l'action de l'Église sur l'instruction primaire, dans notre pays, des décrets de nos conciles provinciaux et de nos ordonnances synodales.

et par le curé. » — En 1691, à Coutras, les « maistres d'école sont approuuez » simplement « de MM. les officiers de justice et de M. le curé ». Ces façons d'agir n'étaient pas, on le conçoit, du goût de l'autorité ecclésiastique supérieure. Ayant la responsabilité devant Dieu de l'enseignement donné à la jeunesse, elle entendait se réserver l'approbation des maîtres chargés de le départir. Aussi revendiquait-elle sans relâche ses droits en cette matière. Il est facile de trouver des preuves nombreuses de cette affirmation dans la 1<sup>re</sup> *partie* et le *supplément* du présent travail. On en trouvera d'autres dans les recueils d'ordonnances synodales dont je donne plus loin des extraits.

L'approbation des régents se faisait aussi très ordinairement au cours des visites épiscopales. Un rapide coup d'œil sur nos documents le prouve *sat superque*.

Le maître d'école, dans les paroisses importantes du moins, n'était pas admis sans *examen* et sans avoir donné à la communauté des preuves de sa capacité. A Saint-Seurin de Bordeaux, le chapitre n'accorde sur-le-champ la licence d'enseigner que très exceptionnellement. Presque toujours, l'affaire vient deux fois devant « Messieurs » qui, après avoir reçu la demande de l'intéressé, font procéder sur son compte à une enquête (1). — A Saint-Émilion, en 1545, M<sup>e</sup> Antoine Boyer est reçu régent des écoles de la ville « sur le rapport de M<sup>e</sup> Pierre Costeres qui dict auoir ouy lire (2) le dict Boyer et estoit homme expert et entendu ». — A Bourg, l'examen se passe devant les chanoines (3). — Même procédure à la Réole. — A Libourne, en 1693, le « corps politique » admet le sieur Barada, seulement après s'être « pleinement informé de sa capacité et expérience au fait de l'éducation de la jeunesse » (4). — A Castillon (1705), on a « vu l'écriture du régent » et on l'a interrogé sur « l'arithmétique et la tenue des livres de commerce ». —

---

(1) Voir dans la 1<sup>re</sup> *partie* et au *supplément* les nombreux faits empruntés au registre capitulaire de Saint-Seurin.

(2) Remarquer qu'au XVI<sup>e</sup> siècle, le mot *lire* n'avait pas le sens étroit qu'il a aujourd'hui. *Legere* était synonyme de *docere*.

(3) Lacoste, *ubi suprà, passim*.

(4) Comme j'analyse seulement ce document à l'article *Libourne*, j'en donne ici la cote pour autoriser ma citation : Arch. Gir., C 938.

A Saint-Macaire (1751), le sieur Carrère a été « reçu et installé par les jurats après les examens en pareil cas requis ». — A Gensac (1777), le régent n'est « reçu qu'après mûr examen et après avoir remporté le prix sur deux concurrents ». — En 1789, avant de donner l'approbation au nouveau maître d'école, le curé du Puy et Coutures a « seulement examiné sa capacité, ses vie et mœurs étant assez connues ».

Quand le maître recevait un traitement fixe imposé au marc la livre de la taille, le consentement de l'Intendant était nécessaire.

La *révocation* était prononcée soit par la communauté des habitants réunis en assemblée générale, soit par l'autorité diocésaine, soit par l'Intendant après examen des charges imputées. Cette façon d'agir était sage, car il arrivait que de bons régents étaient parfois en butte à d'injustes cabales et, dans ce cas, l'intérêt public exigeait leur maintien autant que la justice (1).

Voici une instruction des vicaires généraux de Bordeaux indiquant la procédure adoptée à la fin du xviii<sup>e</sup> siècle quand il y avait lieu de révoquer un mauvais instituteur. « Il a été fait lecture (au conseil de l'Archevêché) d'une lettre du sieur curé de Puisseguin demandant de quelle voie il devait se servir pour ôter les petites écoles à un maître qui en est chargé dans sa paroisse, dont la vie est scandaleuse et qui continue à les tenir malgré ce qui lui a été représenté à cet égard. Sur quoi, délibéré que, suivant ce qui a déjà été délibéré en pareil cas, on enverroit au sieur curé de Puisseguin l'ordonnance concernant les maîtres d'école (2), qu'il en feroit la publication au prône, qu'ensuite il la feroit signifier jusqu'à trois fois au maître d'école en question et que s'il s'obstinoit à refuser de s'y soumettre, on auroit alors recours à l'autorité du procureur général (3). »

Somme toute, les révocations étaient rares et les procès-verbaux de visite donnent généralement une idée favorable de la *capacité*

---

(1) Par ex. à Saint-Macaire (1749, 1750), à Gensac (1777). Le lecteur pourra remarquer dans la 1<sup>re</sup> *partie* de la *Contribution* bien des faits analogues.

(2) Il s'agit du *Mandement* des vicaires généraux de F. de Rohan *relatif aux petites écoles*. Je reviens plus loin sur cette pièce qui est du 23 décembre 1772.

(3) Les exemples de cette intervention des magistrats du Parlement sont assez nombreux dans nos textes.

et de la *conduite* des maîtres des petites écoles. Mes textes m'ont fourni des notes précises sur 219 d'entre eux : 148 (c'est-à-dire un peu moins des 3/4) sont bons ou très bons (1); 24, médiocres; 47, mauvais. Et il faut observer que s'il est question de ceux-ci, c'est presque toujours au sujet de leur révocation.

Le *revenu* de nos régents avait seulement deux sources, le traitement fixe ou « gages » et la rétribution scolaire. Je n'ai trouvé que deux exemples des contributions en nature (2) usitées en d'autres provinces, ce qui s'explique probablement par ce fait que, chez nous, le maître d'école n'était que très exceptionnellement chantre ou sacristain.

Quant au traitement fixe, l'usage en était rare au XVII° siècle et même au commencement du XVIII°; mais, à la suite de la Déclaration royale du 14 mai 1724 (3), un certain nombre de communautés urbaines et rurales, désireuses de s'assurer de bons régents, deman-

(1) Je transcris quelques-unes des formules employées par les curés quand il s'agit des maîtres dont ils veulent faire l'éloge : « Il (le régent) peint bien, lit bien, entend le chiffre, est assidu à son école, de bonnes vie et mœurs » (Saint-Denis-de-Pille, 1739); — « En état d'instruire les enfans, assidu à son devoir, de bonnes mœurs » (Berson, 1753); — « Capable tant pour le latin que ce qui convient aux enfans, honneste homme, irréprochable dans ses mœurs » (Castelnau, 1734); — « Nous n'avons que des éloges à publier de sa conduite » (Gauriac, 1773); — « Très bon sujet » (Le Pian, 1765); — « Capable et assidu; d'une piété exemplaire » (Saint-Pierre-de-B..t, 1765); — « Un maître, depuis 12 ans, qui enseigne et apprend fort bien » (Salignac, 1691); etc.

(2) A Cadillac, en 1714, la ville promet au régent Valteau 36 livres et son bois de chauffage; à Gaillan, vers 1768, le maître d'école reçoit du blé.

(3) « Voulons, disait l'article 9 de cette Déclaration, que l'on établisse, autant qu'il sera possible, des maîtres et maîtresses dans toutes les paroisses où il n'y en a point, pour instruire les enfans et nommément ceux dont les pères et mères ont fait profession de la religion prétendue réformée, du catéchisme et des prières qui leur seront nécessaires... comme aussi pour apprendre à lire et même à écrire à ceux qui pourraient en avoir besoin et que, dans les lieux où il n'y a point d'autres fonds, il puisse être imposé sur tous les habitans la somme qui manquera pour leur subsistance, jusqu'à la somme de 150 livres par an pour les maîtres et de 100 livres pour les maîtresses, et que les lettres en soient expédiées sans frais, sur les avis que les archevêques et évêques diocésains et les commissaires départis dans nos provinces pour l'exécution de nos ordres nous en donneront. » (*Recueil des actes, titres et mémoires concernant les affaires du clergé de France*. Paris, 1778, 12 vol. in-4°; t. I, p. 2113.) — Les mêmes prescriptions avaient déjà été édictées, mais sans grands résultats, en 1698. (*Ibid.*, p. 982.)

dèrent à s'imposer pour cet objet (1). J'en relève dans mes documents une soixantaine (2) où j'ai pu constater l'usage du traitement fixe. Le chiffre de 150 l. est le plus communément adopté : c'est le maximum

(1) Dans une circulaire adressée en 1744 par l'Intendant de Guienne aux officiers des élections d'Agen et de Condom (Bazas faisait partie de cette dernière), il est constaté que des requêtes pour cet objet étaient « journellement » présentées. (Arch. Gir., C 3093).

(2) Je rassemble dans une seule note tous les renseignements fournis par nos textes sur cette question des « gages » fixes de nos anciens régents. — Abzac, 1770, 150 l. — Aillas, 1744-85, 150 l. — Saint-André-de-Cubzac, 1729-71, 150 l. — Saint-André-du-Bois, 1766, 100 l. — Auros, 1744-52, 140 l. ; 1762, 100 l. — Barsac, 1629, 60 l. — Bazas, 1772-70, 250 l. pour 2 régents. — Bègles, 1751, 30 l. — Blasimont, 1721, 100 l.; 1764, 150 l. ; 1775, 100 l. ; 1778, 150 l. — Blaye (Cf. les doc. dans le corps de l'ouvrage). — Bordeaux (Cf. les doc.). — Bourg, 1656, 35 écus et 30 livres de loyer; 1670, 55 écus et nombreuses exemptions; 1706, 300 l. au rég. lat. ; 150 l. au rég. fr., etc. (Cf. Lacoste, *Rev. Cath. de Bordeaux*, 1889, p. 715-721). — Cadillac, 1543, 10 l. ; 1732, 120 l., etc. (Cf. les doc.). — Castelmoron-d'Albret, 1718-78, rég. lat., 150 l. ; rég. franç., 150 l. — Castets-en-Dorthe, 1738, 1752-78, 150 l. — Castillon, 1715, rég. et régente, 250 l. ; 1770, rég., 150 l. — Caudrot, 1715, 60 l. ; 1752-70, 150 l. — Cérons, 1736, 100 l. — Saint-Christoly, en Blayais, 1744, 150 l. — Coutras, 1715, 120 l.; 1741-77, 120 l., puis 150 l. — Coutures-Le Puy, 1770, 94 l.; puis 150 et 120 l. — Sainte-Croix-du-Mont, 1756, 150 l. — Saint-Denis-de-Piles, vers 1739, 150 l. — Saint-Émilion, 1739, 205 l. dont 105 payées par le chapitre (Cf. les doc.). — Escoussans, 1765, 30 l. pour loyer. — Eynesse et Saint-Avit-du-Soulège, 1745, 150 l. — Saint-Ferme, 1736-64, 150 l. — Sainte-Foy (Cf. les doc.). — Fronsac, 1749-70, 150 l. — Gaillan, 1768, « salaire convenable en argent et en bled, payé par le curé pour l'instruction des pauvres ». — Gajac, 1745, 150 l. — Gensac (Cf. les doc.). — Gironde, 1690, 40 l. ; 1744-52, 180 l. ; 1770-71, 150 l. — Grignols, 1744, 150 l. ; 1752, 180 l. — Hure, 1636-64, 150 l. — Langon (Cf. les doc.). — Léognan, 1734-71, 150 l. ; 1780, 120 l. — Lesparre, 150 l. (« imposition si ancienne qu'on n'en sait pas la date »); 1782, 200 l. — Libourne (Cf. les doc.). — Lussac, 1771-89, 100 l. — Saint-Macaire, 1760, 150 l. ; 1765, 200 l. ; 1770, 170 l. — Macau, 1734, 150 l. ; 1744, 400 l. — Saint-Magne-de-Castillon, 1734-73, 150 l. — Saint-Martin-du-Bois, 1720-55, 120 l. — Massugas, av. 1744. — Mesterrieu, av. 1744, 150 l. — Monségur, 1618-1630, 100 l. ; 1724-71, 150 l. sur les revenus municipaux. — Pellegrue, 1744-78, 150 l. — Pessac, 1750-70, 150 l. — Saint-Pey-de-Castets, 1750-70, 120 l. — Podensac, 1752, 150 l. — Preignac, 1739-74, 150 l. — Pujols (canton), 1715-44, 100 l. ; 1752-76, 150 l. — Rauzan, 1715, 100 l. ; 1733-81, 150 puis 100 l. — La Réole, 1655-1792 (Cf. les doc.). — Rions, 1584, gages payés par la confrérie de Saint-Nicolas ; 1765, 120 l. et logement ; 1774, 150 l. — Sauveterre, av. 1654; 1744, 100 l. ; 1753-70, 200 l. — Savignac (d'Auros), 1770, 150 l. — Sainte-Terre, 1753, 150 l. — La Teste, 1737, 5 sols par feu. — Vayres, 1741-44, 150 l. — Soit 61 paroisses, c. a. d. un peu plus du quart de celles où j'ai constaté l'existence d'écoles.

prévu par les Déclarations de Louis XIV et de Louis XV. Les fonds étaient ordinairement imposés au marc la livre de la taille ; mais dans les villes on les prenait presque toujours sur les revenus municipaux (1). A Langon (1582) et à Rions (1584), la confrérie de Saint-Nicolas devait en faire les frais. A Barsac, les fermiers des dîmes étaient tenus de payer 60 l. pour cela, en vertu d'une délibération de paroisse intervenue en 1629, mais il y a lieu de penser qu'ils trouvèrent moyen de se soustraire à cette obligation, puisqu'un procès-verbal de visite de 1736 constate que les quatre maîtres enseignant alors se contentaient de la rétribution scolaire. A Bègles, en 1751, les « gages » sont de 30 l. payées par le curé. A Saint-Macaire, ils sont imputés sur le revenu du prieuré, comme condition de l'union de ce bénéfice au collège de Bordeaux. A Saint-Émilion, le chapitre en fournit plus de la moitié. A Castillon, la Fabrique fait les frais des mois d'école des enfants de chœur. A La Teste (1787), — par une exception que je crois unique, — le maître reçoit « 5 sqls par feu », mais « mal payés » comme le remarque le procès-verbal de visite.

Presque dans les trois quarts des paroisses, le régent est réduit à la rétribution scolaire dont le taux est variable, selon l'époque et selon les localités. Voici quelques exemples, pris au hasard dans nos textes. A Saint-Mariens (1754), « 5 ou 6 sols par écolier »; à Margaux et Cantenac (v. 1773), « 6, 12, 16 et au plus 20 sols par mois »; à Rions (1774), « au petit livre, 6 sols; aux Heures, 8 sols; aux autres livres, 10 sols; à écrire, 14 sols; à chiffrer, 18 sols » (2); à Cadillac (1771), « pour apprendre à lire, 10 sols; lire et écrire, 20 sols; lire, écrire et chiffrer, 30 sols »; à Libourne (1721), « 20 sols par mois pour ceux qui apprendront à lire, écrire et l'arithmétique; 15 sols pour ceux qui apprendront à lire et écrire et 10 sols pour ceux qui apprendront à lire seulement »; à Castillon (1759), le régent ne doit prendre « des enfans de la ville et fauxbourgs que 15 sols pour ceux des bourgeois qui ne feroient que

---

(1) Je lis dans une circulaire de l'Intendant aux subdélégués (1744) : « Les gages des régents et régentes sont payés, dans plusieurs communautés, en tout ou en partie, du fonds des deniers municipaux ou autres revenus. » (Arch. Gir., C 3093.)

(2) Pour les enfants des autres paroisses le régent était autorisé à prendre comme rétribution « ce qu'il aviseroit » (Arch. Gir., C 1699).

lire, 30 sols quand ils commenceroient à écrire, et lorsqu'ils apprendroient l'arithmétique 40 sols; et pour l'artizan, 10, 20 et 30 sols par mois » (1).

En certains lieux, les régents étaient exemptés d'impôts. A Cadillac, par exemple, le maître est dispensé de taille et de toute charge publique (1758); de même à Bourg en 1670 (2).

Je ne me chargerai pas d'expliquer comment, avec des rétributions aussi modiques, nos anciens instituteurs pouvaient subvenir aux nécessités de la vie (3). On peut croire pourtant que la situation qui leur était faite ne leur paraissait pas trop insuffisante. Il faut observer, en effet, que nos documents ne nous ont guère conservé de plaintes à cet égard; que des régents — en bien petit nombre il est vrai — s'étaient enrichis dans l'exercice de leurs fonctions et parvenaient à des situations honorables, enfin que, plus d'une fois, des compétitions assez sérieuses se produisirent pour la possession d'emplois qui nous paraissent aujourd'hui peu enviables.

Ces deux dernières assertions semblant, à première vue, quelque peu invraisemblables, il est nécessaire de les appuyer par des textes.

Voici par exemple, à Pellegrue (1758), le régent Ruffe : il « s'est enrichi dans son école, qui est très nombreuse, et il est devenu premier consul de la communauté ». A Castres (1667), le maître d'école Coignet, « bien accommodé », s'est relâché pour cela « de la grande attache qu'il avoit au commencement »; il est devenu notaire royal. Je ne prétends certes pas que de pareils faits dussent se produire très souvent; mais il y avait lieu pourtant de les signaler.

Les compétitions étaient nombreuses. J'en puis signaler à

---

(1) Cf. Blaye (1766, 1774), Bourg, ap. Lacoste (*Rev. Cath. de Bordeaux*, 1889, p. 715-721), Coutras (1741-55), La Réole, Le Puy et Coutures (au *Supplément*), etc.

(2) Lacoste, *l. c.*, p. 716.

(3) Je dois du moins rappeler que le pouvoir de l'argent était beaucoup plus considérable au dernier siècle que de notre temps. C'est ce qui explique la modicité extrême des traitements assurés non seulement aux instituteurs, mais à beaucoup de membres du clergé, sous l'ancien régime. Il y avait en 1771, dans le diocèse de Bordeaux, 7 curés jouissant d'un revenu inférieur à 300 l.; 24 recevaient 300 l.; 19, de 301 à 400 l.; 48, de 401 à 500 l. Une prébende de chanoine de Saint-André valait 846 l.; une prébende de Saint-Seurin, 753 l.; celles de Cadillac et de Génissac allaient à 220 l. (Cf. mon mémoire, *Un Diocèse d'autrefois; Organisation administrative et financière*, dans la *Revue des Questions historiques* d'octobre 1894.)

Castres (1667), à Eyrans en Blayais (1637), à Lesparre (1643), à Blaye (1629), à Saint-Macaire (1750, 1751), à Landiras (1782), à Créon (1625), à Saint-Ferme (1766), à La Teste (1627), à Gradignan (1776), à Sainte-Foy (1771), à Barsac (1750), à Saint-Pierre d'Aurillac (1755), à Coutras (1741), etc. Si la profession de régent des petites écoles avait été aussi avilie et aussi misérable qu'on a bien voulu le dire, il y aurait eu, ce me semble, moins de concurrents.

Dans le même ordre d'idées, je dois signaler le long et parfois très long exercice d'un certain nombre de régents, qui s'attachent fortement à la paroisse où ils enseignent : Augey, à Portets, durant 40 ans ; Lauzero, à Ambarès, 16 ans ; Mottet, à Margaux, et Morin, à Gauriac, 30 ans ; Boué, à Saint-Loubès, 21 ans ; Valteau, à Cadillac, 44 ans ; Duvigneau, à Rions, 20 ans ; Thoneins, à Sainte-Croix-du-Mont, et Delacquay, à Cadillac, 16 ans ; etc.

Il arrive assez rarement que nos maîtres exercent quelque profession concurremment avec leurs fonctions. Si ce fait se produit, sauf un régent sacristain (1) (Salles, 1787), un cabaretier (2) (Hourtin, 1786), un laboureur (Coutures-Le Puy, 1783), les professions dont il s'agit sont des professions libérales : il y a quelques notaires (3), des greffiers et des procureurs, des praticiens (4).

Au XVIe et au XVIIe siècle, je trouve un certain nombre de prêtres tenant l'école tout en continuant les fonctions de leur ministère : à Vignonnet (1545) ; à Saint-Émilion (1546) ; à Saint-Loubès (1602) ; à Saint-Androny, Arsac, Bouliac, Cars, Cartelègue, Générac, Saugon, Le Taillan, en 1611 ; à Fours et Plassac, en 1612 ; à

---

(1) Il faut dire que le régent-sacristain de Salles ne parvient à garder aucune de ses deux places.

(2) Ici évidemment il y avait incompatibilité. — Cf. à Saint-Seurin de Bordeaux (*Suppl.*, 1747) la décision du chapitre au sujet de la requête d'un certain Bouchet qui voudrait tenir une école en même temps qu'un billard public. Il changera de local et renoncera audit jeu de billard. Et encore la révocation, en 1779, du s[r] Mazettier, régent de Rions : « Il ne s'occupe aujourd'huy que de son violon, à faire bals et noces, non seulement dans la paroisse, mais hors de la juridiction, ce qui oblige les parens d'envoyer leurs enfans à l'école à Paillet. »

(3) A Castres (1667), Preignac (1736), Sainte-Foy (1771).

(4) A Guîtres (1560), Eyrans (1637), Podensac (1645), Rauzan (1761), Barie (1768, Virelade (1782).

Cadarsac (1617); à Barsac (1626); à Blaye (1629); à Saint-Caprais-de-Blaye, Anglade, Saint-Giron, Reignac, Saint-Palais-de-la-Lande, Saint-Vivien et La Fosse, en 1634; à Macau (1643); à Grignols (1655); à Saint-Maixant de Bordeaux (1657); à Guîtres (1700). Cette pratique est bien plus rare au XVIII° siècle. Les prêtres instituteurs s'occupent surtout des classes latines, à Bourg, à La Réole, à Saint-Seurin de Bordeaux, et ce sont des prêtres qui sont pour la plupart hors cadre (si l'on me permet cette expression moderne qui rend bien ma pensée et qui s'entend sans peine) et qui font de l'enseignement une carrière. Exceptionnellement, à Pessac, en 1754, le vicaire fait l'école quelque temps, mais de mauvaise grâce (1). Deux choristes du prieuré de Saint-Macaire, à qui leurs devoirs ecclésiastiques laissaient sans doute du loisir et ne procuraient que des revenus insuffisants, sont en même temps régents, en 1774-1776.

Plusieurs de nos petites villes ont confié, à diverses époques, leurs écoles, surtout leurs écoles latines, aux religieux établis sur leur territoire : La Réole aux Dominicains, puis aux Bénédictins; Sainte-Foy aux Récollets; Langon aux Carmes (2). Je dois constater que cette combinaison n'a pas longtemps satisfait les intéressés.

*D'où venaient nos instituteurs?* A quoi s'employaient-ils avant de se consacrer à l'enseignement populaire ? Trop souvent nos documents sont muets à cet égard. Voici du moins les renseignements qu'on en peut tirer :

Je note un diacre à Blaye (1570) (3); des clercs tonsurés à Saint-Romain de Boursas (1607), Uzeste (1663), La Réole (1688), Gujan (1691), Castelmoron-d'Albret (1744), Saint-André (1762) et Saint-Seurin (1752) (4); — un bachelier ès lois à Saint-Émilion (1542);

---

(1) « A la vérité, dit le procès-verbal de visite, ce métier ennuye un vicaire. » Je constate, sans apprécier.

(2) Je ne sais ce qu'était le « Frère Orace, ermite », qui sollicitait en 1733 du chapitre de Saint-Seurin la licence de montrer « à escrire, l'arithmétique ou mathématiques ».

(3) C'était un protestant qui fut condamné comme tel par le Parlement.

(4) A rapprocher de ces clercs le « Monsieur Quinsac », adjoint au maître d'école de La Teste en 1627, lequel sait le latin, « a le desir de se rendre ecclesiastique et semble y avoir beaucoup de disposition ».

un licencié ès lois à Sainte-Colombe de Bordeaux (1617); un avocat à Barsac (1629); des maîtres ès arts et ès lois à Rions (1670) et à Bourg (1706); — des maîtres ès arts à Saint-Émilion (1555), à Sainte-Foy (1557), à Castillon (1772), à Gensac (1768), à Gradignan (1776); en divers lieux, des régents ayant commencé et poussé plus ou moins loin leurs études classiques; — des secrétaires de ville à Rauzan (1761) et à Saint-Macaire (1784).

Dans les petites villes presque toujours, et quelquefois dans les campagnes, les écoles sont tenues par des maîtres écrivains jurés ayant appartenu à la corporation de Bordeaux dont j'ai publié les statuts dans la II<sup>e</sup> partie de ce travail en les accompagnant d'un choix de pièces inédites. Il ne me semble pas nécessaire d'insister longuement ici sur les données fournies par ces documents. En s'y reportant, le lecteur attentif n'aura pas de peine à se rendre compte du fonctionnement de cette compagnie et des services modestes, mais appréciables, qu'elle a rendus à l'enseignement primaire. On remarquera le caractère profondément religieux et charitable de ses règlements, le souci de l'honneur personnel et professionnel dont ils témoignent, les moyens employés pour constater la capacité des candidats et aussi la ténacité avec laquelle les maîtres écrivains ont travaillé à sauvegarder leurs intérêts et à maintenir intacts leurs privilèges. Cela est bien humain et personne ne songera à le leur reprocher trop sévèrement.

## V. — L'ÉCOLE

A la différence de ce qui se passait en d'autres provinces, la *Maison d'école* était, chez nous, chose à peu près inconnue sous l'ancien régime. On peut dire qu'en règle générale, l'instituteur se logeait où il voulait et surtout où il pouvait (1). Mais, comme toutes les règles, celle-ci souffre quelques exceptions.

Libourne était propriétaire de son collège, acquis le 5 novem-

---

(1) En 1738, le régent Terrier, de Bazas, avait acquis de ses deniers une maison pour y tenir les petites écoles.

bre 1593 (1), collège dont la dernière classe était primaire. A La Réole, le nom de l'édifice appelé encore aujourd'hui la grande école, en indique assez la primitive destination. Mais il paraît bien, comme on le verra bientôt, que cette destination avait été changée à l'époque qui nous occupe spécialement.

A Saint-Loubès, on constate en 1610 que le régent fait le catéchisme au « college » (2). Sans être assez précise, cette expression semblerait s'appliquer à un immeuble traditionnellement employé à l'instruction. A Pujols, en 1768, on mentionne nettement « une maison qui est commune et qui a toujours servi de logement au régent ».

Quelquefois l'Hôtel de Ville offre un asile à l'école et même au maître. C'est le cas à Coutures, où dans une requête non datée, mais certainement du XVIIIe siècle, il est dit qu'on faisait la classe à la « maison de ville ». Longtemps il en fut de même à Rions. En 1653 le régent est logé à « l'Hôtel de Ville ». Un peu plus tard, en 1670, on parle de la « Maison du college où est l'escole » et en 1676 on lève une taxe pour la réparer. Cette « maison du collège » doit-elle être identifiée avec la maison commune? Je le crois, sans en être tout à fait sûr. En 1774, dans un acte de jurade où il est constaté que l'Hôtel de Ville « menace une ruine prochaine », il est statué que le maître tiendra « l'école dans une chambre qui lui sera indiquée ». Le projet de reconstruction de l'Hôtel de Ville n'ayant pas abouti, les magistrats municipaux accordèrent annuellement une allocation au régent pour son logement et pour le loyer de l'école, 72 l., en 1782.

C'est généralement à cet expédient du loyer payé par le public que l'on s'arrête dans les petites villes. On vote à Bourg, en 1655, 50 l. au régent pour « tenir le college dans sa maison »; à Blaye, en 1595, « 50 escus pour le loyer de la maison du regent qui sert de college et le surplus des gages dudit regent ». — A Cadillac (compte de 1535-36), « donné à Julien Mynault, pour le loyer de l'escolle, 4 fr. ». — A Saint-Emilion (1545), « donné au regent pour le loyer

---

(1) Guinodie, t. II, p. 223.

(2) Il faut réduire évidemment ce mot, ambitieux dans l'espèce, au sens plus exact d'école; de même, dans cet acte notarié de 1629 où il est question d'un legs de 100 l. fait par le curé de Barsac, pour aider à bâtir un « college », qui a dû, selon toute apparence, rester à l'état de projet.

de son logis, 2 escus d'or sol »; puis en 1744, « il sera imposé une somme suffisante pour le loyer de la maison du régent, jusqu'à concurrence de 100 l. seulement »; en 1770, il est alloué 60 l. pour le loyer du « collège ». — Sainte-Foy accorde 100 l., pour cet objet, en 1771-72; Gensac, 80 l. en 1750 et 100 l. en 1778. — A La Réole, tantôt on parle de « la maison du collège », d' « un appartement dans le collège », tantôt on accorde une indemnité au régent abécédaire pour se loger, 100 l., par exemple, en 1733.

Deux paroisses rurales seulement figurent dans nos documents comme payant le loyer de leurs instituteurs : à Caudrot, en 1740, le budget municipal contient l'article suivant : « Plus vous imposerez 40 l. pour tenir loué un logement pour le régent »; à Escoussans, une pièce non datée (XVIII<sup>e</sup> siècle) nous fait connaître une dépense pour le même motif, mais s'élevant à 30 l. seulement.

Il va sans dire que, dans les lieux où se trouvent des religieuses enseignantes non fondées, les municipalités doivent, bon gré, mal gré, soit les loger dans un immeuble acquis *ad hoc*, soit en louer un à leur usage (1). La ville de Bordeaux en usait aussi pour les Frères des Écoles chrétiennes et les Dames de la Foi. La maison où enseignaient les Filles de la Charité à Saint-Michel de Bordeaux avait été achetée par la fabrique (2). Les Filles Notre-Dame de Bordeaux, les Annonciades de La Réole, les religieuses de l'Union chrétienne à Libourne et les Ursulines des sept maisons dont j'ai donné ci-dessus (p. XXI, XXV) la nomenclature, étaient propriétaires de leurs couvents.

---

(1) « Il est de règle et d'usage, écrit, en 1771, l'Intendant aux officiers municipaux de Gensac, que les villes fassent cette dépense à laquelle vous seriez contraints, au besoin, par des ordres supérieurs. » (Arch. Gir., C 403.) On peut voir (pp. 66, 256-58) comment, en effet, la communauté de Gensac fut « contrainte par des ordres supérieurs » à loger les Dames de la Foi. On avait également bâti ou acquis une maison pour elles à Sainte-Foy. A Blaye, la ville payait leur loyer. — Les Filles de la Charité de Fronsac ont une maison acquise, en 1758, pour leur logement et leur classe.

(2) A Saint-Remy, en 1676, « deux filles tiennent escole » dans une maison appartenant à la fabrique et « rendent grand seruice à la paroisse ». Cette maison devant avoir un autre emploi, les syndics et fabriciens offrent de loger ailleurs ces bonnes institutrices. Je n'ai rencontré que ces deux exemples de fabriques fournissant des immeubles scolaires.

Les *fondations* en faveur de l'enseignement populaire étaient fort rares chez nous. Tout compte fait, je trouve, sur ce point, huit ou neuf mentions seulement; encore ne sont elles pas toujours suffisamment explicites.

A Langon (1562) M<sup>me</sup> de Rochechouart s'était chargée des dettes de la confrérie de Saint-Nicolas à la condition que celle-ci entretiendrait un régent. Une obligation analogue avait été contractée, je l'ai dit, par une autre confrérie, érigée à Rions en l'honneur du même saint, en raison d'un legs fait par un de ses membres (1584). C'était par application de l'ordonnance d'Orléans que le chapitre de Saint-Émilion fournissait 105 l. annuellement pour les gages du maître d'école (1). Quand le cardinal de Sourdis ratifia l'union du prieuré de Saint-Macaire au collège des Jésuites de Bordeaux, nous savons déjà qu'il exigea de ces religieux l'engagement exprès d'entretenir pour les enfants de cette petite ville un régent abécédaire. En fondant, vers 1690, un petit hôpital à Fronsac, la duchesse de Richelieu avait voulu qu'une des Filles de la Charité qui le desservaient fît gratuitement l'école.

Le projet d'une fondation de 600 l. de rente avait été fait en 1750 par un négociant de Bordeaux, M. Lassus, pour l'entretien de religieuses chargées d'instruire les filles de Savignac (d'Auros); le dossier de cette affaire est incomplet aux Archives de la Gironde et je ne sais quelle suite elle a eue. A Sainte-Croix du Mont on demandait, en 1773, à l'Archevêque l'autorisation d'employer au profit des pauvres un capital de 750 l. légué en 1715 par un sieur de La Planche pour bâtir une maison d'école et entretenir une maîtresse, ce qui n'avait pu être fait en raison de la modicité de cette somme.

On n'avait pas mis davantage à exécution l'article du testament de Turenne (1695) qui avait affecté 6,000 l. à un établissement de Dames de la Foi destiné à l'instruction des filles de Castillon. Un curé de cette ville, M. Baurs, avait légué tous ses biens aux pauvres pour aider à cette fondation; un avocat au Parlement, M. Royre,

---

(1) Cf. ci-dessous p. 31, n. 2. — La ville de Cadillac réclamait en 1600 l'application à l'entretien d'un « regent ou precepteur » du revenu d'une prébende alors vacante du chapitre de Saint-Blaise. — Mais, je dois le remarquer, ce ne sont pas là des fondations proprement dites.

avait donné par testament 6,000 l. pour le même établissement (1). Tout cela fut inutile et jamais les intentions bienfaisantes des fondateurs ne furent réalisées.

Je n'ai plus à indiquer que deux délibérations du chapitre de Saint-Seurin. En 1737 il soumet à une enquête la demande du sieur Ségur qui désire créer une école « pour les pauvres filles, pour y être élevées par une fille de piété » et instruites dans la lecture, l'écriture et la religion. Et cinq ans plus tard il se préoccupe d'obtenir mainlevée de 4,000 l. « dont le revenu est pour la fondation d'une école publique ».

La *gratuité* est de règle à l'école d'arithmétique de la ville de Bordeaux, chez les Frères des Écoles chrétiennes et les Filles de la Charité, dans les classes externes des Filles Notre-Dame et des Ursulines, chez les Dames de la Foi. Chez les régents et régentes laïques, qui sont en immense majorité, il faut, comme je l'ai dit plus haut, que les parents paient une rétribution mensuelle plus ou moins modique (2), et nos textes ne parlent que très exceptionnellement d'exemptions accordées aux pauvres. L'instituteur de Coutras en 1741 et celui d'Arbis en 1784 ne leur demandent rien ; le curé de Gaillan, vers 1768, paie pour eux ; une des deux maîtresses de Paillet remplit, en 1765, ses fonctions « par un motif de charité » ; à Gensac, en 1768, le régent s'engage à instruire *gratis* « six enfants des pauvres de ce lieu et juridiction qui seront choisis et à lui indiqués par les jurats ».

Je ne fais aucune difficulté de reconnaître que le *programme* de nos petites écoles était des plus élémentaires : il comprenait avant tout l'enseignement de la religion, puis uniquement la lecture, l'écriture, l'arithmétique et le catéchisme, « bases d'une éducation ordinaire » (3). Les preuves de ce que j'avance ici sont trop nombreuses pour qu'il y ait lieu d'emprunter des citations à nos documents. Assurément c'était peu ; cependant, malgré la vaste étendue

(1) Cf. sur cette longue affaire les documents publiés ci-dessous, p. 251 seq.

(2) Cependant il y a lieu de penser que, parfois du moins, quand le régent était pourvu d'appointements fixes, il devait instruire gratuitement les pauvres. — Cf. ci-dessous, p. 86 (Macau, 1744).

(3) Ce sont les termes d'une requête des habitants de Lesparre en 1784. — J'ai trouvé quelques mentions de la grammaire, de l'orthographe et du chant.

des programmes actuels de l'enseignement primaire, croit-on que, dans la réalité concrète, les gens du peuple aient retenu autre chose, pour la plupart, quelques années après leur sortie des classes ? En certains endroits, on enseignait la lecture non seulement des livres imprimés, mais des « titres » ou contrats (1). Dans les petites villes on joignait la tenue des livres (2). Les filles, comme on le pense bien, étaient appliquées au travail manuel (3).

Il y a peu à dire sur les *livres scolaires*. Le premier de tous était et devait être le catéchisme. Gerson en avait composé un, sous le titre d'*Opus tripartitum* (4) dont le cardinal Amanieu d'Albret, évêque de Bazas, fit imprimer à La Réole, par Jean Maurus, en 1517, une traduction française : « L'instruction des curez, recteurs & vicai= | res pour instruire le simple peuple | [armoiries d'Amanieu d'Albret et au dessous le mot BAZAS] Ce present liure est tres necessaire a tous | curez, Recteurs, vicaires, maistres descol= | les, dospitaux & a toutes p[er]sonnes desira[n]s | le salut de leurs ames & y a grans pardons | a tous ceulx qui y liront & oyront lire » (Pet. in-4° goth. de 60 feuillets non chiffrés). A la fin de ce livret nous lisons un résumé, en vers, de la doctrine chrétienne : *Le liure de Jesus qui est le summaire dessusdit. Et contient la doctrine necessaire a tous chrestiens.* Dans la pensée de l'évêque de Bazas, l'ouvrage de Gerson devait être un livre de

---

(1) Macau (1737); Cadillac (1758), etc. — « Il faut, écrivent les jurats de Cadillac à l'Intendant, que le régent soit habile dans l'écriture et l'arithmétique, seuls objets qui attirent notre attention .. Il ne doit pas être indifferent qu'il sache bien lire le latin et le français, mais principalement toute sorte d'écriture de main vieille et nouvelle. »

(2) Sainte-Foy (1771-73); Castillon (1759) : « La place de régent étant vacante, il paraît très intéressant d'y pourvoir incessamment d'un régent qui fût en estat d'enseigner la lecture, à bien escrire, l'arithmétique et la tenue des livres de commerce, ce qui devient très intéressant pour ce lieu-cy, parce que le peu de fortune dont jouissent les habitans les met hors d'estat de mettre leurs enfans dehors pour leur donner de l'éducation. »

(3) Voir à ce sujet Castillon (1788) et les règlements publiés dans la IVe partie.

(4) Le colophon de l'édition de 1517 explique ces mots : « Cy fine le liure de Maistre Jehan Gerson cha[n]cellier d[e] Paris appele en lati[n] *Opus trip[ar]titu[m]* : c'est a dire de trois parties. C'est as-avoir des co[m]ma[n]demens de dieu de confession et scie[n]ce de bien mourir. »

classe et l'usage en fut même formellement prescrit (1). J'en connais une autre édition, bordelaise, celle-là, dont le titre mentionne expressément les maîtres d'école parmi les personnes auxquelles on le destinait (2). — Au XVII⁰ siècle, on se servait chez nous du catéchisme du célèbre jésuite, le P. Edmond Auger (3). Le cardinal de Sourdis le rendit obligatoire en 1613 (4) et il est mentionné en propres termes dans les lettres de régence qu'accordait ce zélé prélat; de même dans les approbations données, en 1646, par les vicaires capitulaires; et, en 1672, par Henri de Béthune, aux instituteurs de Podensac et de Gujan. — Plus tard le diocèse de Bordeaux eut, comme tous les autres, son catéchisme spécial dont l'usage fut exclusivement prescrit. Louis d'Anglure de Bourlemont en publia un en 1683. Je n'en ai pas vu d'exemplaire et je le connais seulement par l'ordonnance archiépiscopale édicté

---

(1) C'est ce qu'indique le mandement de l'évêque de Bazas qui se trouve au deuxième feuillet après le titre. Entre autres personnes, il est adressé *Mag[ist]ris scholaru[m]*. Cf. *Antiquae Constitutiones synodales Vasatensis diocesis per Illustrissimum ac Reuerendissimum D. Cardinalem de Albreto episcopum Vasatensem in ordinem redactae* [publiées par Arnaud de Pontac]. *Burdigalae apud S. Millangium typographum regium*, 1584, 67 ff. pet. in-8º, fº 7 vº.

(2) L'INSTRVCTION | DES CVREZ | composee par MAI- | STRE IEAN GERSON, CHAN- | cellier de Paris, necessaire a tous cu- | rez, vicaires, maistres d'escolles, pres- | tres ou peres de famille pour in- | struire leurs enfans en l'amour & | crainte de DIEV. | *Auec la guide des cures contenant le formulaire de | diuers prosnes et exhortations qui se doi- | uent faire par les cures et vicaires | en administrant les saincts sacremens.* | A BOVRDEAVS | par S. Millanges, imprimeur ordinai- | (sic) du Roy, 1584, in-12. (Préface de Gerson : « Les peres et meres doiuent instamment solliciter les maistres d'escolles qu'ils enseignent cette doctrine à leurs enfans... »)

(3) Emond ou Edmond Auger, né, en 1530, au village d'Alleman, dans le voisinage de Troyes, entra au noviciat de Rome, du vivant de saint Ignace. Il se distingua surtout en France par son zèle pour la conversion des hérétiques. Il mourut à Côme, le 31 janvier 1591. — *Catechisme et sommaire de la religion chrestienne auec un formulaire de diuerses prieres catholiques et plusieurs aduertissemens pour toutes manieres de gens.* Lyon, 1563 et [2ᵉ éd.] 1564; Paris, 1572 et 1573. — *Petit Catechisme et sommaire de la religion chrestienne...*, par M. Emond Auger, de la Compagnie de Jésus. Paris, 1572; Bordeaux, Simon Millanges, 1576 (in-16). Le P. Sommervogel ne cite pas d'édition du XVIIᵉ siècle. — Je dois ces renseignements à l'obligeante érudition de M. l'abbé L. Bertrand.

(4) *Recueil des Mandements des Archevêques de Bordeaux*. Bordeaux, 1848, 2 vol. in-8º, t. I, p. 50, 51.

pour sa promulgation (1). La Bibliothèque de la Ville possède les catéchismes de Bordeaux de 1744 et 1772 (2). J'y ai également trouvé ceux de Bazas (1774) (3) et d'Agen (1751) (4) qu'il faut bien indiquer puisque parmi les communes de notre département il s'en trouve un bon nombre qui ont appartenu autrefois à ces diocèses.

Non seulement le catéchisme servait à l'enseignement de la religion, mais, après l'alphabet, il devait être, dans les écoles, le premier livre de lecture courante (5).

Nos textes relatifs aux Ursulines et aux Filles Notre-Dame nous parlent surtout des ouvrages de piété dont elles usaient. Chez celles-ci sont également mentionnés les *Quatrains de Pibrac et de Matthieu* (6).

(1) *Ordonnances synodales du dioc. de Bordeaux*, éd. de 1686, p. 266-68.

(2) *Catéchisme ou abrégé de la doctrine chrétienne, dressé et publié par l'autorité de feu Messire Armand Bazin de Besons, et réimprimé par l'ordre de M<sup>gr</sup> l'Ill<sup>me</sup> et Rév<sup>me</sup> Louis-Jacques d'Audibert de Lussan, Archevêque de Bordeaux et Primat d'Aquitaine, pour l'usage de son diocèse, augmenté d'un exercice de piété pour la confession et la communion.* Bordeaux, V<sup>e</sup> de La Court, 1747, avec privilège du Roi; in-12 de IV-90 p. et 3 ff. (p. IV : « Enjoignons à tous maîtres et maîtresses d'école de s'en servir pour apprendre la doctrine chrétienne à leurs écoliers et écolières. ») — *Catéchisme du diocèse de Bordeaux imprimé par l'ordre de Son Altesse M<sup>gr</sup> l'Archevêque de Bordeaux, pour être seul enseigné dans tout son diocèse.* Bordeaux, S. de La Court, 1772, in-12 de VIII-131 p. et 2 ff. (p. VII : « Afin que les enfans se rendent plus familières les instructions de ce catéchisme, MM. les curés veilleront à ce que ce soit, après l'alphabet, le premier livre dont on se servira pour apprendre à lire aux enfans de l'un et l'autre sexe. — Les maîtres et maîtresses d'école auront soin de faire lire à leurs élèves le présent catéchisme sans qu'ils puissent, sous aucun prétexte que ce soit, en enseigner d'autre. »)

(3) *Catéchisme imprimé par ordre de M<sup>gr</sup> l'Evêque de Bazas, suivi d'un petit catéchisme pour ceux qu'on dispose à la Confirmation, pour être enseigné seul dans son diocèse.* Bordeaux, Michel Racle, 1774, in-12 de x-192 p. (p. x : « Ordonnons aux maîtres et maîtresses d'école de faire au moins une fois par semaine le catéchisme aux enfants. Nous chargeons les archiprêtres et curés de veiller à ce que les maîtres et maîtresses s'en acquittent exactement et, en cas qu'ils négligent ce devoir, de nous en donner avis. »)

(4) *Les Devoirs du chrétien en forme de catéchisme, par M<sup>gr</sup> l'Ill<sup>me</sup> et Rév<sup>me</sup> Père en Dieu, Claude Joly, évêque et comte d'Agen, en faveur des curés et fidèles de son diocèse,* 14<sup>e</sup> édit. Agen, Gayau, in-12 de xxiv p., 4 ff. non chiffrés et 472 p.

(5) Cf. p. 663, n. 2 et p. 265 (Le Puy et Coutures).

(6) Voir la note de la p. 204.

Le curieux procès-verbal de visite de l'école de Gujan, en 1691, indique les livres de lecture qu'on y employait : « Et nous estans informez dudit sieur regent quels liures ses escolliers lisoient à l'escolle nous a dit qu'il ne souffroit pas que ses escolliers leussent d'autres liures que l'*Introduction a la vie deuote* et les *Sept Trompettes*, et des *Heures* pour les commençans. » Des *Heures*, on entend sans peine ce qu'indique ce titre ; et l'*Introduction à la vie dévote* du saint évêque de Genève est trop connue pour qu'il y ait lieu d'en parler en détail. Quant aux *Sept Trompettes* qui étaient en usage dans les écoles de diverses provinces et qui, si j'en crois Bernadau, se trouvaient encore à la fin du XVIIIᵉ siècle dans les maisons de nos paysans (1), je suis resté longtemps sans parvenir à identifier ce vieux livre de piété. J'ai fini par en acquérir un exemplaire que je décris en note (2).

(1) Gazier. *Lettres à Grégoire sur les Patois de France*, p. 143. Le texte porte : *Les Sept Tempêtes*, mais c'est une faute aisée à corriger.

(2) LES SEPT | TROMPETTES | POVR RE'VEILLER | LES PECHEURS ET LES | INDVIRE A FAIRE PENITENCE. | *Composé par le R. P.* BARTHELE- | *MY SOLVTIVE*, *Recollert.* | Et traduites d'Italien en François, par le R. | P. F. CHARLES IOVYE, Reli- | gieux du mesme ordre [une vignette grossière représentant dans un nuage sept anges jouant de la trompette et, au bas, six personnes en prière]. A ROVEN, | chés ANTOINE FERRAND, | aux degrez du Palais | M. DC. LXIV. — Pet. in-18 de 6 ff. et 418 p. — A la fin de mon ex. se trouve une *Briefue instruction pour mediter sur les effusions du sang de Nostre Seigneur*, par le P. Ioûye. A Rouen, de l'imprimerie de Louys Cabut, 1664. 6 ff. et 136 p. — *Les Sept Trompettes* sont un traité assez original sur la nature, les effets et la punition du péché mortel. Il comprend 37 chapitres, dont le premier résume en ces termes l'ouvrage entier : « La premiere trompette dira la grauité des offences commises contre Dieu, quand l'homme peche. La seconde parlera de la saleté et horreur du pechè. La troisiesme representera le dommage que le peché apporte à l'ame en la vie presente. La quatriesme, le dommage qu'il apporte à l'heure de la mort. La cinquiesme, le dommage qu'il apporte à l'heure du Iugement. La sixiesme, le dommage qu'en reçoit l'ame damnée. La septiesme representera ce qui accompagne le peché en cette vie presente, à l'heure de la mort et apres la mort. Ce sont les sept trompettes, mes freres pecheurs, les sons desquelles ie veux representer en ce petit liure a la gloire de Dieu et a votre salut. » Après les 37 chapitres où sont développées ces pensées, viennent de *Briefues instructions et fort utiles* (il n'y en a pas moins de 102) *pour apprendre au pecheur a quitter le peché et se conuertir a Dieu et a sauuer son ame.* Puis XV HISTOIRES EPOVVENTABLES *arrives* (sic) *a plusieurs pecheurs par la Iustice divine, afin de detourner les Hommes et les Femmes du chemin de Perdition.* — Les trois premiers

Un de nos textes nous renseigne sur les *heures de classe;* elles ne diffèrent guère de celles qu'ont fixées nos règlements actuels (1). Nous ne savons à peu près rien sur la *méthode* adoptée par les maîtres et maîtresses de campagne (2). On lira, par contre, avec intérêt les règlements scolaires des Ursulines et des Filles Notre-Dame, règlements sages mais trop peu détaillés pour qu'il y ait moyen de s'y arrêter longuement.

De part et d'autre, on a les mêmes objets d'enseignement, qu'il s'agisse des pensionnaires ou des filles du dehors qu'on instruit par charité. La « doctrine chrestienne » est, par dessus tout « en tres grande recommandation ». Les élèves apprennent à lire le latin et

feuillets liminaires sont remplis par une dédicace du traducteur « A tres Reuerend Pere en Dieu, Messire Guillaume de la Varenne, euesque d'Angers » ; les deux suivants nous donnent, avec les approbations des supérieurs, quatre pièces de poésie (?) dédiées au P. Joüye. En voici une qui égaiera un peu le lecteur. L'imprimeur a évidemment oublié le vers qui devait rimer avec le cinquième :

> Ioüye, par tes escrits, tu apprens aux pecheurs
> Comme il se faut sevrer des trop aigres douceurs,
> Des deplaisans plaisirs, des vanités mondaines,
> Et des trompeuses voix des charmeuses Sereynes [sirènes].
> Au faiste bien-heureux des celestes plaisirs,
> Par le son éclattant de tes claires trompettes,
> Qui transperce leurs cœurs aiguisé de sagettes.
>
> Fr. Macaire de Morennes, Recollect.

Il est sûr que nos petits écoliers auraient eu dans les admirateurs du P. Joüye et spécialement en Fr. Macaire de Morennes, de mauvais maîtres de littérature. Le dernier feuillet liminaire nous donne le *Catalogve des Liures Spirituels que toute Ame deuote doit auoir en son Cabinet*, où naturellement figurent en bonne place ceux des PP. Solutive et Joüye. J'y remarque encore *l'Aiguillon de la Componction* et *les Estincelles de l'Amour Diuin*. — Tout cela peut paraitre bizarre à notre génération sceptique. Il n'en est pas moins vrai que des livres comme *les Sept Trompettes*, parlant uniquement des choses qu'il nous importe le plus de savoir, étaient bien à leur place dans les petites écoles, beaucoup mieux assurément que la plupart des *Manuels* qu'on y a introduits de nos jours. — Mon érudit ami, M. l'abbé Ch. Urseau, a consacré quelques pages très substantielles aux *Sept Trompettes* dans son excellente *Étude sur l'Instruction primaire dans le diocèse d'Angers. Doc. inéd.* 1re série, Paris, 1893, in-8°, p. 137-142.

(1) Rions, 1774.

(2) Voir pourtant les doc. relatifs à la paroisse de Coutures et le Puy, au *Supplément*.

le français, à écrire « en lettre ronde et en italienne » (1), à bien orthographier, à calculer aux gets (2) et à la plume ; à faire toutes sortes d'ouvrages manuels. Il y a des monitrices ou décurionnes. L'enseignement est simultané, la maîtresse instruisant les enfants par groupes, selon leur degré d'avancement. Pour la récitation, on excite l'émulation en donnant à chaque fille une rivale du « costé opposite ». Les externes ont des leçons à apprendre, des devoirs et du travail manuel à faire à la maison et on leur en demande compte dès le commencement de la classe. On revoit le samedi ce qu'on a étudié dans la semaine. Une préfète chez les Filles Notre-Dame, une maîtresse des classes chez les Ursulines, ont la surintendance de l'enseignement.

Je ne puis qu'indiquer sommairement ces divers points, puisque j'écris un livre d'histoire et non une étude pédagogique (3). Mais on me permettra d'observer que les règlements que je résume brièvement ainsi sont de la première partie du XVII<sup>e</sup> siècle et constituaient déjà un notable progrès sur ce qui se pratiquait antérieurement.

Les *écoles mixtes* étaient fort nombreuses, malgré les inconvénients reconnus de cet expédient. Trois fois seulement on observe que les filles ne vont pas à l'école dans des paroisses où il n'y a qu'un régent : c'est à Eysines en 1735, à Berson en 1753, à La Ruscade en 1754. Vingt-sept de nos documents au contraire constatent en termes exprès que le même maître ou la même maîtresse instruit les enfants des deux sexes. Sept fois, à la vérité, il est dit qu'on les sépare soit en leur attribuant des bancs distincts, soit même en leur donnant des

---

(1) Même chez les Orphelines de Saint-Joseph, qui se vouaient exclusivement aux filles très pauvres, on apprenait à lire et à écrire, mais on s'occupait surtout de couture et de ménage (Cf. p. 241).

(2) C'est-à-dire avec des jetons (Cf. Buisson, *Dictionnaire de Pédagogie*, 1<sup>re</sup> part, aux mots *abaque, boulier, calcul*).

(3) Je ne dis rien de la méthode des Frères des Écoles chrétiennes ; elle est bien connue. Elle avait été fixée par le Bienheureux J.-B. de la Salle dans sa *Conduite des écoles chrétiennes*, dont la 1<sup>re</sup> édit. est d'Avignon, 1720, in-12. Cf. Ravelet. *Hist. du Vénérable J.-B. de la Salle*, Paris, 1874, in-8°, p. 238 seq. — Il y a bien peu de renseignements à prendre sur le système primitif d'instruction des Dames de la Foi dans les *Statuts et Reglemens des escoles chrestiennes et charitables du Saint Enfant Jesus...* A Paris, chez François le Cointe, 1685, pet. in-12 de 54 p.

classes spéciales (1). Il était difficile dans notre diocèse d'appliquer à la rigueur les lois ecclésiastiques prohibant les écoles mixtes. Comme les congrégations spécialement dévouées à l'enseignement populaire n'avaient guère d'établissements chez nous, la pénurie de maîtresses y a toujours été fort grande avant la Révolution (2). Mais quand il existait dans la paroisse un régent et une régente, le principe était maintenu rigoureusement. Ainsi à Saint-André de Cubzac, en 1642, une ordonnance rendue en synode défend « aux peres et meres d'enuoyer leurs filles à l'escolle ou vont les garçons, ains chés la sœur Marguerite qui prend la peyne d'instruire les filles auec soing et charité ». A La Teste, en 1689, l'ordonnance de visite porte : « Nous faisons inhibitions et defenses a Gerard Lafite et Jean Baleste, maistres d'escolle des enfans (c'est-à-dire des garçons), de receuoir dans leurs escolles des filles, soubs quelque pretexte que ce soit, sur peyne d'estre interdits, comme aussi a Marie Mercier, maistresse d'escolle, de receuoir dans son escolle aucun enfant, sur semblable peyne. » Le 13 avril 1786, le chapitre de Saint-Seurin autorise M. de Lamontaigne, promoteur, à faire « exécuter *à la lettre* » les délibérations qui ordonnent aux différents régents de cette paroisse de ne garder dans leurs écoles que des garçons, et aux régentes ou maîtresses de pension, que des filles, « et si la présente délibération n'est pas exécutée, M. de Lamontaigne en fera son rapport au chapitre pour estre ordonné ce qu'il appartiendra ». De fait, dès le 18 mai, le chapitre informait contre une maîtresse de Caudéran qui contrevenait, en ce point, aux règlements.

En 1758, l'intendant de Tourny se préoccupa d'établir des régentes en certaines paroisses qui en étaient dépourvues et adressa une circulaire dans ce sens à ses subdélégués. Quelques-unes de ces

---

(1) Au Bouscat (2 fois), à Castelnau, Gujan, Lormont, Morcillac, Mourens.
(2) Voici l'état exact des 46 communes où j'ai trouvé des régentes : Saint-André de Cubzac, Arveyres; Baurech, Bazas, Beautiran, Bègles, Blanquefort, Blaye, Bordeaux, Bourg; Cadaujac, Cadillac (canton), Cambes, Castillon, Castres, Caudéran, Coutras, Sainte-Croix du Mont; Saint-Émilion, Saint-Estèphe; Fargues-Saint-Hilaire, Sainte-Foy, Fronsac; Galgon, Gensac, Gradignan; Lamarque, Landiras, Langon, Saint-Laurent (Médoc), Lesparre, Libourne, Saint-Loubès; Saint-Macaire, Margaux, Monségur; Paillet, Pauillac, Plassac, Portets, Preignac; Queyrac; La Réole, Rions; La Teste; Villandraut (1790).

réponses sont aux Archives de la Gironde ; voici celle de M. Bourriot, subdélégué de Bazas : « Selon les éclaircissemens que j'ai pris en conséquence de la lettre dont vous m'honorâtes, le 31 du mois dernier, l'éducation des filles dans les villes et gros lieux de ma subdélégation se trouvant confiée ou à des régentes de bonnes vie et mœurs, ou à des Dames de la Foi, ou à des religieuses cloîtrées, il n'y a à désirer aucun nouvel établissement à cet égard. C'est la manière de penser des maires, jurats et consuls que j'ai consultés à ce sujet et même de M. l'Évêque (1) à qui j'ai eu soin de communiquer votre lettre et les éclaircissemens pris (2). »

## VI. — L'ACTION DU POUVOIR CIVIL

Les documents que j'ai pu recueillir dans la série C des Archives de la Gironde confirment l'appréciation du rôle de l'*État* que l'étude de la législation et celle des diverses monographies publiées sur la question m'ont dictée dans un livre déjà ancien, *l'Instruction primaire en France avant la Révolution* (3). J'y avais démontré par des faits l'exactitude rigoureuse des formules adoptées par deux érudits fort compétents, MM. de Charmasse et Bellée. Selon le premier, « laissant à l'Église le soin de pourvoir à la fondation des écoles ainsi qu'à l'institution des maîtres, lui abandonnant en quelque sorte le côté social de l'enseignement, l'État faisait seulement sentir son action : 1º en matière fiscale, par son appréciation et son approbation des impositions spéciales votées par les communautés [d'habitants] ; 2º en matière contentieuse, par l'exercice de la juridiction administrative à l'égard des conventions passées avec les recteurs d'écoles et des conflits dont l'exécution et l'interprétation de ces conventions pouvaient être la cause. Action légitime autant que salutaire, qui laissait aux communautés l'honneur de l'entre-

---

(1) J.-B.-Amédée Grégoire de Saint-Sauveur, dernier évêque de Bazas, sacré le 16 octobre 1746, mort dans sa ville épiscopale, le 15 janvier 1792.

(2) Arch. Gir., C 3097.

(3) Chap. VII (p. 201-215).

prise et le mérite des sacrifices, tout en exerçant la plus heureuse influence sur la stabilité des écoles et la condition des maîtres (1) ». A. Bellée a dit fort justement aussi : « L'État ne s'était pas alors, comme de nos jours, substitué complètement à l'initiative individuelle. Il se bornait à la surveiller, à la diriger, à la régulariser, ce qui, pour beaucoup d'esprits clairvoyants, est son véritable rôle (2). »

Sans doute, les Déclarations royales de 1698 et 1724 ne furent pas partout exécutées rigoureusement. Sans doute, dans l'esprit de Louis XIV et du duc de Bourbon, elles eurent une intention de propagande religieuse, bien plus que de propagande scolaire (3). Néanmoins, dans la généralité de Bordeaux comme dans les autres, elles eurent, pour la diffusion de l'enseignement primaire et pour l'amélioration de la condition des régents, des effets fort appréciables et toujours bienfaisants.

La correspondance des *Intendants* de Bordeaux avec leurs *subdélégués* nous a conservé de très nombreux documents relatifs à

---

(1) A. de Charmasse, *État de l'Instruction primaire dans l'ancien diocèse d'Autun, pendant les* XVII° *et* XVIII° *siècles*, 2° édit. Paris et Autun, 1873, in-8, p. 47.

(2) A. Bellée, *Recherches sur l'Instruction primaire dans la Sarthe, avant et pendant la Révolution*. Le Mans, 1875, in-12, p. 7.

(3) Au fond, il en est toujours ainsi, et aucun homme sincère ne le contestera, surtout en notre temps. Il n'est pas, il n'y a jamais eu, il n'y aura jamais une loi scolaire dont les promoteurs n'aient été guidés par des vues ultérieures et d'un autre ordre. « Oui, ce fut dans un intérêt politique, dans une intention de prosélytisme religieux que le gouvernement de Louis XIV et le gouvernement de Monsieur le Duc s'occupèrent de l'enseignement primaire. Eh bien ! que nous importe ? Ils s'en occupèrent, voilà le fait. Un grand bien sortit d'un grand mal, si l'on veut. En fut-il moins un bien ? Je pourrais demander quel est le prince ou le gouvernement qui ne mêle pas à ses intentions les plus généreuses quelques vues d'intérêt et de prosélytisme politique. Je pourrais demander si, dans les temps où nous sommes, ceux qui réclament avec le plus d'ardeur l'enseignement obligatoire voudraient nous donner à croire qu'ils travaillent à la propagation des idées qu'ils détestent. Ceci serait nouveau dans le monde. Je me contenterai de demander si nous avons des opinions pour les garder ou pour les répandre. Poser la question, c'est l'avoir résolue. Ni la parole ne vaudrait la peine d'être parlée, ni l'instruction d'être distribuée, si la parole et l'enseignement n'étaient pas le légitime instrument de domination des intelligences et des âmes. » (F. Brunetière, *l'Instruction primaire avant 1789*, dans la *Revue des Deux-Mondes* du 15 octobre 1879, p. 938, 939.)

l'enseignement populaire, notamment au choix des instituteurs, à leur remplacement, à leur révocation, aux appointements et aux loyers.

En général, les impositions demandées par les régents, ou pour eux par les communautés d'habitants, sont accordées sans difficulté, pourvu toutefois que les assemblées paroissiales en aient régulièrement délibéré (1). Elles ne sont refusées que dans deux cas : tantôt, étant donnée l'importance des paroisses, les maîtres d'école trouvent dans la rétribution scolaire des ressources jugées suffisantes ; tantôt la pauvreté de la communauté ne permet pas l'imposition des « gages », surtout à la suite de calamités extraordinaires, grêles, gelées, etc. Il est rare que la taxe spéciale, une fois accordée, ne soit pas indéfiniment maintenue. Nos textes fournissent peu d'exemples de sa suppression.

La correspondance administrative montre, le plus souvent, chez les Intendants beaucoup de bienveillance et des dispositions favorables à la diffusion de l'enseignement. L'examen des dossiers relatifs aux affaires scolaires qui abondent dans la série C des Archives de la Gironde témoigne du sérieux des enquêtes et de la sagesse avec laquelle les décisions ont été prises.

Nos Intendants se sont préoccupés de la valeur morale et intellectuelle des maîtres d'école. C'est ainsi que M. de Tourny écrivait, en 1758, à ses subdélégués : « Je vous prie de vous faire informer, par des personnes dignes de confiance, de la religion, conduite et capacité des régens établis dans les paroisses de votre subdélégation et de m'en envoyer l'état, avec les observations relatives à *l'intérêt essentiel de l'éducation* (2). » Nos Intendants ont eu une grande part à l'établissement des Frères des écoles chrétiennes à Bordeaux; quand, en 1764, quelques membres du corps de Ville tentèrent de faire supprimer par le contrôleur général le traitement qui leur avait été attribué, M. Boutin intervint fort énergiquement auprès de lui pour

---

(1) « Il est d'usage, écrit, en 1770, le subdélégué de Libourne au secrétaire de l'Intendant, de n'accorder l'imposition pour gages d'un régent qu'en conséquence d'une *délibération de la communauté* qui contienne la fixation de ces gages. » (Arch. Gir., C 326.)

(2) Arch. Gir., C 3097.

empêcher le succès de cette démarche qu'il qualifia sévèrement (1). Nous voyons aussi les Intendants de Guienne s'intéresser très fort anx écoles congréganistes de filles existant dans la généralité, et les recommander fréquemment au gouvernement et aux municipalités (2). En 1786, le ministère demanda à M. Le Camus de Néville s'il n'y avait pas lieu de supprimer les pensions que les communautés de nouvelles catholiques de son ressort recevaient du trésor royal (dans notre département actuel : Sainte-Foy, 1,000 l.; Libourne, 1,200 l.; Gensac, 350 l.; Bordeaux, 900 l.). Après avoir pris des éclaircissements auprès de ses subdélégués (3), l'Intendant écrivait à M. de Vergennes la lettre suivante : « On peut dire en toute vérité que toutes ces communautés sont d'une grande utilité. Placées pour la plupart dans des cantons où la religion prétendue réformée a encore beaucoup de sectateurs, ces maisons ne se bornent point à l'instruction des protestantes qui leur sont présentées ; ce sont autant d'écoles où les jeunes personnes issues de parens catholiques vont aussi puiser gratuitement les principes de la religion et des bonnes mœurs et l'amour du travail. La communauté des Sœurs de l'Instruction de Bordeaux (Dames de la Foi) a environ en ce moment 400 élèves de cette dernière espèce. Les autres communautés en ont autant à proportion de l'étendue des villes où elles sont établies. Elles se sont toujours distinguées par un grand zèle dans l'exercice de leurs devoirs. La confiance qu'elles inspirent par leurs vertus a engagé les habitans de plusieurs lieux à leur confier la distribution des aumônes et elles s'en acquittent de la manière la plus satisfaisante. Elles ont d'ailleurs produit beaucoup de conversions et les citoïens de tous les états verroient avec un regret infini la suppression de ces communautés. Ainsi on pense qu'il est de la bonté et de la justice du gouvernement de les laisser subsister toutes et que les pensions dont elles jouissent sont très utilement emploïées (4). »

Assez souvent les *municipalités* urbaines témoignent de leur bon vouloir en ce qui touche à l'instruction de la jeunesse. « Le corps de

(1) Ci-dessous, p. 162.
(2) Cf. Blaye, Gensac, Sainte-Foy, etc.
(3) On trouvera leurs réponses au *Supplément*, articles Gensac, Sainte-Foy, Libourne.
(4) Arch. Gir., C 2515.

ville, écrit-on à Cadillac en 1758, a *extrêmement à cœur* que les enfans de la ville puissent se former aux bonnes mœurs »; en 1768, « l'abandon du collège par les Doctrinaires porteroit un *préjudice irréparable* aux habitans »; en 1771, « il est *essentiel* qu'il y ait un régent ». — A Castillon, en 1759, « la place de régent étant vacante, il paroît *très intéressant* d'y pourvoir *incessamment* ». — Les jurats de Saint-Macaire défendant auprès de l'Intendant un maître d'école injustement attaqué parlent du « malheur public qui en résulteroit pour la ville, s'ils venoient à perdre un si bon sujet (1) ».

De même les *assemblées d'habitants* des paroisses rurales expriment plus d'une fois en termes énergiques leur désir d'assurer aux enfants une bonne instruction. Et ceci est d'autant plus méritoire qu'il s'agit, la plupart du temps, de se soumettre, pour cet objet, à une augmentation d'impôts. Gensac (1768) : « La juridiction *demande à grands cris* des maîtres éclairés pour former à la vertu les jeunes gens qui vivent sans éducation, faute de facultez, et orner les esprits naissans des connoissances les plus pures et les plus propres à civiliser les mœurs. » — Créon (1779) : « Les paroissiens n'ont *rien tant à cœur* que de procurer à leurs enfans une éducation convenable et de leur faire apprendre la religion. » — Sainte-Terre (1753) : « Les habitans déclarent tous, *d'une voix et unanimement*, que pour le bien public et l'utilité des enfans de leur paroisse, il serait *tant bon que nécessaire* qu'il y eut un régent pour leur donner des principes et éducation (2). »

Il faut du reste remarquer, pour conserver à cet exposé sommaire toute l'exactitude désirable, qu'on trouve des dispositions moins bienveillantes et même hostiles chez certains administrateurs, imbus des préjugés bourgeois et philosophiques (quiconque a tant soit peu étudié notre question connaît les idées des philosophes du XVIIIe siècle sur l'enseignement populaire) (3); mais leur mauvais vouloir resta généralement sans effet.

C'est ici le lieu de parler du soin donné à l'éducation des pauvres enfants, par les *administrateurs de l'hôpital Saint-André*. Nous

(1) Cf. La Réole, *passim*; Lesparre, 1770; Bourg, *ap.* Lacoste, *l. cit.*
(2) Cf. Mourens, 1790; Saint-Pey de Castets, 1769; Pedensac, 1645; Vayres, 1769; Villenave-d'Ornon, 1761.
(3) Cf. ci-dessous, p. 168-171, et spécialement la note 2 de la p. 169.

lisons dans la plus ancienne édition des Statuts de la Ville de Bordeaux : « Afin que les petis enfans et filles, orphelins et orphelines ne demeurent à leur vie au dict hospital et oisifs, est ordonné que les enfans pauures seront enuoyez au college de la dicte ville ou endoctrinez par un maistre special au dict hospital reputé pour l'erudition, les bonnes mœurs, vertu et sçauoir (1).

» Sur ce chapitre sont considerables les arrests de la Court du 6 feburier 1556, 16 octobre 1571 et 11 feburier 1583, donnez pour le faict des pauures.

» Et les filles orphelines seront enseignées par une femme, à ce expressement mise au dict hospital pour leur apprendre bonnes mœurs et vertu.

» Et quand les enfans seront paruenus en aâge et qu'ils seront capables pour apprendre quelque mestier, est ordonné que les dicts enfans seront baillez à quelques gens de bien, soit pour apprendre quelque mestier, seruir ou estre prins comme enfans adoptifs.

» Par arrest du 23 aoust 1575, les bailes de chascun art, estat ou mestier sont tenus de prendre les pauures petis enfans qui sont capables pour apprendre quelque mestier pour les distribuer aux maistres, artisans et ouuriers des dicts mestiers, à tel temps et à telles conditions qu'il sera aduisé

---

(1) M. L. Roborel de Climens m'a communiqué la pièce suivante qui nous fait connaître le nom d'un des maitres des pauvres enfants de l'hôpital et le taux de ses gages : « Le 16º jung m d lxxxv, Me Bernard de Baile, regent, demeurant à l'hospital Sainct André de Bourdeaulx, a receu comptant de sr André Seurin bourgeois et marchand de Bourdeaulx, ung des tresoriers dudict hospital, la somme de ung escu deux tiers d'escu, et ce pour paiement des gâges ordonnés audit Baile par MM. les administrateurs du bureau dudict hospital, et ce pour le quartier de auril, may et present moys de jung, tellement que de ladicte somme de ung escu deux tiers, iceluy Baile s'est tenu pour content, payé et satisfaict et en a quicté le dict Seurin et tous aultres, presens Henry de Nogues et Estienne Martin, habitans au dict Bourdeaulx, declarant Baile ne pouuoir escripre, a cauze de la contagion de maladie qui est au dict hospital. *Martin*, present ; *Denoguies*. » (Arch. Gir., pap. non classés.) — Le 22 avril 1609, le cardinal de Sourdis édicta, en congrégation, cette ordonnance : « Le precepteur de l'hôpital de Saint-André prendra de Nous lettres d'approbation et confirmation pour exercer la charge et office de precepteur des enfans de l'hôpital pour les enseigner et instruire en la piété, bonnes mœurs, et aux bonnes lettres. » (*Ordonn. syn. du dioc. de Bord.*, éd. de 1686, p. 273-274.)

au bureau du dict hospital; et, quant aux filles, seront les damoyselles, dames et bourgeoises de la dicte ville exhortées d'en prendre pour leur seruice telles qu'elles choisiront, pour tel temps et à telles conditions qu'il sera pareillement aduisé au dict bureau (1). »

Ces dispositions charitables se retrouvent dans les deux éditions postérieures des Statuts que je connais (2); ce qui me fait supposer qu'elles continuèrent à être en vigueur jusqu'au commencement du XVIII° siècle, au moins.

## VII. — L'ACTION DE L'ÉGLISE

Il n'est pas malaisé d'administrer la preuve du zèle déployé par l'ancienne Église de France pour la diffusion de l'enseignement populaire. Les collections de conciles et de statuts synodaux fournissent en abondance des textes concluants; l'étude des pièces d'archives nous révèle l'action directe des évêques, des chapitres et des curés sur l'école; l'admirable épanouissement des congrégations enseignantes aux deux derniers siècles est un fait historique au dessus de toute contestation. Je traiterai successivement ces trois points en me restreignant soigneusement aux anciens diocèses dont le territoire a formé en tout ou en partie le département de la Gironde.

1. Le *concile* de la province de Bordeaux assemblé en 1583 par Antoine Prevost de Sansac ne négligea point la question des petites écoles, dans l'étude qu'il fit des moyens à mettre en œuvre pour la restauration, alors très nécessaire, de la vie chrétienne dans notre pays. J'emprunte la traduction du décret qu'il porta sur cet important objet à une édition du commencement du XVII° siècle.

(1) *Les anciens Statuts de la ville et cité de Bourdeaux, enrichis d'aucuns nouueaux Statuts, de plusieurs reglemens et annotations; auec indice du tout. A Bourdeaux, par* S. Millanges, *imprimeur ordinaire du Roy.* 1593, in-4°, p. 81, 82.
(2) Ce sont celles de Millanges, 1612, in-4°, p. 68, et de S. Boé, 1701, in-4°, p. 52, 53.

« Il a esté iadis fort bien dit par vn sage de ce siecle qu'il n'y a rien de quoy on puisse prendre conseil, qui soit plus diuin et aggreable a Dieu que l'instruction des enfans. Car la ieunesse est l'esperance et propagation de la republique, laquelle si, cependant qu'elle est encore tendre et maniable, elle est diligemment instruite, elle raportera des fruits en abondance et d'vne merueilleuse douceur, comme, au contraire, si elle est mise en nonchaloir et mespris, ou bien ne produira aucuns fruits ou si elle en raporte, ils seront tres amers. Parquoy, le meilleur et le plus aisé moyen, voire le plus bref pour restituer la chrestienté en son premier estat, est de mettre peine que la ieunesse soit soigneusement et diligemment instituée, selon les loix et traditions de nos Maieurs (1).

» Et d'autant qu'on doibt auoir soing sur toutes choses que la ieunesse soit premierement imbue et instruite en la crainte de Dieu, qui est la source et commencement de toute sapience et aussi semblablement aux bonnes et saintes mœurs, nous ordonnons que nul ne soit receu pour regir les escholes ou pour enseigner et instruire la ieunesse qui soit mal sentant de la foy et religion catholique et suspect d'heresie et qui n'aye fait profession de foy selon la forme cy dessus prescrite ou qui soit de mauvaise vie. Car, le plus souvent, tels sont les disciples quels sont les maistres.

» Non seulement les liures impies et meschans mais aussi impurs et sales, ne soyent receus es escholes des chrestiens. Et que les liures des autheurs approuuez seulement, desquels on peut tirer une doctrine et erudition solide auec les bonnes mœurs, soyent leus es escholes et diligemment et clairement expliquez.

» Que les precepteurs proposent aux enfans, tous les iours des festes, quelque chose des autheurs chrestiens et catholiques et principalement du Concile de Trente, de ce qui appartient a la religion et bonnes mœurs, et leur monstrent pareillement non seulement par parolle, mais aussi par exemple, a assister diligemment et auec grande attention d'esprit et modestie aux sacrez mysteres de l'Eglise, a la predication de la parolle de Dieu et au seruice diuin, tant au matin qu'a vespres.

» *Il faut que les chrestiens pouruoyent et donnent ordre par tous les moyens qu'en chacune paroisse ou a tout le moins es bourgs les plus fameux et peuplez, il y ait un maistre d'eschole lequel, auec la grammaire, enseigne aux enfans ce qui concerne la religion.* Comme sont les Articles de la Foy,

(1) *Maiorum*, c. à. d. nos ancêtres.

les Commandemens de Dieu, l'Oraison Dominicale, les Hymnes et Pseaumes sacrez et autres choses semblables (1). »

Le même concile enjoint aux évêques de s'informer, dans leurs visites, des écoles, de la conduite des maîtres, des objets de leur enseignement (2).

Un autre concile provincial fut réuni à Bordeaux, en 1624, par le cardinal de Sourdis. On trouve dans le recueil de ses décrets les prescriptions suivantes :

« Les maîtres qui instruisent la jeunesse dans les villages et dans les bourgs devront faire la profession de foi et, de plus, prendre de l'Ordinaire des lettres (3) par lesquelles ils puissent prouver aux curés qu'ils ont licence d'enseigner, sans quoi ceux-ci ne le leur permettront pas. La vigilance des curés sera grande pour empêcher qu'aucun maître ne soit adonné au vin, blasphémateur, bouffon ou entaché de quelque vice dont il puisse déposer le germe dans le cœur des enfants. Le cas échéant, ils en informeront l'Ordinaire afin que les mauvais régents soient éloignés et qu'on puisse leur en substituer d'autres qui soient utiles à la jeunesse. Et de peur qu'ils ne se relâchent avec le temps, les curés devront très souvent adresser des rapports écrits à l'Ordinaire sur leurs vie et mœurs, leur religion et leur enseignement (4). »

On voit comment l'Église prenait souci de la fondation des écoles, du choix des maîtres, de la manière dont ils s'acquittaient de leur

---

(1) *Decreta concilii prouincialis Burdigalae habiti, sub Reuerendissimo D. D. Antonio Preuotio Sansaco, Archiep. Burd. Aquit. primate... Burdigalae, Exc.* Sim. Millangius, *typ. reg.* 1623, in-12, p. 169-172.

(2) *Ibid.*, p. 218.

(3) On trouvera ci-dessous des exemples de ces lettres d'approbation : p. 99, Podensac, 1646, des vicaires capitulaires de Bordeaux (c'est la formule adoptée en 1610 par le cardinal de Sourdis); p. 71, Gujan, 1672, d'Henri de Béthune; p. 81, Saint-Loubès, 1758, de L. J. d'Audibert de Lussan; p. 85, Saint-Macaire, 1780, de F. de Rohan. — Je donne également une lettre de régence d'E. Mongin, évêque de Bazas; p. 12, 13 (Blasimont, 1742), et de J.-G.-G. de Chabannes, évêque d'Agen, p. 57, 58 (Sainte-Foy, 1753). — Le lecteur remarquera la sagesse des prescriptions édictées dans ces divers documents.

(4) *Decreta conciliorum provincialium, annis* M.D.LXXXIII *et* M.DC.XXIV, *Burdigalae celebratorum... Burdigalae,* 1728, in-8°, 2ᵉ partie, p. 21, 22.

office, et comment elle prenait des mesures de surveillance susceptibles de remédier aux abus.

2. Les *ordonnances synodales* renouvellent et précisent ces prescriptions.

En 1609 et 1610, le cardinal de Sourdis fit divers règlements pour les écoles. Dans le statut de 1609, après avoir enjoint aux « regens du college de Guyenne et autres maistres d'eschole du Dioceze l'enseignement du catechisme et doctrine chrestienne », il ajoute :

« Tous les curez et vicaires de nostre dict Dioceze seront tenus desormais de bailler la liste des noms des maistres d'eschole de leurs paroisses a celuy qui sera pourueu de la dignité de Maistre d'Eschole (1) en nostre eglise metropolitaine et seront tenus les dicts maistres d'eschole des dictes paroisses de prester le serment de s'acquitter du deuoir de leur charge et d'enseigner la doctrine chrestienne à leurs escholiers et ce, entre les mains de ceux que nous enuoyerons pour visiter les dictes eglises et paroisses. Et en outre seront tenus tous ceux qui tiendront eschole en notre Dioceze de faire profession de Foy, suiuant les constitutions du saint concile de Trente (2), entre nos mains ou de nos vicaires generaux qui seront pour lors ; et a faute de ce faire, ne leur sera loisible de tenir l'eschole en aucun lieu de notre Dioceze (3). » — « Les curez nous donneront aduis des maistres d'eschole qui sont es paroisses des champs, quelle capacité ils ont, quelle permission, quelle doctrine de foy, quelles mœurs et conuersation, quels liures ils enseignent, et s'employeront soigneusement a l'institution de la ieunesse (4). »

Ces ordonnances furent renouvelées par Henri de Sourdis, Henri de Béthune et Louis d'Anglure de Bourlemont (5).

---

(1) La maître-écolie était la neuvième dignité du chapitre de Saint-André. Elle fut supprimée, en 1620, par le cardinal de Sourdis qui lui substitua l'archidiaconé de Fronsac (Arch. Dioc., P 16, fos 147 seq.).

(2) *Sess. V de Reform., cap. I.*

(3) *Ordonnances et Constitutions synodales, Decrets et Reglemens donnes au diocese de Bourdeaux, puis l'an M.DC. jusques a present, en diuerses occasions et occurrences, par Monseigneur l'Illustme et Reuerme Cardinal de Sourdis, Arch. de Bourdeaux et Primat d'Aquitaine.* Bordeaux, Millanges, 1621, in-12, p. 146.

(4) *Ibid.*, p. 147.

(5) *Ordonnances syn. de Bordeaux*, édit. de 1639 et 1686, titre XXII.

J'ai retrouvé aux Archives de l'Archevêché deux mandements inédits du mois de janvier 1657, sur les petites écoles. Les vicaires généraux d'Henri de Béthune rappellent les curés et les maîtres à l'observation des ordonnances du cardinal de Sourdis et réclament, notamment, la liste des régents afin qu'on puisse se rendre compte de leur religion et de leur capacité.

Voici ces documents, d'après les originaux :

« LES VICAIRES GENERAVX de Monseigneur l'Illustrissime et Reuerendissime Archeuesque de Bourdeaux et Primat d'Aquitaine (1).

» Sur ce qui nous a esté representé par le promoteur qu'a l'occasion des mouuemens derniers (2), les curez et vicaires de ce diocese n'ont peu executer diverses ordonnances synodales tres utiles, importantes au bien et salut des ames et a la bonne discipline ecclesiastique et notamment celles données par feu, d'heureuse memoire, Monseig' le cardinal de Sourdis et confirmées par mondit seigneur l'Archeuesque, portant ordre et commandement a tous les curez et vicaires de ce diocese de bailler de temps en temps la liste des noms des maistres d'eschole de leurs paroisses, afin que, par ce moïen, on peust veiller a ce qu'ils eussent les qualitez requises et que la jeunesse de l'un et de l'autre sexe feust instruite dans la pureté des mœurs et la religion catholique, et d'autant que, a raison de l'inexecution de la susdite ordonnance, plusieurs desordres pourroint estre suruenus ou pourroint arriuer à l'aduenir, l'execution de la susdite ordonnance auroit esté requise et, par tant que besoing seroit, le renouuellement d'icelle; A CES CAVSES, nous, considerans l'importance de ladite requisition du promoteur et faisant droit sur icelle, AVONS ORDONNÉ ET ORDONNONS que tous les curez et vicaires du diocese nous enuoyeront la liste des noms des maistres d'eschole qui se trouuent dans leurs paroisses, sçauoir les curez de la presente ville dans la prochaine congregation (3) et ceux de la campagne dans le mois et que, par ce mesme moyen, ils nous informeront de leurs bonnes vie et mœurs et religion cath., apost. et rom., pour, ce fait, y apporter tel ordre et reglement qu'il sera aduisé. Voulons qu'a ces fins, la presente

---

(1) Henri de Béthune, archevêque de Bordeaux de 1646 à 1680.
(2) Il ne peut s'agir ici que de l'Ormée ou Fronde bordelaise, pourtant apaisée en 1653. Dom Devienne (*Hist. de Bordeaux*, t. I, p. 482, de l'édit. de 1862) dit que de novembre 1654, époque du retour du Parlement à Bordeaux, jusqu'au mois d'août 1659, « il n'y eut rien de remarquable à Bordeaux ».
(3) C. à d. la prochaine réunion du Conseil archiépiscopal.

ordonnance soit signifiée aux susdits curez et vicaires. Donné en congregation, le 17 janvier 1657. — *Fonteneil*, vic. gen.; *M. Sauuestre*, vic. gen. — Par mandement de MM. les vic. gen. : *Bourdeyron*, secr. (1). »

— « Les VICAIRES GENERAVX de Monseigneur l'Illustrissime et Reuerendissime Archeuesque de Bourdeaux et Primat d'Aquitaine.

» En execution de nostre ordonnance du dix-septiesme du present mois, les curez de cette ville nous ayans rapporté la liste des noms des maistres et maistresses d'eschole qui sont dans l'estendue de leurs paroisses (2), et ayans trouué qu'il y en a quelques uns qui font profession de la R. P. R., ce qui est contre les constitutions canoniques et ordonnances de ce diocese, et que mesme les catholiques enuoyent chés eux leurs enfans et filles, dont il peut arriuer de tres grands maux; A CES CAVSES, nous, desirans remedier a ce desordre et y pourvoir a l'aduenir, ouy et ce requerant le promoteur du diocese, avons prohibé et deffendu, prohibons et deffendons a tous peres et meres catholiques, tuteurs et curateurs et autres personnes qui les representent, d'enuoyer leurs enfans es escholes où les maistres ou maistresses font profession de ladite R. P. R. et ce, sur peine d'excommunication, et, par tant que besoing sera, desirons que l'ayde du bras seculier soit implorée pour faire fermer lesdites escholes a ceux de la R. P. R., et affin qu'a l'aduenir, ce desordre n'arriue, ORDONNONS que tous les maistres d'eschole de la presente ville et autres qui seront cy apres prendront permission de nous et fairont profession de foy s'ils ne l'ont faite cy deuant, par deuant nous, et ceux du diocese par deuant les curez des paroisses ou ils sont et seront establis, que nous auons a cet effet commis et deputez, et presteront serment de bien et soigneusement s'acquitter de leurs charges et d'enseigner a leurs escholiers les bonnes mœurs et la doctrine chrestienne et ce, a peine de desobeyssance et telles autres que de droit. Et affin qu'aucun n'en pretende cause d'ignorance, MANDONS a tous les curez du diocese de publier nostre presente ordonnance au prosne de leurs messes paroissiales et ce, par tant de fois qu'ils jugeront estre requis et necessaire, et, en cas de contrauention, leur commandons de nous aduertir. Donné en congregation, le dernier de januier 1657. — *Fonteneil*, vic. gen.; *Sauuestre*, vic. gen. — Par mandement de MM. les vic. gen. : *Bourdeyron*, secr. (3). »

---

(1) Arch. Dioc., U 1.

(2) Je publie ci-dessous, p. 23, 24, les réponses des curés de Saint-Éloi et de Saint-Maixent, les seules qui nous aient été conservées.

(3) Arch. Dioc., U 1.

Armand Bazın de Besons publia un recueil d'ordonnances à la suite du synode de 1704. Les articles XI et XII du chapitre III (*de l'Instruction*) sont conçus en ces termes (1) :

« Les curez, principalement ceux des paroisses considérables, tâcheront d'avoir des maistres et des maistresses d'école ; nous leur recommandons de n'en admettre que de sages, capables et de bonnes mœurs. Ils veilleront à ce que les maistres n'enseignent que les garçons, autant que faire se pourra, et les maistresses les filles, et qu'ils apprennent la doctrine chrétienne aux enfans, et ils nous informeront de leur conduite, principalement dans le cours de nos visites auxquelles lesdits maistres et maistresses d'école se présenteront devant nous pour être examinez et continuez dans leur emploi, ou être destituez, selon que nous le jugerons a propos. — Nous deffendons a toutes les superieures des maisons religieuses de nostre diocese de recevoir, en qualité de pensionnaire, aucune jeune fille agée de plus de seize ans (2) sans notre permission par ecrit ou celle de nos vicaires generaux. »

En 1772, les vicaires généraux de F. de Rohan promulguèrent un nouveau règlement pour les petites écoles. En raison de l'importance de ce document, je le réimprime intégralement, sauf les considérants où se trouve analysé le décret du concile de Bordeaux de 1583 qu'on a pu lire ci-dessus.

---

(1) *Ordonnances synodales du diocèse de Bordeaux publiées par l'autorité de feu Messire Armand Bazin de Besons, Archevêque de Bordeaux, dans son synode, tenu le 8 avril 1704, et réimprimées par l'ordre de Monseign$^r$ l'Illustr$^{me}$ et Révér$^{me}$ François-Élie de Voyer de Paulmy d'Argenson, Archevêque de Bordeaux, Primat d'Aquitaine.* Bordeaux, 1728, in-8°, p. 20, 21.

(2) Cet article renouvelait un règlement de L. d'Anglure de Bourlemont (12 juin 1682) qu'on trouvera dans les *Ordonnances du Dioc. de Bord.*, éd. de 1686, p. 311. J'en reproduis les considérants : « Les religieuses qui, par leur institution, sont obligées de recevoir des jeunes filles dans leurs monastères en qualité de pensionnaires, n'ayant eu d'autres motifs que de former les âmes à Dieu et de les rendre capables de faire leur salut dans le monde ou dans la religion en leur enseignant, avec les lettres et les exercices propres à leur sexe et à leur état, la piété, la modestie, la chasteté et toutes les vertus chrétiennes, il est très important qu'on n'y reçoive que celles qui sont en état de profiter de cette sainte éducation ; c'est pourquoi, désirant de promouvoir, autant qu'il est en nous, une si sainte institution, afin qu'on ne reçoive point parmi ces jeunes filles des sujets opposés à cette fin, nous faisons très expresses inhibitions..., etc. »

« Ferdinand-Maximilien-Mériadec, prince de Rohan, par la miséricorde divine et l'autorité du Saint Siège apostolique, Archevêque de Bordeaux, Primat d'Aquitaine, etc.

» Sur ce qui nous a été représenté... A ces causes, en conformité des décrets des conciles et des ordonnances synodales de notre diocèse que nous renouvellons en tant que de besoin, nous avons ordonné et statué, ordonnons et statuons ce qui suit :

» Art. I. Les curés, principalement ceux des provinces considérables, tâcheront d'avoir des maîtres et des maîtresses d'école et, autant que faire se pourra, les maîtres n'enseigneront que les garçons, et les maîtresses les filles, ou du moins ils les enseigneront dans des écoles séparées et à des heures différentes.

» II. Personne ne sera admis désormais à tenir de petites écoles qu'autant que nous nous serons assuré par le témoignage des curés et d'autres personnes dignes de foi, qu'il professe la religion Cath., Apost. et Romaine ; qu'il est irréprochable dans les mœurs, qu'il mène une vie chrétienne et exemplaire et qu'il a la capacité requise pour cette profession.

» III. Tous les maîtres des petites écoles, même ceux qui auroient été approuvés par nos prédécesseurs, sont tenus de se représenter devant nous ou devant nos vicaires généraux, dans le cours du mois de mai prochain pour dernier délai, munis de bonnes attestations, pour être examinés de nouveau et ensuite continués ou destitués selon que nous le jugerons à propos, et, faute de s'être présentés dans ledit terme, nous révoquons leur approbation, la déclarons nulle et de nul effet, et leur défendons, sous les peines de droit, de tenir de petites écoles à l'avenir.

» IV. Révoquons pareillement toutes les maîtresses de petites écoles qui auroient été établies par d'autres que par les curés des paroisses où elles enseignent ; et comme nous sommes persuadé qu'ils n'en choisiront aucune qu'ils ne soient préalablement assurés de leurs bonnes vie et mœurs, de la pureté de leur doctrine et de leur capacité, nous nous en rapportons entièrement à eux pour le choix qu'ils en voudront faire ; mais nous nous réservons de confirmer le choix par des lettres d'approbation que les curés auront soin de nous demander, dans le susdit délai du mois de mai prochain.

» V. Indépendamment de cette première approbation, les maîtres et les maîtresses des petites écoles seront tenus de faire renouveller chaque année, dans le courant dudit mois de mai, leurs approbations que nous ne renouvellerons que sur le certificat des curés qui attesteront qu'ils ont eu une bonne conduite et ont rempli exactement tous leurs devoirs.

» VI. Nous ordonnons à tous maîtres et à toutes maîtresses d'école de notre diocèse d'enseigner aux enfans confiés à leurs soins le catéchisme qui a été nouvellement rédigé et qui sera incessamment publié de notre autorité ; et, afin de le leur rendre plus familier et de le leur inculquer davantage, voulons que ce soit, après l'alphabet, le premier livre dont ils se serviront pour apprendre à lire aux enfants de l'un et l'autre sexe et leurs faisons très expresses inhibitions et défenses d'enseigner d'autre catéchisme.

» VII. Les maîtres et maîtresses d'école auront une attention particulière à ce que les enfans qui fréquentent leurs écoles se rendent assidûment, les dimanches et fêtes, à la messe de paroisse et aux autres offices et instructions qui se feront dans l'église paroissiale ; ils auront pareillement soin de les instruire des dispositions avec lesquelles ils doivent y assister.

» VIII. N'entendons comprendre dans la présente ordonnance les Frères de la Doctrine chrétienne, les religieuses de Sainte-Ursule et de Notre-Dame et celles dites Dames de la Foi, ni autre communauté chargée de l'éducation de la jeunesse qui auroit déjà été admise et approuvée dans notre diocèse. Néanmoins leur ordonnons de se conformer à la disposition de l'article VI concernant le catéchisme.

» IX. Chargeons les curés de veiller à l'exécution de notre présente ordonnance, pour nous en donner promptement avis en cas de contravention et, afin que personne ne puisse en prétendre cause d'ignorance, voulons qu'elle soit lue et publiée, par trois dimanches consécutifs, au prône de la messe paroissiale.

» Donné à Bordeaux, en congrégation, le 23 décembre 1772. — *Du Mirat*, vic. gén.; *Boudin*, vic. gén.; *De Bar*, vic. gén. — Par Son Altesse : *de Londres*, secr. (1). »

Une autre ordonnance archiépiscopale intervint, en 1782 (2), pour le règlement des petites écoles ; mais je n'ai pu, malgré de diligentes recherches, en découvrir le texte.

(1) Bordeaux, de l'imprimerie de S. de La Court, 4 p. in-4° (Arch. Dioc., E 11, n° 185). — Cette pièce a été réimprimée dans le *Recueil des Mandements des Archevêques de Bordeaux*, t. I, p. 431-433.

(2) Une sentence rendue, en 1789, par le juge de Parsac (Arch. Gir., B, Juridictions seigneuriales, Parsac) s'y réfère expressément.

Je ne connais pas de recueil imprimé d'ordonnances synodales pour le diocèse de Bazas, postérieur à celui où Arnaud de Pontac réunit aux statuts du cardinal Amanieu d'Albret (1509-1520) quelques règlements dont il était lui-même l'auteur (1). J'ai dit plus haut qu'on y trouvait une prescription relative à l'usage dans les petites écoles de l'*Opus tripartitum* de Gerson. Il ne s'y rencontre aucune autre disposition concernant l'enseignement populaire. Il est certain pourtant que les évêques de Bazas avaient rendu des ordonnances à ce sujet. Il y est fait allusion dans les lettres de régence délivrées en 1742 à J. Morellon, instituteur de Blasimont (2).

J'ai pu consulter trois recueils des ordonnances synodales du diocèse d'Agen. Dans chacun d'eux il est question de l'instruction primaire. Le plus ancien a un titre entier, le XXXVIII<sup>e</sup>, intitulé : *des Maîtres d'école et des imprimeurs*.

« 1. Comme les premieres instructions qui se donnent à la jeunesse font en elle une impression d'autant plus forte et plus profonde qu'elle conserve encore son innocence baptismale et n'est pas gâtée par la contagion des maximes du siecle, ce qui fait que les jeunes enfans retiennent d'ordinaire pendant tout le cours de leur vie quelque teinture des premiers enseignemens qu'ils ont receus, nous estimons que *rien ne peut contribuer davantage a la conservation de cette pureté que l'etablissement des petites ecoles sous la conduite de bons regens*. Mais d'autant que certaines personnes inconnues et sans aveu s'ingerent dans cet exercice sans avoir donné des preuves de la verité de leur religion, suivant les ordres de l'Eglise et les Declarations de nos Rois, nous defendons a tous fidelles de l'un et l'autre sexe de tenir ecole publique dans notre diocese sans nous avoir donné attestation de leurs bonnes vie et mœurs, capacité d'enseigner la jeunesse et sans avoir fait profession de foy entre nos mains et receu notre approbation par ecrit et ce a peine d'excommunication. »

(2, 3. Obligation pour les maitres et maitresses en exercice de se faire approuver dans les trois mois ; ordre aux curés et exhortation aux magistrats de concourir à l'exécution de ce règlement.)

---

(1) Cf. ci-dessus, p. XLI, n. 1.
(2) Arch. Gir., C 3294.

« 4. Nous faisons tres expresses defenses aux regens d'enseigner et de recevoir les filles, et aux regentes les garçons, dans leurs ecoles, a peine d'excommunication. Les curez auront soin de les visiter souvent, s'informeront de leur conduite, assiduité, conversation, frequentation des sacremens, si la doctrine des livres dont ils se servent est catholique, s'ils enseignent aux enfans les premiers principes de la foi suivant le catechisme de notre diocese, s'ils les font prier Dieu a genoux matin et soir, s'ils les disposent aux sacremens; si, les dimanches et fêtes, ils les conduisent dans l'eglise paroissielle, pour y assister tous ensemble, avec silence et modestie, en un lieu commode, a la messe de paroisse, aux vespres et catechisme, et s'ils pratiquent exactement tous les reglemens contenus dans leur approbation et autres qui les gouvernent, et au cas de contravention a notre present statut, ils en donneront avis a notre promoteur.

» 5. Nous chargeons notre theologal de faire chaque année la visite de toutes les petites ecoles de notre diocese et de s'informer exactement de la conduite des regens, dont il nous rendra compte. *Exhortons tous les curez de s'appliquer a l'etablissement des petites ecoles dans leurs paroisses par toutes les voyes que la charité leur inspirera, et principalement dans les villes et bourgs, cet avantage etant un des plus grands qu'ils puissent procurer a leurs paroissiens dont les enfans se corrompent et se perdent dans l'oisiveté, faute d'instruction* (1). »

Dans le recueil de 1700, je relève l'article suivant :

« Nous reiterons icy les ordonnances que nous leur [aux curés] avons cy devant données en general de vive voix ou par ecrit... de visiter les ecoles pour voir si les maistres et maistresses s'acquittent de leurs devoirs (2). »

(1) *Statuts et Reglemens synodaux du diocese d'Agen, leus et publiés depuis l'année 1666, renouveles et confirmés dans le synode tenu à Agen, les 11 et 12 du mois d'avril 1673.* Agen, Antoine Bru, 1673, pet. in-12, p. 150-154. — L'évêque à qui l'on doit ces ordonnances est Claude Joly.

(2) *Lettre pastorale de M<sup>gr</sup> l'Ill<sup>me</sup> et Rev<sup>me</sup>* [Jules Mascaron], *evêque et comte d'Agen, conseiller du Roy en ses conseils et son predicateur ordinaire, a tous les ecclesiastiques de son diocese, avec un recueil de statuts et de plusieurs reglemens tres necessaires et tres utiles pour la conduite de leur vie et le fruit de leur ministere.* Agen, Bru, 1700, pet. in-12, p. 134. — A la p. 181, il est prescrit aux curés de lire au prône, tous les ans, le 2<sup>e</sup> dimanche de juillet, le titre des anciennes ordonnances sur les maitres d'école.

Je lis enfin dans les statuts de 1708 :

« XXXVI. Quelques reglemens que l'Eglise ait faits en divers tems, et quelques ordonnances que le Roy ait faites touchant les petites écoles, apprenant que plusieurs regens et regentes y manquent impunement, recevant indifferemment les garçons avec les filles, nous ordonnons d'y veiller tres exactement pour empêcher un si grand abus et qui, pour l'ordinaire, est cause de plusieurs desordres. Vous [les curés] les avertirés de notre part de ne plus tomber dans des fautes si considerables, vous enjoignant de nous donner avis de la desobeissance qu'ils auroient a se soumettre à nos ordres afin que nous puissions y remedier efficacement en leur ôtant leur emploi, sans esperance de les retablir (1). »

C'est ainsi que nos évêques, appliquant et précisant les décrets des conciles, se sont constamment préoccupés d'assurer par des ordonnances réitérées (2) la multiplication, la conservation, le bon ordre des petites écoles. Nous allons voir que leurs règlements synodaux n'étaient pas restés lettre morte, les autorités ecclésiastiques de tout ordre s'étant efficacement employées à en procurer l'exécution.

3. Quand on étudie avec quelque attention les documents de nos archives, on y retrouve souvent la trace de ce qu'on pourrait appeler *l'action ordinaire* des *archevêques* de Bordeaux et des *évêques* de Bazas et d'Agen sur l'enseignement primaire. Les registres de la « congrégation » ou conseil archiépiscopal (3) prouvent qu'il y était couramment traité d'affaires scolaires. Les prélats dont les diocèses appartenaient à la généralité de Bordeaux correspondaient fréquemment à ce sujet avec les Intendants et toujours, il faut le reconnaître, avec un zèle très éclairé pour les intérêts de l'instruc-

---

(1) *Lettre pastorale de Mgr l'Illme et Revme evêque et comte d'Agen* [François Hébert], *pour la publication des statuts du synode tenu à Agen, le 18 et le 19 avril 1708*. Agen, T. Gayau et A. Bru, 1708, pet. in-4°, p. 23.

(2) Il y aurait un livre bien curieux à faire en réunissant méthodiquement les statuts émanés de nos évêques, avant la Révolution, sur l'enseignement populaire, et ce livre serait tout à l'honneur de l'ancienne Église de France. Cf. mon *Instruction primaire... avant la Révolution*, p. 227-241. J'y ai cité et mis en œuvre les plus significatifs de ces règlements.

(3) Arch. Dioc., E 2-10; Arch. Gir., G 12-22.

tion du peuple et le désir manifeste de la répandre, de la rendre fructueuse par le choix et le maintien de régents recommandables par leur piété et par leur capacité.

Dans les visites pastorales qu'ils faisaient régulièrement par eux-mêmes ou leurs délégués, nos archevêques ne manquaient pas de s'informer de tout ce qui touchait à l'enseignement; ils demandaient si « les escholes estoient tenues par gens sans reprosche ». Et cette inspection périodique était un moyen efficace de maintenir les maîtres et maîtresses dans leur devoir ou de ramener à l'observation des règlements ceux qui s'en étaient écartés.

Au rapport d'Henri de Sourdis, le Cardinal, son frère, avait grand soin de « s'enquérir de l'instruction de la jeunesse, quel precepteur il y auoit » (1), et l'étude directe des procès-verbaux de ses visites que le temps a épargnés, confirme par des faits précis cette assertion si honorable pour sa mémoire (2). Non content de constater l'état des choses, état qui trop souvent n'était guère satisfaisant, en raison de l'affreuse situation matérielle et morale où le diocèse était tombé par suite des guerres du XVIe siècle et d'une vacance du siège archiépiscopal qui n'avait pas duré moins de huit années, François de Sourdis s'employait, avec l'ardeur qu'il portait en toutes choses, à faire établir des écoles dans les paroisses qui en étaient dépourvues. A Berson, en 1609, il prescrit que « les paroissiens seront soigneux d'auoir un precepteur catholique pour enseigner la jeunesse (3) ». A Créon, en 1610, le curé demande un prêtre auxiliaire : l'ordonnance de visite porte que ce prêtre « enseignera la jeunesse ès principes de la grammaire (4) ». En 1611, à Marcillac : « Seront aussi exhortez les paroissiens d'entretenir en la paroisse quelque honneste homme pour l'instruction de la jeunesse (5). » Même recommandation à Saint-Christoly en Blayais, « attendu la grandeur de la paroisse (6) ». Et quand, en 1615, le Cardinal homologue l'union au collège des Jésuites de Bordeaux

---

(1) *Ordonnances synodales du diocèse de Bordeaux*, éd. de 1639, p. 197.
(2) Arch. Dioc., L 1-3.
(3) *Ibid.*, L 18.
(4) *Ibid.*, L 2, f° 24.
(5) *Ibid.*, f° 277.
(6) *Ibid.*, f° 304.

du prieuré de Saint-Macaire, moyennant l'érection d'une petite maison de trois classes dans cette ville, il ajoute à l'acte, de sa propre main, que l'une de ces classes sera de « lire et escrire (1) ». Il se porta aussi avec un zèle ardent à développer les moyens, très restreints quand il vint parmi nous, dont on disposait pour l'éducation des filles. On peut dire avec Bertheau que nos congrégations enseignantes bordelaises sont les « surgeons de sa piété » et l'histoire impartiale souscrira à l'éloge que faisait de lui, en 1645, Henri de Sourdis, dans le préambule d'un procès-verbal de visite de la communauté des orphelines : « Comme ainsi soit qu'il aye pleu à Dieu fauoriser ce dioceze soubz la conduite de feu messire François de Sourdis, archeuesque et cardinal, de la naissance de plusieurs communautez qui y ont esté establies auec succez pour l'instruction des jeunes filles, qui despuis s'y sont multipliées pour la plus grande gloire de Dieu et en diuerses prouinces de ce royaume... (2). »

Ses successeurs marchent dans les mêmes voies. Nos écoles sont, dans les visites, un des principaux objets de leur sollicitude pastorales, si bien que les procès-verbaux de ces visites sont une des sources les plus abondantes de renseignements qu'on puisse consulter pour l'histoire de l'enseignement primaire. Dans les mandements par lesquels ils annonçaient leur venue prochaine, nos archevêques convoquaient expressément les régents et régentes pour les examiner sur leur capacité et la manière dont ils s'acquittaient de leur emploi (3). Quand F.-H. de Maniban fit imprimer un questionnaire destiné à faciliter le travail des visites et à les rendre plus profitables,

---

(1) Arch. Dioc., P 14. — Nous voyons le cardinal donner une preuve nouvelle de l'intérêt qu'il portait aux écoles, quand, à Cambes, en 1603, il accorde au régent, Jean de la Taste, droit de sépulture dans l'église, en récompense de son zèle pour l'enseignement des « petits enfans » (Ibid., N 9). — Voir par contre (Ibid., U 1) la procédure engagée par le cardinal contre un maître d'école de Blaye qui donnait de sérieux sujets de plainte.

(2) Arch. Gir., G 14.

(3) Dans une pièce de cette nature, émanant d'A. Bazin de Besons et datée du 1er avril 1701, je note ceci : « S'il y a un ou plusieurs regens dans vos paroisses, vous (les curés) les avertirez de se tenir prests pour nous presenter les lettres de leur institution et vous nous informerez des bonnes et mauvaises qualitez que vous aurez remarquées en eux. » — (Arch. Dioc., E 11, n° 60, placard imprimé.)

questionnaire qu'on envoyait d'avance aux curés, il n'y inséra pas moins de douze interrogations dont les réponses donnent un résumé complet de tout ce qu'il importait de savoir au fait des petites écoles : « LVII. S'il y a un maître d'école ; s'il est approuvé ; son nom ; son âge ; son diocèse ; sa capacité et assiduité ; ses mœurs ; ses gages et qui les paye ; s'il y a une maîtresse ou régente pour les filles (il faut répondre aux mêmes articles que pour le maître d'école) ; si les filles ne sont point enseignées dans la même école que les garçons ; si l'on fait le catéchisme à l'école ; si l'on conduit les enfans à l'église pour assister à la messe, aux instructions et aux offices (1). »

L.-J. d'Audibert de Lussan procura, de concert avec M. de Tourny, aux enfants pauvres de Bordeaux le bienfait de l'enseignement gratuit par l'établissement des Frères des Écoles chrétiennes dans notre ville ; il contribua de même à la fondation de l'école des Filles de la Charité à Saint-Projet (2).

Dans les synodes, il était aussi question parfois de l'enseignement populaire. A la première assemblée de vicaires forains que J.-M. Champion de Cicé tint à son arrivée dans son diocèse, il s'empressa de leur demander si chaque paroisse avait son maître (3).

Nous voyons également les évêques de Bazas s'occuper activement des écoles de leur diocèse ; ils poursuivent les instituteurs incapables ou vicieux (Gensac, 1771, 1774), s'entremettent eux-mêmes pour en procurer aux communautés qui soient en état de se bien acquitter de leurs importantes fonctions (Castelmoron d'Albret, 1745 ; La Réole, 1687, et *passim*) ; ils protègent sans relâche, auprès des ministres et de l'Intendant, les Dames de la Foi de Gensac ; ils ils donnent des soins constants aux Ursulines de Bazas et de Langon.

Les collaborateurs des évêques, *vicaires généraux* et *secrétaires* secondent leur action. Je signalerai, par exemple, la lettre pressante écrite par Bertheau au juge de Créon en 1625 et l'ordonnance des

---

(1) *Estat des demandes qui seront faites et des articles qui seront examinés, lors de la visite de Monseigneur l'Archevêque de Bordeaux dans les paroisses de son diocèse.* Bordeaux, N. et J. de La Court, 1731, in-12 de 25 p., p. 20.

(2) « Feu Mons.<sup>gneur</sup> l'Archevêque avait eu la bonté de s'intéresser pour leur établissement. » (Arch. Dioc., D 16.)

(3) *Ibid.*, H 2. — Les premières conférences ecclésiastiques du diocèse de Bordeaux veillent au bon ordre des petites écoles. (*Ibid.*, H 3.)

vicaires capitulaires en 1629 protégeant le privilège d'enseigner de François du Boys, régent de Blaye, contre les entreprises des ecclésiastiques eux-mêmes de cette ville (1).

Les documents que je publie d'après les collections de registres capitulaires de Saint-André et de Saint-Seurin de Bordeaux, ceux des archives de La Réole, nous montrent aussi les *chapitres* dévoués à l'œuvre des petites écoles. Les chanoines de Saint-Émilion et ceux de Saint-Martin de La Réole contribuent dans une large mesure à leur entretien. — C'est un chanoine de Saint-Jean de Latran, Jacques de Campo-Kierfel, abbé de Clairac, qui fonde de ses deniers le couvent des Ursulines de Langon.

Mais personne n'était plus directement intéressé que les *curés*, à l'existence et au bon fonctionnement des écoles : ils trouvaient, pour l'enseignement du catéchisme, des collaborateurs précieux dans les régents chrétiens dont ils savaient les pourvoir, et d'ailleurs les ordonnances synodales leur faisaient un devoir d'en procurer à leurs paroisses (2).

A Barsac, en 1629, le curé, M<sup>e</sup> Pantaléon Couldret, « pour le desir qu'il a de l'aduancement et instruction de la jeunesse », décide l'assemblée des habitants à établir une école. A Saint-Estèphe, en 1735, la maîtresse est maintenue aux frais du curé. A Bègles, en 1751, c'est encore le curé qui a rétabli l'école et qui paie le régent. A Gaillan, en 1768, le curé donne à l'instituteur « en argent ou en bled un salaire convenable pour apprendre les pauvres enfans ». — « Quant au maître d'école, dit le curé de Plassac lors de la visite de 1783, j'en ay eu souvent que j'ay nourris, blanchis et couchés. » — « Le curé actuel, écrit-on à Castillon en 1772, a fait établir un maître de pension enseignant les humanités, très propre à donner une éducation pieuse et chrétienne et le goût des sciences à ses élèves, qui d'ailleurs est consommé dans le plain-chant et d'un grand secours par sa voix et sa méthode. »

Dans les assemblées de paroisse l'action des curés s'exerce

---

(1) Cf. Lesparre, 1641 ; Salles, 1787, etc.
(2) Nous avons vu qu'au besoin, surtout au XVII<sup>e</sup> siècle, quand il est impossible d'avoir un maître, le curé ou son vicaire y supplée en personne. Cf. ci-dessus, p. XXXIII, XXXIV.

toujours en faveur de l'école et du maître. A La Brède (1774), les paroissiens se réunissent dans le but de pourvoir au remplacement du régent; le curé les engage à garantir un traitement fixe afin d'en avoir un meilleur. A Landiras, la même année, c'est encore le curé qui « s'est donné tous les mouvemens possibles pour découvrir quelqu'un capable de tenir école »; il y a réussi. En 1774, à Macau, quand on veut supprimer les gages fixes du maître, le curé proteste vivement et remontre à l'Intendant de quel grand intérêt il est qu'il y ait un régent dans la paroisse, et un régent appointé, parce qu'il sera ainsi en état d'instruire gratuitement les enfans des pauvres. A Hure, en 1769, c'est encore « grâce à la protection du curé qui avoit accès auprès de M. de Boucher, intendant », que le maître avait obtenu une imposition de 180 l. Qu'on lise la lettre vraiment belle du vicaire de Saint-André du Bois (1) à l'Intendant : on y retrouvera éloquemment exprimés les sentiments de tous les ecclésiastiques éclairés et vertueux du XVIIIe siècle, sur l'importance et les bienfaits de l'enseignement populaire. Je mets un terme à cette fastidieuse énumération que je pourrais allonger sans trop de peine et je renvoie le lecteur à nos documents.

4. Bordeaux a eu l'honneur de donner naissance à trois *congrégations* de religieuses vouées à l'enseignement : les Filles Notre-Dame; une des branches les plus fécondes de l'ordre des Ursulines ; les Sœurs des Orphelines de Saint-Joseph. J'en vais parler brièvement surtout d'après les documents fort curieux et pour la plupart inédits que j'imprime plus loin. En comparant attentivement les données qu'ils fournissent aux livres jusqu'ici consacrés à ces pieuses sociétés, on n'aurait pas de peine à montrer les erreurs quelquefois assez graves où sont tombés leurs auteurs. Mais tel n'est pas mon dessein. J'entends donner, pour le moment, une simple synthèse des faits principaux.

L'année 1606 vit la naissance de *l'ordre de Notre-Dame*. Sa fondatrice fut la Vénérable Mère Jeanne de Lestonnac, veuve du baron de Montferrant-Landiras (2). Elle fut puissamment aidée dans l'accomplissement du dessein qu'elle avait formé de réaliser pour les filles ce que faisait si fructueusement pour les jeunes gens la

---

(1) Ci-dessous, p. 3, 4.
(2) Cf. ci-dessous, p. 180-197.

Compagnie de Jésus, par les religieux mêmes de cette généreuse Société et par le cardinal de Sourdis. La Vénérable Mère et ses premières compagnes lui présentèrent la « formule » de leur Institut le 7 mars 1606; cette formule fut approuvée par le prélat le 25 mars de la même année. Pierre Moysset, curé de Sainte-Colombe, fut envoyé à Rome pour obtenir du Saint Siège l'érection de la congrégation nouvelle, érection accordée par Paul V le 7 avril 1607. Le bref *Salvatoris et Domini nostri Jesu Christi*, signé à cette date, est extrêmement honorable pour la Vénérable et les autres promoteurs de son œuvre et formule avec précision les règles à suivre par les Filles Notre-Dame, tant pour leur vie intérieure que pour leur action extérieure, c'est-à-dire pour leurs pensionnats et leurs écoles. Le cardinal ne tarda pas à mettre à exécution le bref de Paul V. Il s'acquitta de cette commission dès le 29 janvier 1608 et agrégea les Filles Notre-Dame à l'ordre de Saint-Benoît. Quelques jours après (20 février), il leur concéda la jouissance du prieuré du Saint-Esprit, et il leur donna le voile blanc des novices, le 1er mai. En octobre, les jurats leur concédèrent « deux places vuides » pour agrandir leur premier monastère. En mars 1609, elles obtinrent d'Henri IV des lettres patentes, enregistrées, le 29 août, au Parlement de Bordeaux.

La communauté ne demeura pas longtemps au même lieu. Elle put acquérir quelques maisons dans la rue du Hâ et s'y transporta le 10 septembre 1610. C'est là que la Vénérable Mère et ses associées prononcèrent leurs vœux, le 8 décembre suivant, entre les mains du cardinal; qu'elle fut élue supérieure et qu'elle mourut saintement; que ses filles continuèrent jusqu'à la Révolution, avec grande ferveur et succès, l'œuvre d'éducation qu'elles avaient entreprise. Le célèbre conseiller Pierre de Lancre leur bâtit une chapelle que François de Sourdis eut la consolation de consacrer le 21 mars 1627, moins d'un an avant sa mort.

Dieu répandit la plus manifeste bénédiction sur l'ordre de Notre-Dame. « Dès l'ouverture des classes, dit le P. Beaufils [1], elles se remplirent d'une nombreuse jeunesse qu'on instruisoit gratuitement

---

[1] *La Vie de la Vénérable Mère Jeanne de Lestonnac, fondatrice de l'ordre des Religieuses de Notre-Dame.* Toulouse, 1742, in-18, p. 145.

dans la science de la religion. » Les fondations se multiplièrent avec une rapidité et un fruit prodigieux. Quand la Vénérable Mère retourna à Dieu, le 2 février 1640, pleine de jours et de mérites, vingt-neuf maisons avaient déjà été établies, et étaient, pour la plupart, en pleine prospérité (1).

La fécondité de l'ordre de Notre-Dame n'est pas épuisée. Emportée en France avec l'Église elle-même par la tourmente révolutionnaire, il y a repris vigoureusement racine, en ce siècle. En 1891, il comptait dans notre pays 33 monastères. Il y faut joindre 23 maisons en Espagne, 3 en Italie, 8 en Amérique (2). Qui pourrait dire le bien immense opéré, les services insignes rendus à l'enseignement et à l'éducation des filles par les vaillantes générations religieuses issues de l'humble cloître de la rue du Hâ?

La cause de béatification de la Vénérable Jeanne de Lestonnac a fait, en ces derniers temps, des pas décisifs et le temps n'est pas éloigné où nous pourrons la vénérer sur les autels que l'Église catholique élève à Dieu, en mémoire de ses saints.

Les premières origines des Ursulines de Bordeaux doivent être rapportées au 30 novembre 1606. On lira avec intérêt le récit aimable qu'à fait Bertheau de cette fondation dans ses mémoires sur la vie et les actes du cardinal de Sourdis (3). Les épreuves ne manquèrent pas à la congrégation naissante et ces épreuves furent justement en proportion du grand succès qu'eurent, dès le principe, ses écoles ou, comme on disait alors, « son collège ». J'emprunte à un livre fort rare, les *Chroniques* de la Mère de Pommereu (4), les brèves notices qu'elle a rassemblées sur les fondations qui se succédèrent rapidement dans le diocèse de Bordeaux.

« *Bordeaux.* — Dieu donna cette année (1618) une seconde troupe de religieuses à la glorieuse Vrsule, érigeant en monastère la maison congregée

(1) R. P. Mercier, S. J. *La Vénérable Jeanne de Lestonnac, baronne de Montferrant-Landiras, fondatrice et première supérieure de l'ordre de Notre-Dame*. Paris, 1891, in-8º, p. 527 seq.

(2) *Ibid.*, p. 534 seq.

(3) Ci-dessous, p. 207-215.

(4) *Les Chroniques de l'ordre des Vrsulines, recueillies pour l'usage des religieuses du même ordre* par M. D. P. V. A Paris, chez Iean Herault, *imprimeur-libraire juré*, rue S. Iacques, à l'Ange Gardien. M. DC. LXXIII, in-4º, IIIᵉ partie, p. 149-153.

de Bordeaux et plusieurs autres qui en estoient déjà dérivées. » [L'inspiration en vint au cardinal de Sourdis à Milan au tombeau de saint Charles où il passa sept heures en oraison.] « Dieu luy fit connoistre que sa volonté estoit qu'il etablist un ordre de Vierges dans son dioceze tout conforme a celuy que S. Charles avoit fondé dans Milan suivant l'institution de la B. M^re Angele afin que les jeunes filles feussent mieux instruites... Il choisit pour cela deux demoiselles, Françoise de Cazeres (1) et Jeanne de la Mercerie, leur donnant pour exemple la vie des Vrsulines de Milan. Françoise de Cazeres estoit la principale qui estoit entrée dans Bordeaux dans un temps ou il n'y avoit pas d'autres communautez de filles que le monastere des Annonciades...

» On amenoit de toutes parts à Françoise de Cazeres des jeunes filles pour estre sous sa conduite et pour recevoir des bonnes instructions, et il y en avoit toujours si grande quantité qu'à peine elle et les autres sœurs y pouvoient suffire. Monseigneur le Cardinal visitoit souvent cette escole de vertu et animoit les maistresses de perseverer dans le travail de leur saint institut. La mere de La Croix, de sa part, leur disoit souvent qu'elle ne croyoit pas qu'il y eust un plus noble exercice que celui de former cette jeunesse aux plus solides vertus. « Mes sœurs, ajoutoit-elle, nous devons
» avoir rapport à l'esprit apostolique selon notre vocation qui est aussi de
» semer et d'augmenter la foy par tout le monde, instruisant les âmes et
» travaillant au salut du prochain. Qu'il lui plaise nous sanctifier et nous
» rendre utiles dans notre ministère par l'infusion de ce double esprit de
» sainteté ! »

» Les Vrsulines de Bordeaux demeurerent en estat de simple congregation depuis l'an 1606 jusqu'a cette année 1618 que Monseigneur le cardinal de Sourdis obtint une bulle du S. Pere le Pape Paul V (2) dans le dernier voyage qu'il fit a Rome. Dans cette bulle qui est fort avantageuse, le S. Pere loue les filles qui embrassent cet institut disant d'elles ces mots à peu près : qu'elles estoient des vierges qui empeschoient que les jeunes filles ne goûtassent le suc amer de l'heresie par les lumieres qu'elles versoient dans leurs esprits et par les feux dont elles embrasoient leurs cœurs; qu'elles prevenoient les desordres ou la vanité jette dans ce siecle par la modestie qu'elles leur faisoient observer dans les classes et que, pour attirer tout le monde a l'estude de la doctrine chrestienne, elles apprenoient a toutes les

---

(1) Elle prit en religion le nom de mère de La Croix, sous lequel la désigne ordinairement la Mère de Pommereu.

(2) J'en donne l'analyse et de longs extraits, ci-dessous, p. 215-220.

filles jusques aux pauvres et aux estrangeres toutes sortes d'exercices honnestes et bien seans. La digne mere de la Croix receut cette bulle avec autant de joye qu'elle l'avoit demandée avec instance et l'executa de point en point. Elle fut la premiere superieure du monastere de Bordeaux auquel il n'y eut point de fondation pour le temporel, mais la Providence divine y a suppleé (1).

» *Libourne.* — La reputation de cet institut s'estoit deja repandüe par toute la France. Plusieurs bonnes villes solliciterent leurs magistrats d'ecrire a Monseigneur le Cardinal Archevêque de Bordeaux et a la mere de la Croix, pour avoir des Vrsulines de sa maison qui elevassent leurs filles. La ville de Libourne en eût dès la mesme annee 1606 qui donna le commencement a la congregation. La mere de la Croix y fut d'abord, puis y laissa la mere Ieanne de la Mercerie pour superieure et la mere Andrée de Vidau pour sa sousprieure (2).

» *Bourg.* — La mere de la Croix alla pour un troisieme etablissement dans la ville de Bourg près Bordeaux, en l'année 1607, le 4e jour d'octobre. La premiere superieure de ce lieu fut la mere Françoise de Clavet, veuve de qualité du pays de Bearn, qui, par un grand amour de l'institut des Vrsulines, abandonna le monde et ses parens dans un âge fort avancé. Elle vecut peu d'années dans notre ordre, mais très saintement. Sa sousprieure fut la mere Anne de Beauvais (3).

» *Saint-Macaire.* — La mesme année 1607, la mere de la Croix establit une maison, qui fut la quatrieme, dans la ville de Saint-Macaire. Elle y

---

(1) En 1739, 49 rel. dont 8 converses ; rev. net 1,162 l. — En 1760, 45 rel. ; rev. net 1,848 l. « Un des principaux points de notre institution, déclarent-elles au bureau diocésain en 1750, est d'instruire les jeunes enfans de notre sexe, ce que nous ne manquons pas de faire, et, à cause de ce, il y a toujours, d'un bout d'année à l'autre, de 3 à 4 religieuses préposées à leur apprendre à lire, escrire et instruire dans le christianisme, et cela ne produit autre chose que beaucoup de peine et de sollicitude par le soin journalier qu'on a de remplir ce point. » (Arch. Dioc., R 5.)

(2) En 1730, 18 à 20 pensionn. ; rev. net, 3,957 l. — En 1760, 43 relig. dont 9 conv. ; rev. net, 2,073 l. *(Ibid.)*. — Cf. Guinodie. *Histoire de Libourne*, t. I, p. 163.

(3) En 1730, 23 relig. ; leur revenu n'était que de 850 l, et elles succombaient sous le poids de leurs charges. — En 1760, 30 relig., avec 606 l. 11 s. de rev. net. En 1755, elles déclaraient au bureau diocésain qu'elles ne sauraient vivre sans les pensions qu'elles reçoivent de leurs familles et que « les pensionnaires, qui sont ordinairement en nombre dans cette communauté, contribuent infiniment à sa subsistance » (Arch. Dioc., R 25). — Cf. Lacoste, l. c., p. 721.

nomma superieure la mere Marie Ientilleau et pour sousprieure la mere Marie de Iaille. Depuis, en l'an 1625, la mesme mere de la Croix y mena la mere Ieanne d'Aubrin pour superieure et la mere Marie de Pomiès pour sousprieure, après y avoir fait construire un beau monastere a l'usage duquel Monseigneur le Cardinal donna une chapelle de S. Michel, qui se rencontra proche du bâtiment. Cette maison a establi celles de Montauban et de Castelsarrasin (1).

» *Saint-Emilion*. — Le 1ᵉʳ jour de juin 1630, un autre establissement fut fait à Saint-Emilion, ville du diocese de Bordeaux. La mere de la Mercerie, superieure du monastere de Libourne, donna quatre de ses religieuses, mais elle ne les y mena point que lorsque la digne mere de la Croix put y aller en personne, comme elle fit... Elle establit pour superieure la mere Ieanne de Couturon, et y fit quelque sejour (2). »

Deux maisons d'Ursulines furent établies, au XVIIᵉ siècle, dans le diocèse de Bazas. Voici comment la Mère de Pommereu (3) rapporte la fondation de la première :

« Le monastere de Bazas commença cette annee (1632), par la permission de Monseigneur de Grillet (4), eveque de Bazas. La mere de la Croix y alla avec six professes, ayant de plus, pour compagne, la mere Elisabeth de la Roque. Elle y commit pour superieure la mere Ieanne-Françoise de Lansac de la Roque-Taillade et pour sousprieure la mere Ieanne d'Aubrin. Le propre jour de l'establissement de Bazas, Monseigneur l'evêque donna l'habit de novice a Mˡˡᵉ de la Roque-Taillade, niece de la superieure, et a deux demoiselles de la Roque, ses parentes. Leur bon exemple en attira bien d'autres. Cette communauté vit fort saintement. Elle a fait la communauté de Perigueux (5). »

(1) En 1730, 27 relig., dont 3 converses, 1 novice ; rev. net 2,020 l. — En 1760, 21 relig., dont 4 conv.; rev. net 2,461 l. (*Ibid.*). — Cf. Virac. *Recherches historiques sur la ville de Saint-Macaire*. Bordeaux, 1890, in-8°, p. 473-478.
(2) En 1730, 14 relig.; rev. net 1,590 l. — En 1760, 31 relig., dont 3 conv.; rev. net 2,245 l. (Arch. Dioc., R 5).
(3) *Chroniques*, IIIᵉ part., p. 300.
(4) Nicolas de Grillet, év. de Bazas en 1631-1634.
(5) Rotgès, p. 125-126. D'après cet auteur, les Ursulines de Bazas étaient en 1790 au nombre de 12 religieuses de chœur avec 3 converses. Rev. 7.973 l. 9 s.

On ne m'en voudra pas, je l'espère, d'avoir par ces longues citations remis en lumière les noms vénérables de ces premières religieuses de la congrégation bordelaise des Ursulines. Presque toutes appartenaient aux premières familles de notre pays et ne crurent pas déroger en se dévouant infatigablement aux plus humbles devoirs de leur vocation d'éducatrices.

Le monastère de Langon ne commença qu'après la publication des *Chroniques* qui nous ont fourni des détails si précis. Je suis très peu renseigné à son endroit. Je connais seulement et j'ai déjà mentionné le nom de son fondateur, Jacques de Campo-Kierfel, qui employa 32,000 livres à cette bonne œuvre, et la date (1678) des lettres patentes qui l'autorisèrent (1).

Comme l'ordre de Notre-Dame, la congrégation des Ursulines de Bordeaux s'est multipliée au delà de toute espérance. En 1673, les *Chroniques* enregistraient déjà 71 monastères issus d'elle, dont celui de Québec; plus 21 unis à la congrégation de Liège. En 1878, elle comptait 26 maisons en France; 110 dans le reste de l'Europe; 9 outre mer; soit 145 au total (2).

Ces chiffres ont leur éloquence et suffisent à donner l'idée de ce que dut l'enseignement primaire sous l'ancien régime et ce qu'il doit en notre temps aux dignes religieuses de notre congrégation de Sainte-Ursule.

En 1638, Henri de Sourdis put asseoir définitivement, grâce au dévouement personnel et aux généreuses libéralités de Marie Delpech de l'Estang, la communauté des *Orphelines de Saint-Joseph*. L'ordonnance qu'il rendit à ce sujet (3) offre un grand intérêt en raison des détails historiques qu'elle fournit et parce qu'on y trouve précisées très nettement les règles fort sages de cette pieuse association. Sans avoir eu l'éclat et la durée des Filles Notre-Dame et des Ursulines, les Orphelines de Saint-Joseph se répandirent au XVIIe et au XVIIIe siècle en diverses villes du royaume où elles opérèrent beaucoup de bien : à Paris, par exemple, à Toulouse, Agen, Limoges,

---

(1) En 1790, 13 relig. de chœur, 3 conv.; rev. 7,054 l. 2 s. (Rotgès, p. 126).
(2) Postel. *Histoire de sainte Angèle Merici et de tout l'ordre des Ursulines*. Paris, 1878, t. I, p. 529; t. II, p. 543-545.
(3) Ci-dessous, p. 233-243.

La Rochelle et Rouen (1). Elles eurent des lettres patentes en 1639, et, après les avoir vues à l'œuvre durant quelques années, Henri de Sourdis les louait en ces termes dans une ordonnance de visite de 1645 : « Entre plusieurs saintes communautez, nous considerons grandement celle qui est destinée à l'instruction des filles orphelines, tant par la sainteté de son institut que pour les grands biens qu'elle a faict et est sur le point d'augmenter, tant en ceste ville qu'en celle de Paris ou elle a esté depuis establie (2). »

Plusieurs autres congrégations enseignantes ont eu des établissements chez nous avant la Révolution.

Les *Filles de la Charité* qui, dès le principe, joignirent au soin des malades et des pauvres l'instruction des filles, dirigeaient au moins cinq écoles à Bordeaux et une à Fronsac (3). — Les *Dames hospitalières de Nevers*, chargées, à Monségur, de l'hôpital depuis 1737, y faisaient en même temps la classe. — Nous trouvons à Libourne, depuis 1676, les *Sœurs de l'Union chrétienne*, assez souvent désignées sous le nom de Dames de la Foi ou de Nouvelles Catholiques. André de Marillac, doyen de Saint-Émilion, s'était fort intéressé à cette fondation et y avait largement contribué de ses deniers (4).

Les Sœurs des écoles charitables du Saint Enfant Jésus ou Dames de Saint-Maur, appelées chez nous *Dames de la Foi* avant la Révolution comme aujourd'hui, reconnaissaient pour leur instituteur le P. Barré, minime, un religieux vraiment admirable, un des hommes qui ont le plus fait au XVIIe siècle pour l'éducation chrétienne de la jeunesse. Ses filles, qu'il avait enflammées de l'ardeur la plus généreuse et auxquelles il avait légué tout son dévouement, vinrent à

---

(1) Hélyot. *Histoire des ordres monastiques*. Paris, 1719, in-4°, t. IV, p. 411 seq.

(2) Arch. Gir., G 14.

(3) Malgré de longues recherches et de nombreuses démarches, je n'ai pu me procurer de renseignements certains sur le nombre et la date de fondation des établissements des Filles de la Charité dans nos diocèses.

(4) Cf. Guinodie, t. I, p. 285. — Je ne sais si ces religieuses appartenaient à la congrégation du même nom instituée à Paris en 1661 par M. Vachet et dont le siège fut, plus tard, transféré à Fontenay-le-Comte (Hélyot, t. VIII, p. 150). — En 1730, 18 relig. dont 1 converse; revenu net, 1,953 l.; en 1760, 16 relig.; rev. net, 2002 l. dont 1,200 l. de pension payée par le roi (Arch. Dioc., R 5).

Bordeaux en 1685. Le P. Henri de Grèzes (1) raconte en ces termes leur établissement dans notre ville, lequel fut fait par ordre du Roi :

« Ses débuts se heurtèrent à l'indifférence d'un grand nombre d'habitants et à l'antipathie de beaucoup d'autres. On faisait autour des Sœurs la conspiration du silence pour qu'elles demeurassent inconnues dans la cité commerçante. « Se voyant inoccupées, se disaient leurs adversaires, elles » s'en retourneront. »

» Pour porter remède à cette situation, les magistrats [municipaux], par une délibération du 13 décembre 1687 (2), demandèrent qu'il fût ordonné à MM. les curés de la ville d'annoncer au prône de la messe paroissiale, pendant quatre dimanches consécutifs, l'existence de l'école des Sœurs, engageant les paroissiens à y envoyer leurs enfants.

» Cette mesure réussit, paraît-il ; et, un peu après, les magistrats louaient pour les quatre Dames de la Foi une grande maison dont le loyer était de 500 l. De là, le succès se dessinant davantage, les Sœurs furent transférées dans une maison plus vaste. Outre trois classes gratuites et les catéchismes du dimanche, elles eurent de bonne heure un pensionnat. « Elles avaient de plus une classe spéciale et absolument gratuite pour les grandes filles et femmes qui voulaient se rendre capables de faire un petit commerce. On les recevait à quelque heure qu'elles se présentassent, pour leur apprendre à lire, écrire et chiffrer, etc. ; mais à la condition qu'elles assisteraient au catéchisme qui se faisait l'après-midi à une heure déterminée. On ne mettait à cette classe que des maîtresses d'un certain âge, zélées, discrètes et bien instruites, et il s'en opérait des conversions édifiantes. Quand MM. les confesseurs trouvaient des pénitentes qui avaient besoin d'être instruites ou détournées du mal et excitées au bien, ils les engageaient à aller à cette classe aux heures d'instruction, et la maîtresse, après les avoir décidées à revenir à Dieu, les disposait à une confession générale. Elle en préparait d'autres au baptême ou à faire abjuration si elles étaient de quelque autre religion, car dans Bordeaux il y en a de toutes sortes. Enfin il se faisait dans cette maison beaucoup de bien de toutes manières (Arch. des Dames de Saint-Maur à Paris). »

---

(1) *Vie du R. P. Barré, religieux minime, fondateur de l'Institut des Sœurs charitables du Saint Enfant Jésus ou de Saint-Maur.* Paris, [1892], in-8°, p. 366, 367.

(2) Ci-dessous, p. 269.

Nos documents nous font connaître que les Dames de la Foi de Bordeaux, fidèles à leur institution, continuèrent à travailler jusqu'à la Révolution, avec un très grand succès, à l'instruction des filles. Mais les épreuves ne leur furent pas épargnées et elles furent presque constamment dans la gêne. La dernière maison qu'elles occupèrent était située rue des Ayres, près de la maison professe des Jésuites. Elles en furent chassées en 1791.

Les Dames de la Foi instruisaient les filles à Gensac, depuis 1704; à La Réole, depuis 1726; à Sainte-Foy, depuis une époque que je ne suis pas en état de préciser; à Blaye, depuis 1760; s'acquittent partout de leur sainte mission avec un dévouement parfait, mais peu soutenues en général et quelquefois tracassées par les municipalités. C'est la condition ordinaire des œuvres de zèle et de charité. Un projet d'établissement à Cadillac, en 1759-60, fut abandonné, j'ignore pour quelle cause, au moment où l'affaire semblait conclue.

Enfin, plusieurs communautés plutôt contemplatives qu'enseignantes recevaient des pensionnaires. C'étaient à La Réole les *Annonciades* (1616) et à Bordeaux les *Bénédictines*, les *Visitandines* et les *Catherinettes* ou Dominicaines (1). On dit de celles-ci dans une note de 1730, émanée de l'archevêché : « Il n'y a point de communauté religieuse plus exacte et plus régulière que celle-ci et qui soit d'une plus grande édification pour le public. Les pensionnaires y sont élevées dans la piété et dans la vertu avec un soin merveilleux (2). »

Quant aux congrégations d'hommes, sans parler des Doctrinaires, des Barnabites et des Jésuites qui s'occupaient exclusivement d'instruction secondaire à Cadillac, Bazas, Saint-Macaire et Bordeaux, il faut rappeler que les *Récollets* de Sainte-Foy et les *Carmes* de Langon s'adonnaient à la fois à l'enseignement primaire et à l'enseignement du latin. Les *Trinitaires* de Saint-Laurent en Médoc y tenaient, en 1735, l'école des garçons.

Les *Frères* du Bienheureux J.-B. de la Salle furent appelés à Bordeaux en 1758. Je publie à leur sujet de nombreux documents inédits qui nous renseignent très largement sur le bien qu'ils y ont

---

(1) Arch. Dioc., K 1.
(2) *Ibid.*

fait (1). La délibération du corps municipal pour la création des écoles chrétiennes porte expressément que « Monseigneur l'Archevêque, par un principe de charité pastorale, a bien voulu solliciter Messieurs les jurats de faire un établissement aussi avantageux, et, par là même, aussi digne de leurs soins ». On eut d'abord sept Frères qui ouvrirent trois écoles. Dès l'année suivante, « ces trois classes des Chartrons, Sainte-Eulalie et Saint-Michel étant insuffisantes au concours d'enfans qui se présentoient pour y être reçus », on dut en établir une quatrième à Saint-Seurin. Des lettres patentes furent obtenues cette même année 1759. La correspondance de Louis-Jacques d'Audibert de Lussan, de son pieux vicaire général, M. Le Quien de la Neufville, plus tard évêque d'Acqs, et de l'Intendant, est bien honorable pour eux et pour les Frères ; et quand la municipalité bordelaise « régénérée » les expulsa indignement en 1791, elle se vit contrainte de reconnaître « qu'ils avoient pleinement justifié la confiance de la commune par leurs mœurs très régulières comme par la plus constante assiduité à leurs fonctions ».

Ce simple exposé de faits incontestables, parce qu'ils sont appuyés sur des documents qu'on ne saurait récuser, montre que dans nos diocèses, sous l'ancien régime, l'Église était restée fidèle à sa mission d'éducatrice du peuple. Elle exerçait sur l'enseignement une action efficace et usait constamment en sa faveur de la haute influence que lui donnaient les institutions du temps, aussi bien que son dévouement et ses bienfaits. Je n'ai pas besoin de développer longuement ces pensées. Le lecteur éclairé qui aura suivi ce long mémoire et qui étudiera impartialement nos textes, n'aura pas de peine à se faire, à cet égard, une conviction personnelle. C'est à quoi doivent tendre, à mon sens, les livres d'histoire. En ce genre de travaux, la plus persuasive éloquence est celle des faits démontrés.

(1) Ci-dessous, p. 151-179. — Cf. *Annales de l'Institut des Frères des Écoles chrétiennes* (par le F. Lucard). Paris, 1883, in-8°, t. II, p. 215-217.

# CONTRIBUTION

A L'HISTOIRE

DE L'INSTRUCTION PRIMAIRE DANS LA GIRONDE

AVANT LA RÉVOLUTION

---

I

DOCUMENTS CLASSÉS SELON L'ORDRE ALPHABÉTIQUE
DES COMMUNES (1)

ABZAC. — 1691, 1744. « Il n'y a ni maître ni maîtresse (2). » — Arch. Dioc., L 4, 14.

— 1770. « Les habitans de la paroisse d'Abzac, écrit le 3 août 1770, le subdélégué de Libourne à l'Intendant, consentent à une imposition de 150 livres ou celle qu'il plaira à M. l'Intendant, pour engager Jean Montassé, maître écrivain, de continuer d'enseigner les enfans de la dite paroisse. Il n'est pas douteux que la rétribution de ses écoliers seroit trop modique pour qu'il subsistât. Je serois pourtant d'avis de

---

(1) Je renvoie aux Archives de l'Archevêché par Arch. Dioc., à celles du Département par Arch. Gir., à celles des Communes par Arch. Mp. avec le nom du lieu. Les lettres et chiffres qui suivent ces indications se réfèrent à la série et au numéro de la liasse, du portefeuille ou du carton.

(2) Dans la suite de ces notes, quand les procès-verbaux de visite indiquent qu'une paroisse ne possède pas d'écoles, je traduirai, pour abréger, cette constatation par le mot : *Néant*.

n'imposer, en 1771, que la somme de 120 livres au profit de ce régent. La paroisse d'Abzac est une campagne où l'on peut mieux se sortir d'affaire que dans un autre lieu. » — Arch. Gir., C 326.

AIGNAN (SAINT-). — 1755. « Il y a un maître d'école, nommé Vignau, âgé de trente ans, du diocèse de Bordeaux, d'une assiduité et d'une capacité passables, et d'une bonne conduite. » — Arch. Dioc., L 16.

AILLAS. — 1744-1749. Un régent, nommé Blanchard, pour lequel la paroisse s'imposait de 150 livres par an. — Arch. Gir., C 3089.
— 1752. Même imposition. — *Ibid.*, C 3075.
— 1754. Requête des habitants : « Depuis bien des années, il se fait tous les ans sur les rôles de la taille de la dite juridiction une imposition de 150 livres pour les gages du régent ; la régence a été vacante par intervalle depuis le commencement de 1750... » Ils demandent à employer le reliquat, soit 112 livres (ce qui indique, pour quatre années, neuf mois de vacance), aux réparations du presbytère. — *Ibid.*, C 353.
— 1770-1771. Gages du régent, 150 livres par an. — *Ibid.*, C 2070, 3095.

AMBARÈS. — 1612. Un régent. — Arch. Dioc., L 2.
— 1766. Pierre Mouche, régent, sans appointements fixes, ou, comme on disait alors, « sans gages ». — Le curé fournit sur son compte de bons renseignements. — *Ibid.*, L 13.
— 1757-1773. Jean Lauzero, régent (Cf. *Bassens*). — *Ibid.*, U 1.
— S. d. (1) (XVIII<sup>e</sup> siècle). Antoine Memain. — *Ibid.*

ANDERNOS. — 1731, 1772, 1787. Néant. — Arch. Dioc., L 17.

ANDRÉ-DE-CUBZAC (SAINT-). — 1629. Il me semble évident que dans la lettre que voici, il est question de personnes vouées à l'instruction de la jeunesse : « Monsieur le curé de Sainct-André, ayant cogneu le bien que font ces deux pieuses personnes, qui

---

(1) J'indique ainsi les documents sans date précise.

viuent en religieuses en vostre paroisse, *à l'endroict des filles*, me contrainct (*sic*) de vous escripre la présente sur la nécessité qu'elles ont d'estre logées et entretenues de viure et vestement. Ie vous prie, à ce subiect, rechercher tous les moyens possibles, parmi vos paroissiens, à leur donner quelque consolation en leur trauail. Plus elles demeureront en ce lieu-là, ce labeur paroistra dauantage à la gloire de Nostre-Seigneur. Vostre charité y sera bien employée. I'en escrips à M<sup>me</sup> de Cubzaguez qui y employera bien volontiers la sienne. Et sur ce, ie prie Dieu, Monsieur le curé de Sainct-André, qu'il vous bénisse. Vostre bon amy, F. cardinal de Sourdis. — Escript à Bordeaux, ce 29 mars 1627. » — Arch. Dioc., C 5.

— 1642. Ordonnance synodale : « A esté défendu aux pères et mères d'enuoyer leurs filles à l'eschole où vont les garçons, ains chés la sœur Marguerite qui est au bourg de Sainct-Andreas et qui prend la payne d'instruire les filles, auec soing et charité. » — *Ibid.*, H 1.

— 1729. Jean Tardieu, régent ; 150 livres par an. — Arch. Gir. C 3089.

— 1739. Pierre Denis Blondy de la Croix. (Lacoste. *L'Instruction publique à Bourg sous l'ancien régime.*)

— 1744. Gages du régent, 150 livres. — Arch. Gir., C 3097.

— 1754. Deux maîtres approuvés. Gagnant pour le latin, Tardieu, pensionné par la communauté pour l'enseignement primaire. Bons renseignements. Plusieurs maîtresses. Les filles ne vont pas à l'école avec les garçons. — Arch. Dioc., L 11.

— 1770, 1771. Gages d'un régent, 150 livres. — Arch. Gir., C 2670, 3099.

ANDRÉ-DU-BOIS (SAINT-). — 1766. Lettre du vicaire à M. Duchesne, secrétaire de l'Intendance : « Monsieur, nous éprouvons que l'œuvre de Dieu est toujours traversée. Quelques mutins de cette paroisse se sont fort élevés contre l'imposition de 100 livres que M<sup>gr</sup> l'Intendant a accordée, à la prière des principaux habitans de la paroisse qui ont signé la requette que j'eus l'honneur de vous présenter. Le motif des opposans n'est autre que la crainte de voir augmenter chaque année sur leur rôle le salaire dudit régent. C'est ce qu'ils nous ont dit, car tous conviennent unanimement de la nécessité d'une école publique, mais quand il s'agit d'une petite récompense, ceux qui n'ont point d'enfans et d'autres tout à fait éloignés du bien public sont les premiers à s'opposer. Je prends la liberté de vous en prévenir pour que, s'ils s'adressoient à vous ou qu'il vous parvînt quelque requette de leur part, vous puissiez leur faire l'accueil qu'ils méritent. Ils pourroient bien aussi s'adresser à MM. de l'élection (1), par le moyen de M. Darche qui est assez éloigné de ce genre d'instruction pour les enfans des campagnes. C'est même lui qui fut cause que, l'année dernière, le syndic de la paroisse ne vous fit point de réponse lorsque vous lui écrivites au sujet des terres vacantes. Il leur fit entendre que s'ils acceptoient l'offre que vous leur faisiez de la part de Mgr l'Intendant, leur paroisse se trouveroit beaucoup plus chargée d'impositions. Voilà le genre d'un peuple grossier et incapable de goûter les bonnes raisons qu'on peut leur donner. M. le curé, qui vous présente son respect, vous prie instamment de soutenir la bonne œuvre qu'il a commencée, d'autant mieux qu'il agit de concert avec les plus notables de sa paroisse qui, seuls, à cause de leurs grandes possessions, subiront cette légère taxe. M. le curé s'est même offert d'y contribuer, pour faire un sort plus avantageux au maître d'école. Les petites discussions qui se sont élevées n'ont pas empêché les collecteurs de faire leur rôle qu'ils vont envoyer au premier jour pour estre approuvé. Vous connoissez de quelle importance il est pour nous de n'avoir pas du dessous dans cette affaire, d'autant plus que ce sont eux-mesmes qui engagèrent M. le curé à faire la requette qui a esté présentée à Mgr l'Intendant. — Vous m'avez permis de vous rappeler de me faire passer quelques livres d'agricullture, seul moyen de détruire les faux préjugés des paysans, concernant l'amélioration des terres, et de leur donner du goût pour mettre en pratique les choses qu'ils liront eux-mêmes. J'ai l'honneur... Mereau, vic. de Saint-André. » — Arch. Gir., C 536.

— 1772-1774. — André Merzeau, régent (Cf. *Galgon*). — Arch. Dioc., U 2.

ANDRONY (SAINT-). — 1611. « Le vicaire enseigne la jeunesse à lire et escripre. » — Arch. Dioc., L 2.

(1) Magistrats qui jugeaient en première instance les procès relatifs à l'assiette des tailles et autres subsides.

— 1691, 1743. Néant. — *Ibid.*, L 10.

Anglade. — 1611. Néant. — Arch. Dioc., L 2.
— 1634. « Le vicaire enseigne la jeunesse à lire et à chanter. » — *Ibid.*, L 4.
— 1691-1743. Néant. — *Ibid.*, L 10.

Arbanats. — Voy. *Virelade*, paroisse dont Arbanats était l'annexe avant la Révolution.

Arbis. — 1617. Jean Bartes, régent. — Arch. Dioc., L 3.
— 1765. Néant. — *Ibid.*, L 8.
— 1784. Requête de Largeteau, maître d'école d'Arbis, qui « preste tous ses soins à l'éducation de lecture et d'écriture nécessaire à la jeunesse, même gratuitement à ceux dont les facultés ne sont pas connues. Seul dans une maison, à la tête d'un grand nombre d'écoliers, il se voyoit sur le point d'estre obligé de prier les citoyens d'alentour d'envoyer leurs enfans à d'autres maistres, mais en ayant fait confidence à quelques personnes honnestes de ce lieu, il lui fut conseillé de se marier à Marie Dulpé qui peut donner quelques principes aux jeunes filles... » — *Ibid.*, U 1.

Arcins. — 1611. Il n'y a pas de maître, « parce que la paroisse est petite ». — Arch. Dioc., L 2.
— 1734. Néant. — *Ibid.*, L 18.

Arsac. — 1611. « Le curé luy-mesme enseigne. » — Arch. Dioc., L 2.

Artigues. — 1766. Néant. — Arch. Dioc., L 13.

Arveyres. — 1610. « Le curé d'Arueyres a dict qu'ung nommé Symon Marin faict estat d'enseigner dans sa paroisse et diuerstist la ieunesse de venir au catéchisme, en sorte que, le plus souuent, il n'a aucun pour luy ayder à dire vespres. » — Arch. Dioc., H 3.
— 1758. Charlotte Perer, régente. (Elle écrit à l'Intendant une lettre dont l'orthographe est extrêmement fantaisiste.) — Arch. Gir., C 287.

— Av. 1769. Ciron, régent (Cf. *Vayres*). — Arch. Dioc., U 2.

AUBIAC-ET-VERDELAIS. — 1765. Bernard Flouret, régent, approuvé par F.-H. de Maniban (mort en 1743); bons renseignements; les filles instruites dans la même école que les garçons. — Arch. Dioc., L 8.

AUBIE-ET-ESPESSAS. — 1755. Jean Lormandin, maître non approuvé; « c'est un de ces maîtres-écrivains médiocres »; bonnes vie et mœurs. Les filles vont à l'école avec les garçons. — Arch. Dioc., L 11.
— 1781. « Antoine Lafaye, m° d'éc., habitant la paroisse d'Aubie. » — *Ibid.*, O 29.

AUBIN (SAINT-) de Blanquefort. — 1611, 1734. Néant. — Arch. Dioc., L 2, 18.

AUBIN (SAINT-) en Blayais. — 1611, 1634. Néant. — Arch. Dioc., L 2, 4.
— 1691. Jacques Bernard, m° d'éc. — *Ibid.*, L 10.
— 1753. « Il n'y a point de maître ni de maîtresse d'école actuellement. Quand il y en a eu, il n'estoient point gagés. » — *Ibid.*

AUDENGE. — 1731. Néant. — Arch. Dioc., L 17.
— 1787. « Il y a un m° d'éc., J. Chasseloup, qu'on nous a dit être de bonne vie et mœurs et très en état d'enseigner et qu'on nous a prié d'approuver. Nous (le vicaire général) l'avons fait provisoirement pour trois mois. » — *Ibid.*

AUROS. — 1744-1752. On impose 140 l. pour le régent. — Arch. Gir., C 3075, 3089.
— 1744. Le régent, Guiral, réclame 50 l. qui lui sont dues sur ses gages. — *Ibid.*, C 3294.

AVENSAN. — 1611. Néant. — Arch. Dioc., L 2.

BAGAS. — 1769. Cette paroisse « comprend un bourg considérable, dans lequel il y a eu de tout tems et réside actuellement, un régent très bon, qui se contente de la rétribution de ses écoliers. » — Arch. Gir., C 2670.

BAIGNEAUX. — 1765. Néant. — Arch. Dioc., L 8.

BALIZAC. — 1691. « Point d'escole que l'instruction de M. le curé. » — Arch. Dioc., L 12.
— 1736. Néant. — *Ibid.*

BARDE (LA). — 1611. « Il n'y a pas de régent, parce que la paroisse est trop petite. » — Arch. Dioc., L 2.
— 1734. Néant. — *Ibid.*, L 18.

BARIE. — 1742-1747. En 1742, l'évêque de Bazas (1) avait autorisé Jean Blancard en qualité de régent pour la paroisse de Barie. Quelques mois après, le même prélat avait interdit à un autre m° d'éc., le nommé Marseau, de faire concurrence au premier. Cette défense avait été réitérée par les vicaires généraux en 1746, et leur ordonnance avait été confirmée en 1747 par l'Intendant. — Arch. Gir., C 353, 355.
— 1768. Malgré tout, Marseau s'obstinait encore plus de vingt ans après, et le régent autorisé, qui se qualifiait de « procureur au siège », réclamait contre lui une condamnation à 100 l. de dommages-intérêts, prétendant qu'il exerçait, pour lui ravir ses écoliers, une pression sur les parents, à raison des rôles de la taille qu'il détenait depuis longtemps. — *Ibid.*, C 357.

BARSAC (2). — 1617. « Le curé fait faire le catéchisme par le régent qu'il y a sur le lieu. » — Arch. Dioc., L 3.
— 1626. « Le vicaire enseigne un petit enfant qui vient chez luy à l'eschole, avec d'autres enfans. » — *Ibid.*, C 8.
— 1629. Les documents qui vont suivre et qui m'ont été signalés

---

(1) Edme Mongin, de l'Académie française, évêque de Bazas de 1724 à 1746.
(2) Cf. E. Allain. *Documents inédits sur les petites écoles de Barsac, avant la Révolution* (*Revue Catholique de Bordeaux*, 10 nov. 1891).

par mon savant ami, M. L. Roborel de Climens, attaché aux Archives de la Gironde, sont une nouvelle preuve du zèle de l'Église pour la diffusion de l'enseignement populaire. D'après un acte notarié du 18 février 1629, le curé de Barsac et les fermiers des dixmons (1) étant obligés de dépenser soixante livres par an, pour donner à dîner, à l'issue des processions de Saint-Marc et de Sainte-Croix, « aux prebstres, clercs, ceux qui portoient les luminaires et autres habitans qui assistoient à ces deux processions », M. M<sup>e</sup> Pantaléon Couldret, prêtre, bachelier en théologie et curé du lieu, avait assemblé les paroissiens et, « désireux de l'auancement et instruction de la jeunesse, auroit remonstré aux principaux des dicts habitans qu'il seroit beaucoup plus utile et proffitable d'employer la dicte somme de 60 liures à l'entretien d'un précepteur et régent pour l'instruction de la jeunesse de la dicte paroisse que de l'employer aux frais des disners des processions. » Il n'eut pas de peine à les ranger à son avis et la décision qu'il sollicitait fut prise par « tous, d'un commun accord et consentement ». L'acte est revêtu de 32 signatures. (Arch. Gir., E 540.) — L'affaire fut rapidement conduite, car moins de deux mois après, le régent choisi, Mathurin Thales de Perdens, « aduocat », recevait le premier quartier de ses honoraires, soit 15 l., qu'il avait « comptée et nombrée », par devant notaire, « en dix-neuf testons et aultre bonne monnoye blanche faisant la dicte somme. » — *Ibid.*

— 1630. Le même recueil de minutes nous a conservé le testament du curé, P. Couldret. « *Item*, y lisons-nous, le dict testateur donne et lègue par cestuy son testament la somme de 100 liures, pour la construction et bastiment d'un collège [école] qui se doibt faire au présent lieu de Barsac aux fins de la résidence d'un régeant, lesquelles cent liures veult estre payées, après son décès, sur tous ses biens et payables par son exécuteur testamentaire, lors et quantes que les habitants du dict Barsac ou aultres feront trauailler à la construction du dict collège. » En reconnaissance de cette libéralité, M<sup>e</sup> P. Couldret voulait, pour le repos de son âme, un service annuellement chanté. — *Ibid.*

— 1635. Estienne Congnet, régent. — *Ibid.*

---

(1) Portion de la dîme que levaient des bénéficiers autres que le curé, ou même certains particuliers.

— 1651. Estienne Louzier, régent. — *Ibid.* — Cf. *Ibid.*, E 20-6. f° 549.

— 1691. « Nous estans enquis, s'il n'y auoit point d'escolles et si elle estoient seruies par quelque personne capable, exemplaire et approuuée, nous a esté respondu tant par le dict sieur curé que habitans que les escolles estoient tenues par Michel Lapeyrade dont ils estoient contens et qui auoit son approbation de Mgr l'Archeuesque. » — Arch. Dioc., L 12.

— 1736. « Il y a quatre particuliers qui montrent à lire et à escrire, nommés Jean Roborel, Bernard Gassies, Jean Ithier et Jean Destanque. Ils ne sont point gagés (c'est-à-dire qu'ils ne jouissent pas d'un traitement fixe payé par la paroisse, conformément aux Déclarations royales de 1698 et 1726) ; ils n'ont d'autre rétribution que ce que les enfans leur donnent chaque mois. [Ils sont] tous nés dans la paroisse. » — *Ibid.*

—1738. 26 août. Décès de Bernard Destanque, m° d'éc. — État civil de Barsac.

— 1750. 10 juin. Arrêt du Parlement de Bordeaux interdisant d'enseigner au « nommé Lacroix, auquel (quoyqu'il y eust depuis longtems dans le bourg et paroisse de Barsac, un régent ou maistre d'escolle pour l'instruction et éducation des enfans, deuement approuvé et dont tous les habitans avoient lieu d'estre satisfaits) il avoit plû de venir, depuis peu, s'establir dans le mesme lieu pour y régenter et monstrer aux enfans à lire et à escrire, sans aucune sorte de permission ni approbation. » — Arch. Gir., B 1369.

BASSENS. — 1766. Néant. — Arch. Dioc., L 13.

— 1773. Jean Lauzero, ci-devant régent à Ambarès où il a enseigné, pendant seize ans, la lecture, l'écriture et l'arithmétique, s'est retiré à Bassens où il a ouvert une école. Il demande l'approbation de l'Archevêque. — *Ibid.*, U 1.

BAURECH. — 1766. « Un m° non approuvé, Pierre Pujol, capable, de bonnes mœurs, sans gages. Une m$^{sse}$ non approuvée, Luce Albert; sans gages. » — Dans l'ordonnance archiépiscopale, consécutive à la visite : « Le m° et la m$^{sse}$ se présenteront devant nous pour être examinés et recevoir des lettres d'approbation, si nous les trouvons capables. Le m° d'école n'enseignera que les garçons, et la maîtresse les filles. » — Arch. Dioc., L 13.

Bayas. — 1755. Néant. — Arch. Dioc., L 16.

Bayon. — 1691. Néant. — Arch. Dioc., L 6.

— 1754. « Il a été ordonné au sieur Jean Auduteau, régent, de se pourvoir par devers M<sup>gr</sup> l'Archevêque, aux fins d'un titre pour tenir école. » — *Ibid.*, L 11.

— 1776-1779. Jean Roux, régent pour la lecture, l'écriture et l'arithmétique, « ayant estudié jusqu'en quatriesme ». En 1779, il sollicite l'appui de l'Archevêque, pour être dispensé du tirage au sort de la milice. — *Ibid.*, U 1.

Bazas (1). — 1738. Le sieur Terrier, régent de Bazas, demande la permission de donner quelque jour à deux chambres d'une maison qu'il a acquise pour y tenir les petites écoles, en ouvrant le mur de la ville auquel touche son immeuble. « Ce régent, dit le subdélégué, estant très utile pour l'éducation de la jeunesse, il est naturel de le favoriser en choses qui ne préjudicient à personne ; aussi j'estime que la grâce qu'il demande doit luy estre accordée. » — Arch. Gir., C 949.

— 1752. Gages de deux régents, 250 l. — *Ibid.*, C 992.

— 1758-1768. Projet d'établissement d'une école de Frères à Bazas ; on avait même acheté une maison pour cet objet. — Arch. Mp. de Bazas, BB 1 (2).

— 1770. Deux régents, aux appointements de 250 l. — *Ibid.*, BB 2.

Beautiran et Aiguemorte. — 1691. « Nous a dit le sieur curé y avoir en la dite paroisse un maistre d'escolle, faisant bien son debuoir, [mais] n'estant pas approuué de M<sup>gr</sup> l'Archeuesque. » — Arch. Dioc., L 12.

(1) Cette ville possédait un séminaire et un collège tenus par les Barnabites.
(2) Les renseignements tirés des Archives municipales de Bazas m'ont été communiqués par le très docte et obligeant sous-archiviste du Département, M. Ducaunnès-Duval.

— 1736. « Il n'y a point de m° d'éc.; il y a une veuve de soixante-dix ans, qui enseigne à lire à quelques enfans. » — *Ibid.*

— 1785. Le nommé Lacroutz est régent à Beautiran ; il consent à ce que le sieur Garbary, ci-dev. m° d'éc. à Castres, régente concurremment avec lui ; le curé y a consenti également, se fondant sur ce que la paroisse est très étendue et qu'il y a l'annexe d'Aiguemorte. — *Ibid.*, U 1.

BÉGADAN. — 1737. Néant. — Arch. Dioc., L 15.

— 1786. Un maître, non approuvé, « dont on est content ». — *Ibid.*

BÈGLES. — 1633. « Aussy nous a dict le sieur vicaire qu'il y a quatre ou cinq [ans ou mois?] qu'il n'y a poinct de régent en la dicte paroisse, pour apprendre les enfans à vivre dans la crainte de Dieu. » — Arch. Dioc., L 4.

— 1751. « Il y a un m° d'éc. que le curé a establi, nommé Claude Darus, capable, assidu, de bonnes mœurs, qui n'a pour rétribution fixe que 30 l. que le curé lui donne et le payement de ses écoliers. » — *Ibid.*, L 12.

— 1773-1775. Requête (en 1775) de Pierre Abbadie, faisant fonction de m° d'éc., depuis près de deux ans, dans la paroisse de Bègles, aux fins d'obtenir l'approbation des vicaires généraux ; la dite requête accompagnée de deux certificats, l'un du curé de Bègles constatant son aptitude pour l'enseignement de la lecture, de l'écriture et de l'arithmétique, l'autre de M. de Gauffreteau dont les enfants avaient reçu les leçons du suppliant, leçons dont on avait été très satisfait. — *Ibid.*, U 1.

— 1774. Ordonnance interdisant à Marie Carriet, m°° non autorisée, de continuer à tenir école à Bègles. — Arch. Gir., G 22.

BÉGUEY. — 1787. Ordonnance de visite constatant qu'il y avait dans cette paroisse un m° d'éc. approuvé. — Arch. Gir., G 20.

BELLEBAT. — 1765. Néant. — Arch. Dioc., L 8.

BELVÈS. — 1739. « Il n'y a point de m° d'éc. approuvé. Il n'y a que deux précepteurs, dans différentes maisons, pour apprendre les enfans à lire et à écrire. Ils leur apprennent aussi le catéchisme. Il n'y a point de régente. » — Arch. Dioc., L 14.

BERSON. — 1611. Néant. — Arch. Dioc., L 2.

— 1634. « Ordonnons que les paroissiens entretiendront un régent et précepteur approuvé par nous pour enseigner et instruire la jeunesse. » — Ibid., L 4.

— 1753. « Il y a un m⁰ d'éc. nommé Jean Nau, en estat d'instruire les enfans et assidu à son devoir, de bonnes mœurs et qui n'a d'autres rétributions que celles des enfans. Il n'y a pas de régente pour les filles. Elles ne sont pas enseignées dans l'école des garçons ; on leur fait le catéchisme. » — Arch. Dioc., L 10.

— 1786. Samson-Thérèse Gaspalon, « précepteur de la jeunesse ». — Ibid., O 30.

BIGANOS. — 1731. Néant. — Arch. Dioc., L 17.

BLAIGNAN. — 1735, 1786. Néant. — Arch. Dioc., L 15.

BLANQUEFORT. — 1734. « Il n'y a pas de régent ; il y a une dame qui s'est chargée du soin de quelques enfans ; il y a quelques garçons et des filles qu'elle tient séparés les uns des autres. Elle a soin de leur faire le catéchisme et les oblige à venir à la messe tous les jours. » — Arch. Dioc., L 18.

BLASIMONT. — 1721. Ordonnance de l'intendant, assurant au régent, Pierre Morellon, 100 l. d'appointements. — Arch. Gir., C 3089.

1742. — Voici un exemple des lettres de régence qu'accordaient au XVIII⁰ siècle les évêques de Bazas : « Edme Mongin, évesque et seigneur de Bazas, conseiller du Roy en ses conseils. Vu la requête à nous présentée par les principaux habitants de la ville et juridiction de Blazimont, tendante à ce qu'il nous plust approuver, en qualité de régent de ladite paroisse, sieur Jean Morellon, y habitant ; Nous, sur les bons témoignages qui nous ont esté rendus des bonne vie et mœurs, suffisance et capacité du dit sieur Morellon, l'avons approuvé et approuvons par ces présentes et, en conséquence, luy permettons de tenir les petites écoles dans ledit Blazimont, à l'exclusion de tout autre, en par luy instruisant les enfans des principes de la religion chrétienne, et se conformant d'ailleurs aux ordonnances et règlemens de nostre diocèse à ce sujet. Donné en nostre chasteau de Gans, le 13e juillet 1742. † E. év. de Bazas. — Par Mgr : Lattapy, secr. » — D'après la requête des habitants, Morellon avait précédemment exercé au Tourne, et en d'autres paroisses. — Arch Gir., C 3294.

— 1745. A cette date, ce régent réclamait 150 l. de gages, alors que, pour les années précédentes, le mandement de la taille lui assurait seulement 100 l. — *Ibid.*

— 1758. « Un régent propre et remplissant ses fonctions. » — *Ibid.*, C 3097.

— 1764. Les principaux habitants de Blasimont consentent à une imposition supplémentaire de 50 l. pour augmenter les gages de leur régent qui ne recevait jusque-là que 100 l. — *Ibid.*, C 399.

— 1770. Requête, avec avis conforme du subdélégué, de Pierre de Suère, régent autorisé par l'évêque de Bazas, aux fins d'être payé de son traitement de 150 livres. « De tout temps, disait-il, il y a eu un me d'éc. dans ladite paroisse, pour l'éducation des enfans. » — De Suère finit par être débouté de sa requête, « ayant été rejeté de la communauté pour son peu de science ». — *Ibid.*, C 402, 3095.

— 1776. Un régent, 100 l. — *Ibid.*, C 1020.

— 1778. Un régent, 150 l. — *Ibid.*, C 996.

BLAYE (1). — 1570. Estienne Blouin, diacre et me d'école, protestant et condamné comme tel par le Parlement. — *Archives historiques de la Gironde*, t. XIII, p. 224.

— 1595. Arrêt du Parlement par lequel il est permis aux maire et jurats de Blaye d'imposer les habitants de la somme de 50 écus, pour le loyer de la maison du régent, qui sert de collège, et pour le surplus des gages dudit régent, il est permis aux magistrats munici-

---

(1) Il y a quelques années, M. Ducaunnès-Duval, sous-archiviste du Département, a bien voulu me communiquer un inventaire ms. des archives de Blaye dont il est l'auteur. C'est donc à lui que je dois une bonne partie de mes renseignements sur les petites écoles de cette ville.

paux de le prendre sur les deniers de la ville. — *Archives municipales de la ville de Blaye*, p. 93.

— 1611. Un régent à Saint-Romain. — Arch. Dioc., L 2.

— 1614. Jacques de Montgombert, régent à Blaye. — *Ibid.*, Q 20.

— 1625. Enquête sur les déportements de François Gaignart, régent de Blaye, « grand renieur et blasphémateur ordinaire du nom de Dieu ». Cette enquête qui ne comprend pas moins de 27 feuillets in-4° est des plus curieuses; mais il n'est guère possible d'en rien citer, « *son français* dans les mots *bravant* l'honnêteté ». Le cardinal de Sourdis s'était déjà préoccupé de cette affaire en 1624, comme en témoignent deux lettres, l'une du maire de Blaye, l'autre du sieur Grymand qui parle des protecteurs que s'était assurés « cet insolent (Gaignart), par ses flatteries et importunitez ». (Arch. Dioc., C 7.) — Après l'enquête, l'archevêque cita, par ordonnance expresse, le régent à comparaître en congrégation (c. à d. au Conseil de l'Archevêché) pour se voir interdit; on trouve encore au dossier l'exploit de signification de sergent royal « parlant au dict Gaignart, lequel a faict responce à moy soubz signé que j'estois sergent et qu'il ne me recongnoistroit jamais pour aultre et qu'il ne recongnoissoit en rien monsieur le Cardinal et qu'il se mocquoit de tout cela et qu'il en appeloit ». (*Ibid.*, U 1.) J'ignore la fin de cette affaire.

— 1629. Ordonnance des vic. capitulaires, « prohibant et deffendant à tous prebstres et religieux de la ville de Blaye d'attirer et retirer les enfans du dict lieu de Blaye en leurs maisons, au préiudice de M° François du Boys », reçu régent par les jurats et approuvé par l'autorité diocésaine. — Arch. Gir., G 13.

— 1634. Après cette date, d'après un procès-verbal de visite, F. du Boys n'enseignait plus qu'à titre privé ; mais il y avait deux régents qui tenaient école publique, sans approbation. — Arch. Dioc., L 4.

— 1643. Le sieur Baulard, prestre, mande au secrétaire de l'Archevêché, Montassier, que « son hoste luy a baillé une chambre particulière afin de s'exercer à enseigner la jeunesse à lire et escrire, lequel exercice il continue depuis son retour de Bordeaux ». — *Ibid.*, C 9.

— 1742. « Il y a dans la paroisse Saint-Romain un régent pour les humanites. Son nom est Emmanuel Dupuix ; fort capable, assi du et de bonnes mœurs. Ses gages sont de 30 pistoles, payées par la ville. Il y en a un autre qui enseigne à lire, escrire et l'arithmétique et qui reçoit filles et garçons: encore homme de bonnes mœurs. Son nom est Eymat. Il fait régulièrement le catéchisme. »

— 1754. Un régent latin, 300 l. — Arch. Gir., C 992.

-- 1760. Ordonnance archiépiscopale autorisant l'établissement de trois Filles de la Foi à Blaye. « Louis-Jacques d'Audibert de Lussan... Sur ce qui nous a esté représenté par MM. les jurats, juges civils et de police de la ville, faubourgs, banlieue et comté de Blaye, que dans la dite ville, il n'y auroit aucun establissement pour l'instruction des jeunes filles qui y sont en très grand nombre; que, touchés des inconvénients qui en résultent, et qui sont toujours préjudiciables aux bonnes mœurs et à la religion, ils auroient arresté et convenu de concert et sous le bon plaisir de M. de Tourny, intendant, tant de la pension que du logement propre et convenable pour y loger trois personnes qui, menant une vie régulière et commune, seroient uniquement occupées de l'instruction des jeunes filles du dit lieu et environs, qu'elles pourroient d'autant plus les former à la religion et à la piété que les réunissant dans des classes proportionnées à leur âge et à leur capacité elles seroient toujours sous les yeux des personnes préposées à leur éducation ; que pour l'exécution de ce dessein, ils se seroient adressés à la supérieure des religieuses de l'Enfant-Jésus de cette ville (Bordeaux), laquelle se seroit obligée, de nostre consentement et aux conditions portées par les délibérations prises et arrestées en l'hostel de la dite ville de Blaye les 1er et 6e jour de mars dernier et le 4 novembre aussi dernier, de procurer pour cet establissement trois personnes propres et capables; A ces causes, Nous, approuvant en tout le pieux et louable projet des dits Srs jurats et ayant reconnu par une longue et heureuse expérience la capacité des dites Filles de l'Enfant-Jésus, en avons establi et establissons trois dans la dite ville de Blaye, de nostre diocèse, pour y tenir escole de filles; nous leur enjoignons d'enseigner principalement les principes de la religion à toutes celles qui seront confiées à leurs soins, et nous les exhortons à vivre elles-mêmes avec édification et bon exemple, à se comporter avec toute la piété et la régularité convenable à la profession religieuse et à fréquenter les sacrements autant que leur estat et leurs occupations pourront le permettre. Donné à Bordeaux, le 30 janvier 1760. » — Arch. Dioc., D 10.

— 1760. Lettre de M. Duchesne, secrétaire de l'intendance, à M. de Tourny (17 mars) : « L'establissement des Dames de la Foy à Blaye est consommé ; elles ont déjà environ quinze pensionnaires et soixante-quinze externes. J'ai cru vous faire plaisir en vous informant de ce succès. » — Arch. Gir., C 271.

— 1763. « Considérant que le sieur Nodoir, régent humaniste (1) de Blaye, a quitté cette ville pour aller à Bordeaux remplir un poste plus avantageux, qu'il n'y a donc plus de régent, ce qui est très préjudiciable aux enfans, jeunes gens et parens d'iceux, qu'il est très indispensable qu'il y ait dans la ville un régent, comme il y en a eu de tout tems, mesme immémorial », les jurats nomment le sieur Desnoyers, « homme très compétent, pour enseigner les humanités et lettres de langue latine, sous la rétribution de 300 l. de pension sur les revenus de la ville, et d'un logement, et avec la faculté de percevoir 40 s. par mois de chaque escolier. » — Arch. Mp. de Blaye, B B 1.

— 1766. Le corps de ville délibère de donner, sur sa demande, à Pierre-Joseph Chirot, m⁰ écrivain de Paris, avec les mêmes exemptions et privilèges dont jouit le sieur Desnoyers, régent, une somme de 250 livres sur les revenus de la ville, à la charge par lui, comme il propose, d'enseigner à la jeunesse l'art de bien écrire, de l'arithmétique, celui des changes étrangers et enfin la tenue des livres en partie simple et double. Il ne pourra prendre plus de huit pensionnaires et exiger par écolier plus de 40 s. de rétribution mensuelle ; il devra enseigner deux enfants pauvres de la ville ; il choisira une maison pour y faire la classe, au cœur de la ville. Heures de classe : 7 heures à 10 heures du matin ; 1 heure à 4 heures du soir ; un jour de congé par semaine, au choix du régent ; vacances de la Saint-Mathieu à la Saint-Luc. — *Ibid.*

— 1766. A la demande du supérieur général des Dames de la Foi, disant que les trois dames de cette communauté établies à Blaye

---

(1) On ne trouvera pas mauvais que je donne ici ce document, quoiqu'il ne concerne pas précisément l'enseignement primaire, en raison des détails qu'il fournit.

pour l'éducation et l'instruction de la jeunesse ne reçoivent que 50 écus chacune, ce qui est loin d'être suffisant, et qu'il est dans l'intention de les placer ailleurs, le corps de ville délibère que pour retenir ces dames dans la ville, on leur donnera 200 livres à chacune. (En marge : « *Nota* que la présente délibération n'a esté prise qu'à cause que M. l'Intendant l'a demandé par lettre. ») — *Ibid.*

— 1767. Le sieur Chirot ayant quitté la ville pour retourner à Paris, les jurats nomment à sa place, pour remplir les mêmes fonctions et aux mêmes conditions, le sieur François Olivier, m° écrivain de Bordeaux. — *Ibid.*

— 1767. Les gages de F. Olivier sont augmentés de 100 l. — *Ibid.*

— 1768. Délibération du corps de ville demandant à être exempté de payer la pension des Dames de la Foi. — *Ibid.*

— 1772. Pension de trois religieuses de l'Enfant-Jésus, 600 l.; pour leur logement, 280 l.; pour la pension du régent humaniste, y compris 150 l. pour le gage du répétiteur, 600 l.; pour la pension du m° écrivain, 450 l. — Arch. Gir., C 1013.

— 1772. *Paroisse Saint-Sauveur*. « Il n'est peut-être pas d'endroit où il y ait tant de maîtres et de maitresses d'école. » — Les filles et les garçons vont ensemble. — « L'approbation des maîtres consiste en une visite aux magistrats. » — Arch. Dioc., D 16.

— 1772. *Paroisse Saint-Romain*. Deux magisters pour apprendre à lire et écrire; ils reçoivent indifféremment filles et garçons. « Ce secours n'est nullement nécessaire, puisqu'il y a une communauté de Filles de la Foy, très propre pour cet objet. » — *Ibid.*

— 1774, 1779, 1782, Olivier, m° écrivain de la ville. — De 1773 à 1780, Chirot, revenu à Blaye, enseigne concurremment avec Olivier et prend 3 l. par mois de rétribution. — Arch. Gir., C 387, 1017, 1020.

— 1782. Délibéré par le corps de ville d'écrire à l'Archevêque pour que les revenus de la prébende canoniale et de l'office claustral dont était pourvu M. Cuppé, dans le chapitre Saint-Romain, soient versés entre les mains du receveur de la ville pour être employés au paiement des Dames de la Foi. — Arch. Mp. de Blaye, B B 1.

— 1782. J.-B. Dubourg, m° d'éc., enseigne la lecture, l'écriture et l'arithmétique. — *Ibid.*

*Régents mentionnés dans les registres d'état civil de la ville de*

*Blaye* : 1591, Médard Guy ; 1624-25, François Gaignart ; 1670, Bellor, régent et écrivain ; 1681, Jean Coudet ; 1707, Jacques Frégimont ; 1712, Armand Gazein ; 1718, Maurice Séverin ; 1742, Jean Grou, régent de la ville ; 1745, Guillaume Eymat ; 1753, Emmanuel Dupuix, bachelier et « maistre latiniste » ; 1758, Joseph Chirot, m° écriv. ; 1761, Pierre Cornet, m° d'éc. ; 1762, François Verret ; 1771, Jacques Peuraud ; 1777, François Olivier, m° écriv. — Arch. Mp. de Blaye, GG 1-21.

BLÉSIGNAC. — 1765. Néant. — Arch. Dioc., L 8.

BOMMES. — 1691, 1738. Néant. — Arch. Dioc., L 12.

BONNETAN. — 1766. Néant. — Arch. Dioc., L 13.

BONZAC (Cf. *Galgon*). — 1608. « Jehan Rousseau, régeant, natif du pays de Perche, estant de présent à Bonzac. » — Arch. Dioc., Q 19.

— 1755. Néant. — *Ibid.*, L 16.

## BORDEAUX.

*Documents concernant la ville entière.* — 1414. M° Johan Andriu, « meste de l'escola », un des notables de la ville de Bordeaux. — Arch. Mp. de Bordeaux, BB. Registres de la Jurade, 1414-1416.

— 1606. Fondation de la congrégation enseignante des Filles Notre-Dame. — Arch. Dioc., C 1, K 3.

— 1606. Fondation des Ursulines de Bordeaux. — *Ibid.*, C 1, K 2.

— 1636. Lettres patentes confirmant les statuts des maîtres écrivains de Bordeaux. — *Anciens et nouveaux Statuts de Bordeaux*, édit. de 1703, p. 582.

— 1664. Appointement des jurats réglant un différend entre les maîtres écrivains de Bordeaux et ceux du faubourg Sainte-Croix. — Arch. Gir., H. Bénédictins de Sainte-Croix.

— 1686, 7 août. Ordonnance des jurats sur les petites écoles. — *Chronique bordeloise*, édit. de 1713, in-4, 4° partie, p. 111.

— 1753. « Au maître arithméticien pour enseigner l'arithmétique et à tenir les livres à double et simple partie et le change, le tout gratis, 600 l. » Arch. Gir. C 992.

— 1756. « *Rôle de la capitation pour les bourgeois, manans et habitans de la ville de Bordeaux et de ses fauxbourgs.* [Il faut remarquer que les 4 premiers feuillets du registre manquent et que les membres des corporations, par ex. les maîtres-écrivains, sont taxés à part et ne figurent pas dans le dit registre. Les chiffres qui suivent les noms sont ceux de l'imposition de chaque m⁰ ou mˢˢᵉ d'école.] *Jurade Saint-Remy.* Dˡˡᵉ Castaing, tenant école rue de la Devise-Sainte-Catherine, 6 l., et une servante, 1 l. 10 s.; Goireau, répétiteur, rue de la Mercy, 4 l. — *Jurade Saint-Eloy.* Dˡˡᵉ Lafiteau, mʳˢᵉ d'éc., rue du Caire, 1 l. 10 s.; le nommé Jeantot, enseignant à lire, rue Sainte-Croix, 2 l.; Grenier, répétiteur, rue Sainte-Colombe; la vᵉ du sʳ Élie, répétiteur, rue des Menuts, 6 l., et une servante, 1 l. 10 s.; les dˡˡᵉˢ Lambert, tenant école, rue Pillet, 3 l.; le sʳ Vital, tenant école, rue des Souquets, 5 l.; le sʳ Dupons, tenant école, rue Sainte-Colombe, 4 l. — *Jurade Saint-Mexant.* Bertin, mᵉ d'éc., rue Judaïque, 4 l.; Barrau, mᵉ d'éc., rue des Trois-Conils, vis-à-vis le jardin des Minimes, 4 l.; Toussain, mᵉ d'éc., rue des Trois-Conils; dˡˡᵉ Levasseur, tenant école, rue du Piffre, 3 l.; dˡˡᵉ Bion, tenant école, rue Canon, 2 l. — *Jurade Saint-Pierre.* Le sʳ Larrieu, mᵉ d'éc., rue des Trois-Chandeliers, 8 l. 10 s., et une servante, 1 l. 10 s.; la dˡˡᵉ Lespiaut, tenant école, rue Marchande, 3 l.; les dˡˡᵉˢ Brion, tenant école, rue des Trois-Conils, 5 l.; la vᵉ Lafargue, enseignant à lire, rue Armand-Miqueu, 2 l. — *Jurade Sainte-Eulalie.* Noguès, répétiteur, rue du Poisson-Salé, 6 l., et une servante, 1 l. 10 s.; le sʳ Ollivier, répétiteur, même rue, 8 l.; la dˡˡᵉ Lainé, tenant école, 3 l. [rayée, paye aux écrivains]; dˡˡᵉ Valloy, tenant école, derrière la Visitation [inconnue]; Lépine, répétiteur, rue des Minimes, 5 l.; et une servante, 1 l. 10 s.; Auguspin, mᵉ d'éc., rue de l'Annonciade, 3 l.; Pagès, régent, rue des Augustins, 2 l.; le sʳ Dazemard, mᵉ d'éc., rue de Gourgue, 6 l.; Thezis, professeur de mathématiques, rue Saint-James, 6 l., et une servante, 1 l. 10 s. — *Jurade Saint-Michel.* Les dˡˡᵉˢ Saujon, mˢˢᵉˢ d'éc., rue des Capérans, 4 l.; les dˡˡᵉˢ Laspin, mˢˢᵉˢ d'éc., rue du Soleil, 3 l. — *Fauxbourg des Chartrons.* Dˡˡᵉ Cardie, tenant école, rue des Retaillons, 3 l.;

Raymond, mᵉ d'éc., rue Cantemerle, 1 l. 10 s.; Richard, mᵉ d'éc., rue Notre-Dame, 10 l. — *Fauxbourg Saint-Seurin*. Le sʳ Detrey, enseignant à lire, rue Saint-Martin, 1 l. 10 s.; le sʳ Vernet, tenant école, rue Neuve, 2 l.; Lacombe, mathématicien, 4 l.; Pichardicq, mᵉ d'éc., rue Judaïque, 3 l.; la sœur Fiquepau, régente, 3 l. — *Fauxbourg des Gahets*. Joseph Pandellet, tenant école, 5 l.; Jacques Faris, mᵉ d'éc., 1 l. 10 s. — *Dehors ville. Saint-Michel*. Le sʳ Richens, régent, au pont de la Manufacture, 2 l.; Pierre Chevais, montrant à lire, 1 l. 10 s. » — Arch. Gir., C 2726 (1).

— 1758. Établissement par la Ville de trois écoles gratuites tenues par les Frères. — *Ibid.*, C 3292.

— 1758. Établissement d'une quatrième école. — *Ibid.*

— 1762. Ordonnance des maire et jurats, portant règlement pour les écoles, pensions et pédagogies. — *Ibid.* Doc. non classés; placard in-f⁰, impr. chez Raymond Brun.

— 1764. Lettre de l'Intendant de Guienne au contrôleur général, constatant que les Frères de Bordeaux instruisent avec succès plus de deux mille enfants. — *Ibid.*, C 3292.

— 1768. La Ville alloue 500 francs par an au sieur Roquette, professeur d'arithmétique. — *Arch. Municip. de Bord. Livre des Privilèges*, p. 644.

— 1773. Arrêt du Parlement homologuant un appointement des maire et jurats touchant l'addition de huit articles aux statuts des maîtres écrivains et défendant à toutes personnes d'enseigner l'art d'écrire, l'arithmétique et la tenue des livres en double et simple partie, chez elles ni en ville, qu'elles ne soient reçues dans la communauté des mᵉˢ écriv. jurés, à peine de 200 l. d'amende. — Imprimé chez la Vᵉ Calamy, imprim.-libr. rue Saint-James.

— 1775. Requête des Dames de la Foi à l'Intendant. Il en résulte qu'elles ont dans leurs classes plus de quatre cents filles. — *Ibid.*, C 291.

— 1779. Aux Dames de la Foi, obligées de tenir une école gratuite pour les filles, 1750 l. — *Livre des Privilèges*, p. 685.

— 1784. *Maîtres de pension* : « Olivier, rue du Poisson-Salé;

---

(1) Un fragment du rôle de la capitation pour l'année 1774 nous donne les noms de 37 mᵉˢ et mᵉˢˢᵉˢ d'éc. (Arch. Gir., C 2853.)

Larrieu jeune, dans la maison de Caudéran ; Gauran, rue du Petit-Cancera ; Palanque, rue Porte-Dijeaux ; Paloque de Labat, fossés de Bourgogne ; Sorbet, rue Causserouge ; Sacot, rue du Cahernan ; Biennourry, rue des Trois-Chandeliers ; Doris-Duchon, rue de la Sau ; Augades, rue du Cahernan ; Mazens, aux Chartrons ; Dalbespeyre, vis-à-vis le manège ; Cazemajour, rue du Hâ ; Franquet, rue Maucoudinat ; Gillet, rue de la Devise-Saint-Pierre ; Martin, rue Sainte-Croix ; Barrère, près le grand escalier Saint-Michel ; Baron, rue des Ayres ; Ducreux, rue du Mirail. — *Maitresses de pension*: M$^{mes}$ Lafon mère et fille, rue Sainte-Eulalie ; Arman, même rue ; Quimper, rue Sainte-Thérèse ; Sonis, rue Borie ; Dumens (M$^{lle}$), rue de la Mercy, apprend à lire par le moyen du bureau typographique (1) ; Pégalies, petite place Saint-André ; Beller, rue Rénière ; Blanc, rue Maubec ; Lonai, vis-à-vis Saint-Siméon ; Fages, rue de l'Observance. — *Maitresses d'école* : M$^{me}$ v$^e$ Lafon, près l'église Sainte-Eulalie ; Petit, *ibid.* ; Sacriste, rue de la Trésorerie-Saint-Seurin ; Baron, à la Croix-Blanche ; Amat, à Saint-Seurin ; Porié, rue de la Taupe ; Gaulier (M$^{lles}$), rue Notre-Dame, aux Chartrons ; Nicolas, rue Barreyre ; Simon, rue Saint-Jean, aux Chartrons ; Duprat, rue Angélique ; Picard, rue Ramonet ; Gaudin, même rue ; Baignot, rue Cornac ; Passelon, rue Constantin ; Roger, Tour de Gassies ; Capdorat, place Sainte-Colombe ; Rodes, rue du Loup. »
— *Almanach de Commerce, d'Arts et Métiers pour la ville de Bordeaux*, 1784, p. 266, 306 (2). — Le même *Almanach*, pour l'année 1779, indique seulement les m$^{es}$ de pensions au nombre de 15.

— 1785. « *Pensionnats principaux pour les jeunes gens*, tenus par MM. Baurieu, rue Capdeville, Saint-Seurin; Bullotte, grande rue Saint-Seurin; Chambert, rue Saint-Esprit; Dupon, près le cimetière Saint-Seurin; Dubreuil, rue Renière; Dupuy, rue des Bahutiers; Fortier, rue Tronqueyre-Saint-Seurin; Franquette, rue Maucoudinat;

---

(1) Le *bureau typographique* était un appareil pour apprendre à lire que Rollin décrit et recommande dans son *Traité des Études* et qui, sous différentes formes, est encore aujourd'hui en usage dans nos salles d'asile et dans les classes élémentaires de quelques écoles. Au moyen du *bureau typographique*, l'enfant compose des mots comme fait un imprimeur en tirant des cassetins différentes lettres. (Cf. Buisson, *Dictionnaire de Pédagogie*, I$^{re}$ part., p. 299.)

(2) Comm. par M. Roborel de Climens.

Héli (M<sup>me</sup>) rue des Menuts; L'Abbé, près Saint-Remy; Lamarque, rue des Trois-Chandeliers; Larrieu, à Caudéran; Paris, rue Sainte-Eulalie; Souerat, près le Jardin Public. — *Pensionnats principaux pour les jeunes demoiselles*, tenus par M<sup>lles</sup> Berthoud, rue de la Trésorerie-Saint-Seurin; Claville, près de l'église Saint-Seurin; Donnai, vis-à-vis de l'église Saint-Siméon; Dandrillon l'aîné, rue Fondaudège, à côté de la rue Royale; Heurtaut, rue Birouette; Ségallié, rue des Minimes. » *Ibid.*, 1785, p. 263, 264 (1).

II. *Documents particuliers aux paroisses.— Saint-André.—* 1538. Le procureur de la Ville apportant au Chapitre des lettres prohibant l'enseignement en dehors du collège de Guienne, la Compagnie, après mûre délibération, déclare que malgré lesdites lettres, il s'oppose à ce qu'aucun de ses membres subisse une peine pour avoir enseigné les serviteurs du Chapitre ou toute autre personne en faisant partie. — Arch. Gir., G 286.

— 169<sup>r</sup>. Le Chapitre permet au nommé Marteau, m<sup>e</sup> écriv., de s'établir dans la Sauvetat pour y tenir école. — *Ibid.*, G 300.

— 1698. « Sur la très humble prière et réquisition faite au Chapitre, par M... (nom en blanc au registre), prestre du diocèse d'Auch, de luy voulloir permettre de tenir escolle dans la Sauvetat Saint-André pour l'instruction de la jeunesse, le Chapitre estant pleinement informé des bonnes vie, mœurs et capacité du dict sieur, le luy a permis, et ce, pour autant de temps qu'il plaira au Chapitre. » — *Ibid.*

— 1703. Suspension d'une école qui était établie dans la Sauvetat. Le Chapitre décide que le m<sup>e</sup> d'éc. qui voudra ouvrir un établissement de cette nature devra en demander l'autorisation au Chapitre, être de bonnes vie et mœurs et appartenir à la religion cath., apost. et romaine. — *Ibid.*, G 301.

— 1762. Requête adressée au Chapitre par Joseph Dessalon, clerc tonsuré, et François Varin père et fils, pour obtenir la permission d'établir une école dans la Sauvetat. Ils apprendront aux enfants à lire, à écrire, l'arithmétique par une nouvelle méthode, l'orthographe par règles, le plain-chant, la musique et les principes du latin. Ils

(1) Comm. par M. Roborel de Climens.

regrettent d'avoir établi leur école sous le nom d'école Saint-André et se déclarent tout prêts à faire le sacrifice de ce titre si on leur accorde l'autorisation qu'ils demandent. — *Ibid.*, G 306.

— 1772. « Il n'y a point d'escoles ; les enfants vont chez les Frères ou au couvent de Notre-Dame. » — Arch. Dioc., D 16.

*Saint-Christoly.* — 1758. Jos. Pugealon, m° écriv. — *Ibid.*, O 27.
— 1772. Néant. — *Ibid.*, D 16.

*Sainte-Colombe.* — 1617. « Estat de ceux qui tiennent escole dans la paroisse Saincte-Colombe : M° Hélies Labarde, licencié ès-loix, tient escolle dans la rue des Ayres, près la maison professe, et faict profession de la foy catholique, apostolique et romaine. Le sieur Dumail, demeurant rue Bouquière, tient escolle, est catholique. Damoiselle Janticce (?), demeurant en la ruelle du Marché, enseigne et est catholique. Damoiselle Dubernet, demeurant près l'église Saincte-Colombe, enseigne et est bonne catholique. Bouchet, curé. » — *Ibid.*, U 1.

— 1685. Jean Dufour, m° écriv. — *Ibid.*, X 2.
— 1772. « Il n'y a ni Sœurs grises, ni Dames de la Foi, ni Ignorantins qui tiennent de petites escoles dans la paroisse. On ne connaît d'autres escoles publiques que pour le travail, l'écriture et la latinité. Chez ceux qui tiennent des escoles, point de mélange de sexe. » — *Ibid.*, D 16.

*Sainte-Croix.* — 1772. « Je ne connais dans ma paroisse, dit le curé, d'escoles publiques, ni établies par la charité. Les garçons vont à l'école des Frères de la Doctrine chrétienne et les filles chez les Sœurs grises de la paroisse Saint-Michel. » — *Ibid.*

— 1773. Requête de Ducros, pauvre et infirme, aux fins d'obtenir de F. de Rohan, le renouvellement des lettres de régence qu'il avait obtenues en 1762, du précédent archevêque. — *Ibid.*, U 1.

*Saint-Éloi.* — 1657. « Nous, curé de Saint-Éloy... déclarons que dans l'estendüe de nostre paroisse, oultre les collèges de Guienne et des RR. PP. de la C$^{ie}$ de Jésus, il y a encore deux escoles où l'on apprend à lire et escrire et l'arithmétique : l'une est dans l'extrémité de la rüe du Mirail, appelée le Faignas, tenüe par le nommé Antoyne qui enseigne enfans (c. à d. garçons) et filles à lire et escrire ; l'aultre est dans la rüe Sainct-James, tenüe par le nommé Dubois, m° escrivain, de la religion prét. réf., et où l'on prend pensionnayres. » — *Ibid.*, U 1.

— 1665. Les s$^{rs}$ Dumas, Chavas et Richard, m$^{es}$ d'éc. à Saint-Éloi. — *Ibid.*, X 7.

— 1740. Loyr, m$^e$ d'éc., rue Poudiot, près Saint-Éloi. — *Ibid.*, O 6.

— 1772. Deux écoles, l'une des Sœurs de charité, établies pour les pauvres filles de la ville, l'autre des Dames de la Foi, établies pour toute la ville. — *Ibid.*, D 16.

*Sainte-Eulalie.* — 1772. « Nous ne connaissons d'autres escoles que celles que tiennent des m$^{es}$ de pension approuvés de l'Université et de MM. les jurats et celles que font nos Sœurs de charité, les communautés de Notre-Dame et de Sainte-Ursule et celle des Frères vulgairement appelés ignorantins. » — *Ibid.*, D 16.

— 1782. Approbation de Prudence Hermant, pour tenir école à Sainte-Eulalie. — Arch. Gir., G 19.

— 1783. Même approbation pour Madeleine Seguin. — *Ibid.*

*Saint-Maixant.* — 1657. « Je certifie que M$^{re}$ Jean Reynal, prestre habitué de l'église de Sainct-Maixans et homme de vertu et science, enseigne les enfans et tient eschole de pensionnaires ; et de plus que sieur Pierre Dabadie, bourgeois de ceste ville et m$^e$ escriuain, habitant de la paroisse du dict Sainct-Maixans et faisant profession de la religion cathol., apost., et rom. et homme de probité et vertu, apprend les enfans à lire et à escrire ; et que damoyselle Bertrande Chapuis, femme de M. Grenier, greffier en Guienne, tient eschole pour filles et les apprend à lire et escrire, faisant profession de la religion cath., apost. et rom. ; et que Suzanne Lauuergnac, aussi faisant prof. de la rel. cath., apost. et rom., demeurant auec sa sœur chez une vefue proche le Chapelet, apprend les filles à lire et à prier Dieu, et qu'il n'y a pas d'autres quy tiennent eschole en la susdicte paroisse. H. Blanchet, curé. » — *Ibid.*, U 1.

— 1665. Louis Lescan, m$^e$ d'éc. — *Ibid.*, X 7.

— 1772. Néant. — *Ibid.*, D 16.

*Saint-Michel.* — 1730. Création par le curé, les Dames de Charité et la Fabrique, d'une école gratuite. Achat pour cet objet d'une maison, rue Planterose, servant au logement des Filles de la Charité. — Archives de la Fabrique de Saint-Michel (1).

— 1772. « On ne connaît dans Saint-Michel que deux petites escoles, l'une fondée par la Ville même et tenue par les Frères de la Doctrine Chrétienne, l'autre fondée par la Fabrique et la charité de Saint-Michel et tenue par les Sœurs de Charité, vulgairement appelée Sœurs grises. La première est pour les garçons uniquement et la seconde n'est que pour les filles. » — Arch. Dioc., D 16.

*Saint-Nicolas de Graves.* — 1772. Néant. — *Ibid.*

*Saint-Pierre.* — 1617. « Mémoire des maistres d'escolle qui sont dans la paroisse Sainct-Pierre : Monsieur Roy, maistre escriuain, faisant profession de la foy cath., apost. et rom., dans la rue du Parlement; Monsieur Pirondelle, [en] faisant également profession, dans la rue Mérignac; Monsieur Monginer, de mesme profession, dans la rue des Bahutiers; Mademoiselle de Perronet, de mesme profession, derrière Saint-Pierre. » — *Ibid.*, U 1.

— 1683. « Il y a une escole huguenote dans la paroisse, qui est secrète. M. le curé aura soin de la descouurir pour en donner aduis à Monseigneur. » — *Ibid.*, L 5.

— 1775. Jean-Joseph Bullote, « professeur d'éducation », rue du Puits-Descazeaux. — *Ibid.*, O 28.

*Saint-Projet.* — 1772. « Les Sœurs de Charité, appelées communément Sœurs grises, tiennent une escole pour les pauvres et pour les personnes du sexe seulement; elles sont établies sur la paroisse depuis six ou sept ans et feu Mgr l'Archevesque (L.-J. d'Audibert de Lussan) avait eu la bonté de s'intéresser pour leur établissement. » — *Ibid.*, D 16.

*Puy-Paulin (Notre-Dame de).* — 1772. Néant. — *Ibid.*

---

(1) Ce renseignement m'a été communiqué, en 1879, par le vénérable curé de Saint-Michel, feu M. Meynard.

*Saint-Remy.* — 1676. Dans une maison appartenant à la Fabrique, « deux filles tiennent escole et rendent grand seruice à la paroisse »; les syndic et fabriciens offrent de les loger ailleurs. — *Ibid.*, M 1.

— 1772. Les Frères des Écoles chrétiennes et les Sœurs de Charité ont des écoles dans la paroisse. — *Ibid.*, D 16.

— Requête s. d. (XVIIIe siècle), en faveur du s[r] Moreau, m[e] d'éc. aux Chartrons, pour lequel on demande des lettres de régent. — *Ibid.*, U 1.

*Saint-Seurin.* — 1718. « MM. de Savailhan et de Ségur, chanoines, sont députez pour examiner Estienne Verrier qui présente requeste pour eslever et instruire les enfans dans le présent faubourg à lire, escrire, leur montrer l'arithmétique et les élemens de la langue latine et les eslever dans la religion cathol., apost. et rom. » — L'autorisation est accordée, sur le rapport favorable des commissaires. — Arch. Gir., Reg. capit. de Saint-Seurin (1).

— 1720. Autorisation de tenir école à Marie-Aimée de Gayot, pour « apprendre les enfans à lire et escrire et autres exercices chrétiens ». — *Ibid.*

— 1721. Requête d'Antoine Rominac, aux fins d'obtenir licence d'enseigner à lire, écrire et le catéchisme, ce qu'il fait, depuis longtemps, « avec édification ». — *Ibid.*

— 1722. Requête de Jean Dussol, aux fins d'être autorisé à apprendre aux enfants de Saint-Seurin les principes de l'écriture et de l'arithmétique. — Accordé. — *Ibid.*

— 1725. Requête du s[r] Poissel, aux fins d'être autorisé à enseigner dans le faubourg les humanités, le grec, le latin, l'écriture et l'arithmétique. — Accordé. — *Ibid.*

— 1725. Deux chanoines députés pour examiner le sieur Sébastien Loir, humaniste, ayant présenté requête pour être autorisé à enseigner à lire, écrire, l'arithmétique, les langues latine et française et le catéchisme. — Accordé. — *Ibid.*

— 1725. Commission pour examiner Pierre Dabeune qui demande à être autorisé à tenir école de lecture et d'écriture. — *Ibid.*

---

(1) Le fonds de Saint-Seurin, aux Archives de la Gironde, n'a pas encore de numérotage définitif.

— 1726. Requête du sʳ Macouan, demandant à ouvrir une école pour la lecture et l'écriture dans le faubourg. — Accordé. — *Ibid.*

— 1727. — Le sʳ François Corneille présente requête pour être autorisé à enseigner l'écriture, l'arithmétique, l'art et science de naviguer et le dessin. — Accordé. — *Ibid.*

— 1730. Parmi les charges du Chapitre, les appointements d'un mᵉ de grammaire pour les enfans de chœur. — Arch. Dioc., R 1.

— 1756. Jean Gacher, mᵉ d'éc. à Saint-Seurin. — *Ibid.*, Q 37.

— 1769. Le sʳ Moreau, enseignant depuis nombre d'années, chez des particuliers, à lire, écrire et chiffrer, désire établir une école stable. N'ayant pas moyen de payer les sommes exigées par la communauté des mᵉˢ écrivains, il a dessein de s'établir au faubourg Saint-Seurin pour enseigner la lecture, l'écriture, l'arithmétique et la tenue des livres. — *Ibid.*, U 1.

— 1772. « Il y a des écoles des ignorantins et plusieurs autres, sous la direction du Chapitre. Le Chapitre est dans l'usage de les approuver, après qu'il s'est assuré de leurs capacités. » — *Ibid.*, D 16.

— 1784. « Le sieur abbé Lacroix ayant présenté requête pour qu'il lui fût permis d'ouvrir une classe publique dans le faubourg pour élever les enfans et les conduire dans une partie de leurs études, — sur le rapport de M. de Lamontaigne, le Chapitre, vu que cet établissement est très avantageux pour l'instruction de la jeunesse, a permis audit sʳ Lacroix d'ouvrir sa classe dans le présent faubourg et d'exercer, tout le temps que le Chapitre le jugera à propos, en se conformant aux règlemens de police et en mettant une enseigne. » — Arch. Gir., Reg. cap. de Saint-Seurin.

— 1784. Autorisation aux mêmes conditions, à Jean-Nicolas Bernel-Dusson, pour l'enseignement des langues latine et française et de la géographie. — *Ibid.*

— 1785. Autorisation à Dˡˡᵉ Marguerite Berthoud d'ouvrir un pensionnat, « pour l'éducation solide et chrétienne, dans le faubourg ». — *Ibid.*

— 1786. Le sʳ Jacques-François de Lamothe est autorisé, sur sa requête, et vu les conclusions de M. de Lamontaigne, promoteur, à tenir école, dans le faubourg, aux conditions ordinaires. — *Ibid.*

— 1787. « M. de Lamontaigne, promoteur, a esté autorisé à faire exécuter à la lettre les délibérations du Chapitre qui ordonnent aux différents régens de cette paroisse de ne garder dans leurs écoles que des garçons, et aux régentes et maîtresses de pension que des filles, et, si la présente délibération n'est pas exécutée, M. de Lamontaigne en fera rapport au Chapitre pour être ordonné ce qu'il appartiendra. » — *Ibid.*

— 1787. Autorisation à Jérôme Sorat de tenir pension, place Dauphine, tout le temps que le Chapitre le jugera à propos. — *Ibid.*

— 1787. Même autorisation à la d<sup>lle</sup> Layral. — *Ibid.*

— 1787. « M. le syndic a été chargé d'aller vers M. de Gestal pour lui exposer que plusieurs m<sup>es</sup> d'escole se sont établis et ont levé pension dans le faubourg, sans l'autorisation du Chapitre. Le Chapitre a également chargé MM. de Lamontaigne et Jolly de prendre des informations sur le nombre de ces m<sup>es</sup> d'escole qui sont en contravention et d'en rendre compte à la Compagnie. » — *Ibid.*

— 1787. Autorisation sur la requête rapportée par le promoteur, aux s<sup>rs</sup> Jean Couderc et François Roy, de tenir escole, « à la charge d'instruire les enfans da... amour des règles et devoirs de leur religion ». — *Ibid.*

*Saint-Siméon.* — 1772. Néant. — Arch. Dioc., D 1.

BOULIAC. — 1611. Le curé demande qu'on lui taxe une portion congrue, « eu esgard à l'éducation de la jeunesse, à quoy il s'employoit ». — Arch. Dioc., L. 2.

— 1729. Autorisation de tenir école, « pour les garçons seulement », à Jean Salgues, vu le certificat par lequel « il conste de ses bonnes vie et mœurs, religion, capacité et expérience ». — Arch. Gir., G 21.

— 1766. Joseph-Antoine Fiquepeau, régent non gagé; bons renseignements. — Arch. Dioc., L 13.

BOURG-SUR-GIRONDE. — Une excellente étude sur les écoles de cette ville, étude basée sur un consciencieux dépouillement de ses Archives municipales, a été publiée dans la *Revue Catholique de Bordeaux* du 1<sup>er</sup> décembre 1889 par mon érudit confrère, M. l'abbé Lacoste (*L'Instruction publique à Bourg sous l'ancien régime*). Je ne puis qu'y renvoyer pour les détails. Je me contenterai de lui emprunter sa liste de régents : Jehan Delaborde ; — Jehan de Rotundy, jusqu'en 1639 ; — 1640-1646. Julien Chansiquand, vic. perpétuel de Camillas, et Jacques Dabadie ; — 1646. Jean Chansiquand, interdit en 1648, rétabli en 1656 ; — 1670. Jean Roche, rég. lat. ; Labeylie, rég. franç ; — 1688. Jean Laudonnier, rég. latin. — 1694. Michel Trigan, écrivain et arithméticien ; — 1706. Croly, m<sup>e</sup> ès-arts et licencié ès-lois, rég. lat. ; Henri Pascault, rég. franc ; — 1735. Pierre Labourdette, m<sup>e</sup> écrivain ; — 1736. De Méon, clerc tonsuré, rég. lat., ayant professé au collège de Guienne ; — 1739. Pierre Denis Blondy de Lacroix, rég. lat ; — 1740. Barthélemy Cassagne, m<sup>e</sup> ès-arts ; — 1741. Barret, rég. lat ; — 1746, De Méon, pour la seconde fois ; — 1747. Moriartus Donney, prêtre irlandais, rég. lat ; — 1748. Foulon, prêtre irlandais, rég. lat., puis Gaye ; — 1762. Blondy de Lacroix, pour la seconde fois ; — 1776. Joseph Labourdette, rég. lat. ; il cumulé en 1781 les deux régences ; il exerçait encore en l'an X.

Pour les filles, le cardinal de Sourdis avait établi une maison d'Ursulines ; cette fondation fut approuvée par Paul V, le 5 février 1618. Les Arch. Dioc. (K 2, R 7) fournissent quelques documents, sans grand intérêt, sur ce couvent. Il y avait aussi, d'après un procès-verbal de visite de 1754, « plusieurs maîtresses capables et assidues » (Ibid., L 11). — Enfin voici les renseignements donnés par le curé, en 1772, aux vic. gén. de F. de Rohan : « Il y a des maistres et des maistresses des petites escoles et les enfans des deux sexes sont dans des escoles séparées. Ces maistres et maistresses ne sont pas approuvés par l'Ordinaire, mais examinés sur leurs capacités par les maire et jurats de notre ville et par le curé. » — Ibid., D 16.

BOUSCAT (LE). — (Avant la Révolution, le territoire de cette commune dépendait, au temporel, du Chapitre et, au spirituel, de la paroisse de Saint-Seurin.) — 1784. Autorisation au sieur Riotord de « tenir escole au lieu du Bouscat, afin d'instruire les enfans au mieux de son pouvoir et à condition de faire deux classes séparées, l'une pour les garçons et l'autre pour les filles, et à condition aussi qu'il mettra une enseigne et se conformera aux règlemens de police et que la présente permission n'aura lieu que tout autant qu'il plaira au Chapitre ». — Arch. Gir., Reg. cap. de Saint-Seurin.

BRACH. — 1734. Néant. —Arch. Dioc., L 18.

BRAUD. — 1611. Néant. — Arch. Dioc., L 2.
— 1634. « Il n'y a escole, mais le curé apprend à lire et le catéchisme. » — *Ibid.*, L 9.

BRÈDE (LA). — 1736. Subervie, régent de bonnes mœurs, successeur de son père. Il n'a d'autre rétribution que ce qu'il perçoit de ses écoliers. — Arch. Dioc., L 12.
— 1774. Lettre du curé au secrétaire de l'archevêque. Le régent de La Brède, mauvais sujet, a été renvoyé. Une assemblée de paroisse a été tenue pour son remplacement ; le curé a engagé les paroissiens à se cotiser afin d'avoir un m$^e$ convenable, mais quelques habitants offrent celui de Saint-Selve qui viendra sans rétribution fixe, ce qui séduit « ces pauvres gens, ne comprenant pas l'intention de les rançonner par ailleurs ». Le curé prie M. de Londres de refuser à ce personnage des lettres de régence. — Arch. Dioc., U 1.
— 1788. Jean Joffre, m$^e$ d'école, de très bonnes vie et mœurs, s'acquitte exactement de ses devoirs, tant de chrétien que de son état. Il est suffisant pour montrer les enfants. » (Certificat du curé.) — *Ibid.*

BRUGES. — 1788. Autorisation au s$^r$ Durand, m$^e$ de pension à Bruges, de venir s'établir au faubourg Saint-Seurin. — Arch. Gir., Reg. cap. de Saint-Seurin.

BUDOS. — 1691. Néant. — Arch. Dioc., L 12.

CABANAC et VILLAGRAINS. — 1691, 1738. Néant. — Arch. Dioc., L 6, 12.

CADARSAC. — 1617. « Le curé enseigne à lire et escrire les pauures de sa paroisse. » — Arch. Dioc., L 3.

CADAUJAC. — 1735. Néant. — Arch. Dioc., L 12.
— 1788. Bonnet, régent, demande qu'il soit défendu à D$^{lle}$ Laurens, femme du notaire royal, de tenir école. — *Ibid.*, U 1.

CADILLAC (1). — 1362. Pierre de La Borderie, m⁰ des écoles de Cadillac, invité à dîner à l'Archevêché. — Arch. Gir., G 239.

— 1457-1458. « Lo magister de la scola », cité. — Arch. Mp. de Cadillac, CC 3.

— 1530-1531. Frais d'installation du nouveau m⁰ d'école. — *Ibid.*, CC 7.

— 1533-1534. Donné à Julien Mynault, pour le loyer de l'école, 4 francs. — *Ibid.*, CC 7. — Achat de ladite maison. — *Ibid.*

— 1535-1536. Réparations à l'école. — *Ibid.*

— 1537-1538. « Donné aux escholiers, pour avoir ioué une farce devant la maison de ville, 6 s. 3 d. » — *Ibid.*, CC 7.

— 1541-1542. « Estre allé quérir à Langoiran un domine pour tenir les escolles. » — *Ibid.*, CC 8.

— 1542-1543. Examen, par M⁰ Despujouls, d'un régent trouvé insuffisant. — *Ibid.*

— 1543-1544. Donné au régent de l'école 10 l. que la ville lui attribue annuellement. — *Ibid.*

— 1560. A Robert de Saint-Léger, régent, pour ses gages, 11 l. 5 s. — *Ibid.*, CC 9.

— 1579. Au régent pour ses quatre quartiers, 20 l. — *Ibid.*

— 1597. Le seigneur de Candale promet 500 l. pour le régent ; engagement réciproque des habitants. — *Ibid.*, BB 8.

— 1600. Opposition à la prise de possession d'un canonicat vacant à la collégiale Saint-Blaise, par les maire et jurats qui « ont dict et remonstré que par les édicts et ordonnances du Roy et arrêt de la Court [de Parlement], une chanoinie et prébande de la dicte église collégiale, première qui viendroit à vacquer, estoit et est affectée pour l'entretènement d'un régent et précepteur pour instruire et enseigner la jeunesse de la dicte ville » (2). — Arch. Dioc., Q 15.

(1) Je dois les renseignements tirés des Archives municipales de Cadillac à M. Ducaunnès-Duval, qui en a rédigé un excellent inventaire.

(2) Conformément aux cahiers présentés aux États Généraux, réunis à Orléans du 24 décembre 1560 au 31 janvier 1561, l'article 9 de la célèbre *Ordonnance d'Orléans* avait prescrit la rigoureuse application des décrets des conciles de Trente et de Latran au sujet de l'affectation d'une prébende, dans chaque église cathédrale et collégiale, à un précepteur qui instruirait gratuitement la jeunesse. (G. Picot. *Histoire des États Généraux*, 2ᵉ éd., t. II, p. 263.) Les habitants de Cadillac demandaient l'exécution de cette ordonnance, qui avait été enregistrée par le Parlement de Bordeaux et avait donné lieu à divers arrêts de cette compagnie.

— 1610. Barthélemy Lanfourride, régent en la ville de Cadillac. — *Ibid.*, Q 19.

— 1716. Réception du sieur Pierre Valteau, m⁰ écrivain juré de Bordeaux, pour apprendre à lire, écrire et l'arithmétique, « dans le besoin où nous sommes maintenant, attendu la grande quantité d'enfans qu'il y a à éduquer ». — Arch. Mp. de Cadillac, BB 3.

— 1717. Gages du régent pour enseigner aux enfants la lecture et l'écriture, 60 l. — *Ibid.*, CC 9.

— 1735. La ville n'ayant actuellement aucun régent (1), le sieur Laforêt, de Bordeaux, est reçu aux conditions ordinaires. — *Ibid.*, BB 5.

— 1735. Le m⁰ d'éc. s'étant retiré, le sieur Allard est reçu pour 60 l., outre les privilèges. — *Ibid.*

— 1729-1759. La v⁰ Seguin et ses filles enseignent les filles à Cadillac. — Arch. Gir., C 268, 1017.

— 1738. N'y ayant depuis longtemps de régent, Guillaume de Lacquay, bourgeois, est reçu, moyennant 120 l., l'exemption du logement des gens de guerre et les cotisations des enfans. — Arch. Mp. de Cadillac, BB 8.

— 1740. « A G⁰ᵉ de Lacquay, régent, pour un quartier de ses gages, 30 l. » — *Ibid.*, CC 10.

---

(1) Cette assertion n'était pas absolument exacte, puisque Cadillac possédait depuis longtemps un collège de Doctrinaires, fondé en vertu d'un accord passé, en 1636, entre Jean-Louis de la Valette, duc d'Épernon, pair et colonel général de France, gouverneur et lieutenant général pour le Roi en Guienne, etc., et le R. P. Honoré Spitalerii, religieux de la congrégation de la Doctrine chrétienne et procureur de Gabriel Dufaur, provincial des Doctrinaires en France. Le duc donne aux PP. les maisons, granges, jardins et vacants qu'il possède dans la ville de Cadillac, confrontant à la porte de Bernihaut dans la direction de l'hôpital Sainte-Marthe ; ces bâtiments servaient autrefois à recevoir les enfants et à loger les régents de l'ancien collège ; il promet de faire bâtir une chapelle et une sacristie et assure aux Doctrinaires deux rentes : l'une de 1.500 l., l'autre de 41 l. 13 s. 4 d. De leur côté, les Doctrinaires résideront à Cadillac au nombre de 8, « dont 3 seront employés à faire classes, lire et escrire en latin et françois, avec les rudimens grecs et latins et les déclinaisons, et aussi classes de grammaire, enseigeront les prétérits, la syntaxe et les autres règles nécessaires pour rendre leurs élèves congrus en langue latine, leur donner les principes de la poésie latine et les instruire aux préceptes de la langue grecque, selon la portée de chaque élève. Les cinq autres évangéliseront les habitans et prieront pour leur bienfaiteur. » (Arch. Mp. de Cadillac, BB 7, GG 1.) Le collège de Cadillac obtint en 1647 des lettres patentes. (Arch. Gir., C 289.)

— 1753. G. de Lacquay renvoyé par les jurats pour avoir refusé de consentir à la suppression de la moitié de ses gages. — Arch. Gir., C 1699.

— 1756. P. Larrouy, régent. — Arch. Mp. de Cadillac. — BB 7.

— 1758. Requête du sʳ Valteau, mᵉ écriv. Il a enseigné pendant quarante-quatre ans à Cadillac et enseigne encore. Il demande aux jurats une pension de 200 l., se fondant sur son extrême pauvreté ; il a instruit de « la religion chrétienne, la lecture, l'écriture et l'arithmétique, la plupart des bourgeois et autres personnes tant de la ville que des environs ». « Ne prenant, par mois, de ses écoliers que 5 s. pour lire, 10 s. pour écrire, 15 s. pour lire, écrire et chiffrer », il ne s'est pas enrichi dans son pénible métier. Le corps de ville lui avait accordé, dès le commencement de son exercice, une pension de 36 l. par an ; « il devait cette obligation à la bonne volonté de MM. les jurats de ce tems-là, qui luy donnèrent des espérances de l'augmenter par la suite ; ces promesses le déterminèrent à se fixer dans ce lieu, et ensuite, sans aucun sujet de se plaindre du suppliant, on a transporté cette pension à un autre qu'on a aussi reçu mᵉ d'école, qu'on a faite (sic) monter à 120 l. » — Les jurats répondent que l'état de leurs revenus ne leur permet pas d'accueillir la requête. Valteau a, d'ailleurs, une pension de 40 l. et son bois de chauffage. — Arch. Gir., C 207.

— 1758. Correspondance entre l'Intendant et les jurats. Ceux-ci se plaignent de leur curé qui a fait des démarches auprès de l'Intendant, pour l'engager à faire recevoir « un quidam pour régent, lequel est un ignorant qui n'a aucun principe d'escriture, encore moins d'arithmétique, seuls objets qui attirent toute notre attention, débitant d'avance que nous n'avions aucune inspection sur le régent de la ville, qu'il appartenoit à luy seul... » Ils promettent 120 l. de gages, l'exemption de taille et de toute charge publique. « Si, pour nous procurer un habile homme, comme nous le souhaitons tous ardemment, Votre Grandeur vouloit augmenter ses gages, en prenant sur ce qu'elle accorde au sʳ curé, qui est beaucoup trop fort et qui doit estre pris ailleurs que sur nos deniers, nous y consentons de la meilleure grâce du monde. Ce régent, d'ailleurs, s'il est habile, gagnera considérablement, soit par les élèves dont il aura grand nombre, soit par la pension qu'il pourra ouvrir. » —

Neuf jours plus tard, l'Intendant félicite les jurats de leur bonne volonté et leur annonce qu'il « a jeté les yeux sur quelqu'un qui pourra leur convenir ». — La semaine suivante, le corps de ville insiste sur les qualités que doit avoir le régent : il faut qu'il soit « habile dans l'écriture et l'arithmétique, ayant extrêmement à cœur que les enfans de notre ville puissent se former aux bonnes mœurs ; il ne doit pas être indifférent qu'il sache bien lire le latin et le françois, mais principalement toutes sortes d'écriture de main vieille et nouvelle... Il n'est point utile qu'il sache montrer le latin ; nous avons icy un collège où les enfans sont très bien instruits tant dans les principes de la latinité que ceux de la religion, à quoy les MM. du Collège sont très attentifs. » Les jurats voudraient donner de meilleurs appointements pour avoir « un grand sujet », mais l'état des finances de la ville ne le permet pas. — *Ibid.*

— 1759. Payé au s$^r$ Troussain, m$^e$ d'éc., pour moitié de ses gages, 60 l. — Arch. Gir., C 1000.

— 1759. Délibération du corps de ville acceptant l'établissement de deux Dames de la Foi et leur accordant 150 l. d'appointements ; autre délibération portant leur nombre à trois et leurs appointements à 200 l. — Arch. Mp. de Cadillac, BB 7.

— 1760. Ordonnance archiépiscopale pour la fondation des Dames de la Foi. — Arch. Dioc., D 10.

— 1760. L'établissement n'étant pas autorisé, on vend le mobilier destiné aux religieuses. — Arch. Mp. de Cadillac, BB 7.

— 1765. Un m$^e$ d'éc., Jean Troussain, recevant 120 l. de la ville ; bons renseignements. — Marthe Seguin, m$^{sse}$ non approuvée, sans gages ; bons renseignements. Les enfants des deux sexes instruits dans des écoles distinctes. — Arch. Dioc., L 8.

—. 1768. Au s$^r$ Troussain, régent, pour trois quartiers de ses gages, 90 l. — Arch. Mp. de Cadillac, CC 11.

— 1768. Délibération de la Communauté, en date du 9 novembre, supprimant les gages du régent Troussain. Les motifs sont les suivants : 1° Le régent a, depuis deux ans, transporté son logement hors de la ville, d'où il résulte que les enfants ont beaucoup de peine à se rendre à l'école et que ce voyage leur cause beaucoup de dissipation ; Troussain n'a pas voulu se rendre aux remontrances qui lui ont été faites à ce sujet ; 2° il est urgent de venir en aide au collège des Doctrinaires qui ne peut subsister sans être secouru ; aussi la Communauté devra-t-elle porter la subvention de 30 l. 11 s. 1 d. à 200 l. — Le subdélégué appuie la délibération se basant sur ce que « le collège de la Doctrine chrétienne, établi depuis longtemps dans ladite ville de Cadillac, est de la plus grande utilité pour l'instruction de la jeunesse, que la médiocrité des facultés de ce collège, jointe à la rigueur des tems faisoit justement craindre à la Communauté que les prestres et régens ne soient dans la nécessité d'abandonner cette maison, ce qui porteroit un préjudice irréparable aux habitans » (janvier 1769). — Une lettre du P. de Fressinet, recteur du collège (juillet 1769), demande aussi à l'intendant d'approuver la délibération; « la réduction de la rente (1) de 1800 l. à 600 l., le délai du payement qu'on a suspendu pendant quatre années consécutives, la modicité de nos autres revenus la rendent nécessaire. Le nombre des jeunes gens qu'on nous confie pour l'éducation feroit que les circonstances seroient assez heureuses pour que nous puissions espérer de nous rendre utiles. » — Arch. Gir., C 282.

— 1771. « Ce jour d'huy, 16ᵉ du mois de juin 1771, nous, échevins et notables de la communauté de Cadillac assemblés extraordinairement en l'Hôtel de Ville aux formes ordinaires..., il auroit esté dit dans la dite assemblée, que sieur Pierre Goislou, habitant de Bordeaux, se seroit présenté pour faire la fonction de mᵉ escrivain dans la présente ville, qu'en conséquence, il auroit exhibé un certificat de catholicité attesté par le sieur Buissière, vicaire de Saint-Surin-lez-Bordeaux, et d'autant que la dite assemblée a considéré que n'y ayant point, depuis quelque temps, dans la dite ville, aucun mᵉ écrivain, il estoit essentiel et important qu'il y en eust un ; ensuite il a été délibéré par ladite communauté, en l'absence de MM. les officiers de justice, dhuement convoqués et appelés, que ledit sieur Goislou seroit reçu en qualité de mᵉ escriv. dans lad. ville, pour y exercer ses fonctions, et qu'à l'égard de la rétribution, il se contentera, sçavoir : pour apprendre à lire, 10 s.; lire et escrire, 20 s.; lire, escrire et chiffrer, 30 s., à la charge par ledit sieur Goislou de se présenter par devant Mgʳ l'Archevêque pour obtenir l'agrément de Son Altesse, et se conformer aux règles et usages

---

(1) Voir ci-dessus, p. 32, la note relative à la fondation du collège de Cadillac.

qui peuvent et doivent conduire les jeunes gens à professer la religion cath., apost. et rom. » — Arch. Dioc., U 1.

— 1772. « Il y a un m⁰ d'école établi dans la ville, avec sa femme. Le m⁰ se charge des garçons et sa femme des filles. Le dit m⁰ est approuvé du prince notre archevêque.» — *Ibid.*, D 16.

— 1781. Lettres de régence pour les sieurs Grettety père et fils. — *Ibid.*, D 23.

— 1783. Un m⁰, Grettety, âgé de soixante ans ; son fils l'aide ; bons renseignements ; il n'a que la rétribution des écoliers. Il n'y a pas de maîtresse ; il serait à désirer qu'il y en eût une ; les filles au dessous de sept ans vont à l'école des garçons. — *Ibid.*, L 8.

— 1789. « Je soussigné, curé de Cadillac, certifie que le sieur Grettety, m⁰ de pension, continue à tenir les petites écoles de cette paroisse, à la satisfaction du public. » — *Ibid.*, U 1.

CADILLAC-SUR-DORDOGNE. — 1691, 1755. Néant. — Arch. Dioc., L 16.

CAMBES. — 1489. Georges de la Rivière, m⁰ des écoles de Cambes, reçoit des exécuteurs testamentaires d'Arnaud Rival, chanoine de Saint-André, 1 franc pour leçons données au neveu de ce chanoine. — Arch. Gir., G 241.

— 1603. Concession, par le cardinal de Sourdis, d'un droit de sépulture dans l'église, à « Jehan de la Taste, régent, demeurant en la paroisse de Cambes..., en considération de ce qu'il chante ordinairement, en la dicte église, à matines, à la grand'messe et vespres, sans qu'il en reçoiue aucun salaire et récompense et, oultre ce, enseigne les petits enfans de la dicte paroisse, promettant de leur enseigner le catéchisme ». — Arch. Dioc., N 9.

— 1625. Antoine Pion, régent. — *Ibid.*, M 7.

— 1766. Un m⁰, L. Banta; une m⁰⁰⁰ nommée Lagalette ; de bonnes mœurs, capables et assidus ; sans gages. — Dans l'ordonnance de visite : « Le m⁰ d'éc. se présentera devant nous pour être examiné et approuvé, si nous le jugeons à propos. » — *Ibid.*, L 13.

— 1786. Un m⁰, Jean-Marie Lescussan ; bons renseignements ; sans gages. — *Ibid.*

— S. d. (XVIII⁰ s.) Requête des paroissiens, exposant que, leur

« régent abécédaire est.. it décédé depuis un an », ils désirent le remplacer par le s⁺ Jean Depeyris-Duthil, pour lequel ils demandent l'approbation de l'Ordinaire. — *Ibid.*, U 1.

CAMBLANES et MEYNAC. — 1766. Un m⁰ non approuvé, Lamothe; bons renseignements; sans gages. — Arch. Dioc., L 13.

CAMPS. — 1739. Néant. — Arch. Dioc., L 14.

CAMPUGNAN. — 1611, 1753. Néant. — Arch. Dioc., L 2, 10.

CANTENAC. — 1612. « Un régent pour enseigner à lire. » — Arch. Dioc., L 2.
— 1734, 1783. Néant. — *Ibid.*, L 18.
— 1773. — André Mottet, régent de Margaux et Cantenac. — *Ibid.*, U 1 (Cf. *Margaux*).

CANTOIS. — 1765. Néant. — Arch. Dioc., L 3.

CAPIAN. — 1765. Néant. — Arch. Dioc., L 8.

CAPRAIS (SAINT-), en Blayais. — 1661. Il n'y a pas de m⁰ d'éc., « parce que le lieu est petit ». — Arch. Dioc., L 2.
— 1634. « N'y a escole dans la paroisse; le curé enseigne la jeunesse et faict le catéchisme ». — *Ibid.*, L 4.
— 1691, 1753. Néant. — *Ibid.*, L 10.

CAPRAIS-DE-HAUX (SAINT-). — 1756. Néant. — Arch. Dioc., L 13.

CARBON-BLANC. — 1789. François Jullia, régent. — Arch. Gir. B, procès non classés (1).

CARCANS. — 1612, 1734, 1786. Néant. — Arch. Dioc., L 2, 17.
— 1773. « Il n'y a ni m⁰ ni mˢˢᵉ d'éc., mais les pasteurs apprennent à lire les filles et les garçons ensemble. Ces espèces d'écoles

---

(1) Rens. comm. par M. Roborel de Climens.

se tiennent après le soleil couché et pendant les veillées de l'hiver. » — *Ibid.*, L 17.

CARDAN. — 1765. Néant. — Arch. Dioc., L 8.

— 1775. Réquisitoire du promoteur diocésain, contre le s<sup>r</sup> Labarte, qui enseignait à Cardan, sans approbation. — *Ibid.*, U 1. — Il fut en effet interdit. — Arch. Gir., G 22.

CARS. — 1611. « Le curé enseigne les enfans à lire luy-mesme. » — Arch. Dioc., L 2.

— 1634, 1753. Néant. — *Ibid.*, L 10.

CARTELÈGUE. — 1611. « Le coadjuteur (du curé) enseigne quelques enfans à lire. » — Arch. Dioc., L 2.

— 1753. Un m<sup>e</sup> d'école sans approbation, Pierre Duhallé, « assez propre pour cela », de bonnes mœurs, vivant de la rétribution scolaire. Pas de m<sup>lle</sup>. — *Ibid.*, L 10.

CASTELMORON-D'ALBRET. — 1718. Ordonnance de l'Intendant prescrivant de donner au régent grammairien 150 l. de gages. — Arch. Gir., C 3089.

— 1744. « Pierre Gauvry, clerc tonsuré, régent grammairien. Ses gages se prennent sur la ferme des boucheries. » — *Ibid.*

— 1748. Ordonnance de l'Intendant pour le logement du régent abécédaire. — *Ibid.*, C 3294.

— 1750. Capoulade, rég. gramm., interdit et remplacé par Verlhiac. — *Ibid.*, C 1700.

— 1751. Avis favorable du subdélégué relativement au paiement des gages arriérés du régent Jaumart. — *Ibid.*, C 3077, 3078.

— 1752. Verlhiac et Jaumart, régents. — *Ibid.*, C 1700.

— 1758. Il y a « à Castelmoron un régent gramm. et un régent franç. L'un et l'autre se comportent bien, remplissent exactement leur devoir de catholique et les autres fonctions envers les enfans qui leur sont confiés ». — Arch. Gir., C 3097.

— 1761. Arrêt du Parlement prescrivant le paiement des gages du régent Jaumart. — *Ibid.*, B 1449 (1).

(1) Rens. comm. par M. Roborel de Climens.

— 1770-71. Gages des deux régents : 300 l. — *Ibid.*, C 1013, 2670, 3095.

— 1774. Lettre du subdélégué : « J'ai l'honneur d'envoyer cy-joint à M. l'Intendant copie d'une délibération prise par la communauté de Castelmoron, au sujet de la nomination d'un nouveau régent à la place de celuy qui a esté ci-devant élu, afin qu'il ait la bonté de la revestir de son autorisation. La grâce que cette communauté sollicite me paroist d'autant plus devoir luy estre accordée, qu'elle a le bien public pour principe et pour objet et que le nouveau sujet qu'elle a choisi pour apprendre les jeunes gens à lire, escrire et chiffrer, joint aux bonnes mœurs toutes les qualités d'un m° d'escole, et que celui qu'elle renvoie est le plus inepte et le plus ignare des régens, et que les parens préfèrent; les uns enseigner eux-mesmes leurs enfans, les autres les envoyer à l'escole dans une paroisse voisine. C'est un fait que j'ay vérifié moy-mesme sur les lieux, et plusieurs habitans de Castelmoron sont venus eux-mesmes m'en porter leurs plaintes... » — Ordonnance conforme. — *Ibid.*, C 406.

— 1778. Gages du régent latin, 150 l.; du régent français, 150 l. — *Ibid.*, C 996.

CASTELNAU-DE-MÉDOC. — 1563. « Gabriel Pagan, régent des escolles de Castelnau. » — Arch. Gir. Pap. non classés (1).

— 1609. « Les paroissiens seront soigneux d'auoir un précepteur catholique pour enseigner la jeunesse. » — Arch. Dioc., L 18.

— 1734. « Un m° d'éc. approuvé par le curé, le juge et les principaux de la paroisse, Raymond Gaye, capable tant pour le latin que pour ce qui convient aux enfans, honneste homme, irréprochable dans ses mœurs, sans autre rétribution que celle de ses escoliers qui est fort médiocre; il enseigne filles et garçons sur des bancs séparés. » — *Ibid.*

— 1788. Le curé demande l'approbation de l'Ordinaire pour « Antoine Reboul, instituteur, depuis trois mois, des enfans de sa paroisse, fort en estat de les instruire et de bonnes mœurs ». — *Ibid.*, U 1.

---

(1) Rens. comm. par M. Roborel de Climens.

CASTETS-EN-DORTHE. — 1738. Ordonnance de l'Intendant attribuant des appointements au régent. — Arch. Gir., C 3089.

— 1750. « Le D<sup>r</sup> Chaumès a régenté à Castets, où il s'est comporté si mal qu'il fut rejeté par délibération publique... [Cependant] supprimer la pension du régent serait contre le bien public et l'utilité des pauvres. » — *Ibid.*, C 3678.

— 1752. Gages du régent, 150 l. - *Ibid.*

— 1763, 1765. Réclamation de gages arriérés du s<sup>r</sup> Caprais Fabre, ci-dev. rég. de Castets. — *Ibid.*, C. 355.

— 1770-71 ; 1778. Gages du régent, 150 l. — *Ibid.*, C 996, 2670, 3095.

CASTILLON. — 1675. Turenne, par son testament en date du 22 août de cette année, avait légué 6,000 l. pour établir dans cette ville des écoles chrétiennes. Mais cette clause ne fut jamais exécutée, malgré de nombreuses réclamations. — Arch. Dioc., M 10; Arch. Gir., C 318.

— 1685. Arrêt du Parlement concernant le nommé Reignac, m<sup>e</sup> d'école à Castillon, condamné à mort pour assassinat. — *Ibid.*, B. 1054 (1).

— 1699. Nicolas Marchetteau, m<sup>e</sup> écriv. de Bordeaux, régent à Castillon; Anne Monnerie et Marie N... (le nom est resté en blanc sur le registre), m<sup>sses</sup> d'éc. au même lieu. — Arch. Dioc., N 11.

— 1737-1759. Lattapy, régent. Le curé n'avait jamais pu obtenir de lui qu'il fit « venir ses escoliers à la messe et aux instructions des dimanches et festes ». — Révoqué en 1759, il s'était, « de sa propre autorité, fait une escole pour destruire celle qui est autorisée »; il y recevait surtout les enfants des religionnaires. — Arch. Gir., C 321.

— 1759. Projet d'établissement d'une maison des Dames de la Foi. — *Ibid.*, C 318.

— 1759. « Aujourd'huy, 18° du mois d'avril 1759, en jurade, dans l'hostel de ville de Castillon, la communauté assemblée aux formes ordinaires, a esté dit par le procureur du Roy que la place de régent estant vacante, il paroissoit très intéressant d'y pourvoir incessamment d'un régent qui fust en estat d'enseigner la lecture, à bien escrire, l'arithmétique et à tenir les livres de commerce, ce qui devient

---

(1) Rens. comm. par M. Roborel de Climens.

très-intéressant pour ce lieu-cy parce que le peu de fortune dont jouissent les habitans les met hors d'estat de mettre leurs enfans dehors pour leur donner de l'éducation, et, comme le sʳ Laroche, mᵉ escrivain-juré, habitant de Bordeaux, se présente pour remplir cette place, il requiert que la communauté, après s'estre assurée qu'il professe la foi cath., apost. et rom. et de sa capacité, délibère ce qu'elle trouvera de plus utile et a signé. Ainsi signé : Lafargue, pr. du Roy. — Sur quoy les jurats et principaux ayant pris lecture dudit réquisitoire et après s'estre assurés que le sʳ Laroche... professe la religion cathol. et est de bonnes vie et mœurs, veu son escriture et interrogé sur les règles de l'arithmétique et sur la tenue des livres de commerce, la communauté, sous le bon plaisir de Mᵍʳ l'Archevesque et sous celuy de M. l'Intendant, ont unanimement délibéré que le dit sieur Laroche, attendu les preuves de sa capacité, seroit pourveu de la place de régent principal de la dite ville, aux mesmes pention et prérogatives y attachées, pour en faire les fonctions, tout autant qu'il plaira à la communauté ; en ce qu'il ne prendroit des enfans de la ville et fauxbourgs que 15 sols pour ceux des bourgeois quy ne feroient que lire ; 30 s., quand ils commenceroient à escrire, et lorsqu'ils apprendroient l'arithmétique, 40 s. ; et, pour l'artizan, 10, 20 et 30 s. par mois. Et en conséquence a esté ainsi délibéré qu'il sera incessamment présenté requeste à mon dit seigneur l'Intendant pour supplier Sa Grandeur de lui continuer l'imposition de 150 l. — Fait et délibéré..., etc. » — Arch. Dioc., U 1.

— 1770-71. Gages du régent, 150 l. — Arch. Gir., C 2670, 3102.

— 1772. « Le curé actuel a fait establir un mᵉ de pension enseignant les humanités, très propre à donner une éducation pieuse et chrestienne et le goût des sciences à ses élèves, qui d'ailleurs est consommé dans le plain-chant et d'un grand secours par sa voix et sa méthode ; il se nomme J. Dessallon, mᵉ ès arts, et pourvu de lettres de pédagogie de l'Université de Bordeaux. — Il y a de plus : le sʳ Laroche, écrivain-juré, pensionné de la ville ; plusieurs autres petites escoles non approuvées, tenues par le nommé Charles Magne, les dˡˡᵉˢ Faure, la vᵉ Dupont et un nommé Montauban, protestant, qui fait un mal infini. — Par les lettres-patentes pour l'érection d'un hospital, il fut assigné 100 l. pour une mᵗʳᵉ pour les filles ; cette disposition n'est point remplie. — Il n'y a que chès le sʳ Dessallon qu'on enseigne assidûment le catéchisme tous les samedis; lui seul aussi conduit ses pensionnaires à l'église et les fait assister aux instructions. Le curé est forcé de dire que le s' Laroche permet aux enfans des protestans qui sont chês lui d'aller, tous les dimanches, aux presches et les dispense des prières communes du matin et du soir, quand il en fait. » — Arch. Dioc., D 16.

— 1773. « Charles Magne, régent de la ville de Castillon, y demeurant dans le fauxbourg. » — Arch. Gir., B. Juridict. seign., Castillon (1).

— 1776-1782. Quittances du s' Magne pour les mois d'école des enfants de chœur que la fabrique payait. — Arch. de la fabrique de Castillon (2).

— 1788. Requête d'Élisabeth Trapaud, aux fins d'être approuvée, pour « enseigner publiquement l'A B C, l'art d'écrire et autres choses nécessaires à l'éducation des jeunes demoiselles et autres petits enfans, au salaire d'usage ». Elle a « passé quelques années dans des communautés de Bordeaux pour acquérir les qualités nécessaires pour donner l'éducation et former les jeunes demoiselles » (écriture, broderie, couture, etc.). — Arch. Dioc., U 1.

CASTRES. — 1667. Le s' Coignet, régent à Castres depuis 35 ans, pour la lecture, l'écriture, l'arithmétique et le plain-chant, « assistant toujours ès offices de l'église et chantant lorsqu'il est nécessaire ès matines, grand'messes, vespres qui se célèbrent les jours de festes et dimanches, sans en prendre ny retirer aucuns émolumens », expose à l'Archevêque qu'en 1663, un nommé Bonnet, étranger au dit lieu, s'y étant retiré et ayant tenté d'y ouvrir école, il lui fut défendu de le faire. Depuis peu, il s'est présenté un autre compétiteur, enseignant sans autorisation au préjudice du suppliant; celui-ci demande qu'il soit fait « inhibitions et défenses » à ce nouveau maître de « le troubler en ses fonctions et exercices à peine d'excommunication ou toute autre que de droit ». — De son côté, Pierre de la Boessière répond qu'il exerce avec le consentement du curé, qu'il enseigne

---

(1) Rens. comm. par M. Ducaunnès-Duval.
(2) Rens. comm. par M. le chanoine Suberville, archiprêtre de Bazas, ancien curé de Castillon.

non seulement à lire et écrire, mais le latin à ceux qui le désirent; que les progrès de ses écoliers lui en ont attiré un plus grand nombre; que le s[r] Coignet est notaire royal, procureur-postulant et greffier des paroisses et juridictions de Portets, Castres, l'Isle-Saint-Georges, Saint-Médard, Saint-Selve et Arbanats. « Pour le grand employ qu'il a, il ne peut vacquer à enseigner comme il faut ses escoliers; oultre que, comme il est bien accommodé, il a relasché de cette grande attache qu'il auoit dans son commencement.» — Sa demande est injuste et « contraire à la liberté publique ». S'il y a deux régents, « ils feront à qui mieux mieux pour acquérir un plus grand nombre d'escoliers et se rendront plus assidus à l'exercice de leurs charges ». Le curé appuie la requête de La Boessière qui peut rendre de grands services, surtout « pour ceux qui sont un peu aduancés ». — Arch. Dioc., U 1.

— 1691. « Me Jean de la Rivière, tenant eschole, non approuvé, homme de bien; toutefois ne menant la jeunesse au catéchisme du curé et le faisant néanmoins, dans son eschole. » — Ibid., L 6.

— 1699. Dominique Lartigue, régent. — Ibid., Q 33.

— 1782. Le s[r] Pellé, régent de Castres, demande à être exempté du logement des gens de guerre. Quoique ses lettres d'approbation lui assurent le monopole de l'instruction dans la paroisse, « il y a des contrevenants à ces lettres qui enseignent et lèvent des écoles ». — Le curé observe que la d[lle] Eymat, m[sse] approuvée, est une bonne institutrice; il y a aussi deux femmes qui instruisent quelques enfants. La paroisse est opposée à l'exception réclamée par le régent. — Ibid., U 1.

— De 1781 à 1785, il y avait à Castres, outre le régent autorisé, L. Pellé, un autre m[e] d'école, nommé Garbary, dont les paroissiens étaient fort contents. Ils réunissaient, à eux deux, 70 enfants, et avaient des écoliers des paroisses voisines. — Ibid.

CAUDÉRAN. — (Sous l'ancien régime, Caudéran n'était pas paroisse et son territoire dépendait, au spirituel, du chanoine-curé de Saint-Seurin.) — 1718. Le chapitre nomme MM. Ségur et Eyraud pour examiner la catholicité et les vie et mœurs de François Corneille, de Saint-Malo, qui a présenté requête aux fins qu'il lui fût permis d'enseigner aux enfants du lieu de Caudéran la doctrine chrétienne, la lecture, l'écriture et l'arithmétique. — Arch. Gir., Reg. cap. de Saint-Seurin.

— 1725. Autorisation au s<sup>r</sup> J.-B. Lasne, de tenir école à la Croix-Blanche. — *Ibid.*

— 1786. Même autorisation, pour le village de Caudéran, à Louis-Pierre Guillau de la Barrière. — *Ibid.*

— 1787. « En exécution de la délibération du 13 avril dernier et autres précédentes, l'un de Messieurs [les chanoines] a fait rapport qu'ayant mandé la maitresse d'école de Caudéran qui tenoit chez elle, au mépris des délibérations, des garçons et des filles, pour lui renouveler les ordres du Chapitre..., elle auroit déclaré qu'elle s'y conformeroit. » — *Ibid.*

— 1789. Pétronille Piveteau, m<sup>sse</sup> de pension, native et habitante de Caudéran, y demeurant, fille légitime de Laurent, aussi m<sup>e</sup> de pension. — Arch. Dioc., O 30.

CAUDROT. — 1723. Ordonnance pour les gages du régent. — Arch. Gir., C 3089.

— 1752. « Plus, vous imposerez la somme de 150 l. pour les gages d'un régent de la présente ville (sic); plus, sera imposée la somme de 40 l. pour tenir loué un logement pour le régent de la présente ville, selon l'ordonnance de M<sup>gr</sup> l'Intendant. » — *Ibid.*, C 3075.

— 1770. Un régent, 150 l. — *Ibid.*, C 2670.

CAVIGNAC. — (C'était une simple annexe de Gauriac.) — 1754. Néant. — Arch. Dioc., L 11.

— 1788. « J.-B<sup>te</sup> Muron, précepteur de la jeunesse, habitant, depuis environ un an et demi, le bourg et paroisse de Cavignac en Cubzaguais. » — *Ibid.*, O 30.

CÉNAC. — 1766. Néant. — Arch. Dioc., L 13.

CENON. — 1613. Néant. — Arch. Dioc., L 2.

— 1770. Un m<sup>e</sup>, Audinot; bons renseignements; sans gages. École mixte. — *Ibid.*, L 13.

CÉRONS. — 1691. Néant. — Arch. Dioc., L 12.

— 1736. « Il y a un m° d'éc., nommé Laborde, établi depuis un an dans la paroisse qui lui fait une pension de 100 l. qu'on impose en vertu d'une ordonnance. » — *Ibid.*

CESTAS. — 1691. « Nous aurions fait appeler le nommé Pierre Faugeron, m° d'escolle dudit lieu, qui s'est trouué n'auoir aucune approbation. Toutefois le curé nous a assuré qu'il estoit de bonnes vie et mœurs, auquel nous aurions enjoinct de se rendre auprès de mon dict seigneur l'Archeuesque pour luy estre pourueu d'une approbation requise. » — Arch. Dioc., L 12.

CÉZAC. — 1754. Néant. — Arch. Dioc., L 11.

CHAMADELLE. — 1755. Néant. — Arch. Dioc., L 16.

CHRISTOLY (SAINT-), en Blayais. — 1611. « Seront les paroissiens exhortez de gager un précepteur pour enseigner leur ieunesse, attendu la grandeur de la paroisse. » — Arch. Dioc., L 2.
— 1743. Lettre du curé priant l'Intendant d'interdire l'enseignement à un Irlandais qui faisait l'école malgré lui et la majorité des habitants. — Arch. Dioc., C 3294.
— 1744. Raynaud, régent approuvé. Les habitants demandent à être déchargés de l'obligation qui leur avait été imposée de lui payer 150 l. « Les régens qu'il y a eu ci-devant en ladite paroisse se sont toujours contentés de la rétribution qu'ils tiroient des enfans qu'ils enseignoient. » — *Ibid.*
— 1753. « Un m° non approuvé, peu approuvable, J. Métayer; capable et assidu, mais de mœurs peu réglées. » — Arch. Dioc., L. 10.

CHRISTOPHE-DE-LA-DOUBLE (SAINT-). — 1755. Néant. — Arch. Dioc., L 16.

CHRISTOPHE-DES-BARDES (SAINT-). — 1739. Néant. — Arch. Dioc., L 16.

CIERS-D'ABZAC (SAINT-). — 1691, 1765. Néant. — Arch. Dioc., L 16.

CIERS-DE-CANESSE (SAINT-). — 1691. Néant. — Arch. Dioc., L 6.

— 1751. « Nicolas Lavalette, bourgeois de Bordeaux, régent de la paroisse de Saint-Ciers-de-Canesse en Bourgez. » — Arch. Dioc., B, procès non classés (1).

— 1754. « Deux maîtres nommés Garsaud et Robin, tous deux capables; mais le second est assidu au cabaret et querelleur. Ils n'ont point de gages. » — Arch. Dioc., L 11.

CIERS-LA-LANDE (SAINT-). — 1611. « Il y a, puis peu de iours, ung régent. « — Arch. Dioc., L 2.

— 1753. « Le nommé Moulinier tient école de garçons et de filles; il n'a pas de gages fixes. » — Le curé fournit sur son compte des renseignements peu favorables. — *Ibid.*, L 10.

CISSAC. — 1735. « Il y a un m° d'éc. qui voudroit s'establir dans cette paroisse, mais qui n'a pas son extrait de baptême ni celui de ses espousailles en bonne forme. » — Arch. Dioc., L 15.

CIVRAC, en Médoc. — 1736. Néant. — Arch. Dioc., L 15.
— 1786. Un m° d'éc. — *Ibid.*

CIVRAC, en Bourgès. — 1691, 1754. Néant. — Arch. Dioc., L 6, 11.

COLOMBE (SAINTE-). — 1739. Néant. — Arch. Dioc., L 14.

COMPS. — 1691. Néant. — Arch. Dioc., L 6.

COUTRAS. — 1609. Guillaume Blanc, m° d'éc. — Arch. Dioc., Q 29.
— 1691. « Il y a deux m^es d'escolle, approuvés de MM. les officiers de justice et de M. le curé, lesquels nous ont dit instruire les enfans; qu'ils en ont eu, pendant quelque temps, de ceux des nouueaux conuertis dans leurs escoles et qu'ils auroient esté priez par leurs parens de ne les instruire point de la religion catholique, puisque le Roy leur en laissoit la liberté; à quoy les susdits m^es d'escole n'ayant voulu condescendre, les dits nouueaux conuertis auroient retiré leurs enfans. » — *Ibid.*, L 16.

(1) Rens. comm. par M. Roborel de Climens.

— 1741-1755. Avant cette époque, un nommé Pommereau était régent. Il eut pour successeur Antoine Blanchard, ci-dev. m˟ d'éc. à Génissac et à Guitres, lequel fut approuvé par F.-H. de Maniban. D'une requête par laquelle il réclame les gages de 120 liv. « qui ont toujours esté imposez pour un régent », il résulte qu'il y avait aussi à Coutras un sʳ Pascal qui, « sans estre autorisé, montroit le latin à cinq ou six particuliers desquels il retiroit 3 l. par mois ». Blanchard était chargé « de ceux qui apprennent le françois, quy ont accoustumé de donner, par mois, pour lire, 6 sols, et, pour escrire, 12 sols, et les pauvres, rien ». (Une ordonnance de l'intendant Boucher, renouvelée par M. de Tourny, lui avait interdit de rien prendre des habitans de la paroisse.) — En 1750, Blanchard se démet et est remplacé par Dubreuil. — En 1752, il demande sa réintégration. Il l'avait obtenue en 1755, car, à cette époque, il protestait contre la requête du sieur Troussain qui demandait sa part des 120 l. Le curé appuie sa protestation, et à l'objection tirée du trop grand nombre d'écoliers instruits par Blanchard, il répond : 1° « qu'outre son escole, il y en a cinq ou six subsidiaires dans le bourg »; 2° qu'on ne s'oppose pas à l'admission de Troussain, mais uniquement à ce qu'il partage les gages. — Arch. Gir., C 1699.

— 1743. Ordonnance pour les gages du régent. Il y en a un autre qui n'est point pensionné. — *Ibid.*, C 3089.

— 1744. Gages du régent, 150 l. — *Ibid.*

— 1755. (Visite de L.-J. d'Audibert de Lussan.) Un m˟ approuvé, Blanchard ; bons renseignements. Une mᵛˢᵉ, Jeanneton Alars ; bons renseignements ; sans gages. Le m˟ d'éc. reçoit filles et garçons. — Arch. Dioc., L 16.

— 1771. Gages d'un régent, 150 l. — Arch. Gir., C 3102.

— 1772. Ordonnance des vic. gén., interdisant Blanchard et défendant à tous particuliers de s'ingérer à tenir les écoles à Coutras, sans avoir subi examen et obtenu l'approbation de l'Ordinaire. — Arch. Dioc., U 1.

— 1784. Les bourgeois de Coutras font choix du sʳ Maisonnade pour régent, « prétendant lesdits paroissiens n'avoir besoin que du choix qu'ils en ont fait pour qu'il puisse exercer en toute sûreté ». A la suite d'une ordonnnace d'interdiction, le régent demande l'approbation qui lui est refusée, parce qu'il ne présente pas l'attestation du curé. — Arch. Gir., G 19.

COUTURES et LE PUY. — 1738-1754. Clément Gauvry et Ithier, régents. — *Ibid.*, C 1700.

— 1744-1749. J. Rouillac, régent. — *Ibid.*, C 3089.

— Av. 1756. Grenouilleau, régent. — *Ibid.*, C 400.

— 1770. Gages du régent, 94 l. — *Ibid.*, C 3095.

— Mémoire s. d. constatant que le sieur Fourcade, régent, ayant été interdit, les paroissiens réduisirent les honoraires de 50 à 40 écus. Un nouveau m' fut présenté par le curé et la communauté aux vic. gén. et approuvé. Il faisait la classe à la maison de ville d'où il fut expulsé par les partisans de son prédécesseur. — *Ibid.*, C 1700.

CRÉON. — 1561. Jehan du Vignault, régent de Créon. — Arch. Gir., E. Minutes de Gealoffier (1).

— 1610. « Les paroissiens sont exhortez à auoir un prestre pour les messes matutinelles qui enseigneroit la ieunesse ès principes de la grammaire. » — Arch. Dioc., L 2.

— 1625. « A M. le juge de Créon. — Monsieur, il y a ung réglement donné par Mgr le Cardinal, en suite des saincts decretz, qu'aucun maistre ne sera receu à instruire la ieunesse, principalement en la campagne, s'il n'a, au préalable, faict profession de foy entre ses mains ou de ses vicaires généraux (1) et promis de se rendre assistant au seruice diuin, ainsy que plus au long il est porté par ledict réglement, lequel a esté trouué si sainct par les Pères du dernier Concile qu'il a esté non seulement confirmé, mais bien augmenté et salutairement (2). Et d'autant, Monsieur, que suiuant ce réglement, il y a enuiron deux ans que i'ay receu la profession de foy et promesses de Mre Pierre Lhoste, natif de la Seaulue, pour enseigner en la ville de Créon, lequel est maintenant trauersé par ung [nommé] Pouguillon, habitant dudict lieu qui, de son autorité, s'est ingéré à assembler les enfans pour les instruire, i'ay bien voulu vous en escripre, estimant trouuer en vous l'appuy d'un si sainct décret, voires d'aultant plus que ie me persuade que piété et iustice quy ont dressé leur giste en vostre cueur sortiront de vostre bouche pour la

---

(1) Rens. comm. par M. Roborel de Climens.

(1) *Ordonnances et constitutions synodales, décrets et règlemens donnés au diocese de Bordeaux...* Titre XXII. Édit. de 1686, p. 273.

(2) *Decreta Concilii Provincialis, Burdigalæ habiti, anno 1624.* Cap. I, 6. Édit. de 1728, p. 21, 22.

gloire de Nostre-Seigneur. Celuy quy est establv pour l'instruction faict bien son debuoir, assemble et conduit la ieunesse en l'église pour la psalmodie, l'aultre n'en tient compte et la diuertist au destriment d'une saincte éducation. Ie vous prie donc, Monsieur, d'auoir esgard à ce que le sʳ Lhoste ne soit point troublé, mais maintenu en sa charge, et vous augmenterez vostre mérite enuers Dieu et vostre honneur parmy les hommes et acquererez une particulière obligation enuers moy, pour laquelle ie vous tesmoigneray, à toute occasion, le ressentiment que i'auray d'une si iuste et pieuse action, et, auecq ce desir, ie prie Dieu, Monsieur, qu'il vous conserue. — A Bordeaux, ce 3 aoust 1625. Miard [vic. gén.]. » — *Ibid.*, C 5.

— 1766. « René-Joseph Lacoste, régent latiniste depuis plus de six mois, s'est toujours très bien comporté, soit par ses soins auprès des enfans qu'on lui a confiés, soit par son assiduité aux exercices de la religion. — A Créon, ce 7 août 1766. Barreyre, curé. » — *Ibid.*, U 1.

— 1769. Arrêt du Parlement en faveur du sʳ Jean Jean, mᵉ d'éc. de Créon. — Arch. Gir., B 1510 (1).

— 1779. Requête des paroissiens qui « n'ayant rien tant à cœur que de procurer à leurs enfans une éducation convenable et de leur faire apprendre la religion », demandent des lettres d'approbation pour le sʳ Petit, « escrivain de la présente ville, homme de bonnes vie et mœurs, connu et compétent, non seulement pour leur apprendre à lire et à escrire, mais encore les instruire de la religion ». — Arch. Dioc., U 1.

— 1789. Pierre Lebrou, mᵉ des pet. éc., approuvé par Mgr l'Archev., habitant de la ville de Créon. — *Ibid.*, O 30.

CROIX-DU-MONT (SAINTE-). — 1756. Thoneins, régent de cette paroisse depuis 1737, réclame ses appointements de 150 l. — Arch. Gir., C 1699.

— 1765. Un mᵉ, non approuvé de l'Archevêque, E. Dubuc : excellents renseignements ; sans gages. Deux mˢˢᵉˢ, T. Cadorat et J. Dubuc ; bons renseignements ; sans gages. — Arch. Dioc., L 3.

---

(1) Rens. comm. par M. Roborel de Climens.

— 1773. Un legs de 750 l. en capital avait été fait en 1718 par un sʳ de la Planche pour bâtir une maison d'école et entretenir une maîtresse; la modicité du legs en ayant empêché l'exécution, on demande à l'employer au profit des pauvres. — *Ibid.*, M 2.

— 1785. Mêmes maître et maîtresses qu'en 1765, moins T. Cadorat. — *Ibid.*, L 8.

CUBNEZAIS. — 1754. Pas de mᵉ d'éc. « *en titre* ». — Arch. Dioc., L 11.

CUBZAC. — 1754. Néant. — Arch. Dioc., L 11.

CUSSAC. — Je trouve dans mes notes la mention suivante : « Pierre Bordas, mᵉ d'éc., habitant le bourg de Cussac. » Évidemment je n'ai pas inventé ce régent, mais, par une distraction que je ne m'explique pas, je n'ai relevé ni la date de son exercice, ni la source où j'ai puisé mon renseignement.

— 1784. Cette année-là, le mᵉ d'éc. de La Marque habitait Cussac; il est donc probable qu'il recevait les enfants de cette paroisse. — Arch. Dioc., L 18. (Cf. *La Marque.*)

CYBARD (SAINT-). — Deux régents au milieu du XVIIIᵉ siècle. — Rens. comm. à M. Maggiolo (1).

DAIGNAC-ESPIET. — 1773. Néant. — Arch. Dioc., L 13.

— 1778. Requête du curé, du juge et des principaux habitants, en faveur du sʳ Saligues, qui enseignait avec succès, depuis près de deux ans, pour lui obtenir des lettres de régence. — *Ibid.*, U 1.

DENIS-DE-PILLE (SAINT-). — 1739 (?). « Il y a un mᵉ d'école approuvé, Gabriel Largeteau. Il est capable, peint bien, lit bien, entend le chiffre, est assidu à son école, de bonnes vie et mœurs. Il

---

(1) Il y a une vingtaine d'années, mon savant ami, M. Maggiolo, recteur honoraire, chargé d'une mission par le ministre de l'Instruction publique à l'effet de recueillir des documents sur l'histoire de l'instruction primaire, avait reçu des instituteurs de notre département un petit nombre de renseignements assez vagues qu'il a bien voulu me communiquer en 1882.

n'a point de gages que la rétribution des écoliers, quoiqu'il ait une ordonnance de 50 écus de gages, rendue par M⁸ʳ l'Intendant. » — Arch. Dioc., L 14.

Dieulivol. — Av. 1766. Bournet, régent de la paroisse de Dieulivol. — Arch. Gir., C 400.

Donnezac. — 1691. « Nous estans pareillement informez de la capacité, vie et mœurs de P. Dumas, mᵉ d'escolle estably dans la ditte paroisse, on nous auroit asseuré qu'il s'en acquittoit autant bien qu'un homme comme lui le peut faire, s'attachant à enseigner à ses escoliers le catéchisme et les autres prières que tout chrestien doit sauoir. » — Arch. Dioc., L 10.

Églisottes (Les) et Le Chalaure. — 1755. Néant. — Arch. Dioc., L 16.

Émilion (Saint-) (1). — 1540. Jean Duranteau est nommé régent des écoles à la place de Laurent de Baure et prête serment « de bien régir et gouuerner les enfans ». — Arch. Mp. de Saint-Émilion, BB 3.

— 1541. Jean Duranteau et Pierre Bayhonne, nommés régents des écoles, seront présentés au Chapitre. — *Ibid.*

— 1541. 4 francs alloués pour réparations à l'école. — *Ibid.*

— 1542. Mᵉ Hélies Botin, bachelier en droit, nommé régent des écoles pour un an. — *Ibid.*, BB 4.

— 1543. Nouvelle nomination, pour un an, d'H. Botin; Pierre Nadeau, régent adjoint. — *Ibid.*, BB 5.

— 1545. Donné au régent, Mᵉ Bertrand Blanc, pour le loyer de son logis, 2 écus d'or sol. — *Ibid.*, BB 6.

— 1545. Mᵉ Antoine Boyer (*Boerii*) est reçu régent des écoles de la ville « sur le rapport de Mᵉ Pierre Costeres qui dict auoir ouy lire le dict Boyer et estoyt homme expert et entendu »; et sera fait « inhibitions et deffences au vicaire de Vignonnet de tenir escolles priuées dans sa chambre, à peyne de 10 l., et à tous aultres de la iurisdiction ». — *Ibid.*

(1) Tous les renseignements tirés des Arch. Mp. de Saint-Émilion sont empruntés a l'inventaire ms. de ces Archives, rédigé par M. Ducaunnès-Duval.

— 1546. On confie la direction des écoles de la ville à M⁰ Guillaume Robin, prêtre du diocèse de Luçon. — *Ibid.*

— 1553. Aubin Dubauro et Jean de la Licte, nommés régents. — *Ibid.*, BB 7.

— 1554. M⁰ Sébastien Piveteau, nommé régent des écoles de la ville. — *Ibid.*

— 1555. Jacques Vergier, nommé régent, « aux gaiges de 2 escus d'or » par an et le droit d'exiger de chaque enfant 6 ardits par mois. — *Ibid.*

— 1555. Jacques Vergnier (?), « m⁰ ès arts de Bourdeaulx », nommé régent, aux gages de « 4 pistolles d'or, vallant 12 francs bourdelois » ; sa nomination sera, suivant l'usage, soumise à l'agrément du Chapitre. — *Ibid.*

— 1585. Réception de J. de Lachapelle, natif de la ville d'Auxerre ; il prête serment de « fidèlement apprendre la ieunesse ». — *Ibid.*, BB 12.

— 1586. Nomination de Guillaume de Renezan, natif de la ville d'Alby, par les maire et jurats, conformément à l'attestation de capacité délivrée par les doyen et chanoines. — *Ibid.*

— 1605. « M⁰ Raymond Lamaud, régent, à présent, de la ville de Sainct-Emilion. » — Arch. Gir., E 559 (1).

— 1633. « Nous auons visité la classe [des Ursulines] et nous estans enquis combien il y auoit d'escholières, la supérieure nous a dict qu'il y en a une huictaine seulement à présent et qu'auant le tems de la peste, il y [en] auoit plus de quatre-vingts. Nous auons visité la chambre des pensionnaires, où nous auons trouué trois licts auecq de petits oratoires fort déuots. La supérieure nous a dict qu'il y a six pensionnaires, desquelles donne chascune 100 l. seulement pour leur pension. » (Visite d'H. de Sourdis.) — Arch. Dioc., L 4.

— 1730. D'après le Pouillé de cette année, le Chapitre donne 105 l. annuellement au régent de la ville. — *Ibid.*, R 4.

— 1739. « Il y a un maistre d'escole, nommé Bonnet, de bonnes vie et mœurs et sachant bien les humanités. La ville luy donne, pour ses gages, 100 l. et le Chapitre 105. » — *Ibid.*, L 19.

— 1744. Ordonnance de l'Intendant : « Il sera, en outre, imposé

---

(1) Rens. comm. par M. Roborel de Climens.

une somme suffisante pour le loyer de la maison du régent, jusqu'à concurrence de 100 l. seulement. » — Arch. Gir., C 3089.

— 1744. Les jurats sont déboutés de la prétention qu'ils élevaient de faire imposer non plus sur leur « Hostel commun », mais sur toute la communauté, comme cela s'était fait « de tout tems », les 150 l. qu'ils devaient joindre à pareille somme payée par le Chapitre. D'une lettre du corps de ville, jointe au dossier, il résulte que le s$^r$ Bonnet, régent principal, n'étant pas exact à remplir ses fonctions, avait été révoqué; qu'il avait été remplacé par le s$^r$ Moriarty, ci-devant régent principal à Rauzan ; que des difficultés de famille ayant contraint celui-ci à se retirer, on lui avait substitué le s$^r$ Ricard qui enseignait auparavant à La Réole; que le régent principal était autorisé à prendre 20 s. par mois de ses écoliers quand ils commençaient à composer les thèmes. L'affaire durait encore en 1746. — *Ibid.*, C 3294.

— 1752. Poissel est régent de Saint-Émilion. En 1757 les jurats, prétendant « qu'il n'estoit pas en état de remplir cette place et que les parens se rebutoient d'envoyer leurs enfans sous luy », essaient de lui subtituer le s$^r$ Caubet, prébendier. Ils sont déboutés par l'Intendant, le Chapitre ayant pris parti pour Poissel qui exerçait encore en 1759. — *Ibid.*, C 318, 1699.

— 1759-60. Comptes de la ville : 75 l., pour deux quartiers, au s$^r$ Passama, nouveau régent principal. — *Ibid.*, C 994.

— 1763, 1778. Gages et logement du régent latiniste, 210 l. — *Ibid.*, C 992.

— 1770. Molas, régent principal, réclame contre une opposition faite à ses gages par la propriétaire de la maison qu'il habitait, à laquelle il devait deux quartiers de loyer. Il expose qu'il reçoit 150 l. pour « éduquer » les jeunes gens, 60 l. pour le loyer du « collège », 150 l. du Chapitre pour les enfants de chœur, ce qui n'a rien de commun avec ce que la ville lui donne, puisqu'il est obligé, après sa classe, de se transporter à la maîtrise pour y remplir ses fonctions. — Les maire et jurats répliquent qu'ils n'ont jamais donné davantage, ni pour la pension, ni pour le logement. « Il est vray que les autres régens avoient beaucoup d'escoliers et tenoient pension, tandis que le s$^r$ Molas n'a que quatre escoliers, majure partie des bourgeois ayant mis leurs enfans hors de chez eux; sans doute [parce] que le dit s$^r$ Molas ne les contentoit pas. » — *Ibid.*, C 326.

— 1772. « Il y a un régent pensionné par la ville et le Chapitre. Les Ursulines enseignent les jeunes filles. Il y a de plus une maîtresse d'escole. » L'approbation de l'Archevêque n'était pas en rège. — Arch. Dioc., D 16.

— 1773. Ordonnance de l'Intendant autorisant les magistrats à payer au régent un supplément d'honoraires de 45 l. — Arch. Gir., C 331.

ESCOUSSANS. — 17... Pour le logement du régent, 30 l. — Arch. Gir., C 2670.

— 1765. Un m⁰ d'éc. qui n'a pu présenter ses lettres d'approbation, P. Dufour. On en est « assez content ». Il est de bonnes mœurs ; la paroisse lui paie 10 écus. L'école est mixte. — Arch. Dioc., L 8.

ESPIET. (Voyez *Daignac*.)

ESTÈPHE (SAINT-). — 1735. Un m⁰ d'éc. approuvé des paroissiens, nommé Amet ; bons renseignements, sans gages. Une maîtresse, femme mariée, gagée par le curé ; bons renseignements. Écoles distinctes. — Arch. Dioc., L 15.

— 1735. « Il faut expédier des lettres de régent pour Pierre-Jean de Lapierre, habitant de Saint-Estèphe, et des lettres de régente pour Aymée Labas, épouse d'Arnaud Duboys, habitante du dit Saint-Estèphe. » — *Ibid*.

ÉTAULIERS. — 1753. Néant. — Arch. Dioc., L 10.

ÉTIENNE-DE-LISSE (SAINT-). — 1739. Néant. — Arch. Dioc., L 14.

EULALIE-D'AMBARÈS (SAINTE-). — 1612, 1766. Néant. — Arch. Dioc., L 2, 13.

EYNESSE. — Avant 1790. Lacour, régent ; école mixte. — Doc. communiqués à M. Maggiolo.

EYRANS. — Après 1637. « A MM. les vic. gén. de l'Archevesché de Bourdeaux. Supplie humblement François Reibual, habitant de la paroisse d'Ayrans en Blayés, disant que, dès l'année mil six cens trente-sept, vous luy auez, de vos grâces, permis d'enseigner les enffans dans la dicte parroisse, ce qu'il a longuement faict, et obserué vos ordonnances sans aulcun contredict, jusque depuis ung mois que Guillaume Poisteuin, sergent ordinaire de la préuosté royalle du dict Blayès, homme riche et aizé, par inimosité et haine qu'il porte au suppliant, s'est, contre tous ordonnances lesquelles il ne peult ignorer, ingéré de tenir escolle ouuerte dans ung village proche le bourg du dict Ayrans où il se transporte journellement, de sa demeure ordinaire dela parroisse de Sainct-Paul au dict Blayès où il se tient dans son bien propre et auoué, dans ce village et, par force de sollicitations et aultrement, attire les enfans à son escolle, si qu'il fera en sorte d'auoir tous ceux qui vont au dict supliant, ce qui est le priuer de gaigner sa vie et à sa familie. Ce considéré, attendu que le suppliant est demeurant dans la dicte parroisse d'Ayrans et qu'il est désireux de continuer le dict exercice et qu'il obserue vos réglemens et ordonnances, il vous plaise, Messieurs, veu vostre permission cy attachée, de le continuer dans le dict exercice et faire deffences au dict Poisteuin de le troubler en iceluy, aux peines qu'il vous plaira arbitrer et ferez bien et iustice. — Reibual. » — D'après l'approbation accordée à ce régent en 1637, il y avait eu à Eyrans, à cette époque, un m° d'éc. autorisé par l'Ordinaire, nommé Luc Bousmel. — Arch. Dioc., U 1.

— 1736, 1753. Néant. — *Ibid.*, L 10.

EYZINES. — 1735. « Un m° d'escole, P. Devolbe, qui paroist d'une conduite réglée. Il n'a pour gages que ce que les escoliers luy donnent chaque mois. Il n'enseigne que les garçons. » — Arch. Dioc., L 18.

FALEYRAS. — 1765. Néant. — Arch. Dioc., L 8
— 1772. Interdiction de Geze, régent non autorisé. — *Ibid.*, D 23.

FARGUES (de Créon). — 1766. Un m° non approuvé, B. Taudin ; mauvais renseignements. Sa femme et sa fille tiennent école de filles. — Arch. Dioc., L 13.

FARGUES (de Langon). — 1736. Néant. — Arch. Dioc., L 13 (1).

(1) J'ai classé aux Arch. Dioc. (U 1) une requête non datée par laquelle les habitants de Fargues demandent l'approbation pour le né Jean Chauveau qu'ils désirent employer comme m° d'éc. Ce document ne fournit aucun moyen de discerner celle des deux paroisses de Fargues à laquelle il se réfère.

SAINT-FERME. — 1736. Ordonnance de gages pour un régent. — Arch. Gir., C 3089.

— 1742 (avant septembre). Un régent. — 1744. Pierre Fraissengea. — *Ibid.*, C 1389.

— 1752, 1770, 1771. Gages du régent : 150 l. — *Ibid.*, C 996, 2070, 3075, 3089, 3095.

— 1755. Ordonnance de l'Intendant, assurant au régent, Chaigne, les émoluments de sa place. — *Ibid.*, C 1700.

— 1758. « Un régent très propre (*sic*) et de bonne conduite. » — *Ibid.*, C 3097.

— 1766. Compétition entre deux régents, se prétendant l'un et l'autre exclusivement approuvés par l'évêque de Bazas : Blaise Grenouilleau, ci-dev. régent du Puy (un certificat du curé le qualifie de cy-devant escrivain-juré, arithméticien et régent françois volontaire de cette paroisse), et le sieur Bournet, ci-dev. régent particulier de la paroisse de Dieulivol. — *Ibid.*, C 400.

FIEU (LE), annexe de *Coutras*. — 1765. Néant. — Arch. Dioc., L. 16.

— Visite s. d. (XVIII<sup>e</sup> s.) : « Il y a, depuis peu, un m<sup>e</sup> d'escolle, chez un particulier, précepteur de ses enfans, qui lui donne la liberté d'en apprendre d'autres de la paroisse. » — *Ibid.*

FLOIRAC. — 1766. Deux m<sup>es</sup> d'éc., G. Fourcade et Jean Fautoux ; bons renseignements ; école mixte. — Arch. Dioc., L 13.

FOURS. — 1612. « Le curé enseigne luy-mesme les enfans à lire. » — Arch. Dioc., L 2.

— 1634. Néant. — *Ibid.*, L 4.

FOY (SAINTE-). — 1739-1747. Gaye, régent latin. — Arch. Gir., C 1698.

— 1744. Jean Bonneton, Jean Cabrol, régents français. — *Ibid.*, C 3089.

— 1747-1749. Gros, régent latin. En 1749, les Récollets de Sainte-Foy furent chargés de fournir le régent latin à qui on adjoignit, en 1751, un autre religieux, en qualité de second régent. — *Ibid.*, C 1698.

— 1752. 300 l. pour deux régents abécédaires ; 100 l. pour le régent latin. — *Ibid.*, C 3075.

— 1753. Voici un exemple des lettres de régence accordées par les évêques d'Agen (on sait que Sainte-Foy appartenait autrefois à ce diocèse) : « Joseph-Gaspard-Gilbert (1), par la Providence divine et l'autorité du Saint-Siège apostolique, évesque-comte d'Agen, conseiller du Roy en tous ses conseils, à [Catherine] Feydeau, salut et bénédiction. Nous estans duement informez de vostre capacité et suffisance, bonnes vie et mœurs, vous establissons régente et maistresse des petites escoles en la paroisse de Sainte-Foy-sur-Dordogne, en nostre diocèse, pour instruire et eslever la jeunesse de la dite paroisse et jurisdiction dans la crainte de Dieu et leur enseigner les principes de la doctrine de l'Eglise catholique et leur faire exercer ses pratiques. Nous vo... rdonnons d'avoir un soin particulier de l'éducation des enfans de ceux qui auroient eu le malheur d'avoir esté eslevez dans l'exercice d'une autre religion et de leur apprendre ce que nous enseigne notre sainte Mère l'Eglise catholique, apost. et rom., de conduire chaque jour tous vos escoliers (*sic*) (2) à la sainte messe et de faire en sorte qu'ils y assistent avec respect et modestie dont vous leur donnerez l'exemple ; de les faire assister les jours de dimanches et festes à la messe paroissiale, au prosne, à vespres, au catéchisme et aux instructions qui se font dans la paroisse. Vous commencerez vostre escole le matin et le soir, à une heure réglée, par l'invocation du Saint Esprit avec les verset et oraison accoustumez, et la finirez, à une heure réglée, par quelque prière dévote que vous ferez à genoux devant l'image du crucifix que vous aurez, à cet effet, exposé dans vostre escole. Vous ferez faire à haute voix, au moins deux fois par semaine, par l'un de vos escoliers, et chacun à son tour sans exception, la prière du matin et du soir, de la manière qu'elle est dans le catéchisme du diocèse, sans y rien ajouter ni retrancher, et, au défaut d'escoliers capables de la faire, vous la ferez vous-mesme ; et, deux fois la semaine, vous ferez le catéchisme, de la manière qu'il est réglé pour nostre diocèse. Vous disposerez, de tems en tems, vos escoliers, et principalement aux jours de grandes festes, à s'approcher du

(1) J.-G.-G. de Chabannes, évêque d'Agen de 1736 à 1767.
(2) La formule dont on s'est servi pour Catherine Feydeau est évidemment, par erreur, celle qu'on employait pour les écoles de garçons.

sacrement de Pénitence et recevoir celui de l'Eucharistie, s'ils sont en estat de faire le discernement de cette nourriture céleste du corps et du sang de N. S. J. C. Vous leur en donnerez vous-mesme l'exemple et vous leur ferez faire, avant et après ces saintes actions, les actes nécessaires. Nous vous défendons expressément d'admettre dans vostre escole aucune fille (1) de quelque âge que ce soit, d'y lire ou faire lire aucun livre qui contienne rien de contraire à la foy et à la discipline de l'Eglise ou qui soit contre les bonnes mœurs, de fréquenter les jeux ou les cabarets, de dire ou proférer aucune parole malséante, de corriger les enfans avec excès ou emportement et d rien faire qui puisse estre un sujet de chute ou de scandale à vos escoliers, de l'éducation desquels Dieu vous demandera, un jour, un compte exact et rigoureux. Vous enjoignons de prendre en toutes choses, et particulièrement en celles qui peuvent estre de quelque conséquence, l'avis de vostre curé, et enfin de vivre de telle manière que votre conduite serve d'instruction, d'exemple et de sujet d'édification à toute la paroisse. — Donné à Agen, le 2 juillet 1753. — Passelaygue, v. g. » — *Ibid.*, C 395.

— 1757. 500 l. allouées par ordonnance de l'Intendant aux deux régents latins. — *Ibid.*, C 996.

— 1758. Secours de 500 l. accordé par l'Intendant aux Dames de la Foi, pour bâtir leurs classes. — *Ibid.*, C 392. — A la même date, il y avait une régente laïque recevant un traitement de 100 l. — *Ibid.*, C 1700.

— 1758. « Il y a à Sainte-Foy deux régens abécédaires ; ils sont de bonnes vie et mœurs, bons catholiques et remplissant bien leurs devoirs. Les PP. Récollets tiennent les escoles latines, et les Dames de la Foy, les escoles françoises pour les jeunes filles. » — *Ibid.*, C 3097.

1758. Catherine Bonneton, régente de Sainte-Foy, 100 l. de gages. — *Ibid.*, L 394.

— 1760. Requête de Catherine Feydeau (2), régente libre approuvée par l'évêque d'Agen, aux fins d'obtenir 100 l. de gages. Le subdélégué reconnaît que la demande de la suppliante est juste, qu'elle mérite d'être appointée aussi bien que « la nommée Bonneton » qui

(1) V. la note 2 p. 57.
(2) L'orthographe de cette requête est très mauvaise.

reçoit 100 l. ; mais, vu la pénurie de la communauté de Sainte-Foy qui supporte déjà une imposition de 500 l. en faveur des PP. Récollets, régents latins, il propose de partager entre les deux régentes les 100 l. de « la nommée Bonneton » ou de donner tout au plus 75 l. à chacunes d'elles. — *Ibid.*, C 395.

— 1762. Sœur Gonet, supérieure des Dames de la Foi, demande à être déchargée du droit d'amortissement pour un legs fait à la communauté. « Les murs de nos pauvres classes, dit-elle, dépérissent faute de pouvoir les finir. M. de Boutin [l'Intendant de Guienne, de 1758 à 1766] m'avait donné quelques espérances de secours pour cette bonne œuvre. » — *Ibid.*

— 1766. La supérieure des Dames de la Foi, C. Degouet, écrit à l'Intendant : « M. Bellet [le subdélégué] m'a dit que, quoique les consuls de cette ville reconnaissent l'utilité de notre établissement et la nécessité de reconstruire certains de nos bastimens et d'achever celui de l'escole, il n'avoit eu d'eux d'autres réponses, sinon que, la communauté se trouvant chargée d'impositions extraordinaires..., ils ne pouvoient en faire de nouvelles. Sur cette réponse, je prends le party de présenter un mémoire à M. le Contrôleur général, me flattant que vous voudrez bien l'appuyer de votre protection. »— *Ibid.*, C 400.

— 1770-1772. Aux deux régents latinistes, 500 l.; aux deux régents français, 300 l.; pour une régente, 100 l. — *Ibid.*, C 402, 2670, 3095.

— 1771-1772. Vive compétition entre divers régents à Sainte-Foy. La majorité d'une assemblée de la communauté réunie *ad hoc* avait prononcé la révocation des m<sup>rs</sup> d'éc. en charge, Calmel et Cabrol, se basant sur l'incapacité du premier et l'inexactitude du second. D'après le rapport du subdélégué, « le s<sup>r</sup> Cabrol estant pourvu de l'office de notaire royal et de greffier en chef de la justice, et mesme [étant] un des notables de la communauté, il ne peut exercer tous ces emplois et celui de régent qui demande toute l'application de la journée pour instruire la jeunesse dans la religion, la lecture, l'écriture et l'arithmétique... Le sieur Calmel ne sait ni lire, ni écrire (1)... De là, nécessité aux habitans de mettre leurs

---

(1) Il est permis de supposer que les requérants exagéraient quelque peu, surtout si l'on considère qu'un parti plus nombreux demandait le maintien de ce régent accusé de ne savoir « ni lire ni écrire ».

enfans à Bordeaux et à Castillon ou d'avoir de mauvais précepteurs dans leurs maisons, à une rétribution bien plus forte que celle qu'on a promis, puisqu'il leur en couste parfois, pour faire lire et écrire seulement, 40 s. par mois. Il ne manque pas en ville de ces sortes de régens; il y en a au moins trois de ma connaissance qui ne sont pas plus capables les uns que les autres... Le s<sup>r</sup> Cabrol, avant d'estre pourvu de ces deux offices, remplissoit avec zèle son employ de régent. Il estoit mesme capable de donner de bons principes; mais depuis ce tems on se plaint hautement de son peu d'exactitude. » — La révocation des anciens régents prononcée, l'assemblée de la communauté avait nommé à leur place le s<sup>r</sup> Touyarot, m<sup>e</sup> écrivain-juré de Bordeaux, « lequel a produit des pièces d'écriture et demandé d'estre receu en qualité de premier régent abécédaire, conjointement avec son père, teneur de livres de commerce, à la charge que la ville lui donnera 400 l. de gages et que les enfans luy donneront 30 s. par mois jusqu'à ce qu'ils sçauront les quatre règles de l'arithmétique et 3 l. pour ceux qui seront perfectionnés dans l'écriture des chiffres, offrant d'enseigner gratuitement quatre pauvres, annuellement. » — Le subdélégué approuve dans son ensemble la combinaison, le candidat « paraissant, dit-il, avoir les qualités requises d'un bon maistre, suivant une pièce d'écriture que j'ai vue. Son père, qui enseigne à tenir les livres, seroit un secours pour les jeunes gens qui se destinent au commerce... Il ne seroit pas possible d'avoir un bon régent pour 150 l., puisque le loyer seul d'une maison iroit à 100 l.. » — Le curé s'opposait à la destitution des régents en exercice. La question fut décidée, pour un temps, par cette lettre de l'Intendant aux officiers municipaux : « Je vous renvoie, messieurs, les pièces qui concernent les régens de Sainte-Foy. La délibération par laquelle on veut les destituer estant désavouée par un nombre d'habitans supérieur à celui des délibérans, il ne m'est pas possible de l'autoriser. Je dois y faire d'autant plus de difficultés que, suivant cette délibération, il faudroit augmenter l'imposition annuelle pour cet objet, indépendamment de l'augmentation des rétributions qu'on permet au nouveau régent d'exiger de ses escoliers. D'ailleurs, il n'est point muni de l'approbation de M. l'Evesque auquel il appartient de faire choix des régens dans l'estendue de son diocèse, suivant la disposition de la déclaration du Roy du 14 mai 1724. En conséquence, les officiers municipaux doivent préalablement proposer ce changement à M. l'Evesque et concilier, parmi leurs concitoyens, la pluralité des suffrages, de manière qu'il n'y ait point de réclamation fondée et que la dépense n'en devienne pas plus onéreuse soit à la communauté, soit aux parens des escoliers... » — *Ibid.*, C 403.

— 1773. Ordonnance de mainlevée sur les gages du s<sup>r</sup> Jarré, régent de Sainte-Foy. — *Ibid.*, C 404.

— 1774. Le m<sup>e</sup> écrivain, Touyarot avait fini par se faire agréer, car cette année-là il réclamait ses gages, dus depuis trois ans. — *Ibid.*, C 407.

— 1774. Les appointements du régent français sont portés à 400 l. — *Ibid.*, C 996.

— 1778. Touyarot se démit à cette date, quoiqu'il eût obtenu les appointements de 400 l. qu'il avait demandés dès le principe. Il eut pour successeur Pierre Laroche, aussi m<sup>e</sup> écrivain de Bordeaux, qui, s'engageait, moyennant la même rétribution fixe, à enseigner la lecture, l'écriture et la tenue des livres. Le subdélégué appuyait ainsi le choix du s<sup>r</sup> Laroche : « Tous les principaux habitans de la ville et juridiction de Sainte-Foy désirent ardemment d'avoir un régent en estat d'enseigner à leurs enfans l'escriture, l'arithmétique et à tenir les livres, n'estant pas en estat de les mettre en pension, par deffaut de facultés ; et ils ont fixé leur choix sur la personne du s<sup>r</sup> Pierre La Roche, actuellement m<sup>e</sup> escrivain de Bordeaux establi dans ceste ville. » — *Ibid.*, C 410.

FRANCS et LA FAYOTTE. — 1787. Néant. — Arch. Dioc., L 14.

— 1787. « Un m<sup>e</sup> d'escole, Antoine Robier, à qui M. le curé a rendu bon témoignage, pour quoi nous luy avons donné pouvoir d'enseigner un an. » — Arch. Dioc. L 14.

— Deux régents à Francs au milieu du XVIII<sup>e</sup> s. — Rens. communiqués à M. Maggiolo.

FRONSAC. — Vers 1690, fondation d'une maison de Sœurs de charité dans cette paroisse, par la famille de Richelieu. Une des sœurs devait être chargée de l'école de filles. — Arch. Gir., C 316.

— 1749-1770. Gages du régent, 150 l. — *Ibid.*, C 2670.

— 1758. Acquisition d'une maison pour les Sœurs de charité. — *Ibid.*, C 316.

— 1765. Requête des Sœurs de Fronsac pour la construction d'une classe. — *Ibid.*, C 321, 325.

— 1775. Un m⁰ d'éc., Michel Cadillac; très bons renseignements; il reçoit 50 écus de la paroisse. Une Sœur de charité fait l'école aux filles. — Arch. Dioc., L 16.

— 1782. Approbation de La Bayle, régent de Fronsac. — Arch. Gir., G 19.

GABARNAC. — 1765. Un m⁰, non approuvé, Ch. Gasc; bons renseignements; il se contente de la rétribution des écoliers. Les filles viennent à son école. — Arch. Dioc., L 8.

GAJAC. — 1745. Requête des habitants aux fins d'obtenir une imposition de 150 l. en faveur du sʳ Théron, régent. — Arch. Gir., C 3294.

GAILLAN. — 1737. Néant. — Arch. Dioc., L 8.

— Apr. 1768. « Fatin, m⁰ d'escolle, à qui le curé paye exactement, chaque année, en argent ou en bled, un salaire convenable pour apprendre les pauvres enfans. » — *Ibid.*, M 12.

— 1736. Un m⁰ non approuvé; « on en est fort content ». Pas de maîtresse. — *Ibid.*

GALGON et QUEYNAC. — 1755. Deux m⁰ˢ, P. Redon et L. Messeau; bons renseignements; sans gages. Une mˢˢᵉ, Lachambalière, vᵉ Desmoulins; bons renseignements, sans gages. — Depuis sept ans, les enfants des deux sexes ont des écoles séparées. — Arch. Dioc., L 16.

— 1774. Requête, combattue par le curé, de 13 paroissiens, demandant la destitution, pour incapacité, du sieur Perès, régent, et son remplacement par A. Merzeau, ci-dev. m⁰ d'éc. à Saint-André du Bois. Ils se disent obligés d'envoyer leurs enfans, à une heure et demie de chemin, dans une paroisse voisine. D'après le curé, Perès a été examiné et trouvé capable, et comme il y a plus de six douzaines d'habitants sachant signer, le témoignage de 13 personnes est insuffisant. — *Ibid.*, U 2.

— 1778. Requête des habitants de *Queynac*, en faveur de P. Bazin, qui, depuis sept mois, tient école pour leurs enfants et ceux des lieux circonvoisins. — *Ibid.*

GARDEGAN et TOURTOIRAC. — 1739. Néant. — Arch. Dioc., L 11.

GAURIAC. — 1754. Néant. — Arch. Dioc., L.

— 1756-1786. Sébastien Morin, régent. — *Ibid.*, U 2. — En 1773, le curé de Gauriac, archiprêtre de Bourgès, lui donnait le certificat suivant que je reproduis *in extenso*, en raison des détails curieux qu'il fournit : « Gauriac en Bourgez est une paroisse de peu d'estendue, mais très peuplée. Le nombre des habitans s'élève jusqu'au delà de 900. La plupart sont en usage d'envoyer leurs enfans à l'école. — Le nommé Sébastien Morin, natif et habitant de ladite paroisse, y exerce, depuis 17 années consécutives, les pénibles fonctions de régent, s'estant toujours comporté avec exactitude et édification. — A ces causes, nous archiprestre du Bourgez, curé de Gauriac, certifions que S. Morin, nostre paroissien, nous a toujours paru de bonnes vie et mœurs, qu'il fait profession de la religion catholique, apost. et rom., que d'ailleurs il s'applique à inspirer les principes du christianisme à ses élèves, de sorte qu'à en juger par les effets, nous n'avons que des éloges à publier de sa conduite. Certifions en outre que de la publication de l'ordonnance de Son Altesse, en date du 27 juin 1772, ledit sieur Morin auroit establi la lecture du catéchisme dans son escole et se seroit conformé à l'ordonnance. En foy de quoy, nous luy avons donné les présentes, afin qu'il puisse humblement se présenter devant les vic. gén. et en obtenir l'approbation nécessaire. — Tayac, arch., curé de Gauriac. » — *Ibid.*, U 2.

— 1787. Requête du s<sup>r</sup> Gaspalon, précepteur chez un particulier, aux fins d'obtenir l'autorisation d'instruire plusieurs enfants de Gauriac, quoiqu'il y ait déjà un régent dans la paroisse. — *Ibid.*

GAURIAGUET. — 1754. Néant. — Arch. Dioc., L. 11.

GÉNÉRAC et SAUGON. — 1611. « Le curé enseigne luy mesme. » — Arch. Dioc., L 2.

— 1624. Il y avait, chez un particulier, un précepteur huguenot qui instruisait les enfants de la paroisse de Générac. Le curé de Marcillac, archiprêtre de Blayais, obtint l'intervention du cardinal de Sourdis pour les soustraire à ce danger. — *Ibid.*, C 7.

— 1634-1753. Néant. — *Ibid.*, L 10.

GENÈS-DE-FOURS (SAINT-). — 1743. « Il n'y a pas de m⁰ d'escole *en titre.* » — Arch. Dioc., L 10.

GENÈS-DE-QUEIL (SAINT-). — 1681. « Pierre Lesnier, escripuain de Sainct-Genès de Quœil. » — Arch. Dioc., Q 28.

GÉNISSAC. — 1734-1737. Antoine Blanchard, régent. — Arch. Gir., C 1699.

GENSAC. — 1704. « Les Filles de l'Enfant-Jésus establies à Gensac tiennent la place de régente, depuis leur establissement, arrivé au mois de juin 1704. » — Arch. Gir., C 3089.

— 1743. Pierre Aubertin, régent. — *Ibid.*

— 1744. Gages du régent et de la régente, 250 l. — *Ibid.*

— 1749. Malgré l'opposition du subdélégué, l'Intendant approuve la nomination du s⁽ʳ⁾ Prougaillard, régent latin à Gensac, avec 200 l. de gages, et 100 l. pour Jean Broqua, régent en second. Prougaillard succédait au s⁽ʳ⁾ Baillon. Le subdélégué n'aurait pas voulu de régent latin à Gensac : « Les huguenots, écrivait-il, font élever leurs enfans sous leurs yeux, afin de pouvoir leur apprendre leurs erreurs. Ils seroient contraints de les faire élever ailleurs. Il n'y a guère de bourgeois à Gensac qui ne soit en estat de pensionner ses enfans. D'ailleurs, le régent [latin] qui se contente de 200 l. de gages ne doit pas estre un excellent sujet. » Dès le mois de septembre 1750, Prougaillard quittait la place et le subdélégué proposait de disposer du reliquat de ses gages en faveur des Filles de l'Enfant-Jésus, pour lesquelles on avait omis d'imposer 100 l., suivant l'usage. — *Ibid.*, C 3077.

— 1750. La communauté paie 300 l. pour les deux régents ; 40 l. pour leur loyer et 40 l. pour celui des Dames de la Foi. — *Ibid.*, C 994.

— 1752. 432 l. pour le presbytère, les gages du régent français et les Filles de l'Enfant-Jésus ; 40 l. pour le loyer de la dame Guade, supérieure des Filles de l'Enfant-Jésus. — *Ibid.*, C 3075.

— 1758. « A Gensac, un régent abécédaire ; il est de bonnes vie et mœurs et catholique. Il est propre (*sic*) et s'acquitte de ses fonctions fort exactement. » — *Ibid.*, C 3097.

— 1768. Le nommé Chalon, régent de Gensac, est révoqué en raison de sa très mauvaise conduite. A sa place, un acte de jurade admet le s[r] Dessalons, ci-dev. régent à Saint-Émilion, « vu ses lettres de m[e] ès arts, pédagogie, certificats, de plus des lettres de baccalauréat, licence et doctorat en médecine, le tout émané de l'Université de Bordeaux », à la place de régent latiniste, « qu'il est important d'establir (1) dans cette ville, aux gages de 300 l., payables quartier par quartier, annuellement, avec la somme de 40 l. pour fournir au loyer d'un logement; à la charge de tenir dans sa classe un m[e] à escrire qui sera approuvé par la communauté à qui, à cet effet, il en présentera un dans un délai de trois mois, et, en attendant, il tiendra le s[r] Burton que la communauté a agréé provisoirement pour enseigner à lire et à escrire ». Rétributions (pour les enfans de la juridiction seulement) : « latinistes, 30 s.; pour ceux qui liront, escriront et apprendront l'arithmétique, le salaire ordinaire et accoustumé, le tout pour chaque mois, à la charge d'instruire dans sa classe six enfans des pauvres de ce lieu et jurisdiction qui seront choisis et à lui indiqués par les jurats. » — Les consuls, jurats et habitants présentent requête à l'Intendant, à la suite de la délibération que je viens d'analyser, et demandent à s'imposer de 340 l. au lieu de 180 l., « qu'on avoit accoustumé de lever cy-devant pour un simple régent françois. Cette petite augmentation de 160 l. sera d'autant plus supportable pour la jurisdiction qu'elle demande à grands cris des m[es] éclairés pour former à la vertu des jeunes gens qui vivent sans éducation, faute de facultez, et orner les esprits naissans des connaissances les plus pures et les plus propres à civiliser les mœurs ». Avis conforme du subdélégué 5 mars 1769) constatant que « le s[r] Dessallon remplit ses fonctions et engagements au gré du public ». Au dossier se trouve l'opposition d'un s[r] du Puch, « vivant noblement », qui parait peu désireux de la diffusion de l'enseignement. — *Ibid.*, C 2670.

— 1770-71. Régent français, 150 l., plus 160 de supplément; aux Filles de l'Enfant-Jésus, 100 l. — *Ibid.*, C 2670, 3095.

---

(1) Ou plutôt *rétablir*.

— 1771. Arrêt du Parlement, défendant tout enseignement, jusqu'à ce qu'il soit approuvé par l'autorité ecclésiastique, au s\* Maurin. Exclu par une délibération de la jurade et une ordonnance de l'évêque de Bazas, il avait cessé de tenir école ouverte, mais il allait « dans les maisons, surtout des protestans, ce qui, dans un païs comme celuy de Gensac, peut tirer à de grandes conséquences. Il y a d'ailleurs contravention formelle à toutes les règles, notamment à l'édit d'avril 1695 ». — *Ibid.*, B 1524 (1).

— 1771. Lettre de l'Évêque de Bazas à l'Intendant « en faveur des Dames des escoles charitables, ou Dames de la Foy, establies à Gensac, par ordre du roy, et qui se trouvent dans la triste situation de n'avoir aucun logement » (le propriétaire de la maison qu'elles habitaient depuis de longues années les ayant congédiées) : « J'ay l'honneur de m'adresser à vous pour les engager (les jurats) à loger les Sœurs qui leur sont de la plus grande utilité pour les escoles... La supérieure générale me menace de les retirer de Gensac, si je ne leur procure un logement. MM. les maire et jurats m'ont toujours donné de belles paroles, mais je n'en vois pas les effets. J'implore votre protection pour que cette partie de mon diocèse conserve un secours si nécessaire et je me flatte que vous voudrez bien ordonner à MM. de la ville de Gensac de loger sans délay ces deux Sœurs. Vous ne sçauriez m'obliger plus sensiblement. » — *Ibid.*, C 403.

— 1772. Arrêt du Conseil d'État prescrivant l'imposition nécessaire pour le logement des Dames de la Foi. — *Ibid.*, C 404.

— 1774 (13 juin). Arrêt du Parlement de Bordeaux, confirmant l'interdiction d'enseigner, faite par l'Évêque de Bazas, au s\* Barry, qui « obtint, il y a environ quatre ans, la place de m\* d'école à Gensac, pour y donner les principes de la latinité, sous la condition néanmoins et la promesse de faire preuve de vie et mœurs et de se pourvoir de l'approbation de l'Évesque... Non seulement il n'a pas satisfait à cette obligation, mais encore il n'a cessé, depuis cette époque, de se conduire de la façon la plus répréhensible. Peu content de s'estre associé et de vivre avec des personnes faisant profession de la religion prétendue réformée, il a osé former un pensionnat qui n'est composé que des enfans des protestans qu'il

---

(1) Rens. comm. par M. Roborel de Climens.

élève et fortifie dans l'erreur de leurs pères, et à qui il donne ses soins, au préjudice des catholiques qu'il rebute et qu'il force, par sa négligence à leur égard et ses mauvais exemples, à aller chercher ailleurs les secours qu'ils ont tout droit d'en attendre. » L'enseignement lui est interdit dans tout le ressort de la Cour. — *Ibid.*, B 1541 (1).

— 1774. Lettre de l'Évêque de Bazas à l'Intendant : « ... Je vous prie, Monsieur, d'escrire à MM. les maire et jurats de Gensac pour les blasmer de ce qu'ils ont permis d'enseigner au s<sup>r</sup> Barry, sans qu'il eust mon approbation et [de ce qu'ils ont] payé les gages ordinaires. Exhortés les a ne pas tomber a l'avenir dans cette faute. Je voudrais aussi qu'il parust que c'est à ma sollicitation que vous ne les recherchés pas sur le payement de ces gages... » — *Ibid.*, C 406.

— 1774 (3 septembre). L'Intendant écrit aux jurats sur la même affaire : « Je suis informé, Messieurs, que le s<sup>r</sup> Barry exerce publiquement les fonctions de régent dans vostre communauté, sans avoir obtenu de l'évesque diocésain de lettres *de regendo*. Rien n'est si contraire aux ordonnances et règlemens. C'est pourquoy vous aurez soin, à la réception de ma lettre, de luy interdire l'enseignement public et de luy faire sentir qu'il seroit sévèrement puny s'il contrevenoit à vos défenses. Les lois du royaume ne permettent pas de tolérer cet abus qui a esté particulièrement proscrit pour votre communauté par un arrest du Parlement. Si vous luy avez fait payer des gages, vous seriez dans le cas de les faire restablir et d'en répondre personnellement. M. l'Évêque de Bazas m'engage à ne faire aucune recherche dans le passé à cet égard, mais j'y tiendray la main à l'avenir. Aussi je vous préviens de vous mettre en règle à ce sujet... » — *Ibid.*

— 1776. Presbytère, prédicateurs, régents et régentes, 692 l. ; maison des religieuses, 40 l. (*Observation* : « A supprimer, cette maison ayant esté acquise par la communauté »); maison du régent, 30 l. — *Ibid.*, C 1020.

— 1777. Ordonnance de l'Intendant, concernant le s<sup>r</sup> Burton, régent français, injustement remercié, et le maintenant « jusqu'à ce qu'il ait été révoqué par un résultat d'assemblée de la communauté »,

---

(1) Rens. comm. par M. Roborel de Climens.

revêtu de son autorisation. Le subdélégué s'était prononcé en sa faveur : « On ne reçut, écrivait-il, Burton en qualité de régent, que d'après un mûr examen et après qu'il eut remporté le prix sur deux concurrens. Il a exercé pendant cinq ans à la satisfaction du public; il s'est toujours bien comporté, et dans tous ses devoirs il a toujours observé la plus grande exactitude. Il peint bien, etc. » — *Ibid.*, C 409.

— 1778. Régent latin, 158 l.; rég. franç., 150 l.; religieuses de l'Enfant-Jésus, 100 l.; logement du rég., 100 liv. — *Ibid.*, C 996.

GEORGES-DE-MONTAGNE (SAINT-).— Visite s. d. (XVIIIe s.). Néant. — Arch. Dioc., L 14.

— 1739. « Il y a un m[e] d'escole, nommé Robin, de bonnes vie et mœurs, payé par chaque particulier. » — *Ibid.*

GERMAIN-DE-GRAVES (SAINT-). — 1705. Néant. — Arch. Dioc., L 8.

GERMAIN-DU-PUCH (SAINT-) — 1610. « Le régent du dict lieu empesche les enfans qu'ils n'aillent au catéchisme. » — Arch. Dioc., H 3.

GERMAIN-DE-LA-RIVIÈRE (SAINT-). — 1691. « Il y a dans la dite paroisse un m[e] d'eschole qui n'a point esté pourueu par Monseigneur, de la conduite duquel M. le curé se plaint. » — Arch. Dioc., L 16.

GERVAIS (SAINT-). — 1754. Néant. — Arch. Dioc., L 11.

— 1784. « Je, soussigné, certifie que Pierre Page est toujours régent dans ma paroisse et qu'il remplit ses devoirs avec exactitude. — D'Auboy, curé. » — *Ibid.*, U 2.

GIRON (SAINT-). — 1611. Néant. — Arch. Dioc., L 2.

— 1634. « Le curé enseigne les enfans, comme aussy son serviteur, Barrault. » — *Ibid.*, L 4.

— 1753. Néant. — *Ibid.*, L 10.

— 1773. Requête des paroissiens, demandant l'approbation pour leur régent, Tessié. — *Ibid.*, U 2.

Gironde. — 1630. Sentence du juge du lieu, ordonnant au jurat Perrier de payer au régent François Ythier, « tant les interests par luy receus ou deubs receuoir et sommes deues aux pauures estudians du dict present lieu et lesquelles auoient accoustumé d'estre données aux aultres regens du dict present lieu, predecesseurs du dict demandeur, que ce qu'il a lepué ou deu lepuer sur son rolle de collecte des aultres jurats des paroisses Saincte-Foy-la-Longue et Sainct-Laurens-du-Boys pour raison de leur cotte-part, et eu esgard au pied de leur rolle de collecte de la somme de 40 l. accordée et taxée au dict demandeur pour ses gages ». — Arch. Gir., B. Procès non classés (1).

— 1730. Ordonnance pour les gages du régent. — *Ibid.*, C 3089.

— 1744-52. Gages du régent, 180 l. — *Ibid.*, C 3075, 3089.

— 1770-71. *Id.* 150 l. — *Ibid.*, C 2670, 3095.

Gorce (La). — 1765. Néant. — Arch. Dioc., L 16.

Gornac. — 1629. J. Chabriand, régent. — Arch. Gir., E 540 (1).

Gours. — Visite s. d. (XVIII° s.). Néant. — Arch. Dioc., L 14.

Gradignan. — 1734. Néant. — Arch. Dioc., L 12.

— 1772. Requête de Ch. Benoist et J° Bertrand, sa femme, Parisiens, qui, après avoir enseigné cinq ans à Lesparre, avaient quitté cette ville, par disette d'écoliers, et s'étaient établis depuis deux ans à Gradignan où ils apprenaient aux enfants la lecture, l'écriture, le catéchisme et l'arithmétique. Ils demandent le privilège exclusif d'enseigner dans la paroisse; le curé appuie leur requête, parce que « bien des personnes nullement capables se mêlent d'enseigner » à Gradignan. — *Ibid.*, U 2.

— 1772. Autorisation accordée aux susnommés. — *Ibid.*, D 23.

— 1776. Les habitants de Gradignan, peu satisfaits des progrès que faisaient leurs enfants et renonçant à les envoyer, comme ci-devant, dans les paroisses voisines, demandent l'approbation pour J. Prat, m° ès arts de Bordeaux, qui enseignait en concurrence avec Benoist. — Accordé, malgré l'opposition de ce dernier. — *Ibid.*, U 2.

(1) Rens. comm. par M. Roborel de Climens.

GRAYAN et L'HOPITAL. — 1737, 1786. Néant. — Arch. Dioc., L 15.

GRIGNOLS. — 1740. Imposition pour les gages du régent. — Arch. Gir., C 3089.

— 1744. Gages du régent, 150 l. — *Ibid.*, C 3089.

— 1749. Marqueton, régent. — *Ibid.*

— 1752. Gages du régent, 180 l. — *Ibid.*, C 3075.

— 1776. Rétablissement des gages du régent supprimés en 1762, à la suite de grêles et gelées qui avaient ravagé la paroisse. — *Ibid.*, C 359.

— 1778. 205 l. pour loyers de presbytères et gages d'un régent. — *Ibid.*, C 996.

GUILLOS. — 1691, 1738. Néant. — Arch. Dioc., L 6, 12.

GUITRES. — 1560. Guillaume Verdoys, régent et praticien. — Arch. Gir., E. Minutes de Bavolier (1).

— 1638. Nicolas Delagarde, « maistre d'eschole ». — Godin et Hovyn de Tranchère. *Histoire de la ville et du canton de Guitres*. Bordeaux, 1889, in-8°, p. 169.

— 1638-1688. Guillaume Cailhau, « régent à l'instruction de la paroisse de la ville de Guistres ». — *Ibid.*, p. 169-170.

— 1683-1700. Jean Jorando, « maistre d'eschole ». — *Ibid.* — C'est de lui qu'il est question dans un procès-verbal de 1691 : « Il nous a esté assceuré par les habitans que le sieur curé faisoit le catéchisme très souuent, de mesme que le maistre d'eschole, approuué par le s<sup>r</sup> curé et les officiers de justice. » — Arch. Dioc., L 16.

— 1700. Pendant un certain nombre d'années, les m<sup>es</sup> d'éc. laïques furent remplacés par des prêtres qu'on appelait « vicaires régens ». Le premier dont on retrouvé la trace fut un cordelier nommé Saumade. — Godin et Hovyn de Tranchère, p. 170.

— 1738-1741. Antoine Blanchard. — Arch. Gir., C. 1699. (Cf. *Coutras*.)

— 1788-1792. Etienne Maurice. — Godin et Hovyn de Tranchère, p. 170.

---

(1) Renseig. comm. par M. Roborel de Climens.

GUJAN. — 1672. « Henry, par la miséricorde de Dieu et la grâce du Saint-Siège apostolique, archeuesque de Bourdeaux et primat d'Aquitaine. Nous auons permis et permettons à ... Ducasse de régenter et tenir l'eschole dans la paroisse de Guian seulement, moyennant qu'il a promis et juré, entre les mains de nostre grand vicaire, sur les saints Euangiles, de bien et duement s'acquitter de sa charge, de conduire ou faire conduire, les dimanches et festes de commandement, les eufans à l'esglize, leur enseigner et apprendre la doctrine chrestienne et petit catéchisme du P. Emond Augier, de la Compagnie de Jésus, par cœur, sans autrement leur expliquer, ny leur lire ny permettre qu'ils lisent ny tiennent aucun liure hérétique et prohibé ; et, en outre, auoir soin qu'aux quatre festes solennelles pour le moins, à sçauoir Pasques, Pentecoste, la Toussaincts et Noël, les enfans qui sont sous sa charge soient confessés et ceux qui sont en âge communiés. Donné à Bourdeaux..., le 15ᵉ du mois de juin 1672. — Henry, Arch. de Bourdeaux. » — Arch. Dioc., P 36.

— 1691. Dans le procès-verbal de visite : « Procès-verbal de l'eschole. — Et à l'instant, quatorziesme octobre mil six cens nonante et un, auant midy, nous serions rendus dans l'eschole de la paroisse de Sainct-Maurice de Guian, accompagnés de Messire Iean Combié, curé du dict Guian, et, estans entrez dans la dicte eschole, y aurions trouué Mᵉ Iean Mauringlane, clerc tonsuré, à ce qu'il nous a dict, du diocèse de Dax, et luy ayant demandé s'il auoit son approbation par escrit du sʳ curé de la dicte paroisse pour pouuoir tenir publiquement eschole au dict Guian, nous a dict que non, parce que, estant dans la dicte paroisse depuis vingt-cinq ans et y ayant faict les escholes sans reproche et que mesme Mᵍʳ de Béthune, faisant sa visite au dict Guian, l'auoit interrogé et luy auoit donné pouuoir de tenir les escholes publiquement et qu'ainsy il n'auoit pas creu qu'il faille que M. le curé qui est à présent luy donnast son approbation par escrit ; et ayant interrogé le sʳ curé s'il auoit rien à obiecter contre le dict sʳ Mauringlane, touchant sa conduite, il nous a dict qu'il estoit fort satisfaict de la manière d'agir du dict Mauringlane. — Et nous estans informez du dict sieur Mauringlane combien d'escholiers il auoit ordinairement, il nous a dict que les habitans du dict Guian ne vendant pas leurs denrées et ne peschant à cause que les matelots sont obligez d'aller seruir le

Roy sur les vaisseaux, il n'en auoit pas si grand nombre que les années précédentes ; pourtant, présentement il en auoit vingt et cinq. — Et ayant demandé au dict sieur, s'il receuoit des filles dans son eschole, il nous a dict que présentement il en auoit quatre ou cinq quy n'auoient pas plus de six ans, qu'il séparoit tousiours des garçons. — Et nous estans informez du dict sʳ Mauringlane quels liures ses escholiers lisoient à l'escole, nous a dict qu'il ne souffroit que ces escholiers leussent d'autres liures que l'*Introduction à la vie déuote* et *les Sept Trompettes*, et des *Heures* pour les commençans. — Et ayant encore interrogé le sʳ Mauringlane s'il auoit soin de faire le catéchisme à ses escholiers, nous a dict que tous les samedys après-disné il le faisoit ; et luy ayant demandé de quel catéchisme il se seruoit, il nous a dict qu'il se seruoit de celuy que Monseigneur auoit faict pour l'usage de son diocèse et qu'il le faisoit quelquefois de temps en temps, un iour sur la semaine, comme dans le temps de l'Aduent et du Caresme, ce que M. le curé nous a asseuré estre très véritable. — Et ayant dict au sʳ curé de nous dire s'il n'auoit aucun sujet de plaincte contre les escholiers du dict sʳ Mauringlane, nous auroit dict que les dicts escholiers n'assistoient à vespres les dimanches et les festes, et au catéchisme quand il se faict à l'église. — Le tout faict et passé au dict Guian, le susdict iour et an que dessus. — De Filhot, commissaire ; Audot, greffier de la dicte commission. » — Arch. Dioc., L 17.

HÉLÈNE (SAINTE-). — 1611, 1734. Néant. — Arch. Dioc., L 2, 18.

HIPPOLYTE (SAINT-). — 1739. Néant. — Arch. Dioc., L 14.

HOSTENS. — 1691, 1736. Néant. — Arch. Dioc., L 6.
— 1783. Approbation, pour cette paroisse, d'un régent, nommé Destourneaux. — Arch. Gir., G 19.

HOURTIN. — 1611. Un précepteur chez un particulier. — Arch. Dioc., L 2.
— 1775. Néant. — *Ibid.*, L 15.
— 1786. Un mᵗ d'éc. qui est cabaretier. — *Ibid.*

Hure. — 1736. Ordonnance pour les gages du régent. — Arch. Gir., C 3089.

— 1736-1756. Fourciangues, régent. — *Ibid.*, C 999, 3294.

— 1744-1752. Gages du régent, 150 l. — *Ibid.*, C 3075, 3089.

— 1769. Requête des échevins de La Réole, protestant contre l'imposition de 150 l. qu'on faisait supporter par la juridiction tout entière pour le régent de Hure. Ils en demandent la suppression, ou du moins la répartition sur les seuls habitants de Hure. Cette requête constate des faits intéressants : « Presque toutes les paroisses de cette juridiction ont des m$^{rs}$ d'éc. qui, contens des petits émoluments qui leur viennent de leurs écoliers, n'ont jamais réclamé de gages, ni présenté de requête pour en obtenir. » (Celui de Hure, « grâce à la protection du curé », qui avait accès auprès de l'intendant Boucher, s'était fait attribuer des appointements de 100 l.). « Sans chercher, Monseigneur, ajoutent les échevins, si tous ces régens de paroisse profitent beaucoup au travail et aux mœurs (!), Votre Grandeur jugera comme nous que celui de Hure peut se borner, comme les autres, aux profits qu'il retire de ses écoliers, d'autant plus que cette paroisse est une des plus riches et des plus peuplées de la juridiction. » — L'avis du subdélégué n'est pas différent : « Plusieurs autres paroisses aussi considérables à tous égards seraient dans le cas de demander la mesme grâce, entre autres celle de Bagas qui comprend un bourg considérable dans lequel il y a eu de tout tems et réside actuellement un régent très bon, mais qui se contente de la rétribution de ses écoliers. Il en est de même dans quelques autres paroisses, et nous ne voyons aucune raison de préférence pour celle de Hure qui est très bonne et très fertile et les habitans très en estat de payer leur régent. » Le dossier ne nous fait pas connaître la suite donnée à cette affaire. — *Ibid.*, C 2670.

Illats. — 1691. Néant. — Arch. Dioc., L 12.

— 1738. « Un m$^e$ d'éc. approuvé, Bertrand Dubosq; non gagé; il enseigne avec assiduité à lire, écrire et chiffrer; il est de bonnes vie et mœurs; il fait le catéchisme deux fois la semaine; il envoie les enfans à l'église pour y assister à la messe, aux instructions et aux offices. Il n'y a point d'école pour les filles. » — *Ibid.*

IZON. — 1772. Du Tournier, régent non autorisé, interdit. — Arch. Gir., G 18.

JAU-LOIRAC-DIGNAC. — 1737, 1786. Néant. — Arch. Dioc., L 15.

JEAN-D'ILLAC (SAINT-). — 1611. Néant. — Arch. Dioc., L 2.

LACANAU. — 1611. Un régent. — Arch. Dioc., L 2.
— 1734. Néant. — *Ibid.*, L 17.

LADAUX. — 1649. Chastaing, régent. — Arch. Dioc., E 6.
— 1765. Néant. — *Ibid.*, L 8.

LALANDE-DE-CUBZAC. — 1691, 1755. Néant. — Arch. Dioc., L 16.

LALANDE-DE-LIBOURNE. — 1691, 1739. Néant. — Arch. Dioc., L 14.

LANDERROUAT. (Cf. *Mesterrieux*.)

LANDIRAS. — 1691. Néant. — Arch. Dioc., L 6.
— 1738. Un m⁰ approuvé du curé, le s⁰ Lavigne; a fait une partie de ses études; bons renseignements; sans gages. — *Ibid.*, L 12.
— 1772 (?). Dominique Ducasse et sa femme demandent des lettres de régence. — *Ibid.*, U 2.
— 1773. Arrêt du Parlement confirmant une ordonnance du prince-archevêque, Ferdinand de Rohan, faisant inhibition au s⁰ Dominique Ducasse de continuer à enseigner à Landiras. « C'est une contravention d'autant plus punissable que ce particulier n'a jamais esté reçu ni approuvé; il n'a pas mesme les mœurs qui doivent luy procurer cette approbation. » — Arch. Gir., B 1536 (1).
— 1774. Le curé « s'estant donné tous les mouvemens possibles pour découvrir quelqu'un capable de tenir l'école », on lui a indiqué le s⁰ Lourseau, pour lequel il demande des lettres de régent. — Arch. Dioc., U 2.

(1) Rens. comm. par M. Roborel de Climens.

— 1774. Défense à Amanieu et Sargeac, m⁰ˢ d'éc. non autorisés, de continuer leurs fonctions. — *Ibid.*, G 22.

— 1782. Paillassard, régent de Landiras, exerçant son état dans cette paroisse, depuis trois ans et auparavant en diverses paroisses voisines, « avec approbation et succès ». -- *Ibid.*, U 2.

— 1782. Le régent de Landiras se plaint de celui de Pujols qui suborne ses écoliers. — *Ibid.*

LANGOIRAN. — 1694. J.-B. Lestrade, m⁰ d'éc. — Archives du château de la Taste à Langoiran (1).

— 1765. Un m⁰ d'éc., F. Feuilleret, « bon, mais de capacité médiocre »; sans gages; il enseigne aussi les filles. « Cette école est peu de chose, dit le curé. Un bon m⁰ seroit nécessaire. » — Arch. Dioc., L 9.

— 1767. Ch. Thomas Daroles, m⁰ d'éc. à Langoiran. — Arch. Mp. de Rions, GG 12 (2).

LANGON. — 1562. Contrat entre les confrères de Saint-Nicolas et Mᵐᵉ de Larochefoucault, dame de Langon. Elle prend à sa charge les dettes de la confrérie, à la condition que celle-ci entretiendra un régent pour l'instruction des enfants de la ville. — Arch. Mp. de Langon, II 2 (3).

— 1629. Anne Gabillard, régente. — *Ibid.*, GG 1.

— 1665. Contrat entre les jurats et les Carmes. Ceux-ci doivent tenir deux classes, l'une française, l'autre latine. — *Ibid.*, GG 20.

— 1676. Legs de 1500 l. en faveur des écoles tenues par les Carmes. — Collection Goua, à Langon (4).

— 1678. Lettres patentes confirmant l'établissement à Langon des Ursulines, fondées au moyen d'une somme de 32,000 l. données par Jacques de Campo-Kierfel, doyen de Saint-Jean de Latran et abbé de Clairac. — *Ibid.* (5).

— Avant 1750. Chaumès, m⁰ d'éc. — Arch. Gir., C 3078.

(1) Rens. comm. par M. Léo Drouyn.
(2) Rens. comm. par M. Ducaunnès-Duval.
(3) Les notes provenant des Arch. Mp. de Langon sont empruntées à l'inventaire ms. de ces archives, dressé par M. Ducaunnès-Duval.
(4-5) Rens. comm. par feu Jules Delpit.

— 1749. 13 nov. Arrêt du Parlement de Bordeaux, enregistrant les lettres patentes obtenues au mois d'août de la même année, par les Ursulines de Langon, lettres qui les autorisaient à acquérir un jardin et chai joignant leur maison, « leur couvent n'estant pas assez spacieux pour y placer commodément les écoles convenables pour l'éducation des jeunes filles, à quoy elles sont tenues par leur institut ». — *Ibid.*, B 1435 (1).

— 1768. Aux PP. Carmes, pour tenir les écoles, 400 l. — *Ibid.*, C 992.

— 1771. Les Carmes sont remplacés par des régents séculiers. — Arch. Mp. de Langon, BB 2, GG 20.

— 1781. Ordonnance de l'évêque de Bazas, nommant, sur la requête des jurats, J. Ricaud, régent de Langon, en remplacement du sieur Boissonnade. — *Ibid.*, BB 3.

LANSAC. — 1754. Néant. — Arch. Dioc., L 11.

LANTON. — 1731, 1787. Néant. — Arch. Dioc., L 17.

LAURENT-D'ARCE (SAINT-). — 1754. Néant. — Arch. Dioc., L 11.

LAURENT (SAINT-) et BENON. — 1735. « L'escole pour les garçons se tient aux religieux Trinitaires. Il y a une régente pour les filles. » — Arch. Dioc., L 15.

LÈGE. — 1731, 1785. Néant. — Arch. Dioc., L 17.

LÉGER (SAINT-) (cant. de Saint-Symphorien). — 1691, 1736. Néant. — Arch. Dioc., L 12.

LÉOGEATS. — 1691. Néant. — Arch. Dioc., L 12.

LÉOGNAN. — 1734. Ordonnance pour les gages du régent. — Arch. Gir., C 3089.

— 1743. L. Duvigneau, régent. — *Ibid.*

— 1744-70-71. Gages du régent, 150 l. — *Ibid.*, C 2670, 3102.

(1) Rens. comm. par M. Roborel de Climens.

— 1780. Tauzin, excellent régent aux gages de 120 l., s'est retiré pour être économe du château d'Olivier. — Aubert tient une école subsidiaire et cause toutes sortes de désagréments au curé ; il prétend se faire approuver malgré lui, refuse de conduire les enfants aux offices et essaie d'interdire au curé l'entrée de l'école. — Arch. Dioc., U 2.

— 1781. Lettres de régence, pour Léognan, au s" Cafrain. — *Ibid.*, D 23.

LÉON (SAINT-). — 1765. Néant. — Arch. Dioc., L 9.

LESPARRE. — 1642. « Je, soubsigné, prebstre, curé de l'église N. D. de Valeyrac, vic. forein en partie de l'archiprestré de Lesparre, en vertu de la commission de MM. les vic. gén..., certifie m'estre transporté en la ville de Lesparre, et m'estre enquis avec M. Jacques Garrigues, curé dudict lieu, de ceux qui s'ingèrent d'instruire les enfans dans ladicte ville, lequel m'a dict que, depuis 4 ou 5 ans, Guill. Martin, homme pieux et de vie exemplaire, régent approuué par mesdicts sieurs vic. gén., en vertu des lettres à luy données par mesdicts sieurs, trauaille à l'instruction desdicts enfans, avec beaucoup d'honneur et de zèle, ne les instruisant pas seulement à la lecture, escripture et les principes de la grammaire, mais encore et principalement ès exercices de la religion chrestienne, conduisant luy mesme lesdicts enfans, trois fois la sepmaine, à la procession et grand' messe qui se faict et célèbre dans ladicte ville, de l'assistance desquels Martin et enfans conduits par luy, ledict s" curé reçoit un grand soulagement en ses offices par le secours de leurs chants et le peuple en reste grandement édifié ; laquelle fonction ledict s" Martin a tousiours faict sans interruption ni empeschement de personne, jusques au mois d'aoust dernier qu'ung nommé Vincent, introduict par quelque particulier, s'est ingéré d'instruire publiquement les enfans de ladicte ville, sans aucune approbation et sans auoir donné preuue de sa religion ny suffisance ; au contraire, pour marque de sa piété, on ne voit plus les enfans qu'il a rauy audict Martin à la procession, ny que fort rarement à la saincte messe, en telle façon que, par la négligence et indéuotion dudict Vincent, l'église demeure déserte, ayant pour ung de ses principaux exercices la visite des cabarets et la fréquentation ordinaire des tabernes ; déclarant au reste [le curé] qu'en ladicte ville, il n'y a que vingt et quatre cu vingt-cinq enfans à instruire, lesquels ledict Martin peut facilement instruire et dauantage. » — D'après une lettre du curé de Lesparre, le régent approuvé était « procureur d'office de la jurisdiction de Solac ». — Arch. Dioc., U 2.

— 1735. « Un m⁰ non approuvé, le sʳ Conel, Irlandois, capable. » — *Ibid.*, L 15.

— 1770. « Il y a, dit le curé, un mᵉ à escrire qui fut approuvé, il y a deux ans, par M. l'abbé de la Neufville, vic. gén. — Il y a une maîtresse d'école sans approbation; mais je crois qu'elle mérite fort de l'être (*sic*). » — *Ibid.*, D 16.

— 1767-1772. Ch. Benoist et Jⁿᵉ Bertrand. (Cf. *Gradignan.*) — *Ibid.*, D 23.

— 1778. Imposition pour un régent, 150 l. annuellement. « L'époque de cet establissement, dit le subdélégué, est si ancienne qu'on n'en sait pas la date. » — Arch. Gir., C 996.

— Av. 1782. Supplique des habitants de Lesparre aux fins d'obtenir l'approbation archiépiscopale à Marimpoy, régent désigné par eux, pour « la lecture, l'écriture et l'arithmétique, base d'une éducation ordinaire », fils d'un mᵉ écrivain de Bayonne. Ils avaient eu plusieurs mᵉˢ insuffisants ; le maître actuel reconnaissait son incapacité au point de n'avoir pas osé protester contre la suppression des appointements de 200 l. qui lui avaient été attribués avec l'autorisation de l'Intendant. — Arch. Dioc., U 2.

— 1786. « Un mᵉ, *valde moribus fideque suspectus* (sic); une mˢˢᵉ dans le fauxbourg, pour Lesparre et Saint-Trélody, digne de la confiance générale. » —*Ibid.*, L 15.

A *Saint-Trélody*, néant en 1737; en 1786, on déclare que les garçons vont à l'école à Lesparre. — *Ibid.* — En 1783, renouvellement d'approbation de Cath. Granier, mˢˢᵉ d'éc. à Saint-Trélody. — Arch. Gir., C 19.

LESTIAC. — 1765. Néant. — Arch. Dioc., L 9.

LIBOURNE. — 1560. Marius Talpin, régent de la ville de Libourne. — Arch. Gir., E. Minutes de Delloye (1).

---

(1) Rens. comm. par M. Roborel de Climens.

— 1600. A Lafleur et Symphalié, m$^{rs}$ écrivains et arithméticiens : 2 écus par mois comme gratification à cause du peu de revenu qu'ils retirent de leurs places. — Arch. Mp. de Libourne, BB 1 (1).

— 1615. Lettres patentes autorisant la fondation du couvent des Ursulines, fondation accomplie en 1606. — Arch. Dioc., R 5.

— 1633. Visite d'Henry de Sourdis au monastère des Ursulines : La liste des religieuses mentionne une maîtresse des pensionnaires, une maîtresse des classes, une maîtresse du chant, quatre régentes. « Nous estans enquis quel nombre d'escholières il y auoit ès classes, la mère Magdelayne Dumas, maistresse des classes, a dict qu'il y en auoit cent ou enuiron. » — *Ibid.*, L 4.

— 1663. Le troisième régent du petit collège de Libourne, chargé de l'instruction primaire, voit ses gages diminués ; il ne reçoit plus que 50 l. — Arch. Mp. Libourne, BB 2.

— 1676. Lettres patentes autorisant la fondation de la maison des Dames de la Foi ou Nouvelles Catholiques. — Arch. Dioc., R 5.

— Av. 1693. Seval, troisième régent. — Arch. Gir., C 938.

— 1693-1737. Barada, troisième régent. — *Ibid.*

— 1702. H. Laîné, m$^e$ écrivain, régent. — Arch. Mp. Libourne. DD 7.

— Av. 1721. Trigant, régent. — Arch. Gir., C 938.

— 1721. Cadilhan est nommé par la Jurade en remplacement de Trigant, « aux gages et droits dont ont joui ou doivent jouir les autres régens écrivains ». Les Prud'hommes ayant été assemblés confirment cette nomination et règlent « les droits que ledit Cadilhan prendra de chaque escollier à 20 s. par mois de ceux qui apprendront à lire, escrire et l'arithmétique ; à 15 s. pour ceux qui apprendront à lire et escrire, et à 10 s. pour ceux qui apprendront à lire seulement ; font défense à Cadilhan de majorer ces droits, sous peine de destitution ». — *Ibid.*

— 1739. « Il n'y a, à proprement parler, qu'un m$^e$ d'éc. en titre, gagé et logé au collège, par la ville ; il se nomme Cadilhan, capable, assidu et de bonnes mœurs. — Les dames religieuses [Ursulines] enseignent des filles, et quelques Dames de la Foy. — Il

---

(1) Les renseignements empruntés aux Arch. Mp. de Libourne m'ont été fournis par l'inventaire ms. de ces Archives, dressé par M. Ducaunnès-Duval.

y a, outre cela, plusieurs espèces de régents et régentes qui apprennent à lire et escrire les jeunes enfans; les tous de bonnes mœurs. » — Arch. Dioc., L 14.

— 1759-1761. Cadilhan, m⁰ écriv.; appointements, 150 l. — Arch. Gir., C 1001.

— 1763. 3 régents latins, 1000 l.; 1 régent écrivain, 150 l. — *Ibid.*

— 1770. « Il y a dans la ville un collège pour les belles-lettres. Les garçons seuls y sont admis. Les Dames de Sainte-Ursule élèvent les filles, ainsi que les Dames de la Foy. D'honnestes filles pauvres apprennent à lire dans différentes maisons. — Les m⁰⁵ et m⁰⁵⁵ susdits ont été approuvez, mais on pense qu'ils n'ont pas fait renouveller leurs lettres d'approbation. » — Arch. Dioc., D 16.

— 1772. Lettres de m⁰ d'éc. pour la ville et paroisse Libourne à Joseph Béringuer. — *Ibid.*, D 23.

— 1773. « Il y a un collège dont les régents sont nommés par les magistrats. Ils se nomment Gladel et Duval, très capables et assidus, de bonnes mœurs; gagés par l'Hostel de Ville. — Plusieurs m⁰⁵⁵ d'âge décent, de bonnes mœurs; sans gages. — Les filles sont enseignées chez les Dames de Sainte-Ursule et de l'Union Chrestienne. » — *Ibid.*, L 14.

1776. (Revenus et charges de la ville.) Gages des régents, 1,200 l.; (en 1782) : 950 l. — Arch. Gir., C 337.

LIGNAN (de Créon). — 1766. Néant. — Arch. Dioc., L 13.

LISTRAC. — 1612, 1734. Néant. — Arch. Dioc., L 2, 18.

LORMONT. — 1659. Martin Barthélemy, m⁰ écriv. — Arch. Dioc., Q 25.

— 1766. Un m⁰, Châtelier, capable; sans gages. — Pas de m⁰⁵⁵; les filles sont séparées des garçons. — *Ibid.*, L 13. — Cf. *Ibid.*, O 28.

LOUBÈS (SAINT-). — 1602. Girault, praticien, m⁰ d'éc. (De Cornet, *Monographie de Saint-Loubés.* Bordeaux, 1869, in-8⁰, p. 337, 338.)

— 1610. « Le régent faict le catéchisme aux enfans, au collège. » — Arch. Dioc., L 2.

— 1635. Jean Bourdain, m⁰ de pension. — De Cornet, *l. c.*

— 1694. Riet, m° d'éc. — *Ibid.*

— 1725. G^me Dutasta, m° d'éc. — *Ibid.*

— 1758-1779. G^me Boué. Voici ses lettres d'approbation : « Les vic. gén. de Mgr l'Illustriss. et Révérendiss. L.-J. d'Audibert de Lussan, archevesque de Bordeaux... Sur ce qui nous a esté représenté par le s^r curé de Saint-Loubès et par les principaux habitans dudit lieu qu'il n'y avoit point de régent pour y tenir les escoles et y élever les enfans qui sont en grand nombre, nous ayant de plus rendu un bon et avantageux témoignage de la piété, religion, capacité et expérience du sieur G^me Boué, luy avons permis et luy permettons de tenir escole pour les garçons seulement, autant que faire se pourra; l'avons establi et establissons régent dans ladite paroisse de Saint-Loubès; consentons qu'il retire les émolumens et rétributions ordinaires. A cet effet, exhortons ledit s^r G^me Boué de s'acquitter avec piété et exactitude de sadite fonction, d'enseigner principalement la religion aux enfans quy lui seront confiez et de vivre luy-mesme avec édification et bon exemple, pour mériter d'estre continué par nous dans ledit employ ; les présentes valables pour un an seulement. Donné à Bordeaux le 7 déc. 1758. Basterot, v. g.; Boudin, v. g. » — D'après un certificat du curé, Boué enseignait encore en 1779. — Arch. Dioc., U 2.

— Requête, s. d. (vers 1779) : « Les soussignés, habitans et bien-tenans de la paroisse de Saint-Loubès, ont l'honneur de vous (à l'autorité diocésaine) représenter que le régent de ladite paroisse est décédé depuis peu de jours. Comme la paroisse est fort estendue et qu'il y a un nombre considérable d'enfans qui sont en souffrance, le zèle qui nous anime pour les faire instruire nous a fait jeter les yeux sur la personne d'Antoine Memain... » — *Ibid.*

— 1780. Giron Riet, m° d'éc. — De Comet, *l. c.*

— 1782. Ét. Leroy, m° de pension. — *Ibid.*

— 1786. M^lle Boué, régente. — *Ibid.*

— 1788. Legros, m° d'éc. — *Ibid.*

— Av. 1789. Lehaut, m° d'éc. — *Ibid.*

LOUPES. — 1766. Néant. — Arch. Dioc., L 13.

LOUPIAC (de Cadillac). — 1765. « Il y a un m° d'éc., nommé

Antoine Lachapelle... Il est approuvé et a soin de faire renouveller son approbation. On rend bon témoignage de sa capacité, de son assiduité et de ses mœurs. Il n'a point de gages. — Il n'y a point de maîtresse pour les filles. Le m⁰ d'éc. a soin d'envoyer les enfans à la messe. » — Arch. Dioc., L 9.

LUDON. — 1612. « Le curé enseigne la jeunesse. » — Arch. Dioc., L 2.

— 1754. « Pas de m⁰ et de m^lle *gagés.* » — *Ibid.*, L 18.

LUGON et L'ISLE-DE-CARNEY. — 1755, à *l'Isle-de-Carney*, néant. — Arch. Dioc., L 16.

LUSSAC. — 1626. Lettre du curé : « Il s'est retiré un régent en ce bourg qui s'appelle Claude Damas, lequel demuroit auparauant à la Roche-Chalais, où il va encore souuent. Je ne sçay si c'est pour faire la cène, car il n'est point déuot ny fréquente aux offices diuins. Trois dimanches sont passés sans que j[e l]'y aye veu. Mesme le jour de Saint Surin, les escholiers n'y vindrent point, quoyqu'ils soyent près de l'Eglize où je dis tous les jours messe, et quand j'ay voulu prendre connoissance de sa doctrine, il m'a rebuté. » — Arch. Dioc., C 8.

— 1691. « M. le Curé a assuré que les escholes estoient occupées par des gens de bonnes mœurs. » — *Ibid.*, L 6.

— 1739. Néant. — *Ibid.*, L 14.

— 1771. Gages du régent, 100 l. — Arch. Gir., C 3099.

— 1789. Avant cette année, il y avait un m⁰ d'éc. à qui la communauté assurait 100 l. annuellement. Elle les refusa à son successeur le s⁰ Ratteau. Les opposants ajoutaient qu'il « étoit bien le maître d'exercer ses talens dans la paroisse, s'il trouvoit suffisantes les rétributions qu'il tiroit de ses écoliers ». — *Ibid.*, C 339.

MACAIRE (SAINT-) (1). — Nous lisons dans dans un mémoire des officiers municipaux, daté de 1763 : « On sçait par tradition qu'il

---

(1) Tous les renseignements tirés des Arch. Mp. de Saint-Macaire m'ont été communiqués par M. Ducaunnès-Duval.

y a toujours eu, dans la ville de Saint-Macaire, un collège, et principalement du temps que les Bénédictins y estoient establis. » — Arch. Mp. de Saint-Macaire.

— 1537. « Mᵉ Guillaume Columella, régent ès escholes de Sainct-Macaire. » — Arch. Gir., E. Minutes de Ducluzeau (1).

— 1589. Les Jésuites ont deux classes de grammaire à Saint-Macaire. — *Ibid.*, H, Jésuites.

— 1607. Fondation du monastère des Ursulines. — Arch. Dioc., R 5.

— 1612. Ordonnance du cardinal de Sourdis, unissant au petit collège des Jésuites de Saint-Macaire deux chapellenies, « jugeans, dit le prélat, que l'establissement dudict collège de ladicte ville de Sainct-Macaire est très utile et nécessaire pour l'instruction de la jeunesse et désirans gratifier autant qu'il nous est possible nos bien aymés enfans, lesdits jurats et habitans dudict Sainct-Macaire. » — *Ibid.*, Q 19.

— 1615. Transaction entre les jurats et les Jésuites, homologuée par lettres patentes de Louis XIII, données à Bordeaux le 4 novembre. — Arch. Mp. de Saint-Macaire. — Les registres de collations de l'Archevêché nous ont conservé l'homologation par François de Sourdis du même contrat. Le petit collège devait avoir trois classes, dont une « de lire et escrire » (addition de la main du cardinal). — *Ibid.*, P 14.

— 1665. Jean Dusuchal, « maistre d'eschole de la ville de Saint-Macaire »; Perrétan, mᵉ écrivain de la ville de Saint-Macaire. — *Ibid.*, X 7.

— Av. 1749. Malenon, régent de Saint-Macaire. — Arch. Gir., C 3076.

— 1749. Requête de quelques notables, demandant la suppression des appointements du sʳ Peyrinaud, régent écrivain et arithméticien. Ils prétendaient que l'approbation des jurats avait été obtenue par surprise et sur des exemples « très bien peints » qui n'étaient pas de la main de Peyrinaud. Ils se déclaraient « persuadez de l'ignorance dudit Peyrinaud, parce qu'il ne sçait point escrire ou du moins très médiocrement, sçachant à peine les premiers principes de l'arithmé-

---

(1) Rens. comm. par M. Roborel de Climens.

tique et d'ailleurs très peu attentif à instruire ses escoliers, dont il est payé grassement ». Le procureur-syndic, qui a signé la requête, y joint une lettre où il affirme que « les Jésuites pensionnent un régent, comme ils y sont obligez, qui est en estat et suffiroit seul, à cause de la petitesse du lieu, d'en élever la jeunesse ». Le commissaire de l'Intendant dit, au contraire, avoir d'excellents renseignements sur le régent en question et conclut au rejet de la requête de ses adversaires : « les jurats prouvent, par des raisons lumineuses, que cette imposition [de gages] est avantageuse au public, parce qu'elle diminue d'autant la rétribution de ses écoliers et cela soulage les pauvres. » — *Ibid.*

— 1750. Une nouvelle lettre du commissaire de l'Intendant nous fait connaître que les jurats voulaient substituer au régent dont il est parlé ci-dessus, le nommé Carrère qui avait précédemment enseigné à Castets et à Langon et qui n'était pas plus savant que lui. Il faut maintenir l'allocation attribuée au régent municipal. La supprimer serait « contre le bien public et l'utilité des pauvres ». — *Ibid.*, C 3078.

— 1751. Carrère, régent latin de Saint-Macaire, réclame ses appointements (150 l.). « Aïant esté appelé en ladite ville de Saint-Macaire pour y occuper la place de régent et enseigner aux enfans de la ville, non seulement à lire et à escrire, mais encore les principes de la langue latine, en conséquence le suppliant fut receu et installé, le mois de juillet dernier, par les sieurs jurats d'icelle, aprez les examens en pareil cas requis. » Sa démarche est appuyée par les jurats qui pressent l'Intendant d'empêcher « le malheur public qui en résulteroit pour nostre ville, si nous venions à perdre un si bon sujet ». — En marge de la requête on lit cette note : « A voir, attendu qu'il y a déjà un autre régent, nommé Peyrinaud, qui a pareillement demandé le payement de ses gages. » — D'après une lettre du collecteur, le refus opposé à Peyrinaud provient de ce qu' « il y a près de deux ans qu'il a esté abandonné de ses écoliers pour son peu de capacité, les parens préférant les laisser dans l'inaction que de leur laisser prendre de mauvais principes ». — *Ibid.*, C 1699.

— 1759. Nabot, m° écrivain et régent latiniste. — Arch. Mp. Saint-Macaire, BB 3.

— 1760. Les jésuites donnent 150 l. par an au régent laïque pour les enfans ou abécédaires. — Arch. Dioc., R 4.

— 1765. Un m^e, Jean Nabot; bons renseignements; ses gages sont de 200 l. donnés par la ville. — Il n'y a pas de maîtresse, mais les sœurs de l'hôpital et les Ursulines enseignent les filles. — *Ibid.*, L 9.

— 1768. Lafargue, régent. — *Ibid.*

— 1769. Nabot enseigne encore et est qualifié d' « humaniste au collège de Saint-Macaire ». — Arch. Mp. Saint-Macaire, GG 19.

— 1770. Gages du régent, 170 l. — Arch. Gir., C 2670.

— 1772. « Il y a icy plusieurs filles d'un certain âge et de bonnes mœurs qui enseignent à lire les petites filles. Elles ne reçoivent pas de garçons. — Il n'y a qu'un seul m^e écrivain gagé de la ville qui fasse renouveller ses lettres (d'approbation). Les autres ont jusqu'ici enseigné du consentement tacite du curé. » — Arch. Dioc., D 16.

— 1777. Jacques Duminil, régent des classes de français. — Arch. Mp. Saint-Macaire, GG 24.

— 1780. « Ferdinand-Maximilien-Mériadec,... etc. — Vu le certificat des sieurs maire et jurats de Saint-Macaire en notre diocèse, Nous estant bien informés des bonnes vie et mœurs du nommé Aubin Roux, habitant de ladite ville de Saint-Macaire, de sa piété, capacité, expérience et de la profession qu'il fait de la relig. cath., apost. et rom., nous lui avons permis et permettons par ces présentes de tenir les petites escoles de la paroisse de Saint-Macaire, à la charge de se conformer aux dispositions de notre ordonnance de l'autre part; l'exhortons à joindre les meilleurs exemples aux plus saines instructions; les présentes valables pour un an seulement. Donné à Bordeaux..... le 23^e jour du mois d'octobre 1780. Leberthon, v. g. — Par Son Altesse, Joly, secr. » (Formule imprimée. Au dos, l'ordonnance de 1772 sur les petites écoles.) — Arch. Dioc., U 2.

— Le registre B B 8 des Arch. Mp. de Saint-Macaire mentionne, après 1765, la nomination du s^r Aubespin comme régent de Saint-Macaire. Je ne retrouve pas dans mes notes la date exacte.

MACAU. — 1611. Un régent. — Arch. Dioc., L 2.

— 1643. Le s^r Galeteau, prêtre, enseigne les enfants. — *Ibid.*, C 7.

— 1712. Jean Gasq, m^e d'éc. — Arch. Gir., B. Procès non classés (1).

(1) Renseign. comm. par M. Roborel de Climens.

— 1734. Un m⁰ approuvé, Mathurin Lemer; bons renseignements. 150 l. de gages de la paroisse. — Arch. Dioc., L 18.

— 1737. Les habitants de Macau, mécontents de la conduite de Lemer, demandent à l'Archevêque d'approuver à sa place le s⁰ Dantomas. A leur requête est joint le procès-verbal d'une assemblée des paroissiens dans lequel ils exposent leurs griefs contre le régent qui, sans apprendre grand'chose aux enfants, demandait jusqu'à 40 s. de rétribution. « Chaque jour, il s'offre des personnes plus capables que ledit Lemer pour l'écriture, l'arithmétique et la lecture dans les titres, qui sont de bonnes vie et mœurs, d'une probité reconnue, qui offrent d'exercer la fonction de régent, moyennant la rétribution ordinaire qu'on donne, par mois, pour chaque écolier. Rien n'est plus avantageux auxdits habitans que ces offres. Il y a toujours eu à Macau de pareilles personnes qui ont toujours rempli leur devoir à la satisfaction du public et fait de très bons écoliers. » — Dans une autre requête, ils disent que Lemer avait des écoliers, non seulement de Macau, mais des paroisses voisines. — Arch. Gir., C 3293.

— 1742. Les habitants de Macau demandent la suppression des gages de 150 l. accordés à leur régent. — *Ibid.*

— 1744. Suite de la même affaire. Il résulte des dossiers que Lemer avait été approuvé par l'archevêque en 1741 et que l'Intendant Boucher lui avait accordé 400 l. de gages. Il y renonça en 1742, puis il les réclama de nouveau. Les lettres du curé de Macau montrent qu'il tenait beaucoup à ce qu'il y eût, dans sa paroisse, un régent pourvu d'appointements fixes, afin qu'il fût en état d'instruire gratuitement les pauvres. — *Ibid.*, C 368.

MADIRAC. — 1766. Néant. — Arch. Dioc., L 13.

MAGNE (SAINT-), de Belin. — 1691. Néant. — Arch. Dioc., L 6.

MAGNE (SAINT-), de Castillon. — 1704. Un régent. — Arch. Gir., C 3089.

— 1739. Un m⁰ approuvé, N. Doucillin; bons renseignements; 50 écus de gages; école mixte. — Arch. Dioc., L 14.

— 1770-71. Gages du régent : 150 l. — Arch. Gir., C 2670, 3099.

— 1777. [Supplient les habitants et bien-tenants de Saint-Magne,

« disans que depuis un très grand nombre d'années, ils sont en possession d'avoir un m⁰ d'éc. résidant dans la paroisse, pour apprendre aux enfans d'icelle à lire, escrire et chiffrer, et afin qu'il y en ait constamment un, et un sujet tel qu'il le faut pour une place de cette importance, il a toujours été accordé par MM. les Intendans de Bordeaux, sur la taille, une retenue de 150 l. pour estre distribuée, chaque année, au m⁰ d'école ». Ils demandent l'approbation pour D. Cazala. — Ordonnance conforme. — Arch. Dioc., U 2.

— 1778. Ordre au collecteur de payer les gages du régent. — Arch. Gir., C 300.

— 1778. Fr. Duvergier, m⁰ d'éc. à Saint-Magne. — *Ibid.*, B. Procès non classés (1).

— 1782. D. Laforgue, m⁰ d'éc. habitant la paroisse de Saint-Magne. — Arch. Dioc., O 29.

MAIXANT (SAINT-). — 1765. Néant. — Arch. Dioc., L 9.

— 1785. Jean Charriaud, m⁰ d'éc. approuvé ; bons renseignements ; sans gages. — *Ibid.*

MARANSIN. — 1755. Un m⁰, non approuvé, A. Memin ; bons renseignements, « sauf qu'il aime un peu trop le vin »; sans gages. École mixte. — Dans l'ordonnance consécutive à la visite : « Ordonnons qu'A. Memin, m⁰ d'escole de ladite paroisse, se présentera par devant nous, pour estre examiné et continué dans son employ ou pour estre destitué, selon que nous le jugerons à propos. » — Arch. Dioc., L 15.

MARCAMPS. — Cf. *Prignac.*

MARCENAIS. — 1755. Néant. — Arch. Dioc., L 16

— 1784. Jean Gontier le jeune, « précepteur ». — *Ibid.*, O 29.

MARCILLAC. — 1611. « Seront exhortez les paroissiens d'entretenir en ladite paroisse quelque honneste homme pour instruire la jeunesse. » — Arch. Dioc., L 2.

(1) Rens. comm. par M. Roborel de Climens.

— 1691. « Nous estant informé de la capacité, vie et mœurs de Vincent Roux, maistre d'escole estably dans ladite paroisse, on nous auroit assuré qu'il s'en acquittoit assez bien, selon sa capacité. » — *Ibid.*, L 10.

— 1753. « Il y a un m⁰ d'éc., nommé Chiché, ni approuvé, ni gagé; il se comporte bien; tient escole pour garçons et filles dans deux chambres différentes. » — *Ibid.*

MARGAUX. — 1734. « Deux m¹ˢ d'éc.; P. Vuidau et J. Guiraud; ils sont tolérés; assés de bonnes mœurs. — Une m⁰ˢˢ pour les filles. On souhaiterait beaucoup que les filles fussent uniquement chez elle. Elle instruit bien. » — Arch. Dioc., L 18.

— 1773. Requête d'A. Mottet, régent, depuis trente ans, dans les paroisses de Margaux et de Cantenac. Il demande à l'Archevêque d'interdire au sʳ Videau, tonnelier, d'enseigner en concurrence avec lui. Il dit que ses rétributions sont de 10, 12, 16 et au plus 20 s. par mois. — *Ibid.*, U 2.

MARIENS (SAINT-). — 1618. « Sur les interrogats faicts au curé, a dict qu'il faict le catéchisme et qu'il y a un régent pour le faire. » — Arch. Dioc., M 4.

— 1754. « Il n'y a pas de mᵉ ni de mᵉˢˢ d'école *en titre*. Il y en a un qui en fait l'office sans autre rétribution que 5 à 10 s. par escolier. Il est approuvé du curé. Il se nomme Métayer; capable, assidu, de bonnes mœurs. » — *Ibid.*, L 11.

MARQUE (LA). — 1734. Un mᵉ, T. Doumens; assez bons renseignements; « peint assez bien, habite Cussac; n'a pas d'autre approbation que le consentement que le curé luy a donné d'instruire quelques enfans de la paroisse. Pour les gages, il n'en a point de fixes; les parens des enfans le payent par mois à proportion de leur capacité. » — Une mᵐᵉ, Jⁿᵉ Quédon; bons renseignements; « gages comme cy-dessus »; il y a dans cette école quelques petits garçons. — Arch. Dioc., L 18.

MARSAS. — 1754. Néant. — Arch. Dioc., L 11.

Martin-de-la-Caussade (Saint-). — 1611, 1634. Néant. — Arch. Dioc., L 2, 4.

— 1743. « Il y a un m⁰ d'éc. approuvé par nous (le curé), officier de nostre église, nommé Jacques Normand, capable, assidu et de bonnes mœurs; non gagé; il retire ce qu'il peut pour ses soins et peines pour l'éducation des enfans qu'il enseigne. Il a soin de leur faire dire le catéchisme tous les jours, et [ils] sont exacts à assister à l'instruction et aux offices de messe et vespres. » — *Ibid.*, L 10.

Martin-de-Laye (Saint-). — 1755. Néant. — Arch. Dioc., L 16.

Martin-de-Lerm (Saint-). — Cf. *Mesterrieu*.

Martin-du-Bois (Saint-). — 1728. Ordonnance pour les gages du régent. — Arch. Gir., C 3089.

— 1744. Gages du régent, 150 l. — *Ibid.*

— 1755. Un m⁰, nommé Naudon, approuvé par l'Intendant, « fort capable pour apprendre aux enfans à prier Dieu, lecture, écriture, chiffres et le catéchisme. 50 écus de gages sur la taille de la paroisse ». — Dans l'ordonnance consécutive à la visite : « Ordonnons que le sʳ Naudon, m⁰ d'escole de ladite paroisse, se présentera par devant nous, pour estre examiné et continué dans son employ ou pour estre destitué, selon que nous le jugerons à propos. » — Arch. Dioc., L 16.

— 1764. Lettre du subdélégué de Libourne concernant le régent Blanchard. Les habitants en étaient mécontents et s'opposaient à ce qu'un nouveau régent fût nommé. « Je crois, dit le subdélégué, qu'un régent ne seroit pas inutile dans cette paroisse. Il y en a eu depuis longtems. » Il conseille de permettre à Blanchard de continuer ses fonctions jusqu'à ce qu'il se soit pourvu de lettres d'approbation de l'Archevêque. — Arch. Gir., C 325.

Martin-du-Puy (Saint-). — Cf. *Mesterrieu*.

Massugas. — Avant 1744, il y avait un régent gagé; cette année-là, l'imposition fut supprimée. — Arch. Gir., C 3089.

Mazion. — 1634. Néant. — Arch. Dioc., L 4.

— 1753. « Un m⁰ qui instruit les garçons et les filles et fait bien son devoir. » — *Ibid.*, L 10.

Médard-en-Jalles (Saint-). — 1612. Néant. — Arch. Dioc., L 2.

— 1734. « Il y a un régent ou m⁰ d'escole, nommé Jean Lalague. Il n'a d'autre salaire que la rétribution des pères et mères pour l'instruction de leurs enfans. Il est très exact aux choses qui regardent son devoir. » — *Ibid.*, L 18.

Mérignac. — 1678. M⁰ Antoine Delisle, régent. — Arch. Dioc., Q 28.

— 1787. Deux m⁰ˢ, non approuvés, P. Videau et J. Gautier ; bons renseignements ; sans gages. — Ordonnance de visite : « Les deux m⁰ˢ d'éc. se pourvoiront incessamment par devers nous pour estre approuvés, sous peine d'interdiction. » — *Ibid.*, L 18 ; Arch. Gir., G 20.

— 1788. « J'ai l'honneur de certifier à MM. les vic. gén. que J. Gautier, m⁰ d'éc. approuvé pour ma paroisse, est de bonnes vie et mœurs et qu'il est exact à enseigner le catéchisme à ses écoliers... Narbonne, curé. » — Arch. Dioc., U 2.

Mesterrieu. — Av. 1744, on imposait 150 l. pour un régent attribué aux paroisses de Mesterrieu, Neuffons, Rimons, Saint-Martin-de-Lerm, Landerrouat. Imposition supprimée en 1744. — Arch. Gir., C 3089.

Michel-de-Rieufret (Saint-). — 1691, 1736. Néant. — Arch. Dioc., L 6, 12.

Mios. — 1646. Un régent. — Arch. Dioc., E 4.
— 1731, 1789. Néant. — *Ibid.*, L 17.

Mombrier. — 1754. « Un m⁰ approuvé du curé, nommé P. Martin ; il sait lire, écrire et chiffrer » ; assez bons renseignements ; sans gages. — Ordonnance de visite : « Le m⁰ d'éc. se pourvoira par devant

Mgr l'Archevêque aux fins d'un titre pour tenir école. » — Arch. Dioc., L 11.

— 1788. Robin le Borgne, régent. Rens. comm. par M. Maufras (1).

MONPRIMBLANC. — 1765. Néant. — Arch. Dioc., L 9.

MONSÉGUR (2). — 1613. A. Déjaulbain, mᵉ écriv., reçoit des lettres de bourgeoisie. (Archu. *Priviléges de Monségur.* Sauveterre, 1876, in-8°, p. 59.)

— 1636. P. Bentéjac, régent. — *Ibid.*

— 1724. Ordonnance pour les gages du régent. — Archiv. Gir., C 3089.

— 1744. Le régent latin est payé sur les revenus municipaux, 150 l. — *Ibid.*

— 1752, 1771. Gages du régent, 150 l. — *Ibid.*, C 3075, 3095.

---

(1) M. Maufras, propriétaire du château de Beaulieu, près de Bourg, a bien voulu transcrire à mon intention les deux passages suivants d'un *Livre de Raison* conservé dans ses papiers de famille : « Le 21 novembre 1767 est entré en pantion chez M. Cassaigne-Tayac, prieur de Mombrier, sʳ Pierre Robert, mon neveu, pour estudier le latin. L'ayant mené chez le dit sʳ prieur et ne l'ayant trouvé, je l'ay laissé avec un petit écrit en ces termes : « Monsieur, je vous laisse une jeune plante, » je vous prie de la cultiver, ne doutant que si elle profite de votre culture, elle ne » produize que de très bons fruits. » La pantion est à 230 l. » — « En 1788, mon père me plaça à Bordeaux, chez M. Peychaud, procureur du sénéchal de Guienne, tant pour m'acheminer à l'état de notaire que j'estois destiné d'embrasser que pour me dégourdir et me faire connoître l'uzage du monde. J'en avois grand besoin, n'ayant encore jamais sorti de la maison paternelle, ayant pour tout maître, *Robin le Borgne, régent à Mombrier*, où il me falloit aller tous les jours, pour apprendre à lire, écrire et chiffrer, comme il le savoit lui même. » Je prie mon obligeant et laborieux ami, M. Maufras, d'agréer tous mes remerciements pour son intéressante communication.

(2) En 1808, le maire de Monségur réclamait un petit collège pour cette ville qui faisait, en 1791, à son régent latin les conditions suivantes : 800 l. d'appointements, le logement et 6 l. par mois de rétribution scolaire. « C'est, écrivait-il, aux soins qu'avait la communauté de faciliter aux pères et mères le moyen de faire faire de bonnes études à leurs enfants, qu'à l'époque de la Révolution et lors de la création des administrations publiques et des nouveaux tribunaux, la commune de Monségur dut l'avantage de fournir un grand nombre d'administrateurs et de juges qui se sont fait remarquer par le mérite le plus distingué... Aujourd'hui on a le malheur de voir cette jeunesse croupir dans l'ignorance, ne pouvant pour ainsi dire être d'aucune utilité à l'État et à la société... » (Archu, p. xii.)

— 1758. « Monségur a, depuis un an, deux religieuses hospitalières de Nevers, qui sont chargées de l'hospital et de l'éducation des jeunes filles. » — *Ibid.*, C 3097. — Dès 1737 la jurade de Monségur avait décidé, par une délibération unanime, d'appeler deux religieuses de l'hôpital de Bergerac pour leur confier l'emploi de maîtresses d'école. Mon savant confrère, M. l'abbé S. Léglise, a publié le procès-verbal de cette assemblée dans la *Revue Catholique de Bordeaux*, 1889, p. 586-588.

MONTAGNE. — 1623. Néant. — Arch. Dioc., L 3.

— 1691. « Les sieurs curé et vicaire nous ont asseuré que les escholes estoient pourueues de personnes dont les mœurs estoient irréprochables. » — *Ibid.*, L 6.

MONTIGNAC. — 1765. Néant. — Arch. Dioc., L 9

MORILLON (SAINT-). — 1691, 1736. Néant. — Arch. Dioc., L 6, 12.

MOUILLAC. — 1755. Néant. — Arch. Dioc., L 16.

MOULIS. — 1734. Néant. — Arch. Dioc., L 18.

MOULON. — 1610. « Nous a dict le curé de Moulon que le régent du dict Moulon n'a faict profession de foy devant M. le vic. gén. » — Arch. Dioc., H 3.

— 1618. Le curé afferme et accense à M$^{es}$ Raymond Chicoit, notaire royal, et Hélies Lattes, régent, habitants de la paroisse de Moulon, la moitié de ses fruits décimaux, etc. — Arch. Gir., E. Minutes de Subercaze (1).

— 1755. Jean Monturon, régent de Moulon. — Arch. Dioc., Q 37.

MOURENS ET MONTPEZAT. — 1629. Jehan Hardouin, régent. — Arch. Gir., E 540 (2).

— 1765. Un m$^e$, J. Charrier; bons renseignements; sans gages. — Pas de m$^{sse}$, « les filles sont enseignées dans une escole séparée ». — Arch. Dioc., L 9.

(1-2) Rens. comm. par M. Roborel de Climens.

— 1790, janvier. « Nous, officiers municipaux, sindic et principaux habitans de la paroisse et communauté de Mourens, soussignés, certifions (pour concourir à avoir des lettres et privillège de régence pour l'éducation de la jeunesse de la paroisse et de son arrondissement, soit pour apprendre à lire, escrire et les principes de l'arithmétique et pour les vie et mœurs des enfans) que le sieur Arnaud-René Ducourt, nôtre paroissien, est suffisant et capable de régenter pour les besoins et l'éducation des enfans, ayant par devers lui les talens requis, étant de très bonnes vie et mœurs, exerçant la religion catholique, apostolique et romaine. En foi de quoi nous avons signé à Mourens, le 6 janvier 1790. » (13 signatures.) — « Je soussigné, curé de la paroisse Saint-Martin de Mourens, certifie à MM. les vic. gén. de Bordeaux que s' Arnaud Decourt qui désire avoir une école dans ma susdite paroisse est irréprochable dans les œuvres et dans la doctrine, qu'il appartient à une très honnête famille de ce pays, que par l'éducation qu'il en a reçue il est plus qu'en état de diriger celle des enfans de ma paroisse : que ce n'est que pour secourir ses parents qu'il se dévoue à l'instruction publique ; qu'il est digne enfin d'être secondé dans ce dessein aussi louable en lui-même que par le motif qu'il se propose. Giraudet, curé. » — Accordé par M. de la Porte, vic. gén. — *Ibid.*, U 2.

NEUFFONS. — Cf. *Mesterrieu*.

NOAILLAN. — 1691, 1736. Néant. — Arch. Dioc., L 12.

OMET. — 1765. Néant. — Arch. Dioc., L 9.

ORIGNE. — 1691, 1788. Néant. — Arch. Dioc., L 12.

PAILLET. — 1765. Deux maîtres non approuvés ; « l'un, P. Larrouy, est désiré par toute la paroisse » ; bons renseignements ; sans gages. — Deux maîtresses dont « l'une, Véronique Roule, fait ses fonctions par un motif de charité ». Garçons et filles instruits dans des écoles distinctes. — Arch. Dioc., L 9.

— 1779. École de Paillet mentionnée. — Arch. Mp. de Rions, BB 4 (1).

(1) Rens. comm. par M. Ducaunnès-Duval.

Palais-de-la-Lande (Saint-). — 1611. Néant. — Arch. Dioc., L 2.

— 1634. « N'y a escole, mais le curé enseigne la jeunesse. » — *Ibid.*, L 4.

— 1691. « Nous estant informé de la capacité, vie et mœurs de Jean Lauze, m⁰ d'escolle estably dans ladite paroisse, on nous auroit assuré qu'il s'en acquitte bien. » — *Ibid.*, L 10.

— 1743. Néant. — *Ibid.*

— 1753. Pas de m⁰ d'école « en titre ». — *Ibid.*

Parempuyre. — 1753. Néant. — Arch. Dioc., L 18.

Parsac. — 1789. Réquisition du procureur d'office de la juridiction de Parsac tendant à empêcher d'enseigner le sieur Saint-André qui s'ingérait de tenir école sans l'agrément du curé et l'autorisation de l'Archevêque. — Arch. Gir., B. Juridict. seigneuriales, Parsac (1).

Pauillac. — 1737. Un m⁰, « de mauvais exemple »; une maîtresse pour les filles. — Arch. Dioc., L 16.

S. d. (XVIII⁰ s.) École mixte dirigée successivement par les sieurs Duc et Dumas; rétributions : 1 l. pour lire; 1 l. 10 s. pour lire et écrire; 2 l. pour lire, écrire et chiffrer. — Renseignements comm. à M. Maggiolo.

— 1789. « Jean Gaborit, régent du bourg de Pauillac où il demeure. » — Arch. Dioc., O 30.

Paul (Saint-). — 1611. « Il y a un homme en la paroisse qui enseigne à lire les enfans. » — Arch. Dioc., L 2.

— 1634. Néant. — *Ibid.*, L 4.

— Ap. 1637. G⁰ᵉ Poistevin. — Cf. *Eyrans.*

— 1753. « Il y a un m⁰ approuvé, dont on est content. » — Arch. Dioc., L 10.

Peintures (Les) — (Cette commune était avant la Révolution une annexe de Coutras.) 1765. Néant. — Arch. Dioc., L 16.

---

(1) Rens. comm. par M. Ducaunnès-Duval.

Pellegrue. — 1726. Gilbert Baubier, précepteur de Pellegrue, témoin du testament d'Anne de Puch d'Estrac. — Rens. provenant d'Arch. privées, comm. par M. Leo Drouyn.

— 1744. 150 l. de gages à Jean Ruffe, régent. — Arch. Gir., C 3009.

— 1752. Gages du régent, 150 l. — *Ibid.*, C 3075.

— 1758. « Le consul de Pellegrue qui est régent en mesme tems est, pour le moins, fauteur des hérétiques... Cet homme a refusé constamment de donner le nom des enfans protestans qu'il a dans son école, malgré tout ce que le curé lui a dit. » — *Ibid.*, C 392.

— 1758. Plainte du curé contre Ruffe, régent, à cause de sa négligence au point de vue de l'instruction religieuse. « C'est un garçon seul, âgé de cinquante ans; il s'est enrichi dans son escole qui est très nombreuse; il est aujourd'hui premier consul de Pellegrue. » — *Ibid.*, C 1700.

— 1758. (Minutes d'une ordonnance de l'Intendant) : « Il est ordonné au régent de Pellegrue de donner à M. le curé de la paroisse l'estat du nombre des enfans qu'il a dans son escole et de les mener exactement à l'église et aux instructions, à peine de désobéissance. » — *Ibid.*, C 392.

— 1758. A Pellegrue le régent est « assez propre; il s'estoit relasché sur les devoirs de son estat; il en a été repris et paroist mieux se comporter ». — *Ibid.*, C 3097.

— 1770-71, 76, 78. Gages du régent, 150 l. — *Ibid.*, C 996, 1020, 3070, 3095.

Pessac. — 1750, 6 janv. Acte capitulaire des habitants de cette paroisse concernant une imposition de 150 l. pour un régent. — Arch. Gir. E. Minutes de Collignan (1).

— 1751. « Il y a un m⁰ d'éc. C'est M. le vicaire qui l'est actuellement. La paroisse impose tous les ans 150 l. pour le m⁰ d'éc., les 50 écus que le curé primitif (2) donne n'estant pas suffisans pour sa

---

(1) Rens. comm. par M. Roborel de Climens.

(2) Pessac était une simple vicairie perpétuelle. Le prieur de Bardenac qui percevait les dîmes en était le curé primitif. Le prieuré de Bardenac était uni au collège des Jésuites de Bordeaux. Jouissant des revenus, ils devaient supporter les charges; ils donnaient donc au vicaire amovible les 50 écus dont il est ici question.

subsistance (du vicaire). A la vérité, ce mestier ennuye un vicaire. » — Arch. Dioc., L 12.

— 1751. De Noyers, régent. L'Intendant rend en sa faveur une ordonnance de gages de 150 l. motivée sur la nécessité d'un m˚ d'éc. dans cette paroisse qui est « aisée » et considérable et qui a un très grand nombre d'enfants qui, au lieu « d'estre employez à lire et à escrire et surtout à estre instruits des premiers élémens de la religion, demeurent oisifs et livrés au jeu et au libertinage ». — Arch. Gir., C 3076.

— 1770. Gages du régent, 150 l. — *Ibid.*, C 2670.

PETIT-PALAIS ET CORNEMPS. — Néant. — Arch. Dioc., L 14.

PEUJARD. — 1754. Deux m˚˚ volontaires, sans gages. P. Soulinat et N. Marces. — Arch. Dioc., L 11.

PEY-D'ARMENS (SAINT-). — 1759. Néant. — Arch. Dioc., L 14.
— 1786. Jean Diez, m˚ d'éc. Le curé donne les meilleurs renseignements sur son compte et demande pour lui des lettres d'approbation qui sont immédiatement accordées. — *Ibid.*, U 2.

PEY-DE-CASTETS (SAINT-). — 1769. Requête de la communauté aux fins d'obtenir l'autorisation de s'imposer de 120 l. en faveur de F. Bouyer, régent établi dans la paroisse dont il instruit les enfants, « au gré et à la satisfaction de tous les habitans ». Ladite allocation avait été précédemment accordée au régent Mallenon qui a pris parti ailleurs. La requête appuyée par le subdélégué porte 13 signatures dont la première est celle du curé. — Arch. Gir., C 2670.

— 1776. Nouvelle requête aux fins d'imposition pour le régent. Elle est rejetée par l'Intendant, « attendu que ledit régent doit se contenter des rétributions des enfans qui sont confiés à ses soins ». L'avis du subdélégué m'induit à penser que la décision négative de l'Intendant était surtout motivée par l'omission de certaines formalités nécessaires : « Quoique, dit-il, cette requête soit signée des principaux habitans de la paroisse de Saint-Pey-de-Castets, je ne crois pas que cela soit suffisant; il conviendroit qu'il y eût un acte capitulaire, parce que les paysans, qui sont les personnes [les] plus intéressées et qui forment la majeure partie, délibéreroient si le régent dont il s'agit leur convient ou disconvient. Indépendamment de ce, je serois d'avis qu'on joignît à cet acte capitulaire les lettres *de regendo* de M. l'évêque de Bazas; c'est sur quoy me paroit devoir rouler l'ordonnance qui doit estre rendue. Si tous ces objets sont remplis, je ne vois pas d'inconvénient d'ordonner l'imposition de la somme de 100 l. *Volenti non fit injuria.* — Libourne, 12 fév. 1776. — Bulle. » — *Ibid.*, C 336.

PHILIPPE-D'AIGUILLE (SAINT-). — 1739. Pas de m° « gagé ». — Arch. Dioc., L 14.

PIAN (LE), près Blanquefort. — 1734. Néant. — Arch. Dioc., L 18.

PIAN (LE), près Saint-Macaire. — 1765. « Un m° d'éc. non approuvé, dans le bourg; un autre dans le haut Pian, le nommé Marquette cadet, qui n'a pas fait renouveller sa permission depuis deux ans, très bon sujet; sans gages. » On demande à l'Archevêque de lui continuer l'autorisation d'enseigner. — Arch. Dioc., L 9.

PIERRE-D'AURILLAC (SAINT-). — 1755. Deux régents en concurrence, Boisgrard et Branlat, demandent l'un et l'autre l'autorisation de tenir école publique. — Arch. Gir., C 1699.

PIERRE-DE-BAT (SAINT-). — 1617. « Antoine Bauzay, régent. On nous a dict qu'il enseignoit la créance aux enfans, n'y en ayant aucun en sa charge qui [fût] capable de plus haulte leçon. » — Arch. Dioc., L 3.

— 1765. « Un m°, P. Chauveaux, capable et assidu, d'une piété exemplaire, non gagé. — Pas de maîtresse. » — *Ibid.*, L 9.

— 1774. Défense à Porcheron, régent non autorisé, de tenir école. — Arch. Gir., C 22.

— 1774. Requête de Cougouillac, régent approuvé, contre ce concurrent. — Arch. Dioc., U 2.

PLASSAC. — 1612. Le vicaire de Montuzet enseigne. — Arch. Dioc., L 2.

— 1634. Néant. — *Ibid.*, L 4.

— 1742-1744. Jean Reynaud. — Arch. Glr., C 3294. —Cf. *Saint-Christoly*.

— 1753. Un maître d'école. — Arch. Dioc., L 10.

— 1783. « Quant au m⁰ d'école, dit le curé dans sa réponse au questionnaire de visite, j'en ay eu souvent que j'ay nourris, blanchis et couchés. A présent il y a une fille régente pour les petits enfans, approuvée par moi, qui a esté présentée à M. de Blancofort et à M. Ferbos [vicaires généraux], qui en ont fait tout le cas qu'elle mérite. Elle se confesse de deux mois en deux mois, [elle a] grand soin pour l'instruction de ses escoliers, pour la prière et le catéchisme. Elle s'entretient de son escole, n'ayant pas de bien. Elle pourroit mériter quelque gratification de M. l'Intendant... J'ay encore à représenter à Sa Grandeur qu'il y a une autre fille qui, de son autorité, s'ingère d'enseigner... » — *Ibid.*

PLENESELVE. — 1691. Néant. — Arch. Dioc., L 10.

PODENSAC. — 1645. Plaintes adressées aux vic. gén., le siège vacant, par « les bourgeois et habitans de Podensac soubsignez », contre leur m⁰ d'éc. et leur curé. Ils exposent « qu'il y a un grand nombre d'enfans dans ledict bourcq, lesquels faulte d'instruction, ignorent les principes de la foy et religion chrestienne qu'ils professent, n'y ayant personne qui fasse estat de les cathéziser ny instruire qu'un nommé Pierre Duhart, faizant profession de la religion prétendue réformée, jaçoit qu'il aye esté inhibé et deffendu audict Duhart par Monʳ l'archeuesque, d'heureuse mémoyre (H. de Sourdis), de s'immiscer à l'instruction de la junesse tant dudict lieu de Poudensac que d'ailheurs, à quoy tant lesdicts supplians que aultres bourgeois ou habitans dudict lieu ont tasché de pourueoir pluzieurs fois, ayant appelé, pour cest office, dans ledict lieu, diuers personnages et maistres d'escole catholiques, gens de probité et bonnes mœurs. Mais d'aultant que lesdicts personnages n'estoient poinct agréables à Mʳ Arnault Lacoste, curé dudict lieu, ilz ont esté si fort tourmentez et molestez qu'ils auroient esté contraincts d'abandonner ledict lieu et de laisser par ce moyen le soing qu'ils auoient de leur junesse, ce qui reuient au grand escandale du publicq et mespris de la foy et religion chrestienne... » [Ils se plaignent aussi de leur curé au point de vue du service paroissial.] Ils concluent en demandant aux vic. gén. de réitérer l'interdiction portée contre Duhart et de « pourueoir audict lieu de Poudensac d'un prestre suffisant et capable pour seruir en qualité de vicaire, comme ont eu feu M' Pierre Laplasse, viuant procureur fiscal de feu Mon⁶ʳ le Cardinal [de Sourdis], et feu M' Denis Darliguye, jadis curés... » Les ressources sont suffisantes, en raison des sept confréries de l'église et de « l'honneste reueneu de ladicte cure ». Le vicaire pourra, « sous le bon plaisir » des vic. gén., « instruire la junesse dudict lieu aux bonnes mœurs, piété et religion chrestienne, et lesdicts supplians et habitans payeront le salaire compétant, quant à ladicte instruction ». — Une autre pièce du dossier nous apprend que Duhart, outre sa charge de m⁰ d'éc., était « procureur d'office, juge et greffier. Bref, c'est une selle à tous cheuaux ». — Arch. Dioc., M 6.

— 1646. Les habitants de Podensac finirent par avoir le m⁰ d'éc. catholique qu'ils souhaitaient, comme en témoignage la pièce suivante : « Les vic. gén..., sur le bon rapport à nous faict de la personne de (1) Fisson, natif de ce diocèse, faisant profession d'instruire la junesse, nous luy auons permis de régenter et tenir escole dans le bourg de Sainct Vincent de Poudensac de ce dioceze, moyennant qu'il a promis et juré entre nos mains de bien et duement s'acquitter de sa charge et conduire ou faire conduire, les dimanches et festes de commandement, les enfans à l'église et leur enseigner et apprendre la doctrine chrestienne et petit catéchisme du P. Emond Augier, de la C¹ᵉ de Jésus, par cœur, sans aultrement leur expliquer, ny leur lire ny permettre qu'ils lisent ny tiennent aucun liure hérétique prohibé, et, en oultre, auoir soing qu'aux quatre festes solennelles pour le moins, à sçauoir Pasques, Pentecoste, la Tous Saincts et Noël, [ceux] qui sont soubs sa charge soyent confessez et ceux qui sont en aage communiez... » — Arch. Gir., G 14.

— 1691. Néant. — Arch. Dioc., L 12.

— 1738. « Il y a un maistre approuvé, B. Dubosq ; il enseigne avec assiduité à lire, écrire et chiffrer. Il est de bonnes mœurs. » Pas de gages fixes. — *Ibid.*

(1) Le prénom est resté en blanc au registre.

— 1752. Mercier, régent de Podensac depuis seize ans, demande à l'Intendant de lui attribuer les gages de 150 l., conformément aux Déclarations royales de 1698 et 1724. — Ordonnance de « soit communiqué à la paroisse assemblée ». — Arch. Gir., C 1699.

— 1775. Compétition entre deux m$^{es}$ d'éc. — Arch. Dioc., U 2.

POMMEROL. — 1772. Requête, appuyée par le curé, d'A. Ferrand demandant à être approuvé en qualité de régent de cette paroisse, pour la lecture, l'écriture, l'arithmétique et le catéchisme. — Accordé. — Arch. Dioc., D 23, U 2.

POMPIGNAC. — 1766. Néant. — Arch. Dioc., L 13.

PORCHÈRES. — 1751. Néant. — Arch. Dioc., L 16.

PORGE (LE). — 1734. Néant. — Arch. Dioc., L 17.

PORTETS. — 1632. « Il y a un régent qui enseigne la doctrine chrestienne. » — Arch. Dioc., L 1.

— 1691. « Nous aurions interpellé le s$^r$ curé, s'il y a maistre d'eschole de bonnes mœurs et estant approuué, éleuant la jeunesse dans la crainte de Dieu ; et le s$^r$ curé nous auroit respondu y auoir dans la paroisse le nommé Deseran, tenant eschole, homme de bien, éleuant bien la jeunesse à la crainte de Dieu, n'estant toutefois approuué de M$^{gr}$, offrant néanmoins de se faire approuuer. » — *Ibid.*, L 6.

— 1736. « Il y a un m$^e$ d'escole approuvé de moy (le curé), nommé J. Augey, de Portets, sage, assidu, sans gages. — Une m$^{sse}$, veuve, sage, modeste, assidue, sans gages. Il y a des filles dans les deux escoles. » — Ordonnance de visite : « Nous ordonnons que le m$^e$ d'éc. estably dans ladite paroisse n'enseignera que les garçons et la m$^{sse}$, les filles seulement, et qu'ils seront exacts à leur apprendre la doctrine chrétienne contenue dans le catéchisme du diocèse. » — *Ibid.*, L 12.

— 1775, 1776. Le même régent, Augey, approuvé depuis 40 ans, présente requête à l'Archevêque pour que l'enseignement soit interdit à deux régents non autorisés, Ducau et Lataste ; celui-ci « va de porte en porte pour montrer les enfans ». — *Ibid.*, U 2.

— 1775. Lataste, régent non approuvé, interdit. – Arch. Gir., G 22.

— 1782. A la mort d'Augey, les habitants de Portets demandent pour Lataste des lettres de régence. — Accordé. — Arch. Dioc., D 23, U 2.

Pout (Le). — 1692. Néant. — Arch. Dioc., L 13.

Pouyade (La). — 1755. « Il y a, depuis peu, un m⁰ d'éc. qui s'appelle Bertet »; bons renseignements; sans gages. — Arch. Dioc., L 16.

Preignac. — 1617. « Le curé faict faire le catéchisme par le régent qu'il y a sur le lieu. » — Arch. Dioc., L 3.

— 1623. « Il y a ung régent qui enseigne dans la paroisse. » — *Ibid.*

— 1626. Jean Héliot, régent. — *Ibid.*, M 7.

— 1632. Le même. — Arch. Gir., E 540 (1).

— 1691. « Nous sommes informé s'il y auoit escolle; sur quoy s'est présenté s' Jean Lacran qui nous a exhibé des lettres de m⁰ d'escolle, en datte du 20⁰ d'aoust de la présente, signées Louis (2), archeuesque de Bourdeaux et, plus bas, par Mg', Cosson; et scellées du sceau de Mg'; se seroit aussi présenté sieur Ant. Lacour, auec permission de Mg' l'Archeuesque de tenir escolle dans ladite paroisse, datée du 5ᵉ sept. du mesme an, aussi signée Louis, archeuesque de Bourd'. » — Arch. Dioc., L 12.

— 1736. « Il y a un m⁰ d'escole, le s' Dufaur, qui est notaire, et ses filles pour maîtresses, très propres pour éleuer les enfans. Ils n'ont point de lettres [d'approbation], dans l'attente qu'on demanderoit d'imposer 150 l., pour un m⁰ d'escole. Chaque particulier paye. Le s' Dufaur est avancé en âge. Son fils le supplée. Le père et le fils enseignent les garçons et les filles enseignent les filles. » — *Ibid.*

— 1739. Ordonnance de l'Intendant pour les gages du régent. — Arch. Gir., C 3089.

---

(1) Rens. comm. par M. Roborel de Climens.
(2) Louis d'Anglure de Bourlemont (6 sept. 1680 — 9 nov. 1697).

— 1739. Les paroissiens, peu satisfaits de leur régent, Cugieux, et ne voulant pas, comme ils l'avaient fait pendant quelque temps, continuer à envoyer leurs enfants dans les paroisses voisines ou les mettre en pension, demandent à l'Intendant l'autorisation de tenir une assemblée de paroisse pour agréer ou rejeter les offres du s' Soublères qui sollicite l'emploi. — *Ibid.*, C 3294.

— 1744. Gages du régent. 150 l. — *Ibid.*, C 3089.

— 1746. Cugieux exerce encore cette année-là et prend le titre de régent dans une quittance qu'il donne à un chanoine de Saint-André. — *Ibid.*, H, Minimes.

— 1770. Gages d'un régent. — *Ibid.*, C 2670.

— 1773. Interdiction de Merle, régent non approuvé. — *Ibid.*, G 22.

— 1774. Lettre de l'Intendant au curé lequel se plaignait du syndic qui avait fait, de son autorité, une assemblée de paroisse pour nommer un régent. « Il est de principe, comme vous l'observez, répond M. Esmangart, de n'admettre pour l'instruction de la jeunesse que des sujets agréés par les curés des lieux ou par l'évêque diocésain; ainsi, vous pouvez être assuré que, si le choix n'est pas agréable à M. l'Archevêque, je ne ferai délivrer les gages qu'au sujet que ce prélat aura approuvé. » — *Ibid.*, C 287.

— 1780. « N'y ayant point de régent dans la paroisse de Preignac, capable de gagner les gages, nous estimons, faisant droit à la requête ci-jointe, qu'il y a lieu de supprimer sur le mandement de la paroisse de Preignac l'imposition de 150 l. destinée à un régent, ainsi qu'à l'avenir, jusqu'à ce que la communauté soit de nouveau dans le cas de la demander. » (Avis du subdélégué.) Ordonnance conforme. — *Ibid.*, C 311.

— 1781. « Je soussigné certifie que Monsieur Fabre régent de ma paroisse exerce cette fonction avec beaucoup d'exactitude et d'édification et qu'il mérite l'approbation de Son Altesse [l'Archevêque F. de Rohan], ayant esté déjà reçu et approuvé depuis plusieurs années... Duzan, curé. » — Arch. Dioc., U 2.

— 1781. Lettres de régence à C.-J. Fabre. — *Ibid.*, D 23.

— 1784. Requête du s' La Pegaigne demandant l'approbation de l'Archevêque pour enseigner à Preignac. — Arch. Gir., G 19.

— 1784. Requête de C. Fabre contre certains particuliers non approuvés qui tiennent école ouverte sans autorisation. — *Ibid.*

PRIGNAC, en Médoc. — 1735, 1784. Néant. — Arch. Dioc., L 15.

PRIGNAC ET CAZELLES. — 1754. Un m⁰, le s⁰ Page, demeurant à Saint-Laurent d'Arce et tenant école aux Lursines, paroisse de Prignac, enseigne à lire et à écrire ; bons renseignements. École mixte. — Arch. Dioc., l. 11.

PUGNAC. — 1691. Néant. — Arch. Dioc., L 6.
— 1754. « Il y a un m⁰ d'éc. non approuvé, nommé P. David, suffisamment instruit pour la jeunesse de la campagne »; bons renseignements ; sans gages. — Ordonnance de visite: « Le m⁰ d'éc. se pourvoira d'un titre pour tenir ladite escole, par devant Mgr l'Archevêque. » — *Ibid.*, L 11.

PUISSEGUIN. — 1783. « Il a esté fait lecture (au conseil de l'Archevêché) d'une lettre du s⁰ curé de Puisseguin demandant de quelle voie il devoit se servir pour oster les petites escoles à un maistre qui en est chargé dans sa paroisse, dont la vie est scandaleuse et qui continue à les tenir, malgré ce qui lui a esté représenté à cet égard. Sur quoi, délibéré que, suivant ce qui a déjà esté délibéré en pareil cas, on enverra au s⁰ curé de Puisseguin l'ordonnance concernant les m⁰ˢ d'éc., qu'il en feroit la publication au prône, qu'ensuite il feroit signifier jusqu'à trois fois au m⁰ d'éc. en question et que s'il s'obstinoit à refuser de s'y soumettre, on auroit alors recours à l'autorité du procureur général. » — Arch. Gir., G 19.

PUJOLS. — 1741. « Jean du Noguès, précepteur de la jeunesse, habitant de Pujols », témoin du testament de Joseph Cournuaud, bourgeois. — Arch. de M. de Cournuaud, à Puch (1).
— 1744. « Jean Duroque, régent. Il ne reçoit que 100 l. les 50 autres tournant au profit de la communauté pour ses besoins. » — Arch. Gir., C 3089.
— 1752, 1758, 1770, 1776. Gages du régent, 150 l. — *Ibid.*, C 3075, 996, 2670, 1020.

---

(1) Rens. comm. par M. Léo Drouyn.

— 1758. (Il y a à Pujols) « un régent ; il remplit bien tous ses devoirs ». — *Ibid.*, C 3097.

— 1768. Les collecteurs ayant retenu une partie des gages du régent, le subdélégué est d'avis qu'on les force à se dessaisir de ce qu'ils ont retenu. A la fin de sa lettre il est question de la maison d'école. « Je dois enfin observer que j'ai appris par mon correspondant sur les lieux que cette maison est dans un état à faire craindre une chute prochaine et qu'il n'est pas prudent d'y tenir école. Cette maison est commune et a toujours servi de logement au régent. » — *Ibid.*, C 401.

PUJOLS, canton de Podensac. — 1736. « Il y a un m⁰ d'éc. qui n'est point approuvé ; il s'appelle le s⁰ Faure, lequel n'est point gagé dans la paroisse. Il ne fait jamais le catéchisme à ses escoliers et ne les mène point à l'église pour y entendre la messe, et quand nous [le curé] luy avons représenté que c'estoit son devoir, il a respondu qu'il n'estoit point payé pour ce faire. » — Arch. Dioc., L 12.

— 1757. Bernard Tauzin, m⁰ d'éc. à Pujols. — *Ibid.*, Q 37.

— 1782. Un régent. — *Ibid.*, U 2. — Cf. *Landiras*.

PUY (LE). — Voy. *Coutures* et le SUPPLÉMENT.

PUYNORMAND. — 1739. Néant. — Arch. Dioc., L 14.

QUEYRAC. — 1735. Un régent, sans autres appointements que la rétribution scolaire. — Arch. Dioc., L 15.

— 1781. J.-I. Pavy, régent à Queyrac. — *Ibid.*, C 29.

— 1786. Un régent « dont le curé et les habitans sont fort contens ». — Une m⁰⁰ non approuvée. — *Ibid.*, L 15.

QUINSAC. — 1766. « Un m⁰ non approuvé, le s⁰ Moutinard, capable et assidu ; de bonnes mœurs, sans gages. » — Arch. Dioc., L 13.

— 1789. Un m⁰ d'éc. — *Ibid.*

RAUZAN. — 1716-1751. Bernard Martin, régent latin et français de Rauzan. En 1732, il avait obtenu, ainsi que sa femme, des lettres de régence d'Edme Mongin, évêque de Bazas ; et, particularité remarquable, ces lettres n'étaient pas *ad annum*, mais *usque ad revocationem*. Ces lettres furent confirmées en 1749, par M. de Saint-Sauveur. A cette date, Lapalme, frère du vicaire du lieu, était en concurrence avec B. Martin. Quelques années plus tôt (certainement avant 1744), un parent par alliance de celui-ci, le s$^r$ Moriarty, Irlandais, avait eu la régence latine, et pour cette raison, les gages avaient été augmentés de 200 l. La première ordonnance de l'Intendant pour les gages du régent de Rauzan avait été rendue en 1738. — Arch. Gir., C 951, 3089, 3292.

— 1750. Avis favorable du subdélégué au sujet des gages réclamés par Lapalme, régent français au bourg de Rauzan. Ces gages, comme on l'a vu, lui étaient contestés par l'ancien régent B. Martin : « Une communauté qui voit un ancien régent hors d'estat d'instruire la jeunesse doit avoir le droit de le remplacer. Si la communauté estoit riche, on pourroit faire quelque libéralité audit Martin, en considération de ses services ; mais elle est pauvre et le s$^r$ Martin n'est pas mal à son aise. » Ordonnance conforme. — *Ibid.*, C 3077.

— 1752. Régent français, 100 l. ; régent latin, 150 l. — *Ibid.*, C 3075.

— 1761. Requête de Lapalme-Delacquay, régent français et secrétaire de la ville, réclamant ses gages que le maire refusait de lui payer. — *Ibid.*, C 317, 321.

— 1766. F. Astier, m$^e$ ès arts, régent français et latin de Rauzan. — *Ibid.*, B. Juridict. seign. Rauzan (1).

— 1770. Gages d'un régent, 250 l. — *Ibid.*, C 2670.

— 1781. Ordonnance de l'Intendant, prescrivant de payer à leur échéance les gages imposés en faveur du régent de Rauzan. — *Ibid.*, C 339.

REIGNAC. — 1611. Néant. — Arch. Dioc., L 2.

— 1634. « Le curé enseigne la jeunesse. » — *Ibid.*, L 4.

— 1753. « Il n'y a point de m$^e$ et de m$^{sse}$ d'éc., n'ayant point de fonds pour cela et le pays estant trop pauvre. » — *Ibid.*, L 10.

RÉOLE (LA). — 1618. Les Dames de l'Annonciade de La Réole ouvrent une école ou « collège » le 11 septembre 1618. Les filles qu'elles reçoivent ne doivent pas avoir plus de 13 ou 14 ans. Cet

(1) Rens. comm. par M. Roborel de Climens.

établissement d'éducation se compose d'internes et d'externes qui y reçoivent une instruction très soignée. « Les habitants de La Réole y envoient leurs filles apprendre les meilleures pratiques de la religion chrétienne, se former au travail des mains et aux occupations de leur sexe ».

La sœur Boutin fut élue pour le diriger sous l'obédience des Révérends Pères provinciaux Daunes, Dupuy, Grenié, Jourdain et Bonnal et des Révérends commissaires Covein, Ribère et Sylvestre. La sœur Boutin remplit ses fonctions du 11 septembre 1618 au 11 septembre 1634. Cette école publique resta ouverte jusqu'à la suppression du couvent en 179 - Arch. Mp. de La Réole. Livre des Dames de l'Annonciade (1).

— 1655, 19 mai. Le sieur Hél. , principal régent de La Réole, étant dans l'intention de déserter le collège, les RR. PP. Jacobins s'offrent pour instruire la jeunesse jusqu'aux humanités. Ils ne prendront aucun salaire des écoliers. Ils demandent seulement qu'on leur donne annuellement de quoi nourrir autant de religieux que les jurats voudront avoir de classes. Ceux-ci votent pour deux régents qui recevront 100 écus. Les syndics forains approuvent le traité. L'évêque de Bazas ne voulant donner son consentement que si son droit d'instituer et de destituer les régents, d'examiner et visiter le collège etait reconnu, les jurats renoncèrent aux 100 l. de la prébende préceptoriale de Saint-Michel et votèrent la somme entière de 400 l. afin que l'établissement appartint exclusivement à la ville (2). — *Ibid*. Registres de la Jurade.

— 1660, 30 décembre. Les clauses du traité passé avec les religieux de l'ordre de saint Dominique, furent observées de part et d'autre, jusqu'à cette date; mais alors les syndics des paroisses foraines de la juridiction formèrent opposition à la levée des 400 l. données annuellement aux Jacobins; des parents se plaignent de

---

(1) Tous les documents provenant des Arch. Mp. de La Réole ont été recherchés et analysés à mon intention par M. Daspit de Saint-Amand.

(2) Bon nombre des pièces d'archives recueillies par M. Daspit de Saint-Amand se réfèrent autant et plus à l'enseignement secondaire qu'à l'enseignement primaire. Mais comme le premier suppose l'autre et que d'ailleurs le petit collège de La Réole comptait toujours parmi ses régents un « abécédaire », je n'hésite pas à publier tout ce que je dois aux consciencieuses recherches de mon érudit correspondant.

l'insuffisance de leur enseignement, et les jurats, après délibération, rompirent le traité. On se mit alors en quête d'un régent capable auquel on devait donner 300 l. — *Ibid.*

— 1664, 20 juillet. M. Audouin, principal régent, voulant se retirer dans la paroisse dont il est curé, a proposé son frère à sa place. (Adopté.) — *Ibid.*

— 1665, 23 janvier. Le principal régent refuse de signer le projet de contrat fixant la rétribution mensuelle qu'il doit recevoir de chaque élève et que ses prédécesseurs avaient trouvée suffisante. Il demande 20 s. pour les écoliers qui sont aux rudiments et à la syntaxe et 30 s. pour ceux qui composent en prose et en vers. Le corps de ville est prié de délibérer à ce sujet et de décider aussi si on recevra le frère du sieur Audouin, à l'exclusion de Bergeon, second régent. (La décision est laissée à la prudence des jurats.) — *Ibid.*

— 1667, 15 octobre. Le sieur Bauzelle est admis comme régent principal. — *Ibid.*

— 1670, 29 mai. Le principal régent du collège, Bauzelle, voulant prendre sa retraite, les jurats font venir en ville les régents de Marmande et de Monségur et les présentent à MM. les chanoines pour les examiner. Celui de Marmande ayant été reconnu le plus apte à remplir les fonctions de régent principal, les magistrats municipaux le choisissent et lui allouent, conformément à ses prétentions, 50 l. au delà des gages accoutumés, ce qui fait 150 l. pour la part de la communauté. — *Ibid.*

— 1680. Le Parlement insiste tous les jours auprès des jurats de La Réole pour l'établissement d'un collège dans leur ville. — *Ibid.*

— 1680, 2 février. Nouvelle délibération où l'on s'occupe du collège. Les jurats hésitent entre les Pères de la Doctrine et les Pères Jacobins, pour se procurer des régents. — *Ibid.*

— 1680. Le maître écrivain du collège a dit aux jurats qu'il ne sait où tenir sa classe pour enseigner les enfants. Il supplie le corps de ville de lui vouloir fournir un endroit propre pour faire ladite classe. — *Ibid.*

— 1680. On a décidé que la maison du sieur de Luppé serait louée pour y tenir le collège et loger le maître écrivain. — *Ibid.*

— 1682, 10 août. Les Révérends Pères Bénédictins sont d'avis d'installer le collège de la ville dans leur monastère. Ils fourniront des régents capables d'enseigner la jeunesse « en humanités et en « philosophie ». Les jurats doivent les prier de persister dans leurs bonnes intentions. — *Ibid.*

— 1682, 29 octobre. On examine en quel endroit du monastère on pourrait installer le collège. On arrête d'un commun accord que ce sera sur l'ancien emplacement de la chapelle de la Magdelaine. Les réparations coûteront 500 l., payées moitié par les Bénédictins et moitié par la Jurade. De plus, la ville s'engage à donner 700 l. par an. — *Ibid.*

— 1683, 26 mars. On s'arrête à la somme de 700 l. pour le salaire et gages des régents, y compris les 100 l. que les chanoines du Chapitre Saint-Michel sont obligés de donner annuellement pour participer audit salaire. Il ne reste plus qu'à s'entendre sur la somme que les jurats doivent fournir pour aider à bâtir les classes dudit collège. Quand tout sera réglé, ils se pourvoiront auprès du Roi afin d'obtenir sa permission et son agrément pour le nouvel établissement. — *Ibid.*

— 1684, 28 mai. Les chanoines de Saint-Michel s'opposent à l'installation du collège dans l'enceinte du couvent des Pères Bénédictins sous divers prétextes. Les jurats déclarent leur opposition injurieuse, mal fondée et propre à troubler la tranquillité publique. — *Ibid.*

— 1684, 17 octobre. La Jurade donne congé à l'ancien régent, le sieur Fourcade, et l'invite à « vider » la maison où il tenait collège. Les Pères Bénédictins ont déjà quarante écoliers qu'ils instruisent avec beaucoup de zèle, en attendant l'établissement du collège. Mais, comme l'endroit où la classe se tient est complètement ouvert, il est nécessaire d'y faire quelques réparations, afin de préserver les enfants du froid de l'hiver. — *Ibid.*

— 1685, 4 février. A propos de la destitution par la Jurade du régent Dominique Fourcade, Messieurs du Chapitre dénient aux jurats le droit de destituer les régents sans leur avis préalable et leur participation. Les jurats répondent que la transaction passée entre la commune et le Chapitre ne portant autre chose sinon la réduction des revenus de la prébende préceptoriale exigée par la déclaration du Roi (1) à la somme de 100 l. exempte de toutes charges,

---

(1) Il s'agit de l'ordonnance d'Orléans. Cf., ci-dessus, p. 31, note 2.

les chanoines pouvaient, si bon leur semblait, assister à l'installation du régent, mais sans participer à sa nomination ou à sa destitution. — *Ibid*.

— 1685, 10 septembre. Les Révérends Pères Bénédictins tiennent le collège, il y a déjà près de deux ans, dans leur monastère où leurs religieux donnent les meilleures leçons à plus de quarante écoliers. Il est juste de leur en témoigner de la reconnaissance, d'autant plus que depuis cette époque la Ville est dispensée de donner des gages à un régent avec le logement suivant la coutume. — *Ibid*.

— 1686, 26 octobre. La Jurade décide « que le collège sera restably dans la maison antienne appartenant à la communauté [des habitants] ». — *Ibid*.

— 1686, 11 décembre. Brusquement les RR. PP. Bénédictins déclarent qu'ils ne pourront plus tenir le collège, attendu que le religieux qui le dirigeait était si absorbé par sa tâche qu'il ne pouvait plus suivre les offices auxquels il était obligé d'assister. — *Ibid*.

— 1686, 16 décembre. L'évêque de Bazas ayant pris parti pour Fourcade, le régent destitué que le Chapitre avait poussé à la résistance, les jurats transigent avec lui et lui donnent 300 l. d'indemnité plutôt que de le voir rétabli dans son emploi malgré eux. — *Ibid*.

— 1687, 7 juin. L'évêque de Bazas offre de procurer trois régents pour l'instruction de la jeunesse. — *Ibid*.

— 1687, 13 août. Arrivée du régent principal proposé par l'évêque. On s'occupe de le loger, lui et sa famille, et de lui trouver un local pour y tenir sa classe. On le prend aux mêmes conditions que Fourcade. — *Ibid*.

— 1687, 19 décembre. Les bourgeois se plaignent de la mauvaise conduite du régent principal et du peu de progrès qu'il fait faire aux enfants. Les pères de famille sont obligés d'envoyer leurs enfants à Bordeaux, à Condom et ailleurs. On ira prier l'évêque de Bazas de donner un autre régent plus capable. — *Ibid*.

— 1688, 8 février. Il est nécessaire d'avoir de bons régents pour instruire les enfants jusques et y compris la philosophie. Mais comme la communauté n'a pas les fonds suffisants pour s'offrir ce luxe d'enseignement, les jurats assembleront MM. les syndics des paroisses foraines pour aviser aux moyens de trouver les ressources nécessaires. — *Ibid*.

— 1688, 17 février. On choisit un clerc tonsuré du diocèse de Limoges, Jean Daudy ou d'Audy, pour régent principal du collège de La Réole, après l'avis favorable des chanoines du Chapitre de Saint-Michel qui lui ont fait subir un très sérieux examen, car il n'avait pu fournir aux jurats le certificat d'aptitude qu'on lui demandait. Quand on eut exposé ce qui précède à M. de Gourgue, évêque de Bazas, et que l'on eut obtenu son agrément, on procéda à l'installation du nouveau régent. Les jurats, en corps, accompagnèrent Daudy au collège, signifièrent séance tenante son congé à l'ancien régent Mouchy, installèrent à sa place son successeur qu'ils présentèrent aux « escolliers » qui se trouvaient en ce moment au collège, en les exhortant à le reconnaître pour régent principal, à lui obéir et à le respecter comme tel. — *Ibid*.

— (Même registre, f° 462 v°.) Le régent se plaint aux jurats de ne pas recevoir les 100 l. que les chanoines de Saint-Michel se sont engagés à lui donner annuellement. Et, comme les jurats lui ont promis de faire exécuter cette clause, il les supplie d'intervenir en menaçant de ne plus continuer ses fonctions si l'on ne satisfait pas à sa requête. Il réclame aussi les 50 l. promises à ses aides. — *Ibid*.

— 1688, 12 août. Nouvelles plaintes de Daudy aux jurats. Les chanoines persistent dans leur refus de verser les 100 l. Les jurats lui promettent qu'ils feront tout leur possible pour que le contrat passé entre lui et les chanoines soit exécuté. — *Ibid*.

— 1688, 2 septembre. Daudy, régent principal, présente une requête à l'Intendant pour obliger les jurats à se conformer aux conditions du contrat passé avec lui : paiement par les chanoines de la somme de 100 livres et aussi les gages des deux régents « subcidiaires » auxquels la communauté s'est engagée de donner 50 livres. — Le sieur Rolle demande le paiement des réparations qu'il a faites dans la maison du collège pendant le temps qu'il l'a occupée. — *Ibid*.

— 1688, 10 octobre. Le sieur Verdières, maître écrivain de la ville de Bordeaux, s'est présenté pour remplir la place de régent de La Réole et apprendre aux enfants à lire, à écrire et à chiffrer. On dit qu'il est capable de bien instruire et de donner une bonne éducation à la jeunesse. La Jurade peut prendre une décision à cet égard, puisqu'on est arrivé au terme du contrat passé avec le sieur Bergeon, le dernier maître écrivain et régent de la ville. — *Ibid.*

— 1690, 23 avril. Le sieur Verdière, maître écrivain, qui faisait les fonctions de régent, n'est pas revenu depuis les « vacations » de l'année dernière. Il faut le remplacer. On traite avec le sieur Bergeon, qui a fait profession de maître écrivain pendant trente ans à La Réole. Il enseignera aux enfants la lecture, l'écriture et l'arithmétique. On lui donnera un appartement dans le collège et on lui fera apporter ses meubles de Langon. — *Ibid.*

— 1690, 14 novembre. Le syndic des jurats, le sieur Lafargue, fait connaître à ses collègues que Daudy a quitté le collège et abandonné ses écoliers un mois avant la date réglementaire des vacances ; que les parents ont porté leurs plaintes, disant que leurs enfants n'avaient fait aucun progrès durant l'année, à cause du peu d'assiduité de leur régent à faire ses classes. Ils ont envoyé leurs enfants ailleurs, ce qui n'empêche pas le sieur Daudy de vouloir reprendre ses fonctions de régent. — *Ibid.*

— 1690, 1er décembre. Daudy persistant à se montrer aussi négligent que par le passé, on songe à lui trouver un remplaçant. On jette les yeux sur le sieur Caze, qui instruit la jeunesse de Monségur. On assure qu'il est capable de remplir son emploi. — *Ibid.*

— 1690, 11 décembre. On a traité avec le sieur Caze pour être principal régent pour trois ans, moyennant la somme de 150 l. pour ses gages, 15 sols par mois des écoliers de la première classe, 20 s. de la seconde et 30 s. depuis la quatrième jusqu'en rhétorique, et en outre les 100 l. que MM. les chanoines du Chapitre de Saint-Michel sont obligés de lui donner annuellement. On lui fournira une maison convenable pour son logement, attendu que la maison du collège ne se trouve pas en état de loger deux régents. On le présentera aux sieurs chanoines, selon la coutume, et à Mgr l'évêque.— *Ibid.*

— 1692, 12 janvier. Le 29 du mois dernier, Seigneuret, notaire, a notifié à MM. du Chapitre de Saint-Michel de La Réole, d'avoir à se mettre en règle vis-à-vis du sieur Caze, régent principal du collège de la ville, en lui payant 200 l., « tant de l'année dernière que de l'année courante ». Comme ils n'ont tenu aucun compte de cette réquisition, les jurats ont été obligés de faire notifier les mêmes actes auxdits sieurs chanoines, en la personne de M. Dominique Gauzan, leur syndic, en les menaçant de se pourvoir auprès de qui de droit, s'ils n'y donnaient satisfaction. — *Ibid.*

— (Même registre, f° 720 v°.) Le régent latin a dit au maire et aux jurats que son contrat avait pris fin et demande si on veut le renouveler. MM. du Chapitre S¹ Michel ont manifesté le désir d'entrer en arrangement avec la communauté relativement au procès du régent. — *Ibid.*

— 1694, 16 septembre. La Ville, malgré la prière de l'évêque de Bazas de voir terminer au plus tôt son procès avec le Chapitre (affaire du régent), veut maintenir ses droits vis-à-vis des chanoines et ne leur faire aucune concession « ny pour le passé ny pour l'auenir ». — *Ibid.*

— 1696, 22 janvier. « Quoique les jurats et corps de ville soit (*sic*) en droit et possession de nommer à la regence principale de la presant ville, neanmoins Monseigneur l'Euesque qui tient, à ce qu'on assure, de nommer le s¹ Penicaud, prestre et chanoine de la presant ville, et d'interdire le s¹ Caze, regent principal, a qui le Chapitre doit 100 liures par an depuis son establissement, pour raison de quoy il y a proces dans lequel la communauté a prins le fait et cause dudit Caze, d'autant que le Chapitre s'est engagé par une transaction à payer annuellement la somme de 100 liures au regent principal à cause de la preceptorale, laquelle transaction est passee auec la communauté, et comme la communauté a, elle seule, le droit de nommer à la regence principale, suivant meme l'arrest de la Cour du Parlement de Bordeaulx, les sieurs maire et jurats demandent au corps sy l'on deputera vers Monseigneur l'Euesque pour representer le droit de la communauté, comme aussy que la communauté a esté dans l'obligation de soutenir le proces que le sieur Caze a fait au Chapitre pour raison du payement de deux cents liures et qu'enfin les chanoines semblent n'auoir aujourdhui d'autre veüe que d'amortir en partie ce qu'ils doiuent suiuant ladite transaction ; à cause de cela, ils demandent la reception d'un chanoine comme regent avec lequel ils ne manqueront pas de faire des traités prejudiciables a la communauté, estant d'ailleurs a remarquer que le temps contenu dans le contrat passé avec le s¹ Caze a prins fin.... »

Cependant à la fin de la même délibération, on décide que, pour « faire plaisir à Monseigneur l'Euesque, on prendra le sʳ Penicaud, à la condition qu'il sera présenté au Chapitre pour estre examiné et ensuite à l'agrement de l'euesque de Bazas, suiuant qu'il a été toujours pratiqué, qu'il sera passé un contrat auec lui comme auec les regents precedents, dans lequel contrat les jurats asseureront au sʳ Penicaud les 100 liures sur le Chapitre, et comme il est certain que le sʳ Caze est dans le dernier besoin, à cause du non payement des 200 liures qui lui sont dues par le Chapitre depuis son establissement, on priera Monseigneur d'intervenir pour le satisfaire, et si le Chapitre y fait refus, le proces continuera ». — *Ibid.*

— 1699. Le sʳ Caze ne prenant plus aucun soin des enfants qui lui sont confiés et les bourgeois de la ville envoyant leurs enfants ailleurs, ce qui les induit de à grandes dépenses, les jurats songent à le remplacer. - *Ibid.*

— 1701. Un sieur Limousin, régent français, offre de venir s'établir en ville. Les maire et jurats demandent au corps de ville si on doit répondre aux offres du sieur Limousin et à quelles conditions on doit traiter avec lui. — *Ibid.*

— 1703, mars. Antoine Ricard, régent principal de La Réole, meurt. Touché de compassion pour sa famille, on offre à son fils, Jean Ricard, de terminer le contrat passé avec son père. — *Ibid.*

— 1703, 12 mai. Les jurats sont mal récompensés de leur bon mouvement à l'égard de Ricard. Choisi par charité pour régent en remplacement de son père, sans aucune sorte de formalité, il devait continuer les fonctions de régent latin pour le temps porté par le contrat passé avec feu son père le 16 octobre 1699. Mais il s'est rendu si indigne de son emploi que les plaintes ne tardent pas à se produire : il est débauché, violent avec ses écoliers, et, de plus, d'une incapacité notoire. On est obligé de traiter avec le sieur Volck, régent à Sainte-Foy. Et afin que celui-ci puisse s'installer dans la maison du collège, on donne congé à Ricard. Ce dernier refuse de « vuider les lieux » malgré les « appointements » successifs à lui signifiés par le procureur-syndic, quoiqu'il n'ait aucun titre régulier et que le temps fixé par la permission qui lui a été donnée ait pris fin depuis le 16 octobre 1702. L'affaire est portée devant le Parlement qui ordonne à Ricard de « vuider sa maison ». Les jurats accusent les chanoines d'avoir poussé Ricard à toutes ses entreprises en réduisant à 50 l. les 100 l. qu'ils sont tenus de donner par l'acte transactionnel du 20 mai 1568 et ils décident de poursuivre vivement le Chapitre, afin d'obtenir l'abandon de la prébende *préceptorale* conformément à l'ordonnance d'Orléans, ce qui, avec les 150 l. que la communauté donne annuellement, permettra de se procurer de très bons régents « et les parents ne payeront point de mois pour leurs enfans ».

D'un autre côté, le sieur Volek ne s'est pas présenté devant Messieurs du Chapitre pas plus qu'à M⁹ʳ de Bazas et aux vicaires généraux, le 15 avril, comme il s'y était engagé. A la sommation qui lui est faite il répond qu'il a contracté avec les jurats de Sainte-Foy des engagements approuvés par Mgr l'évêque d'Agen. Les jurats sont prêts à entamer un nouveau procès, lorsque des amis de la communauté lui proposent M. Borel, ecclésiastique d'une capacité et d'une conduite exemplaires. Il demeure actuellement à Bordeaux. On décide de traiter avec lui pour la place de régent. En attendant l'issue du procès Ricard qui en a appelé de l'arrêt du Parlement et persiste plus que jamais à occuper la maison du collège, on fournira au nouveau régent une maison convenable et l'on signifiera un acte au Chapitre pour le rendre responsable « de tous les dépens, dommages et intérêts soufferts et à souffrir par la communauté ». — *Ibid.*

— 1706, 26 novembre. « Il sera donné à Mʳ Cauvillon, regent principal, la somme de cinquante livres au dela de la somme de deux cens livres que la presant ville et communauté auoit reiglé avec luy, et ce pandant tout le temps qu'il tiendra un regent auxiliaire, a commencer du premier de janvier prochain. Le tout sans tirer a conséquence. » — *Ibid.*

— 1719, 1ᵉʳ septembre. Les jurats décident qu'ils renouvelleront le contrat de M. Lacrampe, prêtre, comme régent principal et, sur sa prière, ils donneront annuellement un prix de 30 l. aux écoliers qui s'appliqueront le plus à leurs devoirs et qui expliqueront le mieux les auteurs mis entre leurs mains pendant l'année. Le régent Lacrampe attend d'excellents résultats de ce « moyen d'esmulation ». — *Ibid.*

— 1720, 8 septembre. Le contrat passé le 6 décembre 1716 par le sieur Montaugé, procureur-syndic, en faveur de M. François

Lacrampe, prêtre, pour remplir la place de gérant principal de La Réole pendant trois ans, étant expiré depuis longtemps, les jurats choisissent pour le remplacer et nomment à sa place le sieur Ricard (1) qui est régent principal de Rauzan, un enfant de la ville, homme de bonnes vie et mœurs, d'une grande expérience et d'une capacité reconnue par tous les gens compétents, puisqu'il a en ce moment dix-huit pensionnaires de diverses contrées et particulièrement de la ville de Bordeaux. On passera avec lui contrat pour trois ans, aux mêmes conditions qu'avec le précédent, en observant la sentence arbitrale rendue entre la communauté et Messieurs du Chapitre. — *Ibid.*

— 1723, 17 octobre. Les jurats ont fixé la location de la maison du régent latin qui est la maison de feu Sainsarric, située sur la Grande-Rue, à la somme de 100 livres par an, n'ayant pu obtenir d'autre réduction. — *Ibid.*

— 1726, 29 décembre. « Par Messieurs les jurats et par l'organne de Monsieur Mosnier, premier jurat et sindic, a esté dict que l'affaire la plus importante de la république estant l'éducation de la jeunesse, principallement des filles, pour lesquelles on ne peut avoir trop d'attantion dans le choix des maîtresses que l'on doit leur donner et d'autant que la dame de Garbail s'est presantée pour s'establir dans cette ville en qualité de regente et quil paroit des attestations des curés et de principaux habitans que la dicte dame Garbail est de bonnes vie et mœurs et de capacité, que même elle borne ses gages a cent livres et a une modique retribution de la part des filles qu'elle aura sous sa main, et que ces sortes d'establissement doivent toujours estre fait le plus tot quil est possible, le corps est prié de deliberer sur ce qui doit estre fait a ce sujet. »

Il fut décidé que la dame de Garbail serait reçue pour régente, qu'elle aurait 100 l. d'appointements fixes par an, sans que lesdites cent livres puissent être augmentées sous quelque prétexte que ce soit, avec la faculté de prélever une rétribution mensuelle de 5 s. pour chaque fille qui apprendrait à lire, 10 s. si à la lecture s'ajoutait l'écriture, et 15 s. pour celles qui outre ces deux éléments voudraient apprendre l'art de chiffrer.

---

(1) Tout indique que ce Ricard n'est pas le même que celui de 1703.

Mais au préalable elle sera examinée dans l'Hôtel de Ville par MM. les jurats et elle ne pourra s'adjoindre aucune « compaigne ni associée » sans l'approbation et consentement exprès des jurats et du corps de ville. — *Ibid.*

— 1727, 6 février. On avait négligé de soumettre la nomination de M<sup>me</sup> le Garbail à l'agrément de l'évêque de Bazas, qui par sa lettre du 13 janvier fait savoir aux jurats que personne ne peut « régenter » en leur ville sans son approbation. Les jurats députent vers le seigneur évêque M. Bourgoing, jurat et trésorier, et M. Roch Seguin, ancien premier jurat, pour lui donner l'assurance de leurs sentiments de déférence et de respect et en même temps lui exposer leurs droits. Sa Grandeur se déclare satisfaite. — Les jurats, conformément à leur délibération, nomment la « sœur » Garbail régente, après lui avoir fait passer un examen et l'avoir reconnue apte à apprendre à lire, à écrire et à calculer. Tout se termine par un nouveau voyage de M. Bourgoing à Bazas pour présenter M<sup>me</sup> Garbail à l'approbation du prélat. — *Ibid.*

— 1727, 24 décembre. Le s<sup>r</sup> Darez, régent principal, écrivain et arithméticien de la ville, représente aux jurats que le peu d'écoliers, et le peu de gages qu'il a de la communauté l'oblige de quitter la ville pour aller résider à Bazas où il est demandé avec empressement, ce qu'il aurait déjà fait si on ne lui avait promis d'augmenter ses gages. Après délibération, on lui accorde un supplément de 30 l., « ce qui revient avec ses gages ordinaires à la somme de 100 livres ».

— 1728, 23 mai. L'Évêque fait savoir à la Jurade par l'intermédiaire de son archidiacre M. Meilhan, venu exprès à La Réole, qu'il versait avec plaisir la conclusion de l'affaire de la sœur Garbail en lui assurant, comme autrefois, 100 l. de pension et une modique somme pour le loyer de la maison qu'elle occupe. On introduisit cette clause dans l'acte passé avec la dite sœur. — *Ibid.*

— 1732, 21 janvier. M<sup>gr</sup> l'Intendant mande aux jurats que M. l'abbé Brisacier (1) lui a écrit au sujet d'une proposition faite pour établir à La Réole une école gratuite et l'unir à l'institut du Père Barré, minime, sous les conditions contenues dans la suscite lettre. Après

---

(1) Supérieur des Dames de la Foi ou Sœurs de l'Enfant Jésus, congrégation a laquelle appartenait la sœur Garbail.

délibération, les jurats répondent à l'Intendant que la ville possède des régents et régentes établis depuis longtemps pour instruire la jeunesse, que de nouveaux établissements seraient onéreux à la communauté et ne sauraient produire plus de fruit que ceux qui existent déjà, et que d'ailleurs la communauté n'a aucun revenu pour faire face aux 450 l. et au logement qu'il serait convenable de donner aux trois sœurs. — *Ibid.*

— 1733, 21 décembre. Le corps de ville, par sa délibération du 29 décembre 1726, avait assigné à la sœur Garbail, régente, une pension de 100 l. qu'elle avait augmentée jusqu'à la somme de 240 l. parce qu'il devait y avoir deux régentes. Mais comme cette condition n'a pas été remplie, qu'elle ne paraît pas devoir l'être et que, malgré cela, la sœur Garbail a continué à recevoir cette augmentation jusqu'à ce jour, les jurats décident que sa pension sera supprimée. — *Ibid.*

— 1736, 15 août. Le corps de ville s'oppose à l'imposition d'une somme de 150 l. pour un régent établi à Hure. L'Intendant consent à la décharge de cette somme à la condition que l'évêque de Bazas retire l'ordonnance qui a créé cet établissement. Les jurats affirment que cette école est nuisible aux régents de la ville. — *Ibid.*

— 1741. Ricard, régent principal à La Réole. — Arch. Gir., B, Procès non classés (1); C 3204.

— 1742, 1ᵉʳ novembre. On destitue Jean Ricard, régent principal pour l'instruction de la jeunesse dans la langue latine, à cause de ses violences et de ses brutalités, et on nomme à sa place le sieur Jardinet qui a fourni de bons renseignements sur sa capacité, sa vie et ses mœurs. On l'a présenté au Chapitre et fait agréer par Mgʳ l'Évêque. — Arch. Mp. de La Réole, Reg. Jur.

— 1744. Aux deux régents de La Réole, 240 l. — Arch. Gir., C 3089.

— 1745, 19 avril. Après le décès du sieur Jardinet, régent principal de latin, le corps de ville nomme à sa place le sieur Silvère Moriarty. Il sera examiné et agréé par les chanoines du Chapitre de Saint-Michel. — Arch. Mp. de La Réole. Reg. Jur.

— 1749, 7 novembre. Le sieur Silvère Moriarty étant décédé, on le remplace par M. Richard Nugeant, prêtre irlandais de Sainte-Foy, docteur en théologie. — *Ibid.*

---

(1) Rens. comm. par M. Roborel de Climens.

— 1752. Gages des régents, 240 l.; loyer du régent latin, 100 l. — Arch. Gir., C 3075.

— 1753, 27 novembre. M. Timothée Huolahan, prêtre irlandais, est nommé régent principal en remplacement de M. Nugeant, qui retourne en Irlande. — Arch. Mp. de La Réole. Reg. Jur.

— Av. 1754. Rastié, m⁰ écriv. et arithméticien juré de la ville de Tonneins, ayant ci-devant enseigné à La Réole, réclame à cette date, aux jurats, 75 l. à lui dues pour 2 quartiers de ses gages. — Arch. Gir., C 1698.

— 1754, 6 juin. Ricard, ancien régent, ayant ouvert une école sans l'autorisation des jurats, reçut l'ordre de fermer son établissement qui était très préjudiciable aux intérêts de Huolahan, dont les élèves, moins nombreux, étaient, chaque jour, battus par ceux de Ricard. — Arch. Mp. de La Réole. Reg. Jur.

— 1756. Compte de la ville : 60 l. à sœur Garbail, dame de la Foi, pour un quartier de ses gages de régente; 140 l. pour deux quartiers de gages du sʳ Huolahan, prêtre, régent latin; 60 l. au sʳ Duminy pour six mois de ses gages de mᵉ d'école. — « Plus nonante livres, payées au sʳ Larraillet pour deux quartiers de [ses gages de] mᵉ d'escole qui luy restoient dus, suivant sa quittance du 26 avril 1756. » — Arch. Gir., C 999.

— 1762, 30 mars. M. Jacques Dumini, maître écrivain et arithméticien de la ville, nommé le 11 mai 1756, demande que sa nomination soit confirmée par une délibération qui fixera ses gages. Accordé; il aura 200 livres. — Arch. Mp. de La Réole. Reg. Jur.

— 1764, 17 janvier. Le régent de la ville se plaint que les vivres ont beaucoup enchéri et les loyers augmenté, qu'il n'a presque plus d'écoliers et partant plus d'émoluments; il réclame 24 livres par an, en supplément de gages. — *Ibid.*

— 1769, 15 avril. Dumini, maître écrivain et régent français de la ville, demande à porter les prix de 6 s. à 12 s. pour la lecture, de 12 s. à 20 s. pour l'écriture et de 20 s. à 30 s. pour l'arithmétique. Le corps de ville fixe la rétribution des élèves à 10, 15 et 20 s. — *Ibid.*

— 1769, 21 septembre. Marie Dumini, maîtresse d'école, demande qu'en considération de la modique rétribution qu'elle reçoit des élèves, il lui soit alloué une petite somme pour le paiement de son loyer. Accordé 45 l. par an. — *Ibid.*

— 1770. Gages d'un régent, 240 l. — Arch. Gir., C 2670.

— 1771. Le s<sup>r</sup> Huolahan, régent principal de La Réole, demande une augmentation de ses gages qui étaient fixés jusque-là à 300 l. « depuis un temps immémorial », comme le remarque le subdélégué, dont l'avis constate également que le s<sup>r</sup> Huolahan avait 29 écoliers de chacun desquels il retirait une rétribution scolaire de 30 sols par mois. Il n'était pas logé. L'Intendant approuve une délibération de la communauté lui accordant une augmentation de gages de 150 l. — Ibid., C 342.

— 1772. Parmi les charges ordinaires de la ville, figurent les gages de deux régents abécédaires, 300 l., et ceux de deux régentes, 240 l. — Ibid., C 992.

— 1772, 26 janvier. Le corps de ville délibère afin de s'entendre avec les Bénédictins, après en avoir obtenu préalablement l'autorisation du roi, pour établir dans leur monastère un grand collège pour les jeunes gens de la noblesse et de la haute bourgeoisie à l'instar de l'école de Sorèze (1). — Arch. Mp. de La Réole. Reg. Jur.

— 1776, novembre. Louis Vignoles, natif de Gabarret, diocèse d'Auch, est nommé régent principal en remplacement de M. Huolahan, décédé. — Ibid.

— 1781, 29 mars. Suppression des gages de 150 l. allouées au régent de Hu..., attendu la diminution des revenus municipaux et la proximité de la ville où il y a deux régents. — Ibid.

— 1783, 7 juillet. Guillaume Malavergne, 2<sup>e</sup> syndic de la communauté des maîtres écrivains de Bordeaux, demande la place de maître écrivain et régent français de la ville. Il est admis après délibération. Il aura 200 l. de gages, 100 l. pour son logement, et sera autorisé, en outre, à prélever 15 et 30 s. par élève. — Ibid.

— 1786, 25 avril. Le sieur Dijoi, régent principal, ayant donné sa démission, M. Barrère est nommé à sa place. — Ibid.

— 1786, 1<sup>er</sup> juillet. Malavergne, régent français, s'engage à ne prendre pour enseigner la lecture et l'écriture que 1 l., et 1 l. 10 s. pour l'écriture et l'arithmétique. — Ibid.

— 1788, 18 octobre. M. Barrère, régent latin, obtient une augmen-

---

(1) Ce projet, qui n'a jamais reçu d'exécution, est très longuement exposé dans la délibération.

tation de 150 l., à la condition de ne pas prendre au delà de 1 l. 10 s. par élève, et Malavergne, régent français, un supplément de 100 l., ce qui élève ses appointements à 300 l. — *Ibid.*

— 1788, 23 décembre. Le corps de ville admet comme maître écrivain Jean Bailly, de Gensac sur Dordogne; il tiendra deux classes par jour, excepté un jour par semaine, et ne prendra des enfants que 10 s., 20 s. et 30 s. — *Ibid.*

— 1790, 26 août. Le conseil général de la commune demande à MM. les administrateurs du directoire du département l'établissement d'un collège national et présente un mémoire à l'appui. — *Ibid.*

— 1791, 22 novembre. Le corps municipal arrête d'assister en corps aux exercices littéraires des élèves dans la salle de l'hôtel de la commune et de distribuer des couronnes civiques aux plus méritants. — *Ibid.*

— 1792, 29 mars (an IV de la Liberté). On signifie à M. Barrère l'arrêté du conseil général qui *suspend tout traitement pour l'instituteur des études latines.* — *Ibid.*

— 1792, 10 octobre (an 1er de la République française). Le conseil général accorde des encouragements à Jean-Joseph Parmentier, qui offre de se fixer dans la ville pour y établir une maison d'éducation où il enseignera les sciences exactes, les langues latine et française, les belles-lettres et tout ce qui constitue un cours complet d'instruction. — *Ibid.*

— 1793, 26 décembre (5 nivôse, an 2e de la R. F.). Le citoyen J. Debord, professeur de mathématiques au collège national de Limoges, offre à la municipalité de La Réole de venir se fixer dans cette ville pour y enseigner les mathématiques, ouvrir un cours d'arithmétique raisonnée, suivi de la théorie des changes, etc. Sa proposition est acceptée. — *Ibid.*

— 1794, 18 avril (28 germinal, 2e année républicaine). Jean Bentéjac, Etienne Canez, ci-devant régents français et maîtres écrivains, et les citoyennes Jeanne Seigneuret veuve Bailly, Anne Chabrière veuve Briouli, ayant produit leurs certificats de civisme, ces instituteurs et institutrices sont autorisés à ouvrir leurs écoles à la jeunesse de La Réole. — *Ibid.*

— 1795, 2 juillet (13 messidor, 3e année républicaine). On nomme le citoyen Pelletan chef de l'école principale de la commune de La Réole ; on lui en donne le titre ainsi que les émoluments et le traitement y attachés. — *Ibid.*

RIONS (1). — 1584. Arrêt du Parlement mentionnant l'obligation pour la confrérie de Saint-Nicolas d'entretenir sur ses revenus un m² d'école. — Arch. Dioc., N 3.

— 1619. Jehan Bernard, régent de la ville de Rions. — *Ibid.*, J 15.

— 1653. Réparations à l'hôtel de ville où le s² Lagarde, régent, sera logé ainsi que l'était le s² Loustaud, son prédécesseur. — Arch. Mp. de Rions, BB 1.

— 1653. Le s² Jean Dumontaud nommé régent à la place du précédent. — *Ibid.*

— 1658. La maison commune, « *appelée le collège* », menaçant ruine, sera réparée aux frais de la confrérie de Saint-Nicolas qui a causé tout le dommage. — *Ibid.*

— 1659. Jean Babey remplace Dumontaud. — *Ibid.*

— 1661. Capdaurat, régent. — *Ibid.*, GG 1.

— 1667. Le s² Desparbès, régent, n'étant pas plus capable que son prédécesseur, est remplacé par Jean Dauriac, Parisien, qui « devra instruire la jeunesse, tant pour ce qui concerne la langue latine, grecque ou française, que autrement, avec les gages et prérogatives de ses prédécesseurs, après l'examen de sa capacité par Me Jean Salin, docteur en Sorbonne et curé de Rions ». — *Ibid.*, BB 1.

— 1670. Sur les plaintes des habitants, le s² Angot, régent, qui exerçait depuis 1668 (*Ibid.*, GG 1), est révoqué et remplacé par J.-B. Vincent, avocat au Parlement. Celui-ci jouira des revenus de la confrérie de Saint-Nicolas, fondée en l'église Saint-Seurin de Rions ; de plus il pourra prendre par mois, des enfants qui sont à l'alphabet, 5 sols ; de ceux qui lisent, 10 s. ; de ceux qui lisent et écrivent, 15 s. ; de ceux qui lisent, écrivent et « arithmétiquent », 20 s. ; de ceux qui apprennent le latin, au plus 30 s. ; il traitera avec les étrangers comme il avisera. — Délibéré de faire les réparations nécessaires à la « maison du collège », où est l'école. — *Ibid.*

---

(1) Tous les renseignements tirés des Arch. Mp. m'ont été fournis par l'excellent inventaire ms. de ces Archives rédigé par M. Ducaunnes-Duval.

— 1676. Pour réparer une maison qui sert, depuis longtemps, de logement au régent, les jurats délibèrent de poursuivre ceux qui n'ont pas encore payé le droit de « suchet », perçu sur chaque barrique de vin vendue au détail. — *Ibid.*

— 1681. Philippon, m⁰ écrivain de Bordeaux, nommé régent à place de Dumontaud, décédé. — *Ibid.*

— 1683. Pierre Faure est choisi comme régent. — *Ibid.*

— 1735. Pierre Duvigneau, régent. — *Ibid.*, GG 9.

— 1740. Étienne Laborde, régent. — *Ibid.*

— 1741. Guillaume Duvigneau, régent. — *Ibid.*, GG 10.

— 1755. Duvigneau, régent de Rions, réclame ses gages. — Arch. Gir., C 1699.

— 1759. Délibération de la communauté admettant Jacques Lucat, comme régent, au lieu et place du précédent. Les jurats lui promettent 20 l. sur le peu de revenu de la ville et 100 livres sur les fonds de la confrérie de Saint-Nicolas, « comme ayant esté cette dernière somme délaissée par le fondateur pour l'instruction de la jeunesse de la ville et communauté de Rions ». Lucat reconnaît n'avoir point de recours contre la ville, dans le cas où, par impossible, le syndic de Saint-Nicolas lui refuserait son paiement, « sans laquelle expresse renonciation, lesdits jurats et corps de ville ne l'eussent reçu et installé régent ». — *Ibid.*, C 935.

— 1765 (Visite de L.-J. d'Audidert de Lussan). Un régent, Jacques Lucat, natif de Rions ; « on en est content » ; gages, 100 l. que lui donne la confrérie de Saint-Nicolas, suivant l'usage, et le logement que lui donne la ville, laquelle y ajoute 20 l. — Une maîtresse, nommée Vignaude, native de Rions ; « on en est content ; bonnes mœurs » ; sans gages. « Elle n'enseigne que les filles. » — Arch. Dioc., L 9.

— 1766. La ville n'ayant aucun régent pour instruire la jeunesse, les jurats nomment à ces fonctions Jean-Joseph Mallenon, en vertu de la permission donnée à celui-ci par l'Archevêque. Ce régent tiendra école dans la chambre qui lui sera assignée dans l'hôtel de ville. Il ne prendra d'autres salaires que : au « petit livre », 6 sols ; aux « Heures », 8 s. ; aux autres livres, 10 s. ; à écrire, 12 s. ; à chiffrer, 15 s. Il fera la prière aux enfants, matin et soir, et le catéchisme tous les samedis. Il recevra comme ses prédécesseurs, du syndic de la confrérie Saint-Nicolas, la somme de 100 livres. — Arch. Mp. de Rions, BB 4.

— 1768. Jean Lourtau est reçu régent aux mêmes conditions. — *Ibid.*

— 1771. Le sʳ Lestrade, reçu régent. — *Ibid.*

— 1772. D'après une lettre de M. de Boullongne à l'intendant Esmangart, la communauté avait demandé l'approbation d'une délibération prise « à l'effet d'être autorisée à bâtir un hôtel commun dans lequel le régent préposé à l'éducation de la jeunesse doit trouver son logement. Ils comptent, pour subvenir à la dépense, vendre le terrain de la maison dont il s'est servi jusqu'à présent et prendre le surplus par imposition sur les habitants ». M. de Boullongne ajoute : « Quelque nécessaire que puisse être ce nouvel établissement, il me semble que le temps n'est guères propre pour l'entreprendre, d'autant qu'il en résultera une charge que les habitants ne pourront supporter qu'avec beaucoup de peine. Je vous prie de vouloir bien me faire part de vos observations. » — Arch. Gir., C 54.

— 1773. Acte de jurade choisissant le sʳ Mazettier pour régent. — Arch. Dioc., U 2.

— 1774. Voici, d'après une copie des Arch. Dioc., un spécimen des contrats passés entre la ville de Rions et ses régents : « Aujourd'hui 17ᵉ du mois de may 1774, estans assemblés dans la maison du sʳ Faures, premier jurat, attendu que l'hostel de ville menasse une ruine prochaine, au son de la grande cloche et aux formes ordinaires, les sʳˢ Jean Faures et Blaise Lucas, jurats de ladite ville et autres prudhommes du corps de ville soussignés, après avoir veu la requête à nous présentée par sʳ Jean Cadillon, bourgeois, habitant de la paroisse de Paillet, présente juridiction, avec le consentement de M. Lafore, curé de la présente ville, au bas de ladite requête datée de ce jourd'huy, ensemble le certificat de M. le curé dudit Paillet sur la catholicité, religion cath., apost. et rom. dudit sʳ Cadillon, et estans certiorés de l'expérience et capacité dudit sʳ Cadillon pour occuper la place de régent de la présente ville à présent vacante, après meure délibération prinse, l'avons receu et installé pour estre régent de ladite ville et paroisse, à la charge par lui de se pourvoir devant Mᵍʳ l'Archevesque de Bordeaux, ou, à son absence, devant

MM{rs} ses grands vicaires pour y prendre des lettres de régence et estre assidu à tenir l'escolle dans la présente ville et dans une chambre qui luy sera indiquée; et encore ne pourra prendre d'autres salaires des enfans de la présente ville et jurisdiction que ceux que le précédent régent prenoit, sçavoir : au « petit livre », 6 sols; aux « Heures », 8 s.; aux autres livres, 10 s.; à escrire, 14 s.; à chiffrer, 18 s.; — et estre exact à tenir sa classe, sçavoir : l'hiver, entrer le matin à 8 heures, sortir à 11; rentrer à 1 h., sortir à 4; en esté, entrer à 7 h., sortir à 11; rentrer à 1 h., sortir à 5; — estre exact à tenir sa classe aux dites heures, donner bon exemple aux enfans qu'il aura sous lui par sa conduite, faire la prière matin et soir, les instruire sur le nouveau catéchisme; — se pourvoir par devant Mr le syndic de la Confrérie St Nicolas, pour le payement de la somme de 150 f. chaque année, quartier par quartier et d'avance, à prendre suivant la volonté du fondateur de ladite chapelle. — Fait et délibéré dans la maison dudit sr Faures, les susdits jour, mois et an, et par devant que dessus. — Signé : Faures, jurat; Lucas, jurat; Delerm, jurat et moy, secrétaire greffier, Brot. » — *Ibid.*

— 1779. Révocation du sr Mazettier, reçu mr d'éc. le 18 avril 1773. « Les enfans n'apprennent plus avec ce régent qui ne remplit pas ses fonctions. Il ne s'occupe aujourd'huy que de son violon à faire bals et noces, non seulement dans la paroisse, mais hors de la juridiction, ce qui oblige les parens d'envoyer leurs enfans à l'escole à Paillet. » — Arch. Mp. de Rions, BB 4.

— 1785. Nomination par le corps de ville du sr Dabat, en qualité de régent, « attendu qu'il y a longtemps qu'il n'y en a pas ». — *Ibid.*

— 1789, 24 oct. Dabat exerçait encore; on lui rendait « bon témoignage » et l'autorité diocésaine renouvelait son approbation. — Arch. Dioc., U 2.

ROMAIN-DE-BOURSAS (SAINT-). — 1607. Guillaume Blanc, clerc tonsuré, régent. — Arch. Dioc., Q 18.

— Vers 1772. Requête de Jean Pujo, sollicitant du Prince-Archevêque, F. de Rohan, des lettres de régence. — *Ibid*. U 2.

ROQUE (LA). — 1765. Néant. — Arch. Dioc., U 9.

RUSCADE (LA). (Cette commune était avant la Révolution, une simple annexe de Gauriac.) — 1754. « Il y a une espèce de m² d'éc. qui n'a que six enfans. Il se nomme Ferchaud. C'est le trésorier de la confrérie de Saint-Roch; il est âgé d'environ 60 ans, il sait lire et escrire. Il est assidu pour le tems que les enfans sont chez luy, mais ils n'y restent pas après qu'ils ont dit une ou deux leçons; ils vont garder leur bestail; il est de bonnes vie et mœurs; il n'a point de gages. — Il n'y a point de m$^{sse}$ ni régente d'escole; les filles ne vont point à l'escole des garçons. — On fait le catéchisme à l'escole; on ne mène pas les enfans à l'église pour y assister à la messe; c'est à dire, le m² ne les y mène pas. » — Arch. Dioc., L 11.

SABLON. — 1609. Jehan le Duc, régent. — Arch. Dioc., Q 19.
— 1739. Néant. — Ibid., L 14.

SADIRAC. — 1610. Néant. — Arch. Dioc., L 2.
— 1765. Attestation de bonnes vie, mœurs et capacité de Joseph Darmager, tenant école à Sadirac depuis 1757. — Il enseignait encore en 1766. — Ibid., L 13, U 2.
— 1776. Requête du s$^t$ Feugas, m² d'éc. dans cette paroisse depuis quelque temps, aux fins d'obtenir des lettres de régence. — Ibid., U 2.

SAILLANS. — 1755. Néant. — Arch. Dioc., L 16.

SALAUNES. — 1612, 1734. Néant. — Arch. Dioc., L 2, 18.

SALIGNAC. — 1691. « Il y a dans la paroisse un maistre d'eschole, depuis douze ans, qui enseigne et apprend fort bien, comme il nous a esté attesté par M. le curé et habitans. » — Arch. Dioc., L 16.
— 1765. Ordonnance de visite : « Jean Normandin, tenant escole dans ladite paroisse, se présentera à nous pour estre examiné; luy défendons de tenir escole jusqu'à ce que nous luy en ayons donné la permission. » — Ibid.

SALLES. — 1731, 1737. Néant. — Arch. Dioc., L 17.
— 1734. « Il n'y a ni m² ni m$^{sse}$ d'escole. L'éloignement des

quartiers et l'occupation des jeunes gens occupés dès l'enfance à garder les troupeaux a apparemment empesché cet establissement. » — *Ibid*.

— 1787. « Il y a plusieurs m^rs dont aucun n'a de pouvoirs. Un d'eux nommé P. Lalou est m^e d'éc. et sacristain. Il a été dépossédé de l'une et l'autre place et a été ordonné qu'il serait procédé à l'élection d'un sacristain. Le s^r curé a été prié aussi de chercher un m^e d'éc. capable d'instruire et de nous l'adresser afin de l'autoriser à enseigner. » — *Ibid*.

— 1700. Lettres d'approbation accordées au s^r Morel, m^e d'éc. de Salles, sur un excellent certificat du curé. — *Ibid*., U 2.

SALLES (LES). (C'était une annexe de l'ancienne paroisse de La Fayotte.) — 1737, 1787. Néant. — Arch. Dioc., L 14.

SAMONAC. — 1691, 1754. Néant. — Arch. Dioc., L 6, 11.

SAUCATS. — 1736. Néant. — Arch. Dioc., L 12.

SAUGON. — Voy. *Générac* dont Saugon était l'annexe.

SAUMOS. — 1734. Néant. — Arch. Dioc., L 17.

SAUTERNES. — 1691, 1738. Néant. — Arch. Dioc., L 12.

SAUVE (LA). — 1610. Un régent non approuvé. — Arch. Dioc., H 3.
— 1692. Néant. — *Ibid*., L 13.

SAUVETERRE (1). — 1654. « Comme de tout temps, il est accoustumé d'auoir en la présente ville un régeant pour instruire la paroisse aux bonnes lettres, sans que cette coustume soit esté diuertye que [de]puis les mouuements derniers, qu'à cause des désordres et grandes charges que causoient les guerres, il ne s'est trouué aucuns

---

(1) Les renseignements tirés des Arch. Mp. de Sauveterre m'ont été fournis par l'inventaire ms. qu'en a fait M. Ducaunnès-Duval.

qui veulent accepter la dite régeance », le sʳ Bauzelle est nommé aux mêmes gages que ses prédécesseurs, lequel, « outre ce, prendra de chaque escolier ung droit raisonnable, selon la coustume ». — Arch. Mp. de Sauveterre, BB 1.

— 1655, 1661, 1666. Allocations au budget municipal pour les gages du régent. — *Ibid.*

— 1668. Les jurats remplacent, comme régent, le sʳ Lassivé, « ne sçachant que fort peu escrire et n'ayant pas mesme l'intelligence de l'arithmétique ny des lettres », par le sʳ Reich, « qui est homme capable et qui escrit fort bien et mesme qui a famille, [ce] qui est une chose qui le peut rendre plus assidu à son deuoir ». — *Ibid.*

— 1672. Concession à Pierre Bauzelle, précepteur de la ville depuis 1670, d'une pièce de terre demeurée vacante, à charge de tailles et de rentes. — *Ibid.*

— 1674. Ce mʳ d'éc. ne remplissant plus ses fonctions d'une manière satisfaisante est révoqué, puis réintégré en août 1675. — *Ibid.*

— 1750. Gages du régent, 100 l. — Arch. Gir., C 994.

— 1758. « Il y a à Sauveterre un régent, écrit le subdélégué à l'Intendant, mais je ne sache pas qu'il y ait de régente pour les filles. Il est certain, comme vous le pensez bien, Monseigneur, que l'éducation des filles seroit bien plus décemment entre les mains de régentes que chés les maîtres d'école. » — *Ibid.*, C 3097.

— 1753. Acte capitulaire et requête aux fins d'obtenir un régent latin et l'autorisation de s'imposer pour ses honoraires de 200 l. à perpétuité, « l'intention de S. M. estant qu'il y ait des régens dans tous les chefs-lieux pour l'éducation de la jeunesse ». — *Ibid.*, C 1700.

— 1770. Le subdélégué recommande la requête d'A. Beaunac, qui vu la cherté de toutes choses, demandait 200 l. de gages au lieu de 100, « eu égard à la difficulté que cette communauté éprouve à trouver un bon régent et que celuy-ci qui est establi et installé paroît estre dans ce cas ». L'intendant lui alloue 150 l., conformément à l'usage de « toutes les communautés de la subdélégation de Sainte-Foy qui ont des régents ». — *Ibid.*, C 402, 3095.

SAUVEUR (SAINT-), en Médoc. — 1735. Néant. — Arch. Dioc., L 15.

SAUVEUR (SAINT-), de Lussac. — 1739. Néant. — Arch. Dioc., L 14.

SAVIGNAC, d'Auros. — 1758. Projet d'établissement de deux Sœurs grises, par M. Lassus, négociant à Bordeaux, qui offrait pour cela 600 l. de rentes, une maison et un jardin; ces Sœurs devaient administrer les remèdes aux malades, « comme aussi faire l'école aux enfans pour leur apprendre le catéchisme, à lire et à écrire (1) ». — Arch. Gir., C 268.

— 1770. Gages d'un régent, 150 l. — *Ibid.*, C 2670.

— 1771. Suppression des gages, « n'y ayant point de régent actuellement ». — *Ibid.*, C 3095.

SAVIN (SAINT-). — 1778. Requête des habitants en faveur de Tessier, leur m⁰ d'éc.: opposition du curé. — Arch. Dioc., U 2.

SELVE (SAINT-). — 1691. « Aurions interpellé s'il y a m⁰ d'eschole faisant son deuoir, tant les sieurs curé et vicaire que paroissiens nous auroient respondu auoir pour m⁰ d'esc. le nommé B. Mriouleau, de bonnes mœurs, assidu aux offices et chants de la paroisse, éleuant la jeunesse à la crainte de Dieu. » — Arch. Dioc., L 6.

— 1736. Néant. — *Ibid.* L 10.

— 1758. Compétition entre G⁰⁰ Chaubet, régent approuvé, et le nommé Lassalle à qui la plupart des familles envoient leurs enfants, parce que l'autre m⁰ tient école hors du bourg, n'y ayant pu trouver un logement. Le subdélégué se prononce pour Chaubet et demande qu'on impose ses gages sur la communauté. Ordonnance conforme. — Arch. Gir., C 267.

— 1761. Requête de Jean Paillassard à l'Archevêque, aux fins d'approbation. Il faisait le catéchisme deux fois la semaine, conduisait les enfants à la messe tous les jours « pour les rendre plus sages et plus dociles », et chantait assidûment aux offices. La requête est appuyée par 21 paroissiens et le curé, docteur *in utroque jure*. — Arch. Dioc., U 2.

— 1768. « Jean Boucher, m⁰ d'éc. de la paroisse de Saint-Sève. » — Arch. Gir., B, Parlement; Arrêts (2).

— 1773. Jean Lataste demande à être continué dans la charge

(1) Je n'ai pas retrouvé aux Arch. Gir. d'autres traces de cette fondation.
(2) Rens. comm. par M. Daste Le Vacher de Boisville.

de mᵉ d'éc. qu'il exerce, depuis 16 mois, du consentement du curé et à jouir des avantages et exemptions y attachés. Il enseigne à lire, écrire, compter et la religion. — Arch. Dioc., U 2.

— 1774. Un régent. (Cf *La Brède*.)

— 1788. Jean Joffre, mᵉ d'éc. — Arch. Dioc., U 2.

SEMENS. — 1765. Néant. — Arch. Dioc., L 8.

SEURIN-DE-BOURG (SAINT-). — 1754. Néant — Arch. Dioc., L 11.

SEURIN-DE-CADOURNE (SAINT-). — 1735. Un mᵉ d'éc. — Arch. Dioc., L 15.

— 1756. Néant. — *Ibid.*

— 1775. Requête du curé et des habitants en faveur de leur régent, le sʳ Feugas. — *Ibid.*, U 2.

SEURIN-DE-CURSAC (SAINT-). (C'était une annexe de Mazion.) — 1634. Néant. — Arch. Dioc., L 4.

SEURIN-SUR-L'ISLE (SAINT-). — 1739. Néant. — Arch. Dioc., L 14.

SOULAC. — 1737. Néant. — Arch. Dioc., L 15.

SOULIGNAC. — 1765. Néant. — Arch. Dioc., L 9.

SOUSSANS. — 1612, 1734. Néant. — Arch. Dioc., L 2, 18.

SULPICE (SAINT-) ET CAMEYRAC. — 1766. Ét. Legras, régent. — Arch. Gir., B, procès non classés (1).

SULPICE-DE-FALLERENS (SAINT-). — 1691. « Les escholes sont tenues par des gens sans reproche. » — Arch. Dioc., L 6.

— 1739. Néant. — *Ibid.*, L 14.

— 1772. Lettres de régence au sʳ Fournier. — *Ibid.*, D 23.

---

(1) Rens. comm. par M. Roborel de Climens.

Sulpice-de-Guilleragues (Saint-). — Av. 1783, jean Bouron, régent. — Arch. Mp. de Coutures et Le Puy, Reg. baptist. 1<sup>er</sup> nov. 1783 (1).

Symphorien (Saint-). — 1691, 1726. Néant. — Arch. Dioc., L 12.

Tabanac. — 1692, 1766. Néant. — Arch. Dioc., L 13.

Taillan (Le). — 1611. « Le curé a un jeune homme auec soy pour enseigner la ieunesse. » — Arch. Dioc., L 2.
— 1734. Néant. — *Ibid.*

Talais. — 1737, 1786. Néant. — Arch. Dioc., L 15.

Talence. — 1788. Néant. — Arch. Dioc., L 12.

Targon. — 1765. Dubroqua, régent. — Arch. Dioc., L 9.
— 1769. Néant. — *Ibid.*
— 1781. Baigneaux, régent. — *Ibid*, D. 23.

Tarnès. — 1751 Néant. — Arch. Dioc., L 16.

Tauriac. — 1737. Un régent, n<sup>é</sup> Sautereau, « ivrogne et mauvais sujet ». — Arch. Dioc., L 11.

Tayac. — 1739. Néant. — Arch. Dioc., L 14.
— Au milieu du XVIII<sup>e</sup> s., un régent. — Rens. comm. à M. Maggiolo.

Teich (Le). — 1731, 1783. Néant. — Arch. Dioc., L 17.

Temple (Le). — 1734. Néant. — Arch. Dioc., L 17.

Terre (Sainte-). — 1739. Néant. — Arch. Dioc., L 14.
— 1753. Requête des paroissiens à l'Intendant, aux fins d'obtenir

---

(1) Rens. comm. par M. l'abbé Malsang, curé de Coutures et Le Puy.

l'autorisation de s'imposer de 150 l. pour avoir un régent. — Assemblée de communauté où ils déclarent, « tout d'une voix et unanimement, que, pour le bien public et l'utilité des enfans de ladite paroisse, il seroit tant bon que nécessaire qu'il y eût un régent pour leur donner des principes et éducation ». Le subdélégué émet un avis favorable et dit que porter les appointements à 150 l. sera le moyen de trouver un homme capable d'élever la jeunesse ; une somme plus modique occasionnera des changements et contraindra la communauté à accepter le premier venu. — Arch. Gir., C 1699.

— Av. 1760. Requête adressée à L.-J. d'Audibert de Lussan par les habitants qui demandent des lettres de régent pour le s<sup>r</sup> Vergnion, de Libourne et la révocation de celles accordées ci-devant au s<sup>r</sup> Sanguinère, « homme incapable de donner de bons exemples ». — Arch. Dioc., U 2.

TESTE (LA). — 1627. « Monsieur (1), on m'a fait voir une requeste présentée à M<sup>gr</sup> l'Illustrissime, par Mons<sup>r</sup> de Lorme, régent de ce lieu, aux fins d'auoir pour adioinct en sa profession, Monsieur Quinsac, présant porteur ; sur quoy ie ne peux dire, sinon qu'elle contient vérité et que ce sont deux personnes grandement vertueuses et qui mènent une vie du tout exemplaire et que la paroisse a grand intérest de les retenir tous deux, veu que l'un seul ne peut suffire à cause de la quantité des enfans ; et d'autant que le s<sup>r</sup> de Lorme ne faict profession d'apprendre la langue latine comme faict l'autre, à sçauoir Monsieur Quinsac, lequel a le desir de se rendre ecclésiastique et il me semble y auoir beaucoup de disposition, à raison de son bon naturel et de sa bonne vie, et, cella estant, il me pourroit assister ; aussy luy apprendrois-ie les cas de conscience et autres choses que ie iugero<sup>is</sup> nécessaires. Que s'ils estoient séparément, tous deux faisant cette profession, non seulement ils se préiudicieront l'un l'autre, mais encore ils donneroient occasion aux enfans de se rendre libertins, comme l'expérience a faict voir depuis peu de temps qu'un ieune homme s'est ingéré d'authorité priuée d'enseigner et, à cause de la grande liberté qu'il a donnée à ses escholiers, en a ramassé beaucoup qu'il a soubstrait audict sieur de

(1) Cette lettre est adressée à Bertheau, secrét. du card. de Sourdis.

Lorme, mais c'est au scandale du monde, veu qu'il n'a ny capacité, ny ne vit conformément à sa profession. C'est pourquoy ie vous supplie de faire appoincter leur requeste, puisque c'est pour le bien public, et obligerez beaucoup, Monsieur, vostre très humble et obéyssant serviteur, La Beyllüe. — De La Teste, ce 8 sept. 1627. » — Arch. Dioc., C 8.

— 1689. « [Il y a] deux m⁰˙ approuués du curé seulement, l'un G. Lafite, ayant, parmi les garçons, une fille, sa parente et filleule ; luy auons fait connoître qu'il deuoit la renuoyer dans l'escole des filles, autrement qu'il y seroit pourueu par M⁰ˢ l'Archeuesque ; l'autre J. de Baleste, dans l'escole duquel sont une multitude de filles meslées aux enfans (garçons) ; à quoy desirant remedier, nous auons procédé comme dessus. — Une m⁰ˢ˙, Marie Mercier, veuue. »
— Ordonnance de visite : « Nous faisons inhibitions et deffenses à G. Laffite et J. Baleste, m⁰ˢ d'escole des enfans, de receuoir, dans leur escole, des filles, soubs quel prétexte que ce soit, sur peyne d'estre interdits, comme aussy à M. Mercier, m⁰ˢ˙ d'escole, de receuoir dans son escole aucun enfant, sur semblable peyne. » — *Ibid.*, L 17.

— 1719. Jean Baleste, régent (1).

— 1723-1726. Barthélemy Duvigneau, m⁰ d'éc. — Arch. Gir., pièces non classées (2).

— 1731. « Deux m⁰ˢ, B. Duprat et J. Daisson, de bonnes vie et mœurs ; sans gages. » Écoles mixtes. — Arch. Dioc., L 17.

— 1787. « P. Baleste, m⁰ non approuvé, de bonnes mœurs, exact ; gages : 5 sols par feu, mal payés. — Élisabeth Izabeau, exacte, assidue, de bonnes mœurs ; sans gages fixes. — Même école que pour les garçons. » — *Ibid.*

TEUILLAC. — 1755. « Il n'y a pas de m⁰ d'éc. Les enfans vont à Mombrier. » — Arch. Dioc., L 11.

TIZAC, canton de Guîtres. — 1755. Néant. — Arch. Dioc., L 16.

---

(1) Je ne retrouve pas dans mes notes la source de ce renseignement.
(2) Rens. comm. par M. Roborel de Climens.

TOULENNE. — 1691. Néant. — Arch. Dioc., L 12.

TOURNE (LE). — Avant 1752. J. Morellon, régent. — Arch. Gir., C 3294.
— 1766. J. Renon, m⁸ non approuvé. « Sa capacité n'est pas encore connue du curé. » — Arch. Dioc., L 13.

TRESNE (LA). — 1766. Un m⁸, Cl. Foudement; bons renseignements; sans gages. — Arch. Dioc., L 13.

TRESSES. — 1766. Néant. — Arch. Dioc., L 13.

TUZAN (LE). (C'était une annexe d'*Origne*.) — 1691. Néant. — Arch. Dioc., L 12.

UZESTE. — 1643. Acte de décès de Jean Dussarat, clerc minoré; « iceluy estoit régent en la paroisse d'Uzeste ». — Arch. Mp. d'Uzeste. État civil (1).
— 1683. Acte de décès de « Germain Dusans, Limousin, régent, demeurant à Uzeste depuis trois ans ». — *Ibid*. (2).

VALEYRAC. — 1786. Néant. — Arch. Dioc., L 15.

VAYRES. — 1610. « Le régent est allé, par trois sepmaines, au presche des hérétiques. » — Arch. Dioc., H 3.
— 1741. Ordonnance pour les gages du régent. — Arch. Gir., C 3089.
— 1746. Gages du régent, 150 l. — *Ibid*.
— Avant 1769. Forton, régent. Ce m⁸ s'était volontairement retiré.
— Arch. Dioc., U 2.
— 1769. Requête des paroissiens, en faveur de leur régent, le s' Ciron, ci-dev. m⁸ d'éc. à Arveyres. — *Ibid*.
— 1771. Requête en faveur de J. Pibouleau, officier breveté de l'hôtel des Invalides, qui devait succéder au précédent, lequel s'était démis de ses fonctions. — *Ibid*.

(1-2) Renseign. commun. par M. l'abbé Fauché, curé de Vayres, ancien curé d'Uzeste.

VENDAYS. — 1737. Néant. — Arch. Dioc., L 25.

— 1786. « Il y a un m⁰ d'éc., mais qui n'a pas encore de lettres d'approbation de M⁸ʳ l'Archevêque. M. le curé en est fort content. » — *Ibid.*

VENSAC. — 1737, 1786. Néant. — Arch. Dioc., L 15.

VÉRAC. — 1691. « Nous estans informez s'il y a un m⁰ d'escolle, on nous auroit assuré qu'il n'y en auoit qu'un quy n'a point de permission de M⁸ʳ l'Archeuesque, ny de consentement des paroissiens. » — Arch. Dioc., L 16.

— 1739. Dupuy, régent, demande 150 l. de gages. Les habitants protestent. Leur requête porte que le m⁰ recevait dans son école les enfants des paroisses voisines et qu'il avait du bien. — Arch. Gir., C 3294.

— 1750. Dupuy exerçait encore cette année-là ; il figure comme témoin dans un procès jugé par l'officialité. — Arch. Dioc., O 6.

— 1755. Il est encore question de lui dans une visite archiépiscopale : « Il y a, dit le curé, un m⁰ d'éc. ; je ne sçais pas s'il est approuvé, non plus que son âge. Son nom est Dupuy, il est natif de la paroisse ; il enseigne les garçons et les filles tous ensemble ; il ne vient jamais à la messe les jours ouvriers, ny n'envoie d'écoliers pour servir la messe. » — *Ibid.*, L 16.

VERTEUIL. — 1735. Néant. — Arch. Dioc., L 15.

VIGNONNET. — 1545. Le vicaire tenait « escoles priuées dans sa chambre ». — (Cf. *Saint-Émilion.*)
— 1739. Néant. — Arch. Dioc., L 14.

VILLANDRAUT. — 1691. Néant. — Arch. Dioc., L 12.

VILLEGOUGE. — 1735. Néant. — Arch. Dioc., L 14.

VILLENAVE-D'ORNON. — 1623. Néant. — Arch. Dioc., L 3.

— 1761. Les curé, syndic et principaux habitants demandent l'établissement d'un régent. « M. de Tourny, dit la requête, vouloit y en établir un quand la mort l'enleva prématurément. » — Arch. Gir., C 3294.

VILLENAVE-DE-RIONS. — 1765. Néant. — Arch. Dioc., L 9.

VILLENEUVE. — 1691. Néant. — Arch. Dioc., L 6.

VIRELADE. — 1691. Néant. — Arch. Dioc., L 6.
— 1736. Un m® d'éc., Gabriel Fuxan, sans gages. — Arch. Dioc., L 12.
— 1782. Mort, cette année, de Bernard Fuxan, « quand vivoit, régent et procureur postulant de la juridiction de Virelade ». — *Ibid.*, O 30.

VIVIEN (SAINT-), en Médoc. — 1737. Néant. — Arch. Dioc., L 15.
— 1786. « Il n'y a pas de m° ni de m$^{sse}$; le curé se propose d'en établir. » — *Ibid.*

VIVIEN (SAINT-) ET LA FOSSE. — 1632. « On ne tient escole; le curé enseigne chez lui. » — Arch. Dioc., L 4.

YZANS (SAINT-), en Médoc. — 1735. Néant. — Arch. Dioc., L 15.

## II

## CORPORATION
### DES MAITRES-ÉCRIVAINS ET ARITHMÉTICIENS JURÉS
### DE LA VILLE DE BORDEAUX

1636. *Statuts de la Corporation*. — Ces règlements ne sont point inédits. On les trouve *in extenso*, avec diverses pièces annexes, dans l'édition des *Anciens et nouveaux Statuts de la ville et cité de Bordeaux*, préparée par de Tillet, « avocat et citoyen », ancien jurat, et publiée en 1701, par Simon Boé, imprimeur de la Ville (in-4° de 654 p.). Aussi ne les réimprimerai-je pas totalement. Je me contenterai de les faire connaître par une analyse étendue et un certain nombre de citations textuelles.

— Ces Statuts avaient été « concédez et accordez, sous le bon plaisir du Roy et de la Cour de Parlement, par Messieurs les Maire et Jurats aux Maistres-Ecrivains de la Ville », l.' « appointement » des magistrats municipaux est du 9 avril 1636. Il n'est appuyé sur aucun considérant de nature à nous renseigner sur les antécédents de la corporation. Les Maire et Jurats « reçoivent et approuvent les présents Statuts écrits en 29 articles, sans que lesdits Statuts puissent déroger à la liberté des Habitans de la Ville, lesquels pourront tenir, si bon leur semble, des Maistres, à l'avenir, dans leur maison pour faire apprendre leurs enfans à écrire et non autre ».

— Les lettres patentes approuvant les Statuts des Maîtres-Écrivains sont « du mois de juin 1636 ». J'en donne ici les considérants : « Nos bien amez les Maistres-Ecrivains de notre Ville de Bordeaux Nous ont fait remontrer que pour empescher les abus qui se commettent journellement par les prétendus Ecrivains passans, lesquels, sans aveu, permission ny capacité, s'ingèrent de professer l'Art d'écriture et Arithmétique en ladite Ville, et, sous des œuvres supposées qu'ils exposent publiquement, attirant la jeunesse, prennent leur argent par avance, font divers emprunts et puis s'en vont ordinairement sans dire adieu, laissant par telles procédures des marques qui déshonnorent non seulement la qualité d'écrivain, mais qui portent un notable préjudice au public et à la jeunesse, qui par ce moyen demeurent trompez et reculez en la suffisance dudit Art, les Maire et Jurats de notre Ville de Bordeaux leur auroient, le neufviesme avril dernier, accordé et concédé, sous notre bon plaisir, des Articles et Statuts, lesquels les Exposans désireroient qu'il nous pleût vouloir authoriser et approuver, afin qu'ils soient mieux observez et pour retenir en leur devoir ceux qui les voudroient mépriser, nous suppliant, à ces fins, leur octroyer nos lettres sur ce nécessaires. A ces causes... etc. »

— Voici l'analyse et des extraits des 29 articles :

Les Maîtres Ecrivains de Bordeaux, « pour l'honneur qu'ils doivent à la Ville et à leurs charges... désirent continuer de bien en mieux l'exercice de leursdites charges et conditions, en qualité de Maistres Écrivains jurez tant en l'Art d'Ecriture qu'Arithmétique, à l'instar des Maistres jurez de Paris... et, afin que toutes leurs actions ne tendent qu'à la gloire de Dieu, au profit et utilité du public et de la jeunesse », ils établissent entre eux une « Frairie à l'honneur de Monsieur saint Matthieu, Evangéliste ». (Art. 1.)

L'église du couvent de la Grande Observance est choisie pour siège de la confrérie ; les Ecrivains y fondent une messe haute, le jour de la fête de leur patron. L'entrée dans la confrérie est de 6 l.; la cotisation annuelle, de 1 l. — Ils assisteront tous les premiers dimanches du mois à la messe de la confrérie dans la même église et donneront, chacun à leur tour, le pain bénit; les contrevenants payeront 1 livre de cire. Les Maîtres professant la relig. prét. réf. ne seront pas obligés d'assister aux exercices de la confrérie, mais ils en payeront les droits. (Art. 2-4.)

Obligation d'assister aux funérailles des confrères, pour lesquelles les syndics « bailleront le luminaire et drap mortuaire » de la confrérie, laquelle fera célébrer les obsèques des Maîtres pauvres à ses frais, ou, « s'il n'y a aucuns deniers en la boëtte, chacun y contribuera fraternellement selon son pouvoir ». (Art. 5.)

Assistance aux confrères indigents. (Art. 6.)

Les Maîtres exerçant actuellement sont reçus dans la corporation, en raison « des bons témoignages qu'ils ont de long-temps manifestés au public [tant] de leur prudhomie, capacité et suffisance qu'autres qualitez et bonnes mœurs .., à la charge que lesdits Maistres, ou partie d'iceux, étant mandez par Messieurs les Jurats pour la vérification de quelques faussetez, erreurs de comptes et réduction des poids et mesures de la Maison de Ville, seront tenus se transporter en icelle pour vacquer aux susdites nécessitez, sans prendre aucun droit ni salaires pour leurs peines et vaccations ; et à ces fins seront exempts [tant] de porte, de guet qu'autres charges de la Ville... » (Art. 7.)

Les conditions d'entrée dans la corporation sont les suivantes : Nul ne pourra y être reçu et enseigner l'art d'écriture et d'arithmétique « en sa maison ou par la ville », qu'il n'ait adressé une demande aux Maire et Jurats et fait preuve de sa capacité devant les Maîtres à ce députés. Les candidats devront justifier de leur profession de la relig. cath. et prouver qu'ils ont ailleurs « professé leur Art et condition en gens de bien et d'honneur, sans aucun reproche ». — Ils devront faire dans la maison de l'un des syndics « un tableau d'Ecriture composé de plusieurs lettres, caractères usitez dans le Royaume, suivant l'ordre et méthode qu'un Ecrivain doit sçavoir et entendre en l'Art d'écrire ». Ce travail fait, ainsi qu'une enquête sur les vie, mœurs et religion de l'aspirant, celui-ci sera présenté aux Jurats par la corporation. Il paiera à la Ville 4 l. et le droit d'entrée dans la confrérie, enfin la cotisation annuelle. (Art. 8-10.)

« Ledit Aspirant étant receu et fait les soumissions cy-dessus mentionnées, pourra professer publiquement l'Art d'Ecriture et Arithmétique, mettre et poser un Tableau d'écriture ou de lettre d'or à sa porte ou fenêtre, sans que néanmoins dans iceluy Tableau ledit Aspirant, ni autre à l'avenir, puisse mettre ny exposer les Armes du Roy et de la Reyne, en peinture ou autrement, ny prendre la qualité de Secrétaire ou Ecrivain de Leurs Majestés, sans l'expresse permission et titre de Sa Majesté, à peine de 30 l. d'amende au contrevenant, applicables, la moitié à la nourriture des pauvres prisonniers de l'Hôtel de Ville, et l'autre moitié à la boëtte de la Frairie des Maistres Ecrivains, de confiscation de leurs Tableaux, de tous dépens, dommages et intérêts. » (Art. 11.)

Tous les tableaux d'écriture exposés en public par les Maîtres devront être de leur main, « sans aucun fard ny artifice, avec traits non poncez ny crayonnez », sous les mêmes peines. (Art. 12.)

Défense aux Maîtres de « placarder et afficher par les cantons et carrefours de la présente ville aucun écrit ny imprimé, à l'imitation des commédiens et charlatans ». (Art. 13.)

Les fils de Maître seront reçus dans la corporation, moyennant la constatation de leurs religion et capacité, rapportée par les syndics et deux maîtres anciens, et le payement des droits de confrérie. (Art. 14.)

Élection et fonctions des syndics; administration des fonds de la corporation. (Art. 16-19.)

« Que nul d'entre les Maistres Ecrivains jurez ne pratiquera ny subornera les Echoliers et Pensionnaires de ses collègues par voyes illicites, contraires à l'honneur et qualité d'un homme de bien, médire ny offencer la réputation et labeur d'autruy, sans faux rapport, supposition ni autrement, même déloger ny faire déloger son collègue pour se loger en sa place, ains au contraire se fairont tout honneur et respect les uns aux autres, les jeunes honorant les vieux, comme leurs anciens, afin que, par ce moyen, l'union de paix et bonne intelligence se trouve dans leurs actions, à l'honneur et gloire de Dieu et à l'édification du public. » (Art. 19.)

Les contestations entre Maîtres sont remises à la décision de l'assemblée générale de la corporation. (Art. 20.)

« Comme aussi est accordé et statué que, pour obvier à l'avenir aux desordres qui ont cy-devant régné et qui règnent encore à présent, tant pour la mauvaise intelligence des Maîtres que pour la mauvaise instruction donnée aux Ecoliers qui vont sous eux, lesquels, en sortant des Ecoles par trop proches et avoisinées, se batent et querellent les uns les autres, offencent les œuvres et la réputation des maistres par des actions du tout contraires à l'honneur de cette profession, désormais aucun desdits Maistres Ecrivains jurez presans et à venir ne pourront loger ny prendre maison en la rüe ou place publique, proche son collègue, exposer ni mettre aucun tableau à la veüe d'iceluy, à peine au contrevenant de l'amende susmentionnée (6 livres de cire pour le luminaire de la confrérie). — En cas qu'il arrive aucun discord, bruit ou querelle entre les enfans des différentes Écoles, proches ou éloignées, les Maistres des agresseurs étant avertis et informez de la vérité du fait tant par lesdits syndics que par les offencez ou autres gens d'honneur, seront tenus et obligez d'en faire tel châtiment et correction que le cas le requerra, en presence de l'un d'iceux, à peine de l'amende susdite au contrevenant, applicable comme dit est, et d'être déclarez indigne de professer l'Art d'Ecriture, et d'enseigner la jeunesse en la presente ville. » (Art. 21, 22.)

« Assistance des fonds de la boëtte aux Ecrivains passans necessiteux et incommodez pour leur ayder à passer chemin. » — Partage égal des frais d'érection de la corporation et autres dépenses. — Obligation de paraître et d'opiner aux assemblées convoquées par les syndics. (Art. 23-25.)

« Aucun de la compagnie des Maistres Ecrivains jurez ne pourra tenir par association aucun Ecrivain ny Arithméticien passant, avec luy, pour professer lesdits Arts au détriment des autres Maistres, ains pourra tenir seulement un homme à gages pour luy aider à faire son exercice, ne pouvant y subvenir pour raison de quelque indisposition, absence ou augmentation de travail, lequel dit homme ne pourra aller par les maisons enseigner, ains demeurera actuellement dans la maison de son maistre. » (Art. 26.)

« Pareillement qu'aucun, sous prétexte que ce soit d'enseigner les Principes de la Grammaire aux petits enfans, ne pourra tenir à gages ny autrement aucun Ecrivain ni Arithméticien passant, au détriment des Maistres Ecrivains et Arithméticiens jurez, bailler ny faire bailler aucun exemple d'Ecriture et Arithmétique aux enfans qui sont sous eux, qu'au préalable ils n'ayent fait les soumissions portées par le présent statut et conformément aux Maistres Ecrivains jurez... » (Art. 27.)

Les syndics auront qualité pour poursuivre les contrevenants, « faire saisir et enlever les Tableaux, Affiches et Placards qu'ils auront fait poser par les cantons et carrefours de Bordeaux, ensemble les Papiers et Exemplaires qui se trouveront dans leurs maisons » et les assigner devant les Maire et Jurats. (Art. 28.)

Les membres de la corporation promettent « par leur foy et serment » d'observer les statuts et signent : Jean Bonnaventure, Jean Dubois, André Ricard, Louis Allié père, Vincent de Labeyrie,

Jean Charamaure, Médard Allié fils, Jean Le Roy, Pierre Geslin, Gérard Labatut. (Art. 29.)

— Le 9 août 1636, la Cour de Parlement enregistre les Lettres patentes de Louis XIII et les Statuts, à la réserve de l'exemption du guet, portée à l'article 7. — *Statuts de Bordeaux*, édit. de 1701, p. 589-596.

1664. « Entre les Sindics des Maistres Ecriuains jurez de la présente ville, demandeurs en contrauention à l'estatut et autrement appelans de certain chef d'appointement pour en demander réparation, Mr le Procureur-Sindic joinct à eux, comparans en personne et par Dupérier, leur procureur, d'une part ; — et les nommez Joly-Saint-Marc, Bethon, Gilles Rabey-Ménard, Richard, Jean Lataste, Gabriel Parrat et François Dubosc, se disant Ecriuains, deffendeurs, comparans, sçauoir lesdits Joly-Saint-Marc, Bethon, Richard par Dalbytre leur procureur, et lesdits Rabey, Lataste, Parrat et Dubosc qui se sont défaillis, de l'autre ; — les Maire et Jurats, gouverneurs de Bourdeaux, juges criminels et de police, ouïs les procureurs des parties, ensemble le Procureur-Sindic de la ville qui a fait récit de l'estatut des Maistres Ecriuains, ayant aucunement esgard à l'appel en réparation desdits Sindics des Maistres Ecriuains, permettent auxdits deffendeurs d'apprendre aux enfans à lire et à faire les lettres simplement, sans estre liées ny assemblées et au long de la marge du papier et non à tranche (*sic*), attestation préalablement faite de leurs bonnes vie et mœurs, suivant l'appointement précédent. — Fait à Bourdeaux, dans la Chambre du Conseil, par devant Mrs de la Baylie, Martiny, Clary et Sociondo, jurats, le 20e juin 1664. Signé : Serpaut, greffier. » — Arch. Gir., H, fonds Sainte-Croix, 32.

1681. *Additions aux Statuts primitifs*. — Le 14 juin 1681, les Jurats permirent aux Maîtres Écrivains d'ajouter trois dispositions nouvelles à leurs anciens règlements. Le 1er article porte à 40 l. l'amende édictée contre les contrevenants aux statuts, qu'ils fassent ou non partie de la corporation. — Le 2e est ainsi conçu : « Les Veuves ou enfans des [Maîtres] decedez qui ne sont en âge d'exercer l'Art d'Écriture et d'Arithmétique, jouïront doresnavant du privilège de la Maistrise d'Ecrivain en la donnant à l'afferme à quelque

Ecrivain, faisant profession de la Rel. Cath., Apost. et Rom., et non aucun autre, lequel sera agréé par le corps des Maistres Ecrivains, auquel il faira apparoir des bonnes vie et mœurs, sans toutefois que celuy qui tiendra ladite Maistrise ou Privilège puisse prendre la qualité de Maistre Ecrivain ni de Vérificateur des écritures, à la vérification desquelles il ne pourra procéder, ni exposer aucun Tableau; bien sera tenu et obligé de contribuer aux frais, tant de Frairie que de ceux que la Compagnie sera obligée de faire pour le maintien du Statut et qu'il assistera au Service Divin et aux assemblées, comme les Maistres, sans toutesfois qu'il ait voix délibérative. » — Le 3e article dispose que « celuy qui tiendra ledit Privilège de veuve » sera chargé des convocations de la corporation. — *Statuts de Bordeaux*, édit. de 1701, p. 597.

1762. « *Eclaircissemens demandés par Mr le Contrôleur général, sur la situation actuelle de la Communauté des Mes Ecrivains et Arithméticiens de la ville de Bordeaux* (1).

» 1° Les Ecrivains jurés apprennent l'art de l'Ecriture et de l'Arithmétique et travaillent aux vérifications des écritures, signatures, avérations de comptes et calculs faits en justice.

» ... 3° La Communauté est composée actuellement de 17 Maîtres et n'est point fixée à ce nombre. Par l'établissement que feu Mr de Tourny fils, Intendant de Bordeaux, a fait de quatre Ecolles publiques d'Ecriture et d'Arithmétique (des frères de la Salle), ladite Communauté se trouve dans une indigence extrême, les trois quarts des Mes n'ayant pas de quoy sustenter leur famille. Beaucoup d'Embulans sans avû, ny feu ni lieu, vont dans les maisons pour y enseigner l'Art de l'Ecriture et l'Arithmétique.

» ... 7° Les Statuts ont été authorisés par lettres patentes de S. M. Louis XIII au mois de juin 1636 (à l instar des Ecrivains jurés de Paris), [et] homologués au Parlement de Bordeaux, le 9 août 1636. — A observer que les Maîtres de Paris ont obtenu de S. M. Louis XV un arrêt de son conseil royal, en date du 16 nov. 1745,

---

(1) Ce sont les réponses à un questionnaire en 14 articles adressé à toutes les corporations bordelaises. Les Maîtres Ecrivains sont restés muets sur quelques-uns de ces articles ; pour d'autres, les renseignements fournis n'ont aucun intérêt.

qui leur donne le pouvoir et les met en état de soulager leurs confrères indigens et de pourvoir aux besoins des veuves.

» 8° La Communauté n'a d'autre revenu qu'une somme de 60 l. par année, provenante de celle de 1320 l. à quoy montoient six offices d'Inspecteurs et de Contrôleurs créés par S. M., en l'année 1745, que la Communauté racheta en cotisations. Il est vray que, de ce tems, elle étoit mieux en estat, ne connoissant nullement les frères de la Salle, ny d'autres écolles si préjudiciables à notre communauté.

» ... 10° La Communauté se cotise, tant pour ses frais que pour toutes les impositions qui sont dues à S. M. » — Arch. Gir., C 1813.

*1770-1773. Nouvelles additions aux Statuts.* — Le 28 juillet 1770, la corporation résolut de solliciter des Maire et Jurats, puis du Parlement, l'approbation des huit articles suivants :

« Art. 1er. Aucunes personnes ne pourront enseigner l'Art d'Ecrire, l'Arithmétique, la Tenue des Livres en double ni en simple partie, non plus que les Changes des Pays étrangers, dans la présente Ville et Fauxbourgs d'icelle, chez eux ni en ville, qu'ils ne soient reçus Maîtres Ecrivains, à peine de deux cens livres d'amende, applicable un tiers à l'Hôtel de Ville, un tiers à l'Hôpital Saint-Louis et l'autre tiers à la boîte de la Communauté, au paiement de laquelle les contrevenans seront contraints par toutes voies dues et raisonnables.

» Art. 2. Un nombre infini de personnes sans aveu et sans capacité, s'ingérant d'enseigner impunément l'Art d'Ecrire et l'Arithmétique dans la présente Ville et Fauxbourgs, et n'étant pas juste qu'elles participent gratuitement à la Profession desdits Maîtres Ecrivains, dont la plupart sont sans occupations et hors d'état de payer les subsides, il est statué que la Communauté demeure autorisée à les obliger à se présenter aux Syndics pour faire devant eux une pièce d'Ecriture, laquelle sera rapportée à messieurs les Maire et Jurats, pour autoriser lesdites personnes d'enseigner dans les Maisons, Collèges, Communautés, Pensionnats, tant de Garçons que de Filles, et tenir Bureau d'Écrivain public, sans néanmoins pouvoir tenir classe, ni prendre le titre de Maître Ecrivain, et à la charge de payer annuellement une somme de douze livres, dont moitié applicable à l'Hôpital des Enfans-Trouvés, et l'autre moitié à la boîte de la

Communauté, à peine de cent livres d'amende, applicable comme dessus.

» Art. 3. Les Aspirans qui se présenteront pour être reçus à ladite Maîtrise, seront tenus de remettre à la boîte de la Communauté, savoir : les Etrangers la somme de trois cents livres ; ceux qui auront épousé une fille de Maître, cent cinquante livres ; et les fils de Maître, cent livres ; sur laquelle somme remise à la boîte par chacun desdits Aspirans, il sera prélevé celle de quarante-deux livres pour être distribuée, savoir : à chacun des Syndics, neuf livres ; au Doyen, douze livres ; à celui qui présentera l'Aspirant, neuf livres, et au Clerc de la Communauté ou tel autre qui sera par elle désigné, trois livres, et le surplus restera dans la boîte de la Communauté, soit pour servir aux dépenses d'icelle, soit pour le soulagement des pauvres Maîtres caducs, infirmes, et Veuves des Maîtres.

» Art. 4. Les Aspirans étrangers qui se présenteront à la Maîtrise ainsi que ceux qui auront épousé des filles de Maître, seront obligés de présenter à la Communauté des pièces de leur Ecriture des trois caractères usités dans le Royaume, qui sont, l'Ecriture française appellée communément Ronde, la Bâtarde et la Coulée, lesquelles pièces seront signées de leur main, et il en sera par eux porté un exemplaire à chacun des douze plus anciens Maîtres ; ils subiront en outre trois Examens, de huitaine en huitaine, sur les principes de l'Ecriture, et sur les difficultés de l'Arithmétique ; ils seront aussi tenus de faire chez un des Syndics, ou en tout autre lieu désigné par la Communauté, une pièce d'Ecriture des trois mêmes caractères, de Bâtarde, Ronde et Coulée, avec leurs Alphabets mineurs et majeurs mesurés, et une pièce séparée de Lettres capitales, pour servir de pièces de comparaison à celles qu'ils auront remises.

» Art. 5. La vérification des Ecritures étant une des principales parties de l'Art, et des plus importantes, qui décide souvent de la vie, de l'honneur et de la fortune des hommes, il est statué qu'il sera tenu à ce sujet une Assemblée, l'après-midi d'un samedi de chaque mois, dans laquelle un des Maîtres, nommé par la Communauté, à la pluralité des voix, expliquera et enseignera, comme Professeur, les règles et les principes, par lesquels toutes les vérifications doivent être faites, auquel Maître il sera donné un Adjoint, aussi nommé à la pluralité des voix, qui puisse le remplacer en cas de maladie ou autre empêchement légitime; et il sera payé au Professeur par le premier Syndic, et des fonds de la boîte, la somme de vingt-quatre livres à la fin de son année d'exercice, sans que son Adjoint puisse prétendre à ladite somme, qui ne lui sera payée que l'année suivante qu'il succédera à la place du Professeur, en sorté que, chaque année, il sera seulement nommé un nouvel Adjoint; et seront tenus tous les Maîtres d'assister audit Exercice, à moins d'empêchement légitime, à peine de dix livres d'amende, applicables aux prisonniers de l'Hôtel de Ville.

» Art. 6. Le dernier reçu à la Maîtrise sera tenu de convoquer la Communauté, quand il en aura reçu l'ordre des Syndics, comme de faire toutes les Écritures concernant la Communauté, à peine de douze livres, applicables à l'Hôpital Saint-Louis.

» Art. 7. Tous les Maîtres seront tenus de se rendre aux Assemblées pour lesquelles ils seront convoqués, aux heures mêmes indiquées, à peine de trois livres d'amende, applicable à la boîte de la Communauté, sauf excuse légitime qu'ils seront tenus de proposer au premier Syndic, au plus tard le lendemain de la convocation.

» Art. 8. Seront les anciens statuts exécutés au surplus selon leur forme et teneur. »

Ce fut seulement le 12 septembre 1772, que par un appointement de Jurade, signé: Buhan, jurat, les magistrats municipaux « autorisèrent et homologuèrent » la délibération de la Corporation des Maîtres Écrivains. Le 7 janvier suivant, le Parlement confirma à son tour et rendit exécutoires les règlements nouveaux. L'arrêt est signé: Drouilhet de Sigalas, président; de Baritault, rapporteur. — Arch. Gir., B, Arrêts du Parlement (plaquette imprimée *à Bordeaux, chez la veuve Calamy, Imprimeur-libraire, rue Saint-James, près l'Hôtel de Ville*).

1780. Les Maîtres Écrivains avaient demandé que les huit articles ajoutés à leurs statuts en 1770-73 et homologués au Parlement fussent revêtus de lettres patentes. Consulté par le Ministre, l'Intendant donnait son avis en ces termes: « Vous jugerez que le zèle et la perfection de leur art n'est pas le seul motif qui a inspiré aux Maîtres Écrivains ce supplément de statuts, mais plutôt le désir d'ajouter une nouvelle force au privilège exclusif de l'enseignement, et peut-être serait-il mieux de laisser les choses dans l'état actuel; mais, si vous jugez que ce nouveau règlement étant déjà revêtu de l'approbation des Maire et Jurats et de celle du Parlement de Bordeaux puisse recevoir sans inconvénient le sceau de l'autorité royale, je crois devoir vous proposer d'y ajouter une disposition pour excepter de l'application du privilège exclusif les écoles des frères de l'Institut de S$^t$ Yon qui sont établis à Bordeaux depuis vingt ans. On est infiniment satisfait du service important qu'ils y rendent aux familles des artisans et des gens du peuple dont les enfans, auparavant errans et vagabonds, reçoivent par les soins de ces frères les élémens de l'Education les plus propres à faire des citoyens utiles. » — Arch. Gir., C 114.

1773-1790. Les Archives de la Gironde conservent le dernier *Registre de délibérations* de la Corporation. Je l'ai soigneusement analysé. Voici ce qui m'a paru digne d'être relevé dans ce curieux recueil.

En 1773, les Maîtres étaient au nombre de 28; le plus ancien avait 45 ans d'exercice.

F° 5. « Le sieur Dupuy, premier sindic, a dit qu'il s'étoit présenté par devers lui le s$^r$ Dedome pour être reçu dans ladite Communauté au nombre de ses membres. Sur quoy, après meure réflexion des pièces d'écriture dudit sieur Dedome, délibéré qu'il porteroit une pièce d'écriture de trois caractères aux 12 plus anciens Maîtres par ordre de liste et que, préalablement, il nous ait donné preuve et certificat de catholicité et bonnes vie et mœurs, conformément à l'article de nos statuts, et qu'ensuite les s$^{rs}$ Syndics convoqueroient la compagnie pour présenter à ladite Communauté ledit s$^r$ Dedome et lui délibérer chef-d'œuvre. »

F° 9. « Le sieur Dedome, membre de la compagnie, ayant mis une enseigne plaquée à la maison qu'il occupe sur les Fossés de l'Hôtel de Ville, portant ces mots : *Académie d'Ecriture et pension*, et comme lad. Communauté ne reconnoît d'Académie d'Ecriture dans cette ville que celle de leur chambre syndicale et que pas un titre ne les authorize à prendre cette qualité en général et en particulier, le s$^r$ Dedome est sommé, devant lad. Communauté, d'avoir à sortir son tableau dans les vingt-quatre heures et d'en mettre un autre, quand il lui plairoit, conformément aux art. 11 et 12 des statuts et aux usages, et, faute de ce faire, les s<sup>rs</sup> Syndics le rendront assigné devant MM. les Maire et Jurats, pour se voir condamné, conformément aux statuts. »

F° 11. Répartition de la capitation (1774) : 185 l. — 31 M<sup>es</sup>, y compris M<sup>lle</sup> Lainé, V<sup>ve</sup> Lainé, M<sup>lle</sup> Montégut.

*Ibid.* « ... Il a été délibéré et arrêté d'une voix unanime que, pour arrêter le progrès des contrevantions sans nombre qui se multiplient tous les jours par divers particuliers, soit ceux qui tiennent classe, soit ceux qui vont dans les maisons, sans y être en aucune manière authorisez, et qui portent un grand préjudice à la Communauté, les s<sup>rs</sup> Syndics demeurent authorisez à faire donner auxd. contrevenans, pour et au nom de lad. Communauté, tous actes, assignations et autres, et les poursuivre en toutes cours et juridictions, ainsi qu'ils verront être à faire, jusques à jugement ou arrêts définitifs pour les obliger à cesser leurs contrevantions, à se conformer aux statuts et règlemens de lad. Communauté et payer les amendes par eux encourues. » (18 mai 1774.)

*Ibid.* Rambert et Malavergne, adjoints à Sonis, 2<sup>e</sup> syndic, « pour faire les visites et saisies chez les contrevenans qui tiennent classe sans y être authorisés ».

F° 14. Annulation d'une délibération précédente d'après laquelle les dépenses des frairies étaient pris sur la caisse commune, « fonds qui ne doivent servir qu'à l'entretien de la Communauté, au soulagement d'anciens Maîtres, de veuves, et pour fournir aux frais des procès que la Communauté a maintenant et qu'elle peut avoir dans l'avenir ».

F° 17. Dans le compte de 1774-75, trois « permissionnaires », les n<sup>és</sup> Blansac, Augade et Aubespin.

F° 28. Délibération (11 juillet 1778) en faveur des Maîtres malades que leurs écoliers abandonnent : « ... Délibéré que, quand il se trouveroit à l'avenir quelque Maître malade et qu'il sera obligé de fermer sa classe, il sera tenu d'en faire avertir le 1<sup>er</sup> syndic, en lui donnant une note de tous ses écoliers, soit du dehors que du dedans, et le 1<sup>er</sup> syndic en avertira tous les Maîtres par une lettre circulaire, en sorte que, si, pendant la maladie de ce Maître, il étoit proposé à quelque autre maître un écolier dont le nom se trouvât sur la liste, il lui sera permis de le recevoir pendant la maladie de son confrère, et ce, pour que le public ne soit frustré et que les écoliers ne perdent pas leur temps. Et à l'ouverture de la classe du convalescent, il fera de nouveau avertir le 1$^{er}$ syndic qui en préviendra les autres Maîtres ; mais alors chaque M$^e$ qui aura reçu les écoliers du Maître malade sera tenu de les renvoyer à l'ouverture de la classe du convalescent et il ne lui sera permis de les recevoir [de nouveau] que six mois après la date de la rentrée, dans le cas que les parens vouleussent l'échange, sans avoir égard au temps que l'écolier aura payé d'avance. Sur quoy, nous, Maîtres écrivains soussignés et autres, reconnaissant la justice d'une telle délibération, avons promis de nous y soumettre, à peine de 150 l. d'amende au contrevenant, et permis aux syndics de faire homologuer la décision en jurade. »

F° 33. Pour éviter de trop nombreuses assemblées, « toujours difficiles à former parmi des hommes continuellement livrés au service du public et à l'éducation précieuse de la jeunesse », et les intérêts de la corporation étant lésés par un grand nombre de contrevenants, « eüe délibération et après avoir meurement réfléchi, il a été unanimement délibéré et arrêté que les sieurs syndics sont et demeurent autorisés : 1° à poursuivre généralement tous les contrevenans aux statuts et règlemens de ladite Communauté par toutes les voyes qu'ils trouveront convenables et jusques à jugemens et même à arrêts définitifs » ; 2° à faire tout ce qu'ils jugeront utile au bien de la corporation. (10 avril 1779.)

F° 37. Autorisation accordée gratis, sur la demande du Ministre de la Marine et de l'Intendant, transmise par les Jurats, à la veuve Gallet, demeurant près la porte Sainte-Croix, de librement enseigner aux jeunes enfants l'art de la lecture, de l'écriture et de l'arithmétique. (27 mai 1779.)

F° 38. Le duc de Mouchy ayant demandé l'exercice gratuit pour le sieur Corneillon, la communauté s'y refuse respectueusement, se basant, entre autres raisons, sur celles-ci : Corneillon a chez lui 80 écoliers et sa mère a quitté sa profession de poissonnière pour lui venir en aide; les M$^{es}$ écrivains sont chargés d'impôts et doivent soutenir dans leur misère quelques-uns de leurs collègues, ruinés par les contrevenans qui sont plus de 300 à Bordeaux. — Les Jurats sont priés de soutenir les privilèges de la corporation ; d'après ses statuts, « nul, sans qualité, ne peut mettre de placards ni d'enseigne, qu'il ne soit reçu Maître » ; et « pour avoir une permission d'enseigner dans les maisons seulement, il faut payer annuellement 12 l. dont moitié à la Communauté et moitié à l'hospice Saint-Louis ». (17 juin 1779.)

F° 47. Dans l'assemblée du 10 février 1781, le 1er syndic rapporte qu'il a obtenu du Parlement un arrêt en faveur de la Communauté, contre les frères des écoles de charité (1).

F° 48. Le sr Franquet, Me ès arts, se présente pour être admis dans la corporation.

F° 52. Commission donnée à deux membres de la Communauté pour examiner un candidat à la Maîtrise de teneur de livres. Il devra être interrogé sur l'arithmétique, la tenue des livres en partie simple et double, changes, rechanges et arbitrages, règles d'assurances d'avaries, d'intérêt, d'escompte et autres règles au choix des examinateurs. (18 juillet 1781.)

F° 54. Répondant à un placet transmis par le duc de Mouchy, les Mes se plaignent du tort porté à leur Communauté par l'établissement à Bordeaux de « quatre écoles des frères de St Jean de la Salle (sic) dans chacune desquelles il y a un nombre infini d'écoliers, les parens présumant sans doute que les enfans [y] font plus de progrès que dans un collège ». Quelques particuliers ont obtenu, sans être Maîtres, droit d'exercice, et ont « la liberté de montrer à écrire et chiffrer dans les maisons, collèges et pensionnats ». Il résulte de ces infractions que les Maîtres de Bordeaux s'expatrient : Laroche père à Castillon, Laroche fils à Sainte-Foy, Olivier à Blaye, Sonis à Libourne, Lafargue à Saint-André de Cubzac. (12 sept. 1781.)

F° 80. Le sr O'Connell se plaint que le sr Furcatte soit venu se loger auprès de lui, le braver avec son enseigne et se rendre ainsi la cause de rixes entre les écoliers. Le sr Furcatte reçoit l'ordre de déguerpir dans trois mois, le syndic étant autorisé à le poursuivre en justice. (4 sept. 1784.)

F°s 111-116 (1788, 1789). La Communauté commence et continue à s'occuper de politique et prend part par ses députés aux assemblées

---

(1) Le texte de cet arrêt n'a pu être retrouvé aux Arch. Gir.

et élections préparatoires aux États généraux. Le 7 décembre 1788 (f° 113), elle réclame le doublement du Tiers ; elle reconnaît la nécessité des Trois Ordres, « quoique, dans le principe de la création, nous naquîmes tous égaux par le sang ».

F° 118. La Communauté fait remettre entre les mains des 90 électeurs de Bordeaux 600 l. « de la boîte » pour « concourir à l'acte patriotique d'un don gratuit en faveur de l'Etat ». (21 sept. 1789.)

F° 123. Le dernier procès-verbal est du 21 sept. 1790 ; on approuve les comptes des syndics et on constate que les fonds restant en caisse vont à la somme de 204 l. 16 s. Les 28 Maîtres en exercice signent. — Arch. Gir., C 1718.

# III

## FRÈRES DES ÉCOLES CHRÉTIENNES
## DE
## BORDEAUX

1. *Préliminaires de la fondation.* — 1758, 27 mai. Lettre de l'évêque d'Acqs (1) à M. de Tourny (2). Il le félicite de l'idée qu'il a eue d'appeler les Frères à Bordeaux et lui fait connaître M. Cazes, son fondé de pouvoirs et celui de la congrégation. Voici les passages les plus intéressants de cette lettre : « Rien, Monsieur, n'est plus efficace pour donner des mœurs et de la religion aux enfans du peuple, qui sont le plus grand nombre des citoyens, que l'établissement de ces bons Frères. Je vous en félicite et la ville de Bordeaux. Je ne puis rien faire de mieux que de vous envoyer la réponse que j'ai reçue d'Avignon à ce sujet et d'y joindre l'état que la même personne m'avoit envoyé, il y a six ou sept ans, dans la vüe de faire icy en petit ce que votre charité fait en grand à Bordeaux. Les facilités me manquèrent alors, mais je reprendrai courage, quand vous en aurés une douzaine (de Frères) et un noviciat qui seroit bien placé pour toute cette province.

» ... Il me paroît que l'expédient de n'accélérer que le départ d'un ou deux Frères faciliteroit l'établissement, attendu que tout seroit arrangé pour l'ouverture de leurs écoles, qui se fait le 1er octobre, après qu'ils se seroient tous rendus en septembre et avoir fait tous ensemble leur retraite qu'ils ne manquent jamais de faire avant d'ouvrir leurs écoles. »

(1) Louis-Marie de Suarès d'Aulan, évêque de Dax de 1736 à 1771.
(2) Charles-Louis Aubert de Tourny, fils de l'illustre intendant qui a transformé Bordeaux, lui succéda en 1757, et mourut en 1760.

— 1758, 22 juin. De M. Cazes à M. de Tourny. Il lui mande, d'Avignon, que le Fr. Pierre, visiteur du Languedoc, se rendra à Bordeaux, vers le 8 juillet. Il lui conseille de demander ce Frère pour la fondation, qui, en tout cas, ne pourra être accomplie avant le 1ᵉʳ octobre.

— 1758, 22 juin. Du Fr. Claude (1), supérieur général, à M. de Tourny. « Monseigneur, ayant appris par nos Frères d'Avignon que Votre Grandeur vouloit bien prendre sous sa puissante protection un établissement des Frères des Ecoles chrétiennes auxquels Monseigneur l'Archevêque (2) veut bien confier l'éducation de la pauvre jeunesse de Bordeaux, permettés, Monseigneur, qu'en qualité de supérieur desdits Frères, j'aye l'honneur, au nom de notre petit Institut, d'en témoigner à V. G. une très vive et respectueuse reconnaissance avec d'autant plus de justice qu'il n'y a qu'un grand fonds de piété et de religion et enfin un sincère amour de Dieu qui puisse inspirer à V. G. de si nobles et si religieux sentimens de vouloir protéger une œuvre qui, à la vérité, est grande devant Dieu, mais bien petite et même méprisée devant les hommes. Nous tâcherons donc, Monseigneur, d'entrer dans vos vues en procurant des sujets propres à remplir les pieuses vues de V. G., espérant qu'étant sous sa puissante protection, ils auront leur petit nécessaire pour être en état de s'acquitter de leur devoir sans être obligés de s'en distraire pour se le procurer, ainsi qu'un pauvre directeur est obligé de le faire dans certaines maisons où nos Frères ne l'ont point, ce qui ne se peut faire qu'aux dépens de la régularité.

» Notre Frère visiteur de Languedoc doit avoir l'honneur d'aller, de notre part, rendre ses devoirs et nos très humbles respects à V. G. qui aura la bonté de luy faire connoître ses intentions, afin de nous y conformer. C'est dans ces sentimens.., etc. »

— 1758, 4 juillet. De l'évêque d'Acqs à M. de Tourny. « ... M. Caze m'écrit qu'il a l'honneur de vous envoyer le Frère visiteur des sçavans ignorantins et que vous l'aurés à Bordeaux, vers le 8 de ce mois-cy... »

---

(1) Pierre Nivet, dit frère Claude, troisième supérieur général, né à Châtillon-sur-Loing (Loiret) en 1690, supérieur en 1751, démissionnaire en 1767.
(2) Louis-Jacques d'Audibert de Lussan, archevêque de Bordeaux de 1743 à 1769.

— 1758, 15 juillet. De M. de Tourny au Fr. Claude. « J'ay receu, mon cher Frère, la lettre que vous m'avez fait l'honneur de m'écrire au sujet de l'établissement des écoles chrétiennes de Bordeaux. Je suis fort aise que les vues que les jurats et moy avons eues d'y employer de vos Frères vous fassent plaisir. Nous avons veu icy le Frère visiteur du Languedoc avec qui nous avons convenu du fait. La Ville donnera annuellement 2,000 l. pour sept [Frères] et à chacun 1,000 l. pour son ameublement, avec une maison. Je puis vous asseurer qu'il y a peu d'endroits où ils trouveroient autant d'agrément qu'à Bordeaux. Je ne doute pas qu'avec le tems, cet établissement n'y devienne aussi florissant qu'il peut l'être à Rouen. Il me reste à vous prier d'y concourir par une attention particulière dans le choix des Frères que vous nous envoirés. Nous comptons d'avoir surtout ledit Frère Pierre, visiteur du Languedoc. Nous l'avons prévenu que nous le desirions et que je vous le demanderois. Je m'en rapporte cependant, sur cela, à vous entièrement. J'ay l'honneur... »

— 1758, 31 août. Du Fr. Jean-Pierre à M. de Tourny. « Monseigneur, après avoir présenté mes très humbles hommages à V. G., agréez que je prenne la liberté de vous adresser ces lignes, pour vous apprendre qu'au retour des visites de nos maisons de cette province, j'ay reçu une lettre de mon supérieur général qui me désigne le sujet qu'il destine pour aller commencer les écoles que votre piété veut bien établir dans Bordeaux. D'abord que nous aurons donné les vacances, nous aurons soin qu'il parte sur-le-champ, afin de correspondre au zèle ardent qu'a V. G. pour l'ouverture des écoles à la Saint-Luc (1).

» Je suis infiniment sensible à toutes les bontés qu'il a plu à V. G. de me témoigner et au choix qu'elle a bien voulu faire de moy pour l'ouverture desdites écoles. J'ay cru devoir vous représenter mes petites difficultés, comme j'ay eu l'honneur de le faire de vive voix et de les marquer à mon supérieur, afin de n'avoir rien à me reprocher devant le Seigneur. Sy cependant V. G. vouloit engager MM. les jurats à fonder un Frère de plus pour veiller sur les écoles afin que tout s'y passe avec plus d'ordre et que, dans le cas d'infirmité, il pût suppléer pour celui qui seroit incom-

(1) 18 octobre.

modé, afin de n'être pas obligé de laisser languir une classe, j'offre à V. G. tout ce que je puis et je pense qu'avec le secours de Dieu, je pourrai remplir ce poste.

» Sy la générosité de ces Messieurs vouloit faire encore cette dépense et que vous trouvassiés à propos de m'en donner avis, je prendrois sur-le-champ les arrangemens nécessaires pour qu'il n'y ait aucun retardement à l'ouverture des classes. Je supplie très humblement V. G., sy elle l'a pour agréable, de faire sentir à ces Messieurs que, pour que les classes aillent bien, il est nécessaire que le Frère supérieur puisse visiter chaque quartier des écoles, deux fois par semaine, et y faire les changemens convenables pour mettre l'émulation parmy les élèves et, par là, procurer leur avancement; ce qu'un supérieur ne pourra jamais faire, étant obligé de faire une classe qui le demande tout entier, et les écoles étant aussy éloignées qu'elles le seront dans votre ville. Nous remettons le tout à votre charité et à votre amour pour l'éducation de la jeunesse. Nous ferons toujours tout ce qui dépendra de nous pour remplir nos devoirs et pour convaincre, plus par nos actions que par nos paroles, V. G. que nous faisons tous nos efforts pour procurer la gloire de Dieu et le salut des âmes. C'est ce que vous prie très humblement de croire celuy qui offre tous les jours à Dieu, avec sa petite communauté, ses prières pour votre conservation, prospérité et santé, et qui demeure avec le respect le plus profond..., etc. »

Arch. Gir., C 3292.

2. *Actes officiels relatifs à la fondation* (1). — « Du lundy 29° may 1758.

» Sont entrés dans la chambre du Conseil, MM. de Galatheau, Duranteau, Brunaud, le chevalier Demons, Pinel, jurats; et Chavaille, clercq et secrétaire de l'Hôtel de Ville.

» Sur ce quy a été représanté qu'il seroit bon d'établir dans la présente ville, pour l'instruction des enfans, des écoles de charité comme celles qui sont établies dans la ville de Paris et notamment

---

(1) Je publie les délibérations de la Jurade et les lettres-patentes de 1759, d'après des copies en forme conservées aux Arch. Gir.

dans la paroisse de Saint-Sulpice ; que la nécessité, l'utilité d'un pareil établissement ont été depuis longtemps reconnus ; qu'il a même été ci-devant propozé en Jurade, et différé par des circonstances et des raizons qui ne subsistent plus, et que, depuis peu, M$^{gr}$ l'Archevêque, par un principe de charité pastorale, a bien voulu solliciter Messieurs les jurats de faire un établissement aussi avantageux, et par là même aussi digne de leurs soins ; *il a été délibéré* qu'il sera étably des écoles de l'espèce susdite dans la présente ville ; qu'à cet etfet on prendra les moyens nécessaires pour faire venir à Bordeaux six Frères de même état que ceux qui tiennent les écoles sur la paroisse de S$^t$ Sulpice de Paris ; qu'il leur sera fourny les ustancilles et les appointemens convenables, ainsy que cela s'est pratiqué dans les autres lieux où se sont faits de tels établissemens ; que lesdits Frères seront logés dans une maison appartenante à la Ville, aux environs de la nouvelle église de S$^t$ Louis, aux Chartrons (1), où deux desdits Frères tiendront journellement école, et qu'au surplus il leur sera fourny par la Ville une chambre dans la paroisse S$^{te}$ Eulalie et l'autre dans la paroisse S$^t$ Michel où deux d'entre eux viendront tous les jours tenir école dans chacune desdites chambres ; et M. de Tourny sera prié d'autoriser ladite délibération… »

— « Du lundy 3 juillet 1758.

» Sont entrés dans la chambre du Conseil, à l'Hôtel de Ville, MM. de Galatheau, Duranteau, Brunaud, le chevalier Demons, Pinel, Quin, jurats ; et Chavaille, clercq-secrétaire de la Ville.

» En conséquence de la délibération du 29 may dernier, portant établissement dans la présente ville des écoles de charité pour l'instruction des enfans ; *il a été délibéré* et convenu avec le Fr. Jean-Pierre, visiteur des Frères des Ecoles chrétiennes icy présent, qu'il seroit païé annuellement par la Ville, outre le logement qu'elle s'est engagée de fournir, la somme de 2,000 l. pour la pension alimentaire

---

(1) On avait projeté au XVIII$^e$ siècle de former aux Chartrons, aux dépens de Saint-Remy, une nouvelle paroisse, sous le titre de Saint-Louis. On commença à bâtir une église dont les fondations existaient encore, il y a quelques années, et dont le souvenir a été conservé par la rue Saint-Louis. Quand on organisa le culte constitutionnel, on donna ce titre à l'église N.-D. de la Visitation des Carmes déchaussés, démolie en 1875 et remplacée par un nouvel édifice de style ogival, ouvert au culte le 1$^{er}$ novembre 1879.

et entretien de sept Frères. en outre les meubles mentionnés dans l'état cy-joint qui ont été évalués à 1,000 l. pour chaque Frère, lequel a été signé par le Frère Jean-Pierre ; et M. de Tourny sera prié d'autoriser la présente délibération. Ainsi signé : de Galatheau, jurat ; Duranteau, jurat ; Bruneau, jurat ; le chevalier Demons, jurat ; Pinel, jurat ; Quin, jurat ; Chavaille, clercq de Ville et Frère Jean-Pierre. — Et en marge est écrit : Nous avons vu et autorisé la présente délibération. A Bordeaux, le 3 juillet 1758. Signé : Aubert de Tourny. »

— 1759, mars. *Lettres-patentes portant confirmation d'établissement des Frères des Écoles chrétiennes et gratuites de la ville de Bordeaux.*

« LOUIS, par la grâce de Dieu, Roi de France & de Navarre, à tous présens & à venir Salut. Le succès dont auroit été suivi l'établissement des écoles gratuites & charitables dans quelques villes de notre Royaume en ayant fait connoître l'utilité, les dittes écoles gratuites auroient trouvé une grande faveur auprès du feu roy, notre très honoré Seigneur & Bisayeul, &, à son exemple, nous les aurions autorisées dans les lieux où nous aurions éprouvé qu'elles pouvoient faire le plus de fruit ; & spécialement, sur ce que nous aurions été informés que, dès l'année mil sept cens cinq, les frères de l'Institut de Jean-Baptiste de la Salle auroient été appelés dans la ville de Rouen pour y tenir les écoles de charité, & que, dès ce moment, les enfans errans & vagabonds dans les ruës, sans discipline & dans l'ignorance de leur religion, auroient utilement employé par les soins des dits frères un tems qu'ils passoient dans la fainéantise qui les conduisoit au libertinage & successivement aux plus grands désordres ; touché d'un si grand bien & pour rendre stables les moyens employés pour le procurer, nous confirmasmes, par nos Lettres Patentes du mois de septembre mil sept cens vingt quatre, l'établissement des dits frères dans la maison de S$^t$ Yon au faubourg S$^t$ Sever de la ditte ville de Roüen pour y former des sujets propres à tenir les Écoles de charité dans les différentes villes de notre royaume où ils seroient envoyés & pour enseigner gratuitement les principes de la foi catholique, apostolique & romaine, à lire & écrire & l'arithmétique. Les inconvéniens de la fainéantise & d'une dangereuse oisiveté parmi les enfans qui ne peuvent pas aller aux écoles ordinaires estant les mesmes dans notre ville de Bordeaux où le nombre en est très grand, les jurats de la ditte ville ont eu recours au mesme remède &, ensuite d'une délibération du vingt neuf may mil sept cens cinquante huit, ils ont appelé sept frères des Ecolles de charité de l'Institut de S¹ Yon auxquels ils ont prescrit les quartiers où ils tiendroient les dittes écolles & leur ont assigné deux mille livres annuellement par forme de pension alimentaire, & à chacun mille livres une fois payées pour leurs meubles, & cet établissement ayant été formé incontinent, son commencement annonce pour l'avenir, par les premiers avantages que les pauvres ont déjà tirés de l'exercice des dittes écolles gratuites, une œuvre utile au public & à l'Etat. Et voulant y contribuer de notre autorité qui luy est nécessaire pour subsister, *à ces causes*, de l'avis de notre conseil & de notre grâce spécialle, pleine puissance & autorité royalle, nous avons loüé, approuvé, autorisé & confirmé par ces présentes signées de notre main, loüons, approuvons, autorisons & confirmons l'établissement des frères de l'Institut des écoles charitables de S¹ Yon dans notre ville de Bordeaux, pour, dans la ditte ville & ses faubourgs, tenir les écoles et y enseigner les principes de la Religion & y apprendre à lire, écrire & l'arithmétique seulement, le tout gratuitement, sans que les dits frères puissent se mesler de montrer à tenir les livres des marchands & négocians; voulons qu'à cet effet il soit payé à chacun des dits frères des écoles gratuites & charitables, sur les revenus ordinaires de la ville, la somme de trois cents livres annuellem¹, qu'il soit payé aussi pour chacun d'eux, & pour une fois seulem¹, la somme de mille livres pour leur ameublement & qu'il leur soit fourni par la ville, & à ses frais, une maison pour y vivre en commun suivant leur institut, d'où les dits frères se partageront & se rendront dans les différens quartiers de la ditte ville & faubourgs qui leur seront indiqués pour y tenir les dittes écoles dans les salles ou chambres qui seront loüées pour ces usages par les jurats, aux frais de la ville. *Si donnons en mandement* à nos amés & féaux, les gens tenant notre cour de parlement de Bordeaux que les présentes ils aient à faire registrer & le contenu en icelles garder & observer selon leur forme & teneur, pleinem¹, paisiblem¹ & perpétuellem¹, cessant & faisant cesser tous les troubles & empêchemens contraires, car tel est notre plaisir; & afin que ce soit chose ferme & stable à toujours, nous avons fait mettre notre scel à ces dittes présentes. Donné à Versailles, au mois de mars l'an de grâce mil sept cens cinquante neuf & de notre règne le quarante quatrième. » LOUIS.

» Par le roi : PHÉLIPPEAUX.

» Enregistré au Parlement de Bordeaux le 15 avril 1759; et à l'Hôtel de Ville, le 13 juillet. Signé : Chavaille. »

— « Du samedy 24 novembre 1759.

» Sont entrés en jurade MM. Carle de Roquette, Lalanne, Quin, Donissan de Citran, Tournaire, Combelle, jurats; Pinel, procureur-syndic, et Chavaille, clerc-secrétaire de la ville.

» Sur ce qui a été représenté que l'établissement des Frères des Ecoles chrétiennes dans cette ville procuroit un avantage si connu qu'il ne pouvoit être trop multiplié, d'autant plus que les trois classes des Chartrons, Sainte-Eulalie et Saint-Michel étoient insuffisantes au concours d'enfans qui se présentoient pour y être reçus; que, depuis peu, M$^{gr}$ l'Archevêque, par un principe de charité pastorale, avoit bien voulu faire part à Messieurs les jurats du dessein où il étoit d'unir à cet établissement un bénéfice pour faciliter à la Ville les moyens de le soutenir et [que] Messieurs les Jurats n'ont différé qu'avec regret l'établissement d'une de ces classes dans le faubourg Saint-Seurin dont le nombre des habitans s'accroît de jour en jour et dont les enfans, pendant la rigueur de l'hiver, se trouvent trop éloignés des classes des Chartrons et de S$^{te}$ Eulalie; *il a été délibéré* qu'en attendant que M$^{gr}$ l'Archevêque effectue le dessein qu'il a d'unir un bénéfice à ces écoles, il sera paié annuellement aux Frères des Ecoles chrétiennes la somme de 600 l. en sus des 2,000 l. portées dans la délibération du 3 juillet 1758, pour la nourriture et entretien de deux nouveaux Frères qui tiendront la classe que la Ville fait construire rue Fondaudège, à Saint-Seurin; et M. de Tourny sera prié d'autoriser la présente délibération. Signé : Lalanne, Quin, Donissan de Cytran, Tournaire, Combelle, jurats, et Pinel, procureur-syndic. — Vu : Aubert de Tourny. — Chavaille. »

Arch. Gir., C 3292.

3. *Après la fondation.* — 1758, 12 déc. Lettre de M. Le Quien de la Neufville, vicaire général (1), à l'Intendant... « Nos chers frères

---

(1) Dernier évêque de Dax (1771-1802). La vie de ce pieux prélat, très dévoué à toutes les œuvres de charité et d'enseignement, a été publiée en 1890, par M$^{gr}$ Cirot de la Ville. (Bordeaux, Cousseau et Coustalat, in-8° de 191 pages, avec un portrait.)

des Écoles chrétiennes font des prodiges. Je suis enchanté de leur zèle pour le bien et du bon ordre qu'ils font observer dans les écoles. Celles de Saint-Michel ne commencent qu'aujourd'hui. Les frères ne sont pas en assés grand nombre pour la multitude d'enfans qui viennent de toutes parts. Mais j'espère qu'avant deux ans quelque bonne âme me donnera des fonds pour augmenter le nombre des frères... » — Arch. Gir., C 267.

— 1758, 25 déc. Le Fr. Santin, supérieur, à l'Intendant. Cette pièce est un chef-d'œuvre de calligraphie. J'y relève les détails suivants : « La classe de la paroisse de Saint-Michel a commencé avec le même succès que les autres qui, grâces au Seigneur, vont bien. L'empressement des pères et mères à nous confier leurs enfans est des plus vifs, mais les classes sont si remplies que nous sommes obligés de n'en plus recevoir. Les parens des enfans que nous ne pouvons initier au nombre de nos disciples, mortifiés de ne pouvoir profiter de la bonne œuvre, en ont fait leur plainte aux jurats. Ces M. M., après s'y être transportés, ont trouvé qu'il y avoit de l'impossibilité de pouvoir enseigner le nombre qu'ils y ont trouvé. Nous n'épargnons rien pour contenter tous ceux qui ont confiance en nous, jusqu'à ce que Votre Grandeur puisse en juger par Elle-même... » Il demande ensuite à l'Intendant de signer un mandat de 2,000 l. pour payer l'ameublement des classes et de la communauté, ainsi que les livres classiques fournis par un imprimeur de Montauban (1). « Répondu et renvoyé le mandat visé de moy. » (Note de l'Intendant.) — *Ibid.*

— 1758, 30 déc. L'abbé Le Quien de la Neufville à l'Intendant. « Le Supérieur des frères des Écoles chrétiennes est dangereusement malade depuis huit jours, et les deux frères des écoles du Chartron ont la fièvre, en sorte qu'on est fort embarassé pour fournir des sujets dans les trois écoles. La distance de Sainte-Eulalie aux Chartrons leur paroît trop considérable ; il leur faut deux grandes heures chaque jour pour y aller et en revenir. Comme vous avez eu la bonté, Monsieur, de leur procurer une chambre aux Chartrons, ne pour-roient-ils pas s'y loger pendant l'hiver ? J'attendrai vos ordres pour leur en parler. » Note de l'Intendant : « Mandé à l'abbé de la

---

(1) Fontanel, imprim. du Roi. (Arch. Gir., C 270.)

Neufville que je trouve bon que les deux frères des écoles demeurent au Chartron. » — *Ibid.*

— 1759. 3 mars. Lettre de M. Le Quien de la Neufville, vicaire général. Le Frère supérieur se trouvait obligé de quitter Bordeaux pour cause de maladie... « Nous avons icy un sujet que je crois très propre à le remplacer, qu'on appelle Fr. Amand de Jésus. Il s'est très bien conduit dans l'affaire des maîtres écrivains (1); il a de la teste et des lumières, et, par dessus tout, il a l'amour de Dieu dans son cœur et beaucoup de zèle pour l'inspirer aux autres. Je pense, Monsieur, qu'une lettre de votre part au Supérieur général produiroit un très bon effet. Je luy écrirai l'ordinaire prochain. J'ay totalement converti M. de Baritault, sur le compte des frères, en faveur desquels il n'étoit point porté. Il est aujourd'huy leur plus zélé défenseur, et je me suis bien aperçu qu'il avoit parlé au procureur général fils (*sic*) que j'ay trouvé mieux intentionné pour les écoles qu'il ne l'avoit encore été. Le bien souffre toujours des contradictions et jamais il ne s'établit plus solidement que lorsqu'il est marqué au coin de la Croix de notre Sauveur. Le démon est très intéressé à l'établissement des écoles, car certainement nos bons frères luy enlèveront bien des cœurs dont il se seroit rendu maître... » — *Ibid.*, C 269.

— [1761]. *Mémoire des Frères.* « Messieurs les jurats de Bordeaux nous ayant évoqués au nombre de sept par une délibération du 3 juillet 1758 pour y éduquer la jeunesse, nous étions accablés sous la charge des enfans, lorsque, par une grâce de [la] Providence, ils procédèrent à une troisième délibération, en date du 24 novembre 1759, pour l'érection d'une école chrétienne à Saint-Seurin où il fut porté 600 l. pour la pension alimentaire et entretien annuel de deux de nos chers frères d'augmentation.

» Cette délibération fut passée à notre insu. En étant informé par M. de Tourny, notre Supérieur représenta à ce magistrat que ces nouveaux compagnons d'association devoient être favorisés comme les premiers pour leurs voyage et ameublement. Notre général s'en expliqua dans une missive à M. de Tourny, avant de donner ses obédiences aux deux religieux d'augmentation.

(1) A Bordeaux comme à Paris et en d'autres villes, la corporation des maîtres-écrivains, jalouse de son monopole, a tracassé les Frères et leur a intenté des procès. Cf. ci-dessus, *Maîtres-Écrivains*, notamment p. 149.

» Ce magistrat, trouvant les raisons de notre général très justes et bien fondées, païa leur voyage et donna l'ordre à M. Portier de leur donner leurs ameublemens mentionnés au mémoire signé de sa main.

» Nous étions donc dans une pleine sécurité sur ce païement, lorsque le sʳ Lagarde est venu exiger son dû (1). Sa précaution imprématurée à n'avoir point postulé le païement dudit mémoire signé du sʳ Portier, en date du 20 février 1760, six mois avant la mort de M. de Tourny, nous la rend funeste.

» Nous avons cru devoir vous faire connaître l'origine de ce mémoire. Nous le faisons avec confiance, dans la conviction où nous sommes que la signature du sʳ Portier décèle évidemment qu'il étoit autorisé... » — *Ibid.*, C 275.

— 1761, 20 juillet. Lettre de l'Archevêque à l'intendant Boutin (2). « Paris... Vous aviez eu la bonté, Monsieur, de me promettre que vous feriez payer le mémoire des petits meubles et effets qui avoient été fournis aux frères des Écoles chrétiennes par ordre de feu M. de Tourni, vostre prédécesseur dans l'Intendance, et signé du sʳ Portier, par son ordre.

» Le marchand qui a fourni ces effets ne demande que la signature de son mémoire et attendra pour le payement.

» J'espère que vous voudrez bien donner vos ordres à ce sujet. Vous avez vu par vous-mesme, Monsieur, le bien que font ces bons frères dans nostre ville pour l'instruction des jeunes gens qui, avant leur établissement, erroient vagabonds dans les rues de Bordeaux et y donnoient dans tous les vices.

» Je profite du passage du frère supérieur de nos écoles de Bordeaux qui revient de leur assemblée générale pour avoir l'honneur de vous écrire et de vous recommander ces frères.

» Soyez persuadé, Monsieur, de l'attachement respectueux avec lequel j'ay l'honneur d'estre vostre très humble et très obéissant serviteur. † L'archevêque de Bordeaux. » — *Ibid.*

— 1764, 24 déc. L'intendant Boutin au contrôleur général (3).

---

(1) Il s'agissait d'un mémoire de matelassier de 768 l. 12 s.
(2) Intendant de Bordeaux de 1760 à 1765.
(3) Clément-Charles-François de Laverdy, contrôleur général, de 1763 à 1768.

« Monsieur, je viens d'être informé que dans les mémoires qui vous ont été adressés de la part des jurats de Bordeaux, contenant le détail des revenus et des charges de cette ville, on a mis une note peu favorable à l'établissement qui a été fait, il y a quelques années, par lettres patentes dûment registrées, de 8 ou 9 frères des écoles charitables de l'institut de S$^t$ Yon. J'en ai été d'autant plus surpris, Monsieur, qu'il n'est personne qui ne rende ici justice à l'utilité, pour ne pas dire à la nécessité, de cet établissement.

» Deux mille (*sic*) enfans qui auparavant étoient errans et vagabonds dans les rues ont été réunis par les soins de ces frères dans les écoles où on leur apprend les principes de la religion, à lire et écrire, le tout gratuitement. On leur apprend surtout à connaitre les lois de l'obéissance, et c'est sous ce point de vue que je crois cet établissement singulièrement avantageux dans cette ville, attendu que la plupart des habitans du commun peuple, occupés du matin au soir des détails de la navigation ou du commerce, étant hors d'etat de veiller sur leurs enfans, les laissoient vaguer dans les rues sans leur donner aucune espèce d'éducation, et vous sentés, Monsieur, qu'une jeunesse livrée ainsi à elle même et à tous les désordres dont les occasions sont fréquentes dans un port de commerce ne pourroit manquer de fournir des sujets nuisibles ou contagieux pour la société, bien loin de pouvoir lui rendre à l'avenir des services utiles. M. l'archevêque de Bordeaux et les curés de la ville rendent le témoignage le plus avantageux du zèle et du succès de ces frères. J'en ai aussi parlé aux jurats. Aucun n'a sçu me dire comment ni par qui cette note avoit été insérée dans leur mémoire ; et il y a véritablement lieu d'être surpris qu'entre tant de dépenses dont plusieurs n'ont aucun principe solide d'utilité publique, on choisisse par préférence celle dont il s'agit, pour en proposer la suppression. Cet objet, Monsieur, m'a paru très digne de votre attention et, si les représentations que j'ai l'honneur de vous faire vous sont agréables, comme j'ai lieu de l'espérer, il seroit à désirer que vous voulussiés bien me mettre en état de tranquiliser ces frères par rapport aux craintes qui leur ont été inspirées en conséquence de ces mémoires.

» Je suis avec un profond respect, etc. » — *Ibid.*, C 3292.

— 1769. 14 août. Assemblée des jurats : « Et attendu l'heure tardive, la troisième proposition qui est l'examen des avantages des écoles chrétiennes afin de les conserver ou de les supprimer a été renvoyée à la prochaine assemblée (1). » — Arch. Mp. de Bordeaux, GG 281.

— 1770, 1ᵉʳ sept. «*Discours prononcé par M. Tranchère, procureur-syndic, dans l'assemblée des Cent Trente* (2), *le 1ᵉʳ septembre 1770, en présence de Mgr le maréchal duc de Richelieu, gouverneur de la province*.

[I] » Messieurs, les délibérations de l'assemblée des notables (3) ont mis en doute s'il étoit plus avantageux que nuisible de conserver dans cette ville l'établissement des Écoles chrétiennes, et le Roy, à qui ce problème a été déféré, vous en a remis, Messieurs, la solution.

» Sa Majesté, par arrêt [du Conseil] du 7 janvier 1770, ordonne en faveur des Écoles chrétiennes le payement annuel d'une somme de 2600 l., sauf néanmoins à l'assemblée des Cent Trente à délibérer si cet établissement est avantageux à la Ville ou si, au contraire, il n'en résulte pas des inconvéniens.

» Il n'est sans doute personne, Messieurs, qui ne voie dans la disposition de cet arrêt à titre de règlement provisoire l'expression manifeste de la bienveillance du monarque, puisqu'il y ratifie de nouveau le témoignage précieux de la liberté des citoyens, dans les actes d'une administration purement municipale.

» C'est donc, MM., à ce titre de citoyens que vous devés aujourd'hui régler définitivement le sort des Écoles chrétiennes, et c'est aussi avec les sentimens du bien public que ce titre vous inspire que vous entrerés vous mêmes dans l'examen des avantages qu'elles peuvent produire ou des inconvéniens qu'elles peuvent faire craindre.

» Ces écoles ont commencé à paroître en France en 1680.

» L'institution est due à la ferveur de J.-B. de la Salle, chanoine de Rheims. Né dans cette ville, il fonda la première dans sa patrie.

» Le vœu de l'institut est de montrer gratuitement à lire et à écrire aux enfans des familles pauvres, quoiqu'on puisse douter que l'espèce de méchanisme pour l'instruction prescrite fût alors le même que

(1) Le procès-verbal de cette « prochaine assemblée » n'existe plus aux Arch. Mp
(2-3) Sur ces organes du gouvernement municipal de Bordeaux, voir Barckhausen, introduction au *Livre des Privilèges* (Bordeaux, 1878, in-4º), p. xxII-xxII.

celui dont on se sert aujourd'hui dans ces écoles pour la faciliter. On les vit bientôt s'étendre et se multiplier, soit par l'attrait de la méthode de l'enseignement, soit par celui peut-être de la nouveauté. Mais ce qui a sans doute contribué encore plus à leur propagation, c'est l'existence légale qui leur a été donnée dans tout le royaume par les lettres patentes de 1724 et par la bulle du Pape approbative de l'Institut en 1725.

» C'est sur l'autorité de ces lettres patentes que fut formée, dans la maison de Saint-Yon (1), au faubourg de St Sever de la ville de Rouen, la pépinière des sujets et que de là en sont venues les émigrations successives dans les différentes villes, à mesure qu'on y a pourvu au fonds de l'établissement de ces écoles qui se trouvent aujourd'hui dans le royaume au nombre de 107.

» Les frais de dotation et d'entretien paroissent en plus grande partie avoir été fournis par la libéralité des évêques, des curés et autres ecclésiastiques; quelques particuliers distingués par leur naissance ou leur fortune ont imité cet exemple et dans le nombre des villes on en compte 15 qui y ont contribué de leurs revenus.

» Celle de Bordeaux crut devoir marcher sur les traces des dernières, car une délibération prise le 27 mars 1753, en appelant sept frères des écoles de charité de l'institut de Saint-Yon (2), pour trois classes distribuées dans les paroisses Saint-Remy, Sainte-Eulalie et Saint-Michel, avec assignation annuelle d'une somme de 2000 l. par forme de pension alimentaire et à chacun d'eux d'une somme de 1000 l. une fois payée, pour leurs meubles.

» Ces écoles étoient déjà en plein exercice dans les maisons que la Ville leur désigna, lorsque les lettres patentes du mois de mars 1759 furent enregistrées au Parlement, le 25 avril, pour avoir leur exécution aux clauses et conditions exprimées et à la charge que les frères des Ecoles chrétiennes ne pourront y recevoir que les enfans de la ville et fauxbourgs dont les parens seroient pauvres et hors d'état d'élever leurs enfans aux écoles ordinaires.

» Bientôt après, la Ville crut ne devoir pas se borner aux trois classes déjà établies et ses magistrats, séduits par l'espérance d'une

---

(1) La copie ms. des Arch. Mp. de Bordeaux porte à tort : S. Ouin.
(2) Ms. : S. Ouin.

union de bénéfices promise par M. l'Archevêque pour faciliter les moyens d'en soutenir les dépenses, déterminèrent, par une délibération du 24 novembre 1759, l'établissement d'une quatrième classe dans la paroisse de Saint-Seurin, en assignant, par chaque année, une somme de 600 l. en sus des 2000, pour l'entretien des trois autres.

» Les conditions de la Ville pour l'entretien de ces quatre classes n'ont été depuis cette époque ni aggravées par de nouvelles charges, ni affaiblies par le soulagement de l'union de bénéfices peut-être trop crédulement espérée.

» Le dénombrement actuel des participans à l'instruction de ces quatre écoles offre le tableau de 884 écoliers, dont 235 fréquentent la classe de la paroisse Sainte-Eulalie; 242, celle de Saint-Michel; 223, celle de Saint-Seurin, et 184, celle de Saint-Remy, et parmi lesquels on ne compte presque que les enfans des ouvriers des différents arts, métiers ou professions méchaniques de la ville et des fauxbourgs.

» Nous devons même avouer, MM., que, quelque soin que nous nous soyons donné pour y découvrir ou ceux des habitans aisés de la ville ou ceux des paisans, cultivateurs et habitans des campagnes hors les fauxbourgs, nos recherches n'ont abouti qu'à nous convaincre que ni les uns ni les autres n'en faisoient pas (sic) partie.

[II] » D'après l'affluence d'un essaim aussi nombreux de jeunes élèves qui puisent dans ces écoles les premiers élémens de l'éducation chrétienne et civile, qui s'y instruisent des préceptes de la religion et des mœurs, dont la plupart et presque tous seraient peut-être, sans ce secours, privés de toute connaissance de leurs devoirs envers Dieu, le Roy et les magistrats, quelle utilité publique et quels avantages réels ces écoles ne semblent-elles pas produire !

» Si on ne fait éclore de bonne heure dans le cœur et l'esprit de ces jeunes enfans le germe des vertus sociales, ainsi que les foibles tiges d'arbres caducs et desséchés, ou ils périront comme eux sans culture, ou, en survivant à leur aridité, ils ne produiront comme eux que des fruits amers et sauvages.

» La portion des hommes qu'on appelle *peuple* est, sans doute, dans l'Etat la classe la plus nombreuse; mais plus elle est nombreuse, plus il importe à la Patrie qu'elle ait de la religion et des mœurs.

» Sans la religion vous ne trouveriés dans l'État et encore plus parmi le peuple qu'un assemblage confus des passions les plus monstrueuses et les plus redoutables à la tranquillité publique et au bien général de la société.

» Mais ce n'est guère que dans le premier âge que les instructions peuvent jeter dans l'âme le germe des vertus, former des mœurs pures, sociales (*sic*) et paisibles. [C'est] parce que les enfans semblables à des cires molles sont encore susceptibles de toutes ces impressions qu'il est aussi aisé de graver sur leurs tendres cœurs l'amour de la religion, du Prince et de la Patrie. Il est presque impossible d'y parvenir dans l'adolescence parce que, le vice étant dans le principe, il est presque toujours incurable.

» Les Écoles chrétiennes paroissent pouvoir [se] faire gloire de prévenir ce danger par les instructions continuelles et suivies des devoirs de la religion et des mœurs, en joignant l'exemple au précepte, la pratique à l'enseignement, la fréquentation journalière des églises aux leçons journalières de l'école.

» Aussi, MM., réunissent elles unanimement en leur faveur les témoignages des curés de la ville et des faubourgs, par les certificats les plus amples et les plus authentiques.

» Après avoir considéré les avantages de l'exercice des écoles chrétiennes sous le rapport de la religion et des mœurs, jetons un regard rapide sur la partie de l'enseignement qui, en apprenant à lire, écrire et chiffrer, dispose les élèves à remplir utilement les obligations des différents arts, profession ou métiers auxquels leur naissance les destine.

» Pourroit il être indifférent à la Patrie que les enfans du bas peuple soient doués d'une certaine intelligence?

» Pour être tout ce qu'elle doit devenir, la brute n'a besoin que de l'instinct.

» Pour devenir tout ce qu'il peut être, l'homme a besoin de l'instruction.

» L'ignorance n'est bonne à rien et nuit à tout : les siècles les plus ignorans ont été les siècles les plus corrompus.

» Si on laisse les hommes sans culture, ils deviennent souvent stupides et quelquefois féroces.

» L'enseignement de la lecture, de l'écriture et du calcul peut seul éclaircir cette teinte de grossièreté et de barbarie; et la pratique des écoles chrétiennes pour y perfectionner rapidement les élèves est d'autant plus simple qu'étant presque méchanique, elle s'adapte plus aisément à la portée analogue de leurs esprits et de leurs connaissances.

» Lorsque ces élèves à la sortie des écoles sont formés à l'enseignement, l'Etat en retrouve l'utilité et la société les agréments dans les arts et dans toutes les différentes sortes de métiers qu'ils choisissent par préférence de goût ou qu'ils sont obligés de prendre par nécessité de situation.

» Quels services retire-t-on, au contraire, des ouvriers peu instruits ou peu éclairés, et ne doit-on pas convenir que presque tous les arts, même les plus méchaniques, exigent une certaine ouverture d'esprit sans laquelle le travail est quelquefois infructueux et souvent nuisible au bien général de la société?

» Dans l'intérêt particulier de cette nombreuse partie du peuple que la basse instruction et encore plus le défaut de toutes facultés dévoue nécessairement à s'assurer la subsistance sur le travail de ses mains dans l'exercice d'une profession méchanique, quelles ressources de commodités agréables et d'utilité réelle n'éprouve-t-elle pas lorsque sachant lire, écrire et chiffrer, elle peut seule se suffire à elle-même pour les comptes et mémoires qu'elle doit fournir au dehors pour ses pratiques et garder au dedans pour sa propre instruction et celle de son ménage?

» Si les ouvriers manquent de cette ressource en eux-mêmes, le détail multiplié de leur état, quel qu'il soit, leur impose malgré eux l'obligation de s'en pourvoir à prix d'argent, et cette dépense même ne peut que renchérir la main-d'œuvre.

» Enfin ne peut-on pas finir par observer qu'avant l'établissement des écoles chrétiennes dans cette ville, les enfans du bas peuple et les ouvriers de toute espèce étaient errans et vagabonds dans les carrefours et sur les places publiques, sans religion, sans mœurs et sans discipline? De là ces vices grossiers qui déshonorent la pauvreté, ces inclinations basses, ces libertinages effrénés qui dégradoient les enfans de la populace, au lieu que, rassemblés aujourd'hui pour le plus grand bien dans le centre commun d'une éducation gratuite de religion, mœurs, lecture, écriture et arithmétique, ils sont au moins garantis du libertinage et des désordres que produisoit avant l'oisiveté qui est la mère de tous les vices.

» Voilà, Messieurs, en général, à peu près l'examen des avantages que les écoles chrétiennes peuvent produire.

[III] » Nous allons à présent les considérer sous le rapport des inconvéniens qu'elles doivent faire craindre.

» Un magistrat (1), auteur d'un *Essai sur l'Education nationale*, imprimé en 1763, en écrivant pour le bien particulier de la province qui est sa patrie, s'est plaint à la France entière qu'il y avoit beaucoup trop d'écrivains et trop de collèges : « Autrefois, a-t-il dit, il étoit
» difficile d'être savant faute de livres; maintenant la multitude des
» livres empêche de l'être (2) et il n'y eut jamais tant d'étudians (3).
» Le peuple même veut étudier; des laboureurs, des artisans envoient
» leurs enfans dans les collèges (4), et quand ils ont fait de mauvaises
» études qui ne leur ont appris qu'à dédaigner la profession de leurs
» pères, ils se jettent dans les cloîtres ou prennent des offices de
» justice et deviennent (5) des sujets nuisibles à la société (6). »

» Cet auteur ajoute : « Les Frères de la Doctrine chrétienne
» qu'on appelle *Ignorantins* sont survenus pour achever de tout
» perdre. Ils apprennent à lire et à écrire à des gens qui n'eussent dû
» apprendre qu'à dessiner et à manier le rabot et la lime, mais qui
» ne le veulent plus faire; ce sont les rivaux ou les successeurs des
» jésuites. [Depuis qu'ils sont établis à Brest et à Saint-Malo, on a
» peine à trouver des mousses qui sont destinés à être matelots;
» dans trente ans d'ici, on demandera pourquoi il manque des

---

(1) Il s'agit de Louis-René de Caradeuc de la Chalotais, procureur général au Parlement de Bretagne, qui avait publié un *Essai d'Education nationale ou Plan d'études pour la jeunesse*. C'est un in-12 de 152 p. sans lieu d'impression. Les citations du procureur-syndic Tranchère sont empruntées aux pp. 25-26 de cet écrit.

(2) Ici dans le texte original : « On peut dire comme Tacite : *Ut multarum rerum sic litterarum intemperantia laboramus.* »

(3) Texte de la Chalotais : « Il n'y eut jamais tant d'étudians dans un royaume où *tout le monde se plaint de la dépopulation.* »

(4) Texte de la Chalotais : « Dans les collèges *des petites villes où il en coûte peu pour vivre.* »

(5) Texte de la Chalotais : « deviennent *souvent.* »

(6) Tranchère supprime ici une citation : *Multorum manibus egent res humanæ; paucorum capita sufficiunt.*

» matelots dans les ports (1).] Le bien de la société demande que
» les connaissances du peuple ne s'étendent pas plus loin que ses
» occupations ; tout homme qui voit au delà de son métier ne s'en
» acquittera jamais avec courage et patience. Parmi les gens du
» peuple, il n'est presque nécessaire de savoir lire et écrire qu'à
» ceux qui vivent par ces arts ou que ces arts aident à vivre.

» On sait que dans une bonne institution, on ne doit pas multiplier
» l'espèce des hommes qui vivent aux dépens des autres et qu'il
» faut contenir ces professions dans les bornes du nécessaire.
» Bientôt nous n'aurons plus dans le peuple que de misérables
» artisans, des miliciens et des étudians (2). »

» Il serait sans doute difficile, MM., de s'étourdir ou de se préoccuper sur la vérité de ces sinistres présages.

» Les jésuites, comme les ignorantins, commencèrent par être humbles et pauvres ; en apprenant les enfans du peuple à lire, n'ont-ils pas fini cependant par être riches et voulant être despotes, dictant des lois et préparant peut-être des fers aux quatre coins du monde (3) ?

» Mais en supposant qu'après la mort civile des jésuites, l'idée de leur similitude avec les ignorantins n'en soit venue à l'auteur cité

---

(1) Le passage entre crochets est en note dans le texte original.

(2) Cette odieuse théorie eut l'entière approbation de Voltaire. Il écrivait, le 28 février 1763, au magistrat aristocrate qui lui avait soumis son *Essai* : « Je ne puis trop vous remercier de me donner un avant-goût de ce que vous destinez à la France... Je trouve toutes vos vues utiles. *Je vous remercie de proscrire l'étude chez les laboureurs.* Moi qui cultive la terre, je vous présente requête pour avoir des manœuvres et non des clercs tonsurés. Envoyez-moi surtout des frères ignorantins pour conduire mes charrues et pour les atteler. » (*Œuvres complètes de Voltaire*, éd. Furne, in-4°, t. XII, p. 561.) — Rousseau était du même avis. « Le pauvre, dit-il au livre I de son *Emile* (publié en 1762), n'a pas besoin d'éducation. Celle de son état est forcée ; il ne saurait en avoir d'autre. » Tout cela n'empêche pas les partisans actuels de l'instruction obligatoire de dresser des statues à Voltaire et à Rousseau. Au fond ils sont plus logiques qu'ils ne le paraissent. Ce que, pour la plupart, ils poursuivent comme leurs devanciers, ce n'est pas le bien du peuple, c'est l'anéantissement de la religion catholique. Voltaire et Rousseau ne voulaient pas de l'enseignement primaire parce qu'il était chrétien ; leurs héritiers s'en sont faits les propagateurs parce qu'ils comptent bien le rendre athée. Tout est là.

(3) Ce serait évidemment perdre son temps que de relever beaucoup d'idées fausses et ridicules dont le procureur-syndic de la Ville s'est fait le rapporteur dans la troisième partie de son discours. Mes lecteurs sauront en faire justice.

que par l'effet de sa frayeur des revenans et qu'il n'y ait véritablement entre eux d'autre ressemblance que celle de la couleur de leur habit, ceux-ci, par leur instruction publiquement gratuite à la partie du peuple pour qui elle ne dût pas (sic) être faite, en préparent-ils moins dans le cœur de leurs élèves le germe fatal du dégoût et le plus souvent de l'aversion ou pour l'état de médiocrité ou pour la profession utile de leur famille nécessairement laborieuse ?

» Est-ce surtout, MM., dans une monarchie, c'est-à-dire dans cette espèce de gouvernement où le luxe a plus de facilité à étendre son empire, qu'on laissera cet aliment de plus à la violence de son explosion ?

» Le desir d'être mieux, cette cause première du mécontentement de notre état, ne monte-t-il pas assez impérieusement les ressorts du goût et de l'industrie sans qu'il y ait des écoles et surtout des écoles publiques qui en renouvellent et perpétuent le danger du sentiment (sic) ?

» Aussi, MM., que voyons-nous journellement sous nos yeux ? Les fils d'artisans ou d'ouvriers de tout genre, d'artistes habiles qu'ils eussent pu être et auroient été dans la profession de leur père, devenir onéreux à l'Etat par leur mendicité, ou se rendre victimes des lois par leur déréglement.

» Ce déplacement continuel de la classe des ouvriers, pour qui leur origine semblait être la loi naturelle de leur permanence, s'augmentant aujourd'hui plus que jamais, est l'effet de l'ambition ou le fruit du dégoût puisé naturellement dans l'instruction de la lecture et de l'écriture des écoles publiques.

» Si on n'arrête pas ce mal dans sa source, le bouleversement sera général, et cette ville éprouvera, la première, les effets dangereux de cette étrange vicissitude.

» Ce n'est pas, MM., que nous entendions vous dire que nous manquions d'ouvriers. Nous savons que les arts mécaniques, enracinés pour ainsi dire dans les besoins de l'homme, ont l'esprit de vie qui les soutient contre le ravage des tems, mais à la place de ce malheur dont le luxe nous affranchira, de quel autre plus accablant ne sentirons-nous pas, chaque jour, les effets ?

» Si la classe des sujets nés pour être ouvriers se repeuple par le luxe à mesure qu'elle s'est appauvrie par l'ambition, quelle sera, à la fin et sous peu, la classe d'hommes qui devra faire le fonds inépuisable de ce remplacement continuel ?

» On sait que tous les états se tiennent presque par la main, que la commotion du premier se communique au second et, de proche en proche, jusqu'au dernier. Eh! qui ne comprend d'avance que, par cet ébranlement, ce seront les habitants des campagnes qui remplaceront seuls dans les villes l'émigration successive des sujets nés ouvriers qui cesseront de vouloir l'être ?

» Disons mieux et disons vray, MM. N'est-ce pas moins la crainte d'un mal à venir que les effets d'un mal déjà présent ? Qu'on parcoure les campagnes et l'on verra que, si, à la ville, le fils du cordonnier ne veut pas de la profession de son père, le laboureur, de son côté, veut que son fils devienne artisan.

» Tel est donc l'enchaînement des effets funestes dans les écoles gratuites que, soit qu'elles reçoivent ou n'accueillent pas les enfans des cultivateurs et des païsans, le danger de l'épuisement des gens de la campagne n'en est pas moins la suite aussi malheureuse que nécessaire. Et alors que deviennent tous les propriétaires dans une province de vignobles dont la nature de la production exige dix fois plus de cultivateurs que les provinces à blé ?

» Qu'on joigne à cette première considération celle de l'infertilité de la plupart des domaines où l'on n'arrache à l'aridité du sol quelque produit que par les sueurs continuelles des ouvriers qui en suspendent l'épuisement à force de travail.

» Les privilèges dont nous jouissons dans cette ville n'ont été introduits et ne se conservent que par la connoissance publique de cette infertilité, et elle vient tout récemment d'être, dans les mains de M. le gouverneur de la province, un des ressorts actifs de sa protection pour le rétablissement de notre franchise des tailles. C'est à sa persuasion la plus vive, la plus forte, la plus affectueuse que vous devés, MM., un service si éclatant dont nous conservons le souvenir dans nos cœurs et dans nos fastes pour perpétuer à nos arrière-neveux notre immortelle reconnoissance.

» Nous n'ajouterons plus rien, MM., à l'exposé que nous venons d'avoir l'honneur de vous faire des avantages que les Ecoles chrétiennes peuvent produire et des inconvéniens qu'elles doivent faire craindre.

» Nous espérons que la supériorité de vos lumières suppléera à notre insuffisance et ce motif nous détermine à nous en remettre à la sagesse de votre délibération. » — Arch. Mp. de Bordeaux, GG 281.

— 1772. Compte de la Ville, art. 100 : « Aux Frères des Ecoles chrétiennes, la somme de 2,400 l. pour leur pension alimentaire de l'année 1772, suivant quatre quittances. » — *Bordeaux, Aperçu historique... publié par la municipalité bordelaise.* Bordeaux 1892. in-4°, t. III, p. 9.

— 1778, 24 janvier. Lettre du supérieur des Frères à l'Intendant. « Monseigneur, n'ayant pour tout honoraire dans cette ville de Bordeaux que la somme de 2,600 l. pour servir de pension alimentaire et entretien de neuf frères des Ecoles chrétiennes entièrement occupés à l'éducation d'une nombreuse jeunesse, j'ay pris la liberté de présenter un mémoire avec un placet à MM. les jurats, tendant à obtenir une augmentation de nos pensions, vu le haut prix où sont aujourd'hui les denrées et l'impossibilité morale de pouvoir subsister avec un aussi modique revenu. Agréez, Monseigneur, la liberté que je prends d'implorer votre protection, afin que ledit placet dont copie est ci-jointe ait tout l'effet qu'on en peut attendre. Ce sera une œuvre de charité à laquelle Votre Grandeur, Monseigneur, sera participante en contribuant à l'instruction d'une foule d'enfans... F. François-Marie, supérieur des Ecoles chrétiennes.

» *Copie du placet présenté par les frères des Ecoles chrétiennes à Messieurs les jurats de Bordeaux :*

» Supplient humblement les Frères des Ecoles chrétiennes de Bordeaux, disant qu'ils ont été appelés et établis en cette ville par MM. les jurats pour tenir les écoles gratuites ;

» Qu'ils n'ont pour tout honoraire que la somme de 2,600 l. pour servir de pension alimentaire et entretien de neuf frères composant deux communautés ;

» Que les denrées et autres choses nécessaires à la vie étant montées à un prix excessif, il leur est impossible de pouvoir subvenir même aux plus pressans besoins de la vie avec une si modique pension. Il ne faut pour s'en convaincre et sentir la vérité de leurs justes représentations que jeter un coup d'œil sur l'état ci-joint.

» *État de ce qui est nécessaire à un frère des Ecoles chrétiennes entièrement occupé à l'instruction de la jeunesse.*

| » CHAQUE JOUR | CHAQUE ANNÉE |
|---|---|
| 1 l. 1/2 de pain (4 s. 7 d.) | 83 l. 8 s. 3 d. |
| 1/4 et demi de l. de viande (7 s. 6 d.) | 136 l. 7 s. 6 d. |
| 1 bouteille de vin (7 s. 6 d.) | 136 l. 7 s. 6 d. |
| Soutane, chapeau, manteau | 28 l. |
| Souliers, bas, veste et culotte | 36 l. |
| Chemises, draps, serviettes, mouchoirs | 30 l. |
| Blanchissage | 18 l. |
| Bois et chandelle | 30 l. |
| | 498 l. 3 s. 3 d. » |

Ils concluent en demandant une pension annuelle de 500 l. pour chaque frère. — Arch. Gir., C 298.

— 1779, 4 octobre. — Un arrêt du conseil pourvoit à l'augmentation du traitement des Frères : « XIII. La somme annuelle de 2,600 l. attribuée aux frères des Ecoles chrétiennes sera augmentée de 1,000 l. et il leur sera payé annuellement la somme de 3,600 l. » — *Bordeaux, Aperçu historique...*, t. III, p. 9-10.

4. *La laïcisation des Écoles chrétiennes* (1). — 1791, 20 mai. « M. le Président (du Conseil général de la commune) a annoncé à l'assemblée que des citoyens remplis de zèle pour la chose publique avaient averti la municipalité de la conduite inconstitutionnelle des frères des Ecoles chrétiennes chargés de l'enseignement d'une nombreuse jeunesse et de leurs efforts pour jeter dans l'âme des enfans qui leur sont confiés des préventions contre les ecclésiastiques qui se sont conformés à la loi. M. le Président a ajouté que la municipalité avoit, depuis un certain temps, été prévenue des dispositions de ces frères de l'Ecole chrétienne et qu'elle n'avoit rien négligé pour les engager à se conduire avec plus de civisme ; mais que, voyant, par l'avertissement des citoyens dont il vient de parler et par d'autres

---

(1) Je dépasse, en reproduisant les deux documents que voici, les limites de la période assignée à ce travail par son titre même. Néanmoins, en raison des renseignements qu'ils fournissent sur l'état des Écoles chrétiennes de Bordeaux avant la Révolution, je n'hésite pas à les publier à cette place. Ils complètent très utilement, à mon avis, la série de textes que j'ai pu recueillir sur le premier établissement des Frères dans notre ville et sont tout à leur honneur.

renseignemens, que ces frères sont devenus justement suspects, elle a d'abord cherché à vérifier les faits ;

» Qu'il est résulté de cette vérification que les plaintes formées contre ces frères sont très fondées ;

» Qu'en conséquence, convaincue de la nécessité de les remplacer, elle avoit déjà pris des informations sur les meilleurs moyens d'y parvenir, et enfin qu'elle avoit la satisfaction d'annoncer que ses soins à cet égard n'avoient pas été infructueux, puisque on avoit la presque certitude de leur donner des successeurs au moins aussi propres qu'eux à l'enseignement et sans que cela occasionne à la commune guère plus de dépenses que celle qui avoit lieu ci-devant pour cet objet.

» M. le président a dit que M. le procureur de la commune alloit donner au Conseil, sur cette affaire, des détails propres à fixer son opinion.

» M. le procureur de la commune est en effet entré dans divers détails; il a rappelé tout ce que la municipalité a fait, depuis environ deux mois, pour prévenir le scandale qu'a occasionné la conduite incivique des frères des Ecoles chrétiennes.

» Il a donné lecture du procès-verbal qui a été dressé, en dernier lieu, dans la maison commune, des interrogats qui leur ont été faits et de leurs réponses, et il a conclu à ce que l'Assemblée approuvant les mesures prises par la municipalité prononçât définitivement leur destitution et leur remplacement, et que, pour ce dernier objet, il fût nommé des commissaires du Conseil qui seroient chargés de s'en occuper.

» L'Assemblée ayant manifesté le désir d'aller aux voix,

» Il a été arrêté :

» 1° Que les frères des Ecoles chrétiennes seront destitués ;

» 2° Que des commissaires nommés par le Conseil seront chargés de s'occuper très incessamment du mode et des moyens de leur remplacement. » — Arch. Mp. de Bordeaux. Registre des délibér. du Conseil gén. de la commune, f°s 27, 28.

— 1791, 18 juin. « M. le Maire (1) a annoncé que les commissaires

(1) François-Armand de Saige, ancien avocat général au Parlement; maire de Bordeaux en 1791, guillotiné le 2 brumaire an II. Son hôtel, confisqué par la Nation, est devenu la préfecture.

nommés en exécution de la délibération du Conseil général de la commune du 20 avril dernier, relative à la destitution et au remplacement des frères des Ecoles chrétiennes établies dans cette ville, alloient mettre sous les yeux du Conseil général l'origine, les motifs et la situation actuelle de cette institution ainsi que la liste des sujets qu'ils pensoient devoir être choisis pour la maintenir et la rendre de plus en plus utile à la classe des citoyens peu fortunés à laquelle elle présente le précieux avantage des leçons gratuites de lecture, d'écriture, d'arithmétique et de religion chrétienne.

» M. le Maire a ajouté qu'il étoit essentiel d'entretenir cet établissement provisoirement et en attendant les décrets des Législateurs de la France sur l'éducation publique, et que M. Crozilhac alloit faire le rapport du travail de MM. les commissaires.

» M. Crozilhac, après avoir pris place au bureau, dit que l'établissement des écoles gratuites remonte à plus de trente années, qu'elles avoient été confiées en 1759 aux frères des Ecoles chrétiennes, d'abord au nombre de quatre, l'une située près la porte Sainte-Eulalie, la seconde dans la rue du Casse, la troisième près de la Fondaudège et la quatrième aux Chartrons près du lieu où on avoit autrefois projeté d'établir l'église Saint-Louis; qu'une cinquième avoit été établie, il y a quelques années, par M. Montmirel, ci-devant curé de la paroisse Saint-Michel (1), qui comptoit annuellement au supérieur des frères des Ecoles chrétiennes la somme de cinq cents livres, traitement qui fut autrefois arrêté pour chacun desdits frères; que la municipalité en salarie onze depuis trois mois, ayant cru devoir maintenir l'école établie par M. Montmirel qui a cessé de fournir à ses dépenses dès le moment où il a cessé d'être curé de Saint-Michel; qu'outre ces appointemens de 500 l. accordés à chacun des frères des Ecoles chrétiennes, il avoit été tenu compte à leur supérieur d'une somme de mille livres aussi par tête pour fournir à la dépense de leur mobilier dans deux maisons qui leur avoient été affectées, l'une située aux Chartrons, l'autre près de la porte Sainte-Eulalie, et qu'ainsi la dépense annuelle de la commune pour cet établissement s'élevoit à la somme de 5,500 l.,

---

(1) Il avait été réputé démissionnaire en raison du refus qu'il avait fait de prêter le serment schismatique.

non compris les frais de réparation et d'entretien desdites deux maisons.

» Passant ensuite au régime de ces cinq écoles, M. le rapporteur a dit qu'il étoit uniforme, que chacune offroit deux classes, l'une destinée aux plus jeunes enfans où ils apprenoient à lire et le cathéchisme, et l'autre aux enfans plus formés où ils continuoient à étudier leur religion et où ils recevoient des leçons d'écriture et d'arithmétique ; que l'ensemble de cette institution avoit paru à MM. les commissaires conforme aux vues qui l'avoient déterminée ; qu'enfin les frères des Ecoles chrétiennes avoient pleinement justifié la confiance de la commune par leurs mœurs très régulières, comme par la plus constante assiduité à leurs fonctions jusqu'au moment du sacre de M. l'évêque (1) et de l'installation de MM. les curés constitutionnels ; qu'ils s'étoient constamment refusés à les reconnoître ; qu'ils avoient aussi cessé depuis cette époque de conduire leurs élèves aux offices divins dans les églises paroissiales et qu'ainsi la loi et le cri de tous les bons citoyens s'étoient élevés contre eux et avoient imposé aux représentans de la commune le devoir de les écarter de son sein et de les remplacer par des citoyens qui réunissent à un dévouement absolu à la constitution du royaume l'intelligence et le zèle nécessaires pour l'éducation des enfans.

» Que les commissaires du Conseil général qui s'étoient bien pénétrés des difficultés de ce remplacement, n'alloient lui proposer que des sujets choisis avec la plus scrupuleuse attention ; qu'ils devoient être de deux sortes : les uns, au nombre de cinq, habiles dans l'art de l'écriture et de l'arithmétique, et les autres, au nombre aussi de cinq, dans celui d'apprendre à lire et d'expliquer le cathéchisme aux enfans ; que les maitres écrivains de cette ville s'étoient empressés de proposer aux commissaires des sujets qui réunissent à la belle main le talent plus rare de l'enseignement ; qu'en conséquence ils avoient présenté MM. Paslong, Verlet et Pigné, leurs collègues, et MM. Faure et Then.

» M. le rapporteur a ajouté que les commissaires avoient jugé

---

(1) Il s'agit du prélat constitutionnel, c'est-à-dire intrus, Pierre Pacareau (1711-1797), ci-devant chanoine de Saint-André, élu évêque métropolitain du Sud-Ouest le 15 mars 1791, et sacré le 3 avril suivant.

ces cinq sujets préférables à tous autres ; quant aux cinq instituteurs qui devront être chargés des leçons de lecture et de cathéchisme, M. le rapporteur a dit que, parmi un très grand nombre de citoyens qui s'étoient offerts pour en remplir les fonctions, les commissaires avoient distingué MM. Aman, ci-devant frère petit carme déchaussé, qui avoit été attaché à cet ordre religieux pendant seize ans; François Tartas, ci-devant et depuis sept ans frère cordelier; Pierre Lafon, clerc tonsuré; François Sedail, attaché depuis plusieurs années à la maison de MM. les doctrinaires et par eux présenté, et Jean Barrère, aussi recommandé par MM. les doctrinaires.

» Quant au traitement à accorder à ces dix instituteurs, M. Crozilhac a observé, par rapport aux cinq maîtres d'écriture, que quatre d'entr'eux étant mariés ou établis dans cette ville, ils ne pouvoient aller prendre leur logement dans les maisons affectées à ces écoles et qu'ainsi dès qu'ils étoient privés de cette partie de leurs émolumens, il étoit juste qu'ils la retrouvassent d'ailleurs; il a, en conséquence, proposé de leur allouer un traitement annuel de 800 l.; et à l'égard du cinquième maître d'écriture et des cinq autres instituteurs, M. le rapporteur a fait remarquer qu'ils pouvoient loger trois dans chacune desdites deux maisons et y vivre en commun; il paroissoit [donc] suffisant de leur payer 600 l. par an; que, d'après ces propositions, le maintien de ces cinq écoles constituerait la commune en une augmentation de dépense annuelle de 1300 l., les frères des Ecoles chrétiennes ne recevant annuellement que 5500 l. et les sujets qu'ils proposent de leur substituer devant recevoir, savoir :

| | |
|---|---|
| 4 maîtres d'écriture à 800 l............................... | 3200 l. |
| 1 cinquième maître d'écriture............................ | 600 |
| 5 instituteurs pour la lecture et le cathéchisme à 600 l.... | 3000 |
| | 6800 l. |

» Mais que les commissaires estiment que cette dépense pour un établissement dont le maintien provisoire avoit été reconnu indispensable par le Conseil général de la commune ne pouvoit pas être réduite au dessous de cette somme, puisqu'elle est le prix du travail assidu de dix personnes pendant six heures et chaque jour, de huit à onze heures du matin et de deux à cinq du soir.

» M. le rapporteur a ajouté que MM. les commissaires mettroient incessamment sous les yeux du Conseil général un projet de règlement pour cet établissement provisoire et que les dix sujets qu'ils agréeroient viendroient faire devant lui le serment civique imposé par la loi à tous les fonctionnaires publics et ensuite celui de se conformer à toutes les dispositions dudit règlement. M. Crozilhac a fini par inviter le Conseil général à se fixer sur le choix des sujets, sur leur traitement et sur le point de savoir si les meubles à l'usage particulier des frères des Écoles chrétiennes devoient leur être abandonnés et il avoit commencé à appuyer la proposition de les leur délaisser, lorsqu'un de MM. l'a interrompu pour l'inviter à proposer de leur faire aussi don d'un mois de leurs appointemens ; plusieurs de MM. ont observé qu'il convenoit de leur abandonner un quartier. M. le rapporteur, reprenant la parole, a rappelé la conduite exempte de tout reproche que les freres des Écoles chrétiennes avoient tenue dans cette ville pendant trente années ; il a observé que, quoiqu'ils ne perdissent leur état que par leur faute, il ne falloit pas les livrer tout à coup à la merci du besoin ; et, adoptant la proposition du préopinant de leur abandonner un mois de leurs appointements, il pensoit qu'un plus grand acte de générosité seroit déplacé, lorsque la commune seroit réduite à contenir ce sentiment à l'égard de plusieurs de ses anciens serviteurs à qui le nouvel ordre de choses enlève leur état ; il a cité l'exemple des anciens commis des octrois.

» La discussion s'étant ouverte sur les différentes propositions et après avoir entendu les observations de plusieurs de MM. et de M. le procureur de la commune, tant sur le choix, le traitement des sujets en remplacement des frères des Écoles chrétiennes et l'époque où ce changement s'opérera que sur la retraite à leur accorder ; il a été arrêté, ouï, et ce requérant le procureur de la commune... »

Suit un arrêté en cinq articles, acceptant les sujets proposés par les commissaires ; décidant que « le remplacement des frères se feroit le plus tôt possible » ; fixant les traitements des nouveaux instituteurs conformément au rapport et leur prescrivant le serment civique (1) ;

---

(1) Ils le prêtèrent à la séance suivante, le 12 août ; il est dit au procès-verbal qu'ils « ont remplacé » les Frères. — *Ibid.*, f° 57.

délaissant aux frères les meubles à leur usage particulier; leur accordant enfin un mois de traitement (1), en sus du quartier qui devait échoir douze jours après. — *Ibid.*, f⁰ˢ 52-55.

(1) Soit 41 l. 13 sols par tête. On voit que la Ville, comme la Nation, se montrait « grande et généreuse ».

# IV

## CONGRÉGATIONS ENSEIGNANTES BORDELAISES (1)

### A. — *FILLES DE NOTRE-DAME* (2)

1. — *Documents concernant la fondation de l'Ordre.*

1606. — « *Du premier dessein et fondement du conuent des religieuses de N. Dame de Bordeaux.* — Je tiens de personnes de qualité que M. le Cardinal, au commencement de sa résidence, se sentoit grandement heureux de n'auoir trouué qu'ung monastère de religieuses en son diocèse, à son arriuée, tant pour la difficulté qu'il

---

(1) Je n'ai ni l'intention ni le moyen de réunir ici les éléments de l'histoire complète des congrégations religieuses qui ont enseigné, sous l'ancien régime, dans le diocèse de Bordeaux. Un volume entier ne suffirait pas à la publication des documents les concernant que conservent nos archives. Pour celles qui ont été fondées ailleurs, j'ai dû me contenter de les faire connaître sommairement dans mon étude d'ensemble et de citer ou d'analyser, dans les *Documents classés par ordre alphabétique de paroisses*, les pièces inédites relatives à leur action locale que j'ai pu retrouver. — J'ai cru devoir faire davantage pour les trois congrégations enseignantes auxquelles notre ville a donné naissance. A leur sujet, on trouvera, dans cette quatrième partie de ma *Contribution* : d'une part, un choix de textes inédits ou peu connus sur leurs origines ; de l'autre, tout ce qui, dans leurs règles et constitutions, se réfère strictement à mon sujet, c'est-à-dire à l'éducation et à l'enseignement. J'en ai discuté les données dans l'introduction de ce travail.

(2) Pour l'ordre des Filles de Notre-Dame, les Arch. Dioc. fournissent trois séries de documents essentiels : 1° (C 1) plusieurs chapitres des mémoires inédits du secrétaire du cardinal de Sourdis, Bertheau ; 2° (K 3) le ms. sur l'*Origine et Institution* de l'Ordre ; 3° (*ibid.*) un important dossier de pièces originales. — J'ai emprunté aux mémoires de Bertheau quelques pages seulement, les autres chapitres traitant de

y a à les régir que pour la rébellion qui se trouue en leur réforme. Mais quand il eut bien considéré le défault d'instruction des jeunes filles en la doctrine chrestienne, déuotion, piété et bonnes mœurs, et que cette déuotion et bon régime chrestien et catholique, qui se trouuoit en quelques maisons, venoit sans doute de la prudence, instruction et saincte œconomie des dames, sans laquelle toutes bonnes mœurs se corrompoient, les hommes estans emportez aux affaires et d'ailleurs peu affectionnez à ce soucy, il changea bien de sentiment et commencea à souhaiter que, comme il voyoit le collège des Pères de la Société de Jésus instiller dans la jeunesse de leur sexe la piété chrestienne auecq les lettres humaines, aussy peult-il auoir dans sa ville et dans son diocèse des collèges de religieuses et filles qui fissent le semblable enuers la jeunesse du leur. Sur quoy, Dieu fauorisant ses saints desirs, ayant suscité cest esprit dans la dame vefue du sieur baron de Landyras et quelques autres dames et filles, celle-là, aydée par les Pères Jésuites et portée à entreprendre, auecq les autres, l'establissement d'ung conuent de religieuses, soubs le tiltre et inuocation de religieuses de N. Dame, sur la forme et règle de la Compagnie de Jésus, pour trauailler enuers les filles ainsy que cette Compagnie faisoit enuers les fils, en estant parlé à M. le Cardinal, il loua, aprouua, solicita et auança grandement ce dessein, comme venant du S. Esprit, et, après auoir commis l'affaire

l'Ordre se retrouvant, mieux digérés, dans le ms. de l'*Origine et Institution* qui est également de sa main et dont je donne ici l'essentiel. A la vérité, il n'est pas inédit, l'abbé Sabatier l'ayant publié presque intégralement, en 1835, dans la 1re partie de son *Recueil de titres et documents certains pour servir à l'histoire de la fondation de l'ordre de Notre-Dame et à la vie et instruction de la cause de la Vénérable Madame de Lestonnac, fondatrice dudit Ordre* (Bordeaux, de l'imprim. de Simard, gr. in-4° de 120 p.). Mais, outre que ce livre est fort rare, la transcription des documents n'y est pas toujours exactement faite. Au dossier de pièces originales, négligeant une foule de textes qui ne se rapportent que de loin à l'objet du présent travail, j'ai emprunté, d'après les mss. et l'édition originale de 1638, de longs extraits des règles d'éducation et d'enseignement. Je prie mes lecteurs de se contenter de ce que je leur donne. Encore une fois, je ne pouvais songer à écrire en détail l'histoire complète de la V<sup>ble</sup> Jeanne de Lestonnac et de son Ordre. Il est assez singulier, au surplus, que les hagiographes et les annalistes se soient aussi peu servis des documents de première main. Croirait-on, par exemple, qu'on chercherait vainement dans la dernière histoire de la V<sup>ble</sup> Mère le texte complet du Bref de Paul V qui est la charte constitutive de l'Ordre?

à un des Pères Jésuites pour dresser cest Institut, icelluy veu en plusieurs consultations, il jetta le fondement de ce fructueux et glorieux Institut en la ville de Bordeaux, le propre jour de l'Annonciation de N. Dame, ainsy qu'il est cy-dessous contenu, et que nous verrons par après, en suite de ses actes, aprouué et confirmé par N. S. Père le Pape. » — Arch. Dioc., C 1 (Ms. de Bertheau), p. 413-415.

1606-1627. — Extraits du ms. de l'Archevêché intitulé : « *De l'Origine et Institution des religieuses de Nostre Dame, prinse et tirée tant des registres du secrétariat de l'Archeuesché de Bordeaux que des Archiues du premier conuent dudit ordre, de la ville de Bordeaux. 1635.* » (In-4° de 76 feuillets.)

« Chapitre I. *L'ordre de Nostre Dame inspiré de Dieu.* » [Après avoir longuement déploré l'état de l'Église à la suite de la prétendue Réforme et des guerres de religion, et spécialement leurs conséquences funestes à Bordeaux, l'auteur de ce travail loue le zèle du cardinal de Sourdis pour la restauration de la discipline ecclésiastique et religieuse dans son diocèse, et spécialement la fondation de monastères réformés et de congrégations enseignantes.]

« Mais ce qui est, dit-il, de plus remarquable pour le meilleur estat du sexe féminin est l'Institution et establissement de compagnies de filles et vierges pour le former à la piété, et, comme des essaims de sainctes abeilles, instiller dans ces petites âmes la teincture de la candeur et beauté de la virginité, chasteté, pudicité, sur l'estime qu'il auoit conceue que l'enfance et puérilité de ce sexe estant éleuée sur les fondemens de la foy, principes de la religion, craincte de Dieu, par le soing et trauail de ces compagnies vraiment angéliques, il auroit fait ung chemin et dressé un pont pour passer et enter la vertu dans les familles, mesnages, mariages. Car qu'y a-t-il de plus fort et énergique pour porter l'enfance, puérilité, adolescence, jeunesse à la vie déuote qu'une sage et prudente mère de famille qui aura prins la trempe dans l'onction de la grâce, parmi ces troupes de bénédictions célestes ?

» Ceste inspiration diuine n'est pas plus tôt lancée dans le sein de ce grand prélat que la souveraine Bonté, secondant ses desseins, darde les mesmes pensées, desseins et sentimens dans une petite troupe de vierges et filles de la ville de Bordeaux, de s'aggréger en une société et compagnie religieuse en laquelle, vacant à leur propre perfection et montant, auecq les anges, en l'eschelle de Jacob, elles descendissent, par après, à l'instruction et perfection de celles qui les suiuent.

» Et de fait, dame Jehanne de Lestonnac, vefue de feu Messire Gaston de Montferran, soldan (1) de la Trau, seigneur et baron de Landiraz, de la Mothe et aultres places, Serene de Coqueau, Marie de Roux, Rémunde de Capdeuille, Blanche Herué, Anne Richelet et aultres filles et vierges, après auoir purgé leurs âmes en l'amertume d'une saincte pénitence et s'estre liées et attachées à leur espoux céleste en ce lien unissant de la saincte communion à son sainct et sacré corps et sang tout viuant et tout viuifiant, portées sur les aisles d'une forte espérance et de la douce impétuosité des mouuements de l'Esprit de Dieu, s'allèrent jetter aux pieds de ce grand Cardinal, descouurant leur dessein, offrant leur trauail, implorant son auctorité, demandant son secours enuers le S. Siege pour jouir de leurs desirs dans une ample moisson du bien de leur prochain : espérance, requeste, desir qui n'est pas plus tôt manifesté, dicté, esclos, que tout est receu, apointé, aprouué. Car qui en eust diferé l'acord et l'apointement, puisque l'on cognoist clairement que le dessein vient de Dieu, en la conformité des mesmes pensées, sentimens, desirs, fin, profit, utilité, perfection de ceste nouuelle plante ? De manière que le subiect estant sur ce conclu et arresté, communiqué à personnes de grande érudition et piété, principalement aux Réuérends Pères de la Société de Jésus, ils le louent, prisent, recommandent, le jugent venu de Dieu, utile à l'Eglise, intéressant à l'institution et éducation des jeunes filles, préuoyent une *abondance* de biens *és tours* (2) de Nostre Dame, prennent la charge de dresser le dessein et jetter le premier plan des règles, articles, constitutions et mode de l'ordre, les présentent à cest animé prélat qui en baille son jugement, les resoit, les aprouue, enuoye à Rome, source de l'esprit de la Saincte Eglise, et tant est trauaillé par Nosseigneurs les Eminentissimes

---

(1) C. à. d. soudan. Ce titre bizarre était porté par quelques seigneurs de Guienne, entre autres ceux de Pressac.

(2) Allusion au Ps. CXXI, 7.

cardinaulx de la Saincte Eglise Romaine commis sur les négoces et affaires des Euesques et Réguliers, qu'ayant donné leurs aduis et sentimens, Nostre S. Père le Pape Paul V, d'heureuse mémoire, érige, institue, establit l'ordre des Religieuses de Nostre Dame en la ville de Bordeaux, leur baille règle et les moïens de perfection, renuoye les lettres apostoliques de ceste institution au prélat et, pour l'honorer de la qualité de fondateur, luy laisse le choix et l'eslite (?) (élection) de tous les ordres de religieuses, pour y joindre et aggréger celuy de Nostre Dame, pour en prendre l'habit et jouir de ses bénédictions et priuilèges apostoliques; lettres et bref de Sa Saincteté qui ne feurent si tost receus à bras ouuerts par ce grand Cardinal qu'il joinct et aggrège cest ordre à celuy des religieuses de S. Benoist pour en porter les marques dans l'habit, la piété et l'intérieur et l'exercice de l'institution comme il faisoit dans son premier estat, auecq l'abondance des bénédictions du S. Siège.

» Et voilà le traict sensible de la Prouidence diuine à l'endroit de la ville et cité de Bordeaux, d'auoir inspiré tant de conuents, plantes célestes du Père éternel, jardins d'Eden mis en l'Orient de la grâce, parterres d'aromates respirant les faueurs de l'Espoux; paradis où l'on gouste le fruict et la manne cachée, où l'on ne se couure de feuilles ny de peaux, mais de la robe de Nostre Seigneur Jésus-Christ, la miséricorde, justice, bénignité, comme en l'officine de tableaux vifz de l'image de Dieu; escholes de piété, crainte de Dieu, chasteté, pudicité, fontaines viues d'où découlent perpétuellement les vertus, les bonnes mœurs, la science des saincts dans les familles, mesnages et mariages. Tesmoing les villes de Poitiers, Périgueux, Xainctes, Béziers, Agen, le Puy, Riom en Auuergne, ...ze, le Pô (Pau) en Béarn, et aultres villes qui courrent en la terre de vertu, à l'odeur de la vie religieuse de ceste première maison et conuent de Bordeaux...

— » Chap. II. *Premières pensées de la Dame de Landiras et quelques vierges de la ville de Bordeaux de s'aggréger en société pour instruire les filles, présentées à M. le Cardinal de Sourdis, Arch. de Bordeaux, auecq la formule de leur dessein, le 7 mars 1606.* » [Je ne donne rien de cette *Formula instituti*, parce que ses dispositions essentielles ont passé dans le Bref de Paul V dont je publie plus loin des extraits.]

— « Chap. III. *Le desseiu et formule est receu fauorablement par Monseigneur le Cardinal de Sourdis qui en donne son jugement.*

» L'offrande de ces déuotes et pieuses âmes ne feut pas plus tost mise ès mains de ce grand et zélé Cardinal-Archeuesque et Primat qu'il la cognoist partir d'un mouuement céleste et une œuure du S<sup>t</sup> Esprit et ne se pouuant lasser de peser cette formule, tant en la généralité de toutes ses clauses qu'en la considération et poids de chacune d'icelles en particulier, préuoit la beauté de cest ordre pourpensé en sa naissance, la splendeur en son progrès, l'utilité en son exercice, la perfection en sa fin. Délibère et résout d'en demander instamment l'aprobation au Sainct Siège, en donne son sentiment, l'offre à la Saincte Vierge Mère de Dieu, le jour qu'elle feut saluée pleine de grâce, pour donner à ceste formule une plus fauorable entrée aux piedz du vicaire de Jésus-Christ. De ce sentiment en voici les propres termes (1) :

« François..., etc. Ce que nous auons tousiours si ardemment demandé à la divine Bonté, dès qu'il luy pleut, par sa grâce et miséricorde, nous donner et commettre, bien qu'indigne, le régime de ceste église métropolitaine, il semble à présent aussi que nous voyons qu'elle nous le veuille octroyer par la faueur singulière de la glorieuse Vierge Marie, Nostre Dame, laquelle ayant pitié de tant de vierges et filles destituées de toute instruction et contrainctes bien souuent, si elles veulent aprendre quelque chose, de l'aller chercher et mendier chez des maistresses hérétiques, au grand péril de leurs âmes, a donné et coulé ceste tant pieuse pensée et inspiré cest esprit à nos très chères filles en Jésus-Christ, Jehanne de Lestonna. et aultres filles de cestuy notre diocèze, de quitter le monde, et, suiuant l'estendart de la croix et viuant en religion, vacquer non seulement à la recherche de leur propre salut et perfection, mais aussy au bien et salut de l'aultruy en ce subiect, aultant qu'il est permis à leur sexe, et ce, soubs les auspices et inuocation de la glorieuse Vierge Marie, Nostre Dame; auquel estat, oultre les vœux essentiels que tous les aultres ordres de religieuses gardent très sainctement selon leur

---

(1) Notre ms. donne le texte latin et la traduction française de ce document important. Je me contente d'emprunter à celle-ci ce qui revient directement à mon sujet.

institut, elles en feroient ung particulier d'enseigner les filles à lire, escripre, trauailler de l'éguille et tout ce qui leur est bien séant d'aprendre et sçauoir, et, de plus, couler et instiller dans leurs âmes les principes de la foi et religion catholique, leur enseignant par cueur le sommaire de la doctrine chrestienne, comme aussy leur faire sentir l'horreur et détestation du péché... et trauailler soigneusement à ce qu'elles aprennent... tout ce qui est requis de sçauoir à une fille ingénue et bien esleuée pour acquérir le salut éternel, attendu qu'estant ainsy instruites, elles seront préparées contre l'effort de la peste des hérésies et vices qui rauagent toute la France... Nous, après auoir bien et meurement considéré de toute l'affaire en particulier et icelle recommandée à Dieu, et eu, sur ce, l'aduis et conseil de personnes doctes et religieuses, auons jugé et jugeons ce dessein fort bon et louable... et nous jugeons derechef que cest institut est très digne d'estre offert aux piedz de Sa Saincteté et que, pour ce, Elle sera suppliée très humblement d'y donner son aprobation et bénir ceste œuure et institut. Donné à Bordeaux, le 25 mars 1606. Signé : F. Card. de Sourdis. »

— » Chap. IV. *Le dessein et formule est présentée à Nostre S. Père le Pape Paul V, lors séant au S. Siége, ensemble le jugement de Monseigneur le Cardinal, accompagné de ses lettres, et le tout renuoyé à la congrégation de Nosseign. les Emmentissimes et R<sup>mes</sup> Cardinaulx.*

» Le mesme et sainct esprit qui auoit puissamment inspiré ce premier dessein et formule de l'institut de Notre-Dame poussa, quand et quand, ces sainctes âmes à l'enuoyer à Rome et la présenter à Nostre très Sainct Père le Pape Paul V, pour lors séant au S. Siège apostolicq., pour en auoir l'aprobation, confirmation et bénédiction. Et, de fait, la dame de Landiraz et ses associées en ce pieux desir conuiennent auec vénérable M<sup>r</sup> Pierre Moysset, prebstre, licentié en théologie, chanoyne de l'église métropolitaine de Bordeaux, lors curé de Saincte Colombe, homme prudent en telle négotiation, luy en donnent la commission et la charge ; lequel, ayant fait ses diligences, arriué qu'il est en la grande ville de Rome, obtient audience de Sa Saincteté, luy offre et présente la *Formule de cest ordre* et le *Jugement de Monseigneur le Cardinal* sur icelle, supplie très humblement Sa Saincteté d'aprouuer et donner vie à l'ordre de Nostre Dame, œuure qu'elle estimeroit auoir prins sa source dans le ciel, pour un plus grand accroissement de la foi et piété en l'Eglise de Dieu. Supplication tant agréable à Sa Saincteté que, pour procéder meurement en toute ceste affaire, elle renuoye le tout à la congrégation de Nosseigneurs les Eminentissimes et R^{mes} Cardinaulx, pour luy en donner leur aduis, lesquels, ayant examiné et pesé le dessein et formule et tous ses articles et clauses, dressèrent et rédigèrent par escript les règles et constitutions suiuantes... »

[Notre manuscrit donne ici en latin et en français les « Aduis et consultations » des cardinaux. J'extrais de la rédaction française les articles concernant l'enseignement.]

« 4. Nulle n'aura le nom de Mère, sinon huict ans après la profession. Le propre office de ces Mères sera d'enseigner, pour Dieu, les filles séculières en toute piété et vertu chrestienne digne d'une vierge, leur enseignant le sommaire de la foy chrestienne, la façon d'examiner la conscience, confesser les péchez, communier, ouïr déuotement et auecq fruict spirituel la saincte Messe, prier, dire le rosaire, éuiter les vices et leurs occasions, et exercer les vertus et œuures de miséricorde. Et, à ce que les filles soient attirées et poussées à ceste instruction, ce que principalement veult cest institut, elles leur enseigneront aussy les premiers commencemens de lire et escripre et à trauailler en diuerses façons en tout ce qui est décent à une vierge chrestienne et bien née...

» 13. La maistresse d'eschole, auecq celles qui luy seront données pour aydes, s'il est besoin, par la Mère première (1), aura soing de toutes les choses contenues au nombre quatriesme (2)...

» 19. La closture se gardera très religieusement, selon les décrets du concile de Trente. Pour ce que, toutefois, ceste sacrée famille entreprend la charge, par institut, d'enseigner les filles séculières en toute la France et à Bordeaux principalement, à cause des hérésies qui s'y glissent journellement, il est fort nécessaire de bastir ung lieu propre et bien commode pour receuoir les filles dans la closture du monastère, mais de façon qu'il soit tellement séparé, par bonnes murailles, du cloistre des religieuses que les filles qui viennent à

---

(1) C'est le titre que prend la Supérieure dans les monastères de Notre-Dame.
(2) C'est-à-dire à l'article 4 que je viens de transcrire.

l'eschole n'y entrent jamais, ny les religieuses jamais, sinon celles qui auront charge d'enseigner, lesquelles ne viendront jamais en ce lieu destiné pour cest office que les portes qui sortent en public ne soient bien fermées, et, le temps de la leçon fini, ne s'ouuriront jamais pour sortir en public que les maistresses ne se soient retirées en leur closture. Que si quelques filles sont receues en pension pour estre instruictes, ainsy qu'il se fait, auecq un grand profit, en Italie et ailleurs, on leur assignera un lieu séparé et leur baillera-t'on trois maistresses religieuses ou dauantage, selon le nombre des filles et la volonté de la supérieure... »

» Tous ces aduis et consultations de Nosseigneurs les Eminentissimes et R<sup>mes</sup> Cardinaulx, ainsy dressées et rédigées par escript, ayant esté raportées par deuers Sa Saincteté, auecq le *Jugement* et sentiment de Monseigneur le cardinal de Sourdis, ensemble l'escript du premier dessein ou *Formule*, Sa Saincteté, de soy-mesme, print la peine de voir, peser et considérer de rechef, meurement et ponctuellement, le tout, print de l'un et de l'autre ce qu'elle jugea estre nécessaire et sortable à ce sacré ordre, en fit dresser la règle et l'aprobation telle qu'elle est contenue dans ses lettres expédiées en forme de bref, telles qu'elles sont cy-dessous insérées en l'une et l'aultre langue... »

— » Chap. V. *Approbation de l'Institut des Religieuses de Nostre Dame de Bordeaux par Nostre S. Père le pape Paul V, d'heureuse mémoire.* »

[Je reproduis, d'après la traduction française du ms. de l'Archevêché, les principaux passages du Bref (1) de Paul V, véritable charte, comme je l'ai déjà dit, de l'ordre de Notre-Dame.]

« Paul V, Pape. — A perpétuelle mémoire. — Nous qui bien qu'indigne, tenons en terre le lieu et place de Nostre Sauueur et Seigneur Jésus-Christ, lequel communique et fait paroistre les richesses de sa sagesse et de sa puissance dans le sexe mesme si

---

(1) Ce bref, daté *Romæ, apud S. Petrum, sub annulo Piscatoris, die septima aprilis,* [anno] *millesimo sexcentesimo septimo, Pontificatus nostri anno secundo*, et signé *Scipio Cobellutius*, commence par ces mots : *Salvatoris et Domini nostri Jesu Christi...* — Il en existe plusieurs copies aux Arch. Dioc. (K 3), outre celle du ms. dont je donne ici de longs extraits. La traduction française est en tête des éd. des *Règles* de 1638 (p. 15-33) et de 1722 (p. 1-26).

fragile des femmes, inclinons et acquiesçons fort volontiers aux desirs saincts et pieux des vierges et déuotes femmes, lesquelles, ayant quitté et laissé les amorces et allèchemens du monde, s'efforcent de faire seruice à leur espoux céleste, Jésus-Christ, et de profiter à l'aultruy pour son salut... Comme ainsy soit doncques qu'il soit venu à nostre notice (1) et nous ait esté représenté que nos bien aymées filles en Nostre Seigneur, Jehanne de Lestonnac... et plusieurs aultres vierges de la ville et diocèse de Bordeaux, poussées et animées du Sainct Esprit, desirent faire le vœu de perpétuelle chasteté à Dieu et lui rendre ung seruice agréable pendant le cours de leur vie, soubs quelqung des ordres réguliers aprouuez par le S. Siège, et ce, en instruisant et enseignant les aultres vierges et filles en bonnes mœurs et vertus chrestiennes et catholiques, LOUANS et RECOMMANDANS grandement les vœux si pieux desdictes vierges et vefues et voulans les maintenir et les eschauffer en ce sainct et mesme desir et leur faire sentir les faueurs et graces spéciales du Sainct Siège... poussez aussy, enclins et meuz par les prières et suplications qui nous ont esté sur ce faictes de la part de nostre bien aymé fils François, prebstre-cardinal de Sourdis, du tiltre de Saint Marcel, qui, par dispensation et ordre du S. Siège apostolicq., préside à l'église de Bordeaux... NOUS, de l'auctorité apostolique, ERIGEONS et INSTITUONS à perpétuité par ces présentes... un monastère ou maison de nonnains ou religieuses de tel ordre que ledit François, cardinal, aura une fois choisy et esleu d'entre tous les ordres des mendians ou non mendians qui ont esté jusques à huy aprouués par le S. Siège... Et à ce que les susdictes vierges et vefues puissent paruenir et atteindre à ce particulier institut qu'elles desirent, d'esleuer les aultres vierges et filles en bonnes mœurs et vertus catholiques et que cela soit gardé et obserué cy après dans ledit monastère et maison religieuse à jamais, nous auons fait et ordonné pour tousiours par la teneur et auctorité de ces présentes les constitutions cy dessous escriptes...

» *Des Mères et de leur charge.* — Les Mères, après le vingt cinquiesme an de leur âge ou le dixiesme de religion, seront obligées de vacquer par soy-mesme et par employ de sœurs à l'instruction

---

(1) *Notitia,* connaissance.

des filles, gratuitement. Premièrement en la piété et vertu digne d'une vierge chrestienne, leur enseignant le sommaire de la doctrine chrestienne, la manière d'examiner la conscience, de se confesser de leurs péchez, communier, ouïr la messe, faire oraison, dire le rosaire, méditer, lire les bons livres, chanter des airs et cantiques spirituels, de fuir les péchez et les occasions, exercer les vertus et œuures de miséricorde, gouuerner une maison, enfin de faire tous les deuoirs et offices chrestiens. Et à ce que les filles soient attirées à ceste instruction, et soient destournées des escholes hérétiques et mondaines, l'on leur aprendra à lire et escripre et à trauailler à l'esguille en diuerses façons; en somme, elles seront instruites et enseignées en toutes les honnestetez et ciuilitez sortables et bien séantes à une fille bien née.

» *Des classes pour receuoir les filles à l'instruction.* — Et combien qu'aultres fois, comme nous auons esté informés, l'on ait, auecq un grand profit des âmes et des familles, nourry et esleué, en la France, les filles séculières parmy les religieuses en mesme demeure et apartement, cela toutefois ne nous a semblé bon ny expédient pour les religieuses de cest institut. Il sera donc faict à l'ung des costés de l'église, dans la closture néantmoins du monastère ou maison, ung ample paruis ou gallerie distinguée par classes qui y seront basties, dans laquelle, lorsque le dernier coup de cloche pour faire les classes sera donné et qu'il faudra que les mères et sœurs maistresses d'eschole aillent pour enseigner, les deux portes, à sçauoir celles du dedans et du dehors, estant fermées, elles entreront deux à deux, en présence des assistrices (1), le matin et le soir, d'où elles se retireront, enuiron deux heures après, dans la closture religieuse, à ce que, icelle estant fermée, et non auparauant, les portes du paruis ou gallerie qui sortent en public soient ouuertes et que les filles qui ne sont pas pensionnaires se retirent chacune en sa maison. Or nous voulons et ordonnons que cet institut de receuoir ainsy les filles qui ne sont pas pensionnaires ne dure qu'autant qu'il nous plaira et au S. Siège.

---

(1) En un autre endroit du ms., nous trouvons que les assistrices étaient des « dames séculières de vertu et qualité », choisies « pour rendre tesmoignage asseuré de l'obseruation de la closture ».

» *Des pensionnaires et de leur apartement et gouuernement.* — Pour les pensionnaires, elles se retireront chacune en sa chambre, la demeure et habitation des quelles sera en lieu particulier séparé de celle des religieuses, mais en la mesme closture, dans laquelle aultres personnes seculières que les susdictes ne pourront entrer. A toutes celles-cy seront données et commises deux religieuses, pour les gouuerner, à sçauoir une des mères, l'aultre des sœurs auecq une compagne pour le mesnage et seruice. Et soubs ces deux gouuernantes, habiteront aussy ensemble, au dedans et ioignant la closture et l'église, ces filles séculières plus âgées et plus modérées qui attendent la commodité d'estre receues ou diférées pour une plus grande probation, lesquelles seront mises et distribuées pour préfètes, chacune en chaque chambre des filles pensionnaires. Or cest enclos et apartement des filles pensionnaires sera tousiours tellement fermé que jamais aucun homme n'y entre, ny mesmes les honnestes femmes, sauf les assistantes, si ce n'est auecq la licence de l'ordinaire et lorsqu'on tiendra les escholes... »

— » Chap. VI. *Comme Monseigneur l'Eminentissime Cardinal Archeuesque exécute le bref apostolicq. et érige le monastère de Nostre Dame en la ville de Bordeaux et l'aggrège à l'ordre de S. Benoist quant à l'habit et priuilèges.* — Ceste aprobation de l'ordre de Nostre Dame estant arriuée à Bordeaux et rendue par le sieur Moysset, commis à ceste négociation, feut receue auecq tel respect, honneur et réuérence, tant par Monseigneur l'Eminentissime Cardinal Archeuesque que par ces déuotes âmes qui désiroient se consacrer au seruice de Nostre Seigneur Jésus-Christ et de sa très sacrée Mère et Vierge; l'on délibéra tant sur l'ordre à eslire que sur le lieu et place plus commode à bastir le monastère. Et enfin, le tout meurement pesé et délibéré, de l'aduis de plusieurs doctes et pieux personnages bien versez sur ce subiect, Monseigneur l'Eminentissime exécute le bref apostolicq. sur l'aprobation de cest ordre, suiuant le pouuoir à luy donné, déclare le monastère des religieuses de Nostre Dame estre, l'érige et establit en la ville de Bordeaux et l'aggrège à l'ordre de S. Benoist, ordre qu'il choisit et eslit, à ce que cettuy-cy en print l'habit et le voile et pour jouir de ses priuilèges non répugnans à cest institut; déclare qu'il receura ces déuotes vierges et vefue de Landiraz associées, à prendre l'habit de nouiciat dudit ordre de

S. Benoist, si tost qu'il verroit une maison et chapelle en tel estat qu'on y puisse garder la closture religieuse. Et de cette élection, aggrégation et déclaration voicy ses lettres patentes... »

[Suit en latin et en français l'ordonnance du cardinal, en date du 29 janvier 1608.]

— « Chap. VII. *Pour auancer l'ordre, il donne commission au sieur Moysset.* »

[Ordonnance du même jour, chargeant Pierre Moysset de toutes les affaires des Filles de Notre-Dame.]

— « Chap. VIII. *Monseigneur le Cardinal donne une chapelle et logement pour commencer l'exercice.* — Pour donner commencement à ce sàinct institut de Nostre Dame, il ne restait que d'avoir ung logement et une église ou chapelle. C'est pourquoy Monseigneur le Cardinal, voyant que la chapelle du S. Esprit et son bastiment (1), le tout sis en une extrémité de la ville, estoit déserte, sans aucun seruice, ayant le tout esté uny au séminaire de Bordeaux, il en feit don aux religieuses de Nostre Dame, réseruant, toutefois, le reuenu au séminaire comme luy apartenant en conséquence de l'union. »

[Le ms. donne ici, en latin et en français, l'ordonnance du cardinal pour cet objet. Elle est datée du 20 février 1608.]

— « Chap. IX. *Comme Monseigneur le Cardinal donne le voile et introduict les Nouices en ceste maison et chapelle du Sainct Esprit.* — Ceste maison et chapelle du Sainct Esprit ayant esté préparée et aucunement disposée en monastère pour y garder la closture et faire le seruice divin, le premier iour de may 1608, iour consacré à la mémoire des bienheureux apostres sainct Philippe et saint Jacques, Monseigneur le Cardinal introduict ceste déuote troupe dans ladicte chapelle et maison du Sainct Esprit, baille le voile pour commencer et faire le nouitiat et déclare, pendant iceluy, la dame de Landiras,

---

(1) Ce prieuré, qui paraît avoir remplacé un ancien hôpital, avait été uni, en 1581, par Ant. Prévost de Sansac, au séminaire Saint-Raphaël (Arch. Dioc., P 1, f° 274). D'après un document provenant de cet établissement, cité par M. Leo Drouyn (*Bordeaux vers 1450*, p. 368), il « estoit fondé près la porte Saint Germain », et par conséquent, comme le dit plus bas notre ms , « fort prosche des murailles de la ville et de la forteresse du château des Trompettes ». Le cours de Tournon traverse maintenant son emplacement.

vefue, Première et Supérieure du monastère. Et de cela en voycy le tesmoignage par ses patentes. » [Suit l'ordonnance.]

— « Chap. X. *La ville de Bordeaux donne deux places vuides pour agrandir le monastère.* — Ce commencement estant donné à l'ordre de Nostre Dame pour trauailler fructueusement, après le nouitiat fait et paracheué, et le lieu du bastiment du prieuré du S. Esprit estant estroit pour bastir un juste monastère, la ville de Bordeaux contribuant à l'œuure du Sainct Esprit augmente la place du bastiment par cet octroy. » [L'acte de concession, rapporté tout au long dans notre ms., est du 8 octobre 1608.]

— « Chap. XI. *Le Roy Très Chrestien, Henry 4, confirme le susdict octroy, ratifie, loue et aprouue l'Institut de Nostre Dame.* » [Ce chapitre est rempli par la transcription des lettres patentes, données à Paris « au mois de mars, l'an de grâce 1609 », et par l'arrêt d'enregistrement au Parlement de Bordeaux du 29 août 1609. Ces pièces ne fournissant aucun renseignement historique nouveau, je me contente de les mentionner.]

— « Chap. XII. *Du transport des religieuses de Nostre Dame de la demeure de la chapelle et maison du S. Esprit, en aultre plus ample et plus commode en la rue du Hâ, de la ville de Bordeaux.* — Le temps fi.. cognoistre que ceste demeure de la maison et chapelle du Sainct Esprit, choisie et désignée pour donner commencement à l'ordre de Nostre Dame, leur estoit fort incommode pour beaucoup de bonnes et justes raisons. Car, premièrement, elle estoit fort proche des murailles de la ville et de la forteresse du chasteau des Trompettes (*sic*), d'où, bien qu'en temps de paix, elle eussent receu beaucoup d'inconvéniens et, en temps de guerre, [eussent été] totalement troublées en leur exercice. Secondement, le lieu estoit de soy aquatique et mal sain et, auecq cela, de si peu d'estendue qu'on n'eust peu bastir conformément aux règles de l'Institut. Pour ung troisiesme, ce lieu estant en une extrémité de la ville, les filles n'eussent peu s'y rendre de leurs maisons, qui en sont esloignées, pour y estre enseignées, but et principalle fin de l'ordre. Ocasion qu'ayant trouué ung lieu, place et maisons plus commodes, auec moien de s'estendre pour y édifier tous les bastimens requis suiuant la règle, et ce, en la rue du Hâ, de la ville de Bordeaux, elles l'achaptent, et, jusqu'à ce qu'elles eussent trouué les moiens pour bastir l'église, édifices, apartemens nécessaires, elles font dresser et acommoder ces bastimens achaptés en cellules, acommodent une chapelle, préparent des parloirs, tour, entrée de closture et tout ce qui estoit requis à un commencement de monastère, en donnant aduis à M. le Cardinal leur Archeuesque, lors estant, pour les affaires de l'Eglise, à Paris, près Sa Maiesté, qui aprouue ce choix et achapt de maisons, places et préparation, à ce que les dictes religieuses y feussent transportées et en enuoie son mandement au sieur Le Venier, chanoine et m<sup>t</sup>-eschole de son église métropolitaine et son vicaire général, en vertu desquelles le transport est fait de la demeure et maison du S. Esprit en celle de la rue du Hâ, veille du jour de la Natiuité de Nostre Dame, l'an 1610. » [Suit l'acte constatant et approuvant le transfert des religieuses, daté du 10 septembre 1610 et signé : Le Venier.]

— » Chap. XIII. *Du premier vœu et première profession solemnelle des religieuses de Nostre Dame et de la première eslection de Supérieure.* — Combien est que la probation et nouitiat de deux ans desdictes religieuses nouices feust accomply dès le premier iour de may 1610, si est toutefois qu'elles ne firent pas si tost le vœu et profession solemnelle. Car comme elles auoient prins le voile de probation de la main de leur prélat, aussy desiroient-elles receuoir de la mesme main celuy de la profession. De manière qu'elles se diférèrent ceste bonne œuure jusques au retour de M. le Cardinal, pour la rendre plus ferme, célèbre et solemnelle. Or ce retour estant arriué heureusement, elles feurent toutes prestes et disposées à receuoir ce voile de profession et le prélat à le leur donner. Si bien que, comme elles auoient en mire la vertu, la vie, la pureté de la Vierge Mère de Dieu, le jour de sa Conception Immaculée, dans la maison religieuse de la nouuelle demeure, elles enfantèrent à Dieu et à la Saincte Vierge, leur mère et protectrice, leur vœu et première profession solemnelle de l'ordre de Nostre Dame et prindrent l'habit et volle de Sainct Benoist auquel elles estoient aggrégées, entre les mains de Mondit Seigneur le Cardinal et Archeuesque qui, en la célébrité de ce jour, leur célébra la saincte messe et les communia au corps et sang de leur Saunueur, auecq une telle joye et consolation intérieure qu'elle ne se peult exprimer que par ceux qui ont senty les douces infusions de l'esprit de Dieu... Mais parce qu'aucun corps ne prend mouuement que d'un chef et supérieur, et qu'il faloit, en ce commencement, faire et eslire une supérieure et qu'il n'y auoit pas encore de religieuses qui peussent porter le nom de Mère, puisque la règle du bref ne veult pas qu'elles puissent estre esluës qu'elles n'ayent l'âge de vingt-cinq ans ou qu'elles n'ayent esté dix ans en religion, Monseigneur le Cardinal déclare ces religieuses Mères à l'effect des eslections, et, sur ce, elles eslurent pour Mère première, la Mère de Landiras, pour trois ans, recognoissant sa prudence et vertu, et en demandèrent la confirmation qui fut aussitost donnée. » [L'acte de confirmation, transcrit dans notre ms., est du 24 décembre 1610.]

— « Chap. XIV. *Résolution de quelques doubtes proposés par les religieuses en ce commencement.* » — [J'extrais de ce long chapitre les quelques passages se référant expressément à la mission d'enseignement de l'ordre de Notre-Dame.]

« Le sieur Moysset... a asseuré que l'Institut de ces religieuses, combien qu'il soit monastique, est néantmoins collégial et proportionné aux aultres religieux de Sainct Benoist qui enseignoient et aultres religieux qui de présent enseignent, autant que ce sexe peut en estre capable, et conclu que les constitutions contenues au bref apostolicq. sont à l'imitation des religieux qui enseignent actuellement à présent, que les premières (religieuses de Notre-Dame) l'ont ainsy requis...

» Les Mères seules sont tenues et obligées d'enseigner, en vertu de leur vœu et institut ; les Sœurs, lorsqu'elles seront employées à cest office, par leurs supérieures, le feront par obéissance.

» La Maistresse d'Eschole respond à l'office qu'a le préfet des études dans les collèges des religieux qui enseignent actuellement et doibt estre Mère. Son office et des sœurs que la Mère députe à cest office est d'enseigner selon le bref de l'érection...

— » Chap. XV. *Du fondateur du monastère quant au bastiment de l'église.* — Comme c'est le propre de la vertu d'attirer à soi la bienueillance des peuples par l'aspect de sa beauté, honnesteté et splendeur, ainsy cette troupe angélique se multipliant et croissant en la bassesse et humilité de ses logemens, d'aultant plus généreuse qu'elle auoit moins d'apuy dans le monde, attira puissamment les filles et vierges séculières à la beauté, piété et lustre de sa splendeur, instruction, ingénuité et honnesteté. Considération qui poussa le sieur de Lancre (1), conseiller du roy en sa cour de Parlement de Bordeaux, homme d'une singulière piété et vertu, à leur bastir et édifier une église belle et magnifique à l'honneur de Dieu et de Nostre Dame, Vierge et mère de nostre Sauveur et Rédempteur Jésus Christ. Et de faict s'y oblige par contract, l'an 1616. »

[L'acte reçu par Ricard, not. roy., le 1ᵉʳ juillet 1616, est *in extenso* au ms. Pierre de Lancre donnait 18,000 l. au monastère pour construire l'église et autres bâtiments nécessaires; mais cette somme n'était pas exigible de son vivant; en retour il voulait, pour lui et pour sa femme, Jeanne de Mons, le titre et les prérogatives de fondateur (une messe par mois, prières, tombeau, litre, etc.), le droit pour lui d'entrer dans le monastère une fois le mois, « pour voir et remédier aux défaults des bastimens et aultres nécessitez du monastère »; le même droit journellement, avec repas et entrée au chœur, pour sa femme, « pour mieulx et plus déuotement faire sa déuotion »; la réception, sans dot, dans l'ordre, d'une de ses nièces, fille de François de Raymond, conseiller, etc.]

« Telle feut la fondation du sieur de Lancre, dans laquelle sont insérées plusieurs clauses esloignées du Bref et aprobation de la Cour, comme des entrées et yssues dans le dict conuent et aultres, agréées néantmoins par Mondict seigneur le Cardinal et Archeuesque, tant pour la piété dudict sieur de Lancre que pour le desir de voir bien tost une église et monastère basty, sortable et convenable aux dictes religieuses. Car d'aporter du retranchement à telles conditions eust esté, sans doubte, aporter ung refroidissement et empeschement à l'œuure de ladicte fondation.

» *Du bastiment de l'église et de sa construction.* — Or, combien que le dict sieur de Lancre eust fait insérer dans sa donation qu'il ne pourroit estre contrainct de donner ladicte somme de 18,000 liures

---

(1) Pierre de Rosteguy de Lancre, avocat puis conseiller au Parlement de Bordeaux, né à Bordeaux en 1560, mort vers 1630, célèbre surtout par ses rigueurs contre les sorcières du pays de Labourd et par ses ouvrages de démonologie. On en trouvera la liste soigneusement dressée dans l'excellente notice que M. L. Bordes de Fortage a donnée sur ce personnage dans la précieuse *Biographie* girondine de M. E. Feret, p. 371.

qu'aprez son décès, ce néantmoins, comme les desseins qui prennent leur source dans la piété pressent le cueur à leur exécution, ledict sieur de Lancre vouleut pendant sa vie mettre la main à l'œuure et la voir faite et parfaite pour y entendre les louanges de Dieu et Nostre Dame, ce qui feut fait de manière que le     jour du mois de Mars de l'an    , dédié à la mémoire de Sainct Benoist (1), Monseigneur le Cardinal, plein d'une ioye spirituelle de voir ce dessein parfait et accomply, consacra et dédia ladicte église à l'honneur de Dieu et de Nostre Dame.

» *Autres dons du sieur de Lancre.* Mais parce que les vertus diuines qui sont ancrées en ung cueur déuot et catholique ne s'arrestent iamais à produire leurs effects jusqu'à ce qu'elles soient venues au faiste de la gloire, le sieur de Lancre fait de belles additions à sa fondation dont la preuue est tesmoignée en son testament et dernière volonté. »

Dans l'extrait du testament rapporté par notre ms., P. de Lancre, après avoir constaté qu'il a donné effectivement non pas « dix-sept ou dix-huit », mais « de vingt-huit à trente mille livres » aux Filles de Notre-Dame, leur lègue encore, à condition qu'elles recevront gratuitement au noviciat deux de ses parentes, « six chandeliers d'argent que, dit-il, l'ay accoustumé de leurs prester, la tapisserie de ma maison de Bordeaux où ie réside et cinquante tableaux de déuotion, prins tant en ma dicte maison de Bordeaux qu'aux champs ».

Le dernier chapitre du ms. n'a aucun intérêt historique. C'est une discussion des articles de la règle relatifs aux élections. — Arch. Dioc., K 3. — Sabatier, *Recueil*, p. 3-45.

2. — *Articles des Règles relatifs à l'éducation et à l'enseignement* (2).

« Toutes celles qui viuent en ceste famille se souuiendront qu'elles doiuent donner gratuitement ce que gratuitement elles ont receu.

---

(1) Le quantième et l'année sont restés en blanc dans notre ms. Il faut évidemment lire « le 21ᵉ jour du mois de mars », puisque c'est ce jour là que l'Église célèbre la fête de saint Benoît. Ravenez (*Histoire du Cardinal de Sourdis*, p. 545) donne l'année 1627 comme celle de la consécration de la chapelle de la rue du Hâ. — On sait que, depuis 1805, elle est employée au culte réformé.

(2) Un ms. des règles et constitutions des Filles de Notre-Dame, de la main de Bertheau, est aux Arch. Dioc. (K 3). — Elles ont été imprimées pour la première

Partant ne demanderont ou admettront aucun salaire ou aumosne pécuniaire par laquelle l'érudition ou doctrine des filles ou aultres choses que les Religieuses de Nostre Dame, selon leur institut, peuuent exercer, semblent être récompensées, pour procéder auecq plus grande liberté et édification du prochain et seruice de Dieu. »

*Règles*, éd. 1638, p. 53; — éd. 1722, p. 44. — Arch. Dioc., K 3 (Rédaction différente mais substantiellement conforme).

— « Dans l'an qu'elle [la Supérieure] entrera en charge pour la première fois, elle fera dire toutes les semaines une fois le catéchisme aux filles, assistant à toute la leçon d'alors et obseruant, sans mot dire, comme elle se faict, pour aduertir, après, les maistresses, selon qu'elle jugera. » — *Règles*, éd. 1638, p. 94.

— « *Obseruations et règles des filles receues en pension*. — Celles-cy ont leur apartement séparé auecq leur chœur et grille, aultre que celle des religieuses, d'où elles entendent le seruice diuin, les exhortations, catéchismes et reçoiuent la saincte communion. Pour les acheminer utilement à la déuotion et à l'aprentissage de tout ce qui est honneste à filles bien nées, tant soubs leurs maistresses que dans

---

fois en 1638. Un exemplaire de cette édition est conservé à la Bibliothèque municipale de Bordeaux. En voici la description bibliographique : REGLES ET | CONSTITVTIONS | DE L'ORDRE DES RELIGI | EVSES DE NOSTRE DAME, | estably premierement en la ville | de Bourdeaux par l'authorité du | S. Siege. | *Les Vierges qui la suiuront seront* | *conduites et amenées au Roy* | *Iesus en l'imitation de* | *sa vie.* | Psalm. 44. [Une vignette grossière représentant Notre-Seigneur et la Très Sainte Vierge en buste.] | A BOVRDEAVX | Par P. DE LA COVRT, Imprimeur | de Monseigneur l'Illustrissime et | Reuerendissime Archeuesque | de Bourdeaux. 1638. In-18 de 384 p. et 7 feuillets non chiffrés à la fin. — Il y a une autre édition dont le style a été rajeuni par le P. Gellé, S. J. L'épître dédicatoire « A tout l'ordre des religieuses de Notre Dame » est datée : « A Poitiers, ce 15 mars 1722. » La Rév. Mère Première de la Maison de Bordeaux m'en a communiqué un exemplaire avec une aimable bienveillance dont je lui suis très reconnaissant. Le titre est celui-ci : *Règles et constitutions des religieuses de Nostre Dame dont le premier établissement fut fait dans la ville de Bordeaux avec l'autorité du Saint Siège, par Madame de Lestonnac, fondatrice de l'Ordre.* [Suivent en latin et en français les versets 14 et 15 du Ps. XLIV.] A Bordeaux, chez J. de la Court, imprimeur du Roy. Avec Approbation. In-12 de 18 feuillets préliminaires non chiffrés, 401 p. et 5 feuillets pour la table. — L'abbé Sabatier a réimprimé en 1835, dans la deuxième partie de son *Recueil de Titres*... le texte de 1638. Ma publication est faite sur le ms. dont j'ai dû pourtant combler une lacune en me servant de l'édition originale.

les classes et escholes, voicy les règles et obseruations qui y conduiront :

» 1. Que toutes les filles qui sont mises en pension dans les maisons de Nostre Dame entendent et se persuadent, dès l'entrée en icelles, qu'elles y doyuent venir pour aprendre les vertus, les bonnes mœurs et lettres propres à leur sexe, mais particulièrement la déuotion, la pudeur, la modestie, la pureté, la discrétion et retenue, le respect et réuérence enuers leurs supérieures, l'honnesteté, bienséance et ciuilité en toutes choses, bref toutes les bonnes et belles qualitez que doibt auoir une fille ou une femme chrestienne, soit dans le monde, soit dans la religion.

» 2. Toutes se confesseront, pour le moins, tous les mois une fois. Celles qui auront atteinct l'âge de 10 ou 12 ans receuront, au mesme temps, le Très Sainct Sacrement de l'autel, si ce n'est que le confesseur et la supérieure jugent qu'il soit expédient d'acourcir ou prolonger ce temps pour quelqune particulièrement. Elles entendront aussy tous les iours la messe auecq attention, déuotion et réuérence et assisteront aux vespres, quand elles se diront, les festes et dimanches.

» 3. Toutes oyent l'explication du catéchisme et le sermon ou exhortation commune et publique quand elle se fera en nostre église et aprennent par cueur, avec toute diligence, la doctrine chrestienne, selon qu'il leur sera prescript et ordonné par leur maistresse ou préfecte de chambre.

» 4. Hors le temps des entretiens, qu'elles gardent tellement le silence que pas une ne parle l'une à l'aultre sans congé, si ce n'est en passant ou de choses nécessaires, mais principalement tandis qu'elles seront au chœur ou en l'église et le soir après la létanie de Nostre Dame qu'elles diront, tous les iours, toutes ensemble.

» 5. Qu'elles s'abstiennent tout à fait des mensonges, des détractions, des faux raports, d'iniures, d'outrages et de toutes autres actions et paroles malsonantes qui répugnent à l'honnesteté et charité chrestienne et sçachent que où les admonitions ne pourront profiter elles seront chastiées par leurs préfectes et que celles qui refuseront la correction ou ne donneront quelque espérance d'amendement ou se rendront fascheuses ou pernicieuses aux autres par leur mauuais exemple seront renuoyées et mises dehors.

» 6. Que toutes obéyssent à leurs maistresses ou préfectes et gardent exactement l'ordre ou distribution du temps qui leur sera assigné par icelles, tant pour leurs oraisons que pour leurs leçons, cousture et autres exercices et soyent promptes et obéyssantes à tous les sons de la cloche, de quelque lieu qu'elle les appelle.

» 7. Qu'elles s'honorent l'une l'autre et qu'elles se saluent lorsqu'elles se rencontreront par la maison en passant, taschant de s'édifier mutuellement par leur bon exemple, mais qu'elles portent un honneur et respect particulier à toutes les religieuses et nommément à leur Mère principale et à la Mère première, s'arrestant pour les saluer lorsqu'elles les rencontrent.

» 8. Qu'elles gardent une grande modestie en toutes leurs actions, mais principalement en l'église, au parloir, à table, en la récréation et en toutes leurs assemblées, ne riant trop facilement et sans cause, ne tournant les yeux çà et là et respondant discrètement à ce qu'on leur demande, sans se précipiter à parler et faire la responce plus tost qu'auoir conneu et entendeu la demande.

» 9. Qu'elles n'aillent et ne courent légèrement çà et là, ains marchent tousiours posément, allant et venant par la maison, qu'elles ne bougent de leur place sans nécessité et ne fouillent, furètent, manient ny prenent rien en la place d'une autre, sans expresse licence de la Préfecte ou Principalle et le gré de celle qui y demure.

» 10. Qu'elles prient Dieu tous les matins et tous les soirs, facent leur examen de conscience, se recommandant souvent à Nostre Dame et aux Saincts et portent une déuotion particulière à leur bon Ange, s'efforçant d'imiter la pureté angélique par la netteté de leur corps et de leur âme, à ce que, quand leurs parents les retireront chez eux, leur piété, déuotion, modestie et tous leurs déportemens témoignent le lieu et l'eschole d'où elles sortent qui est la maison et compagnie de Nostre Dame.

» 11. Le jeudy ou autre jour de congé sur semaine, au quel les escholières estrangères n'entrent point en classe, les pensionnaires auront deux ou trois heures, l'après disnée, de récréation extraordinaire, depuis une heure iusques à trois ou quatre, pour le plus; pendant lequel temps, elles pourront jouer à quelque jeu décent et honneste, comme aux dames, aux eschets, au petit billard et autres semblables où l'esprit et le corps s'exercent par ensemble, auecq humilité et modestie toutefois, sans débat ni contestation et celle qui perdra fera place aux autres pour jouer à leur tour et dira ung *Aue Maria* ou chantera *Laudate Dominum omnes gentes*, selon l'aduis de la Mère Principale ou Préfecte qui se trouvera là tousiours présente, comme en toute autre récréation.

» 12. Elles tascheront de bien aprendre à lire et prononcer les mots, tant en latin qu'en françois et (1) italienne, bien ortografier, à coudre, jetter, chiffrer, lire aux contracts, faire toutes sortes d'ouurages propres à une fille de leur condition et tous les jours ouuriers se trouueront aux férules de l'après disnée pour rendre compte de leurs actions à leur Préfecte ou à leur Principale. »

(Arch. Dioc., K 3. — *Régles*, éd. de 1638, p. 250-255; *id*., éd. de 1722, p. 235-240. — Sabatier, *Recueil*, p. 91-92.)

— « *De la tenue des classes et manière d'y recevoir les filles du dehors.*

» Non seulement l'Ordre trauaille à l'endroit des filles pensionnaires pour les bien former à la piété, bonnes mœurs et toute industrie honneste, mais aussy la règle veult qu'on reçoiue à ceste saincte instruction les filles de la ville et du dehors, chasque iour, aux classes dressées à cest effect. Ce qui doibt estre en singulière recommandation à toutes celles qui sont appelées à cest Institut, comme estant l'une des fins pour lesquelles elles sont religieuses de Nostre Dame. Or, afin que la pratique ne préiudicie aucunement à la closture régulière, ces règles ont été données... (2) »

[Suivent sous les n°⁵ 1-4, des prescriptions minutieuses pour

---

(1) Var. 1 « et bien escrire tant en lettre ronde qu'en italienne » (éd. de 1722).

(2) Dans l'éd. des *Régles* de 1638 (p. 350, 351), la rédaction du préambule de la *Formule des classes ou escholes, et Constitutions des filles*, est un peu différente. La voici : « 1. Cette fonction, comme estant fondamentale de cet Institut pour la plus grande gloire de Dieu, le bien du public et salut des âmes, doit estre en singulière recommandation à toutes celles qui y seront appelées, de sorte que jamais elle ne s'obmette, ains se fasse tousiours de mieux en mieux, veu mesme que Sa Saincteté, en contemplation d'icelle, a osté, de son mouuement et sans en estre requise, toute obligation de dire le grand office ou Bréuiaire, soit en particulier, soit en public, aux religieuses de cette Compagnie. — 2. Or, afin que le Sainct Siège continuë en cette affection paternelle, il faut surtout prendre garde que la pratique de cette charge ne préiudicie aucunement à la Closture régulière tout recommandée par le Concile de Trente... »

concilier la clôture avec l'enseignement. Je crois inutile de les reproduire ici. Pour en avoir l'idée, il suffira de se reporter aux extraits de la Bulle de Paul V, donnés ci-dessus.]

« *Nombre des classes et quelles*. — 5. Il y aura pour le moins deux classes en chaque maison ou collège de Nostre Dame et quatre pour le plus, mais plus communément trois :

» La première de lecture, soubs le nom et tiltre de Saincte Anne qui sera escrit et posé en grosse lettre sur le frontispice de la porte ;

» La seconde de l'escriture, soubs le tiltre de Saincte Catherine ;

» La troisiesme de cousture, sous le nom de Saincte Ysabeau ;

» La quatriesme d'ouurages, soubs celuy de Saincte Magdelène ;

» En toutes lesquelles on aprendra auecq cela tout ce qui est de piété et vertu, selon la capacité de chascune ; à quoy deux ou trois maistresses seront destinées par la Mère Première, avecq l'auis de ses conseillères et de la surintendante ou préfecte, l'une desquelles sera Mère et l'aultre Sœur, pour l'ayder, où deux sœurs, l'une plus antienne et plus expérimentée que l'aultre.

» *Heures de la tenue des classes*. — 6. Les classes s'ouuriront et on y enseignera deuant et après disner deux heures, tous les iours esquels le collège et la Cour entreront, et non en aultres.

» A la fin de la première heure, on tintera 15 ou 20 coups et, demie-heure après, on tintera tout autant, afin que les maistresses ou regentes qui sont en classes soient aduerties du temps passé et de celuy qui reste et le second signe sera le premier pour sortir. A la fin des deux heures, qui sera la fin des classes, on sonnera ung petit coup à bransle, sans tinter, tant le matin que le soir, et est bien qu'en chaque classe il y ait un puluerin (1) pour mesurer les heures et distribuer le temps. »

Des articles 7 et 8 relatifs aux modifications de l'horaire des classes selon les saisons, je retiendrai seulement cette observation : « Il sera bon de faire en sorte qu'en tous lieux, les escholières entendent la messe tous les matins, immédiatement deuant ou après les classes. »

« *Qualités des filles*. — 9. Les filles de tout âge et condition pourront estre receues par la Mère Préfecte pour aprendre et estre

---

(1) Sablier.

enseignées gratuitement, pourueu qu'estant grandes et d'enuiron 14 ans, leurs parens, et à leur défault d'aultres honnestes personnes, les viennent présenter et faire cognoistre, afin que, si elles sont discoles, rebelles et ne veulent se ranger au deuoir par remonstrances et corrections, on sçache à qui s'adresser pour les congédier et les renuoyer sans offencer personne.

» *Ordre pour la séance des filles*. — 10. Tant qu'il se pourra, on mettra les pauures et mal habillées à part pour éuiter diuers inconuénients et reprosches; mais on ne lairra de les bien aprendre selon leur condition. Il semble aussy conuenable qu'on mesle et mette aussy une fille grandette auecq une petite, et que chacune sçache sa place, laquelle elle pourra perdre pendant la tenue des classes si une autre sçait mieux qu'elle ce qu'il faut aprendre par cueur des prières, doctrine chrestienne et choses semblables.

» 11. A ceste fin, deuant que les maistresses n'entrent, les dixainières verront qui manque à sa place et qui sçait ce qui se doibt aprendre par cueur, et qui a fait chez soy l'exemple, ou la cousture, ou l'ouurage prescript, et qui y a manqué, et en aduertiront la maistresse après l'oraison. Car, soudain que les maistresses sont arriuées, toutes ensemble prient Dieu à genoux, disant le *Veni Creator* et l'oraison suiuante, auecq celle de la saincte, leur patronne, et, à la fin, réciteront l'anthienne courante de Nostre Dame, selon le temps.

» *Exercice en classe*. — 12. Après l'oraison de l'entrée, les dixainières ayant rendu compte de leurs dixaines, chaque fille cependant s'estendant à sa besoigne, la maistresse les prendra par quatriesme partie ou comme elle jugera plus commode selon le nombre, et leur monstrera ce qui sera de sa classe, tandis que l'adjointe ou soubs-maistresse se prendra garde des autres et qu'elles trauaillent bien, sans trouble et auecq silence, les addressant selon qu'il sera nécessaire.

» 13. Le signe de la première heure estant donné, on fera réciter debout ce qui se deura dire par cueur, la partie ou aduersaire de celle qui recite se leuant de l'aultre costé oposite et l'enseignant ou reprenant s'il en est besoin et si elle fault et manque en quelque chose; toutes les aultres cependant, sans mot dire ni rien suggérer, escouteront, assises, ce qui se dira, se tenant prestes à dire en suite ce qu'on leur commandera.

» *Doctrine de piété*. — 14. Or ce qu'on apprendra pourra estre l'exercice quotidien du matin et le *Sommaire du Catéchisme* ou la *Petite Doctrine* du cardinal Bellarmin, plus le *Catéchisme* entier, des oraisons plus déuotes à Nostre Dame et aux saincts et quelques aultres auant et après la confession et communion, telles que se trouuent dans le *Mémorial* de Grenade, le *Manuel* du P. Ribadeneyra, du P. Coton et autres, les *Quatrains* de Pibrac et de Matthieu (1), des chansons spirituelles et semblables choses pieuses. »

Il y a ici une lacune dans le ms. de l'Archevêché, sur lequel a été faite la copie de ce qui précède. J'emprunte la suite du règlement des écoles à l'édition de 1638. [Le premier paragraphe du texte imprimé étant divisé en 2 articles, le n° 16 de ce texte répond au 15° du ms.]

(1) Je réunis en une seule note les renseignements indispensables sur ces ouvrages et leurs auteurs. Du cardinal Robert Bellarmin, jésuite (1542-1621) : *Catéchisme et ample declaration de la doctrine chrestienne, par... Bellarmin, traduite... par Robert Crampon...* Rouen, 1601, in-12 de 140 p. (autres éditions à Lyon, 1604; Toul, 1616; Lyon, 1630), et *Briefue doctrine chrestienne composée... par le card. Bellarmin, traduict de l'italien par le R. P. Michel Coyffard, de la même compagnie*. Lyon, 1628, in-8° de 70 p. (C'est la seule traduction citée par le P. Sommervogel.) — De Louis de Grenade, célèbre dominicain espagnol (1527-1611) : *Le Mémorial de la vie chrestienne qui contient en abrégé tout ce que doit faire une âme nouuellement conuertie à Dieu pour arriuer à la perfection* (traduct. françaises de Belly et de Collin, Paris et Reims, 1575 et 1577, et nouvelle traduction par Girard, in-8°). — De Pierre Ribadeneyra, jésuite (1527-1611) : *Manuel de prières*, Lyon, 1624, in-12. — De Pierre Coton, jésuite, confesseur de Henri IV (1564-1626) : *Oraisons déuotes appropriées à toutes sortes d'exercices et actions chrestiennes*. Titre quelque peu modifié dans les éditions données en 1611 (2° éd.), 1620, 1621, 1622, 1627, in-8° et in-12. [Je dois à mon cher et savant maître, M. l'abbé Bertrand, toutes ces indications si précises.] — Quant aux *Quatrains* de Pibrac et de Matthieu, tout le monde sait que ces poésies morales ont été fort en usage dans les collèges et écoles jusqu'au milieu du XVII° siècle. J'ai vu à la Bibliothèque de la Ville un ex. d'une édition bordelaise qui pourrait bien avoir été employée aux leçons des Filles Notre-Dame : LES | QVATRAINS | DV S° DE PYBRAC | AVEC CEVX DV S° DE MATHIEV | DE LA VIE ET DE | LA MORT | *Diuisés en deux parties* | A la suite desquels d'autres sont | adioustez sur le subiect de la | vanité du monde | *Ensemble quelques quatrains moraux* | le tout contenant preceptes et ensei- | gnemens pour la vie de l'homme. | A BOVRDEAVX | PAR PIERRE DE LA COURT | ruë S. Iamme. 1618, pet. in-12, paginé 24-20-20-20. [Gui du Faur, seigneur de Pibrac, magistrat et poëte (1529-1584). — Pierre Matthieu, historiographe de France (1563-1621).]

» 16. Vne demy heure ayant esté employée à cecy en toutes les classes, sauf celle de lecture, on apprendra l'escriture ou couture et doit-on bien prendre garde que ce qui a esté apprins ne s'oublie. C'est pourquoy, il sera bon, le samedy, de répéter ce qu'on aura apprins toute la sepmaine.

» 17. Les Filles de la couture et des ouurages pourront chanter des airs spirituels pendant leur trauail de la première heure, si la commodité et séparation des classes le permet, en obseruant que leurs airs et chansons soient proportionnés au temps, tant que faire se pourra, comme si pendant les Aduents c'estoient des Noëls choisis, l'adjoincte ou soubs-maistresse les dressant en cecy, tandis que la Maistresse enseigne les autres.

» 18. Si le nombre des escholieres et disciples estoit tel qu'une heure ne fust suffisante de montrer à toutes, on empruntera vn quart d'heure de la demie heure suyuante; et la soubs-maistresse pourra ayder la maistresse, selon sa discrétion.

» 19. Auant partir de classe, on fera souuenir à chacune de ce qu'elle doit estudier ou faire au logis, et comment par la rüe il leur conuient estre modestes et saluer honnestement les personnes d'honneur, les croix, images et églises et comme elles se doiuent mettre à genoux, si le S$^t$ Sacrement passe, et tels autres enseignements de ciuilité, humilité, modestie chrestienne.

» *Pour la lecture.*

» CHAP. VI

» On aprendra premièrement en latin, puis en françois, et la lettre romaine plustost, puis l'italique et enfin encore la françoise, si on le treuue bon.

» Il y aura trois rangs. Le premier de celles qui aprenent à cognoistre les lettres. Le 2. rang de celles qui aprenent les syllabes et comptent et accouplent. Le 3. de celles qu'on enseigne les mots entiers et qui lisent tout à fait. Les lettres de l'alphabet et les syllabes se pourront aprendre par vne grande table où les charactères seront peints en grande forme qu'auec vne baguette on monstrera à 10 ou 12 ensemble et puis dans le liure de chacune on la leur fera recognoistre, mettant vne d'icelles qui lisent bien pour guide à chacune de celles qui aprenent les lettres.

» On donnera aussy vne ayde à celles qui accouplent et fera-t'on aussi dire à 10 ou 12 leur leçon, la maistresse passant et estant au milieu, et les faisant dire toutes ensemble en mesme temps, en se prenant garde des guides et reprenant celles qui faillent, et finalement les escoutant toutes et particulièrement, tantost l'une tantost l'autre, et faut que, pour bien garder ces Règles, tant la Mère Prefecte ou Intendante des classes que chaque maistresse ou regente, ait à part soy et lise souuent cette formule...

» *Catalogue des vacances.*

» CHAP. V

» Tous les iours de Feste de commandement de l'Eglise, toutes les Festes marquées au catalogue du Diocèse. Les iours de S. Nicolas, des Innocens, de S. Ignace, les veilles de Toussaincts, de Noël, Pentecoste, et des cinq Festes choumées de N. Dame, l'apresdisnée. Depuis l'apresdisnée du Mercredy S. iusques au matin du mercredy apres Pasques. Toutes les apresdisnées des mercredys ou ieudys de l'année, s'il n'y a autre Feste proche, auquel cas il n'y a point, d'ordinaire, autre iour de vacance. Le jeudy gras tout entier, avec le lundy et mardy gras. Depuis Nostre Dame de Septembre ou Exaltation de Saincte Croix iusques à la S. Luc ou la Toussaincts, vacances generales.

» *Formule des bastimens de l'ordre de Nostre Dame.*

» CHAP. VI

» L'eschole ou collège dans lequel doiuent demeurer les pensionnaires, escholieres et estrangeres doit estre séparé de la Maison Professe et du Nouiciat, et auoir son entrée et basse-cour distincte, autour de laquelle soient en bas les classes ou sales basses pour les escholieres et sur les classes ou ailleurs les chambres pour les pensionnaires, lesquelles doiuent auoir des cheminées et estre enuiron trois fois plus grandes que celles des Religieuses Professes et capables de six ou huict petits lits et d'un cabinet pour la Maistresse ou Préfecte de chambre... »

Arch. Dioc., K 3. — *Règles et Constitutions*, éd. de 1638, p. 350-363, 381. — *Id.*, éd. de 1722, p. 338-352, 369. — Sabatier, *Recueil*, p. 110-112, 115.

## B. — URSULINES

### 1. — *Documents concernant la fondation* (1)

1606. « *Du commencement et introduction des vierges de Saincte Ursule à Bordeaux.* — Ceste belle, noble et généreuse compagnie des vierges de S$^{te}$ Ursule, qui florist dans la ville et diocèse de Bordeaux et porte ses branches chargées de fruicts par tout le royaume de France, a prins son fondement ceste année (1606), en ceste cité de Bordeaux, soubz le zèle et auctorité de Monseigneur le cardinal de Sourdis, Archeuesque, duquel à bon droit elles peuuent estre apelées les filles et surgeons de sa piété. Il s'estoit grandement resiouy, le jour de l'Annonciation dernière, quand on luy presenta et qu'il approuua le dessein héroïque de ces pieuses et déuotes dame de Landiras et les filles de sa suite d'establir ung conuent de Nostre Dame dans Bordeaux, fondé sur l'espérance qu'il conceuoit que la jeunesse de leur sexe seroit instruite chrestiennement et catholiquement. Mais le jour d'un S. André mourant sur la croix luy redoubla la mesme joye par l'effect de ses desirs en deux filles qui se presentèrent à luy pour s'aggréger en société, soubz le tiltre de S$^{te}$ Ursule, pour travailler en ce mesme subiect, à l'exemple des vierges de la mesme société, establies par le grand S. Charles au diocèse de Milan. Ce feut sœur Françoise de la Croix, natiue de la Seaulue, de ce diocèse. Après auoir eu sa bénédiction et sa parole

---

(1) Les Arch. Dioc. (C 1; E 5, 7; K 2, 5, 6, 8; etc.) et les Arch. Gir. (série H) conservent de très nombreux documents relatifs aux monastères d'Ursulines de l'ancien diocèse de Bordeaux. Beaucoup de ces pièces n'offrent qu'un médiocre intérêt et la plupart se rapportent uniquement aux affaires temporelles de ces établissements. Je me contente de publier ici quelques chapitres du ms. inédit de Bertheau où la fondation de l'Ordre est racontée avec beaucoup de charme. J'y ai joint de larges extraits de la Bulle de Paul V érigeant le couvent de Bordeaux en monastère de l'Ordre de Saint-Augustin. A la vérité, elle a plusieurs fois été imprimée, mais uniquement, à ce que je crois, en tête des diverses éditions des Règles, lesquelles ont été, par destination, réservées aux religieuses et à leurs supérieurs. Il est du reste évident que la portée historique de ce document est des plus considérables. Il ne se trouve pas dans les histoires et chroniques de l'Ordre que j'ai pu consulter et les Arch. Dioc. n'en ont point eu de copie.

d'estre maintenues en cest exercice, [elle] se loge auecq une sienne compagne dans la paroisse de Nostre-Dame de Puypaulin, par sa direction, à ce qu'elles feussent conduites au faict de leur conscience par la pieté du curé, homme recommandable en doctrine et pureté de vie. Icy elles commencèrent à jetter les premiers traicts de leur instruction aux filles en la pieté chrestienne, à lire, escripre, à coudre et autres exercices de pieté et ciuilité. Peu après, le nombre s'accroist. Vous les eussiez veues, en ce commencement, modestes, graues et humbles. Car n'estant pas encore cloistrées, ayant ung habit noir et fort simple auecq ung voile noir sur la teste qui leur couuroit le visage jusques à la bouche inclusiuement, allant à l'église ouïr la saincte messe et les prédications de la parole de Dieu, elles montroient un exemple de grande vertu à tout leur sexe. Cest humble, modeste et religieux port dardoit insensiblement des teux et des flammes de charité et de chasteté dans les cœurs de plusieurs filles pour s'aggréger à ceste mesme société, tant la vertu a de force et d'énergie d'attirer les âmes qui ont les semences du mesme desir au plus profond de leur cueur. Mais comme Sathan s'oppose à tous ces petits commencemens qui ruinent la domination qu'il a sur les âmes mondaines, il ne manqua pas de susciter de si grandes trauerses à cette petite compagnie que sans l'autorité du prélat résolu à la maintenir, voire au péril de sa vie, elle eust esté certes dès lors esteinte et engloutie dans le profond d'une mer de tempestes. Car une fille d'une maison honneste et fortunée en biens et en alliances, brulée du sacré feu de ceste société, s'y estant aggrégée, donna de si profonds regrets à ses parens, principalement à sa mère, que celle cy esperdue de cholère s'en vint en cette petite et bienheureuse maison de cette petite troupe et en tira violemment sa fille, débacchant, forcenée qu'elle estoit, toutes sortes d'iniures, et des plus sales, contre la pureté de ces bonnes filles : cause que, pour quelques jours, plusieurs autres, qui s'y en alloient pour succer la pieté et la doctrine chrestienne, en feurent retirées auecq menaces et intimidations par leurs parens, sur le vacarme que faisoit celle-là. Mais Dieu qui se rit des entreprinses des mondains et la Prouidence duquel produit ses effects contre tous les efforts de la prudence humaine, maintint si bien sa petite et chaste troupe qu'au lieu d'estre abatue et estoufée par ceste tempeste, elle en receut la force d'enfoncer dauantage ses racines pour esleuer ceste petite maison jusques au feste (faîte) d'une grande. Le nombre s'accroist de jour en jour; le fruict du trauail paroist et pullule par toutes les maisons qui se remplissent de piété, à l'exemple de celle qui estoit semée ès âmes de ce sexe, et non seulement Bordeaux mais Libourne reçoit, en mesme temps, un mesme essaim de pures vierges, dépendantes de celles-cy, qui y trauaillent aussi utilement à la ruyne de la vanité. Ce que voyant nostre Prélat en sa ville principale, il leur prépare une autre maison dans la paroisse de S$^{te}$ Eulaye où il l'establira auecq closture dans quelque temps, leur baillant de grands directeurs pour ung solide fondement d'une grande et religieuse maison. Nous en verrons la preuve les années suiuantes, mais auecq un grand trouble, dont toutefois la gloire demeurera à Dieu et à sa glorieuse Mère, auecq mille bénédictions sur le courage de ce grand prélat. » — Arch. Dioc., C 1, p 488. seq.

— 1607. « *D'une seconde trauerse donnée à la petite troupe de S$^{te}$ Ursule.* — ... Nouuelles vinrent à sa Seigneurie Illustrissime que le Parlement s'en prenoit contre les vierges de S$^{te}$ Ursule. Cette petite troupe allant croissant auecq bénédiction, comme alors il n'y auoit encores aucunes personnes de ce sexe qui enseignassent la doctrine chrestienne et la piété auecq la lecture et autres petits exercices propres aux filles, ains au contraire qu'il s'en trouuoit quelques unes, lesquelles, par l'astuce de Sathan, estant hérétiques et faisant estat d'aprendre de petits exercices de ciuilité, instilloient insensiblement l'hérésie en ces petites âmes : et qu'une infinité de filles amorcées de la bonne doctrine qui leur estoit donnée par ce nouueau ruice (?) accouroient à ceste eschole de S$^{te}$ Ursule et qu'un grand  .bre d'icelles vouloient s'y aggréger et y viure : tout cela alarm.. le monde qui commença à crier de ce qu'on vouloit enleuer ses filles soubs un prétexte de religion. Voilà la trame de Sathan. Plaincte en est donc faicte au Parlement. Les gens du Roy, attachez à leurs formalitez. poussez par les parens de quelques unes disant que cette compagnie n'est point approuuée du S. Siège, que la tolérer seroit abuser les parens et les filles qui y seroient reçues, celles cy pouuant sortir d'icelle et prendre une autre condition de viure, quand bon leur sembleroit, outre la croyance des parens. Si bien qu'arrest est donné par lequel est dict que Françoise de la Croix,

première de ceste troupe, comparoistra en la cour pour respondre de son entreprinse, laquelle ayant ouy la signification de cet arrest et dict qu'il répugnoit à sa profession et qu'elle ne pouuoit pas aller dans ung palais, suit autre arrest par lequel est ordonné qu'elle y sera conduicte. De quoy aduerty M. le Car$^{al}$, ce luy feut ung subiect de quitter sa visite et se transporter diligemment à Bordeaux pour empescher l'effect de cet arrest à l'endroict de ces bonnes filles et leur oster ceste trauerse. Ce qu'il fit, mais non sans quelques paroles d'aigreur auecq le premier président (1), blasmant sa prud'hommie d'employer la pronounciation de ses arrests à tirer des filles qui vacquent à la piété parmy la confusion du palais, soubs couleur qu'elles ne sont approuuées du S. Siège, comme si son approbation et autorité archiépiscopale et primatiale ne suffisoit pas, de luy qui portoit la robe du S. Siège et du Pape, de manière que ceste persécution, cessant pour cette année, cachera son venin jusqu'à la subséquente, où, reprenant ses forces, elle nous esleuera une plus furieuse tempeste. » — *Ibid.*, p. 551 seq.
— 1608. « *Accroissement de l'Ordre de S$^{te}$ Ursule par M. le Cardinal.* — Les compagnies des vierges de S$^{te}$ Ursule fructifioient crueilleusement à Bordeaux, Libourne et Bourg, nouuelles plantes si agréables à Sa Seigneurie Illustrissime que pendant le temps que celles de Bordeaux feurent logées en la paroisse de Nostre-Dame de Puypaulin, il leur bailla argent pour achapter une maison fort ample et commode pour leur commencement en la paroisse de S$^{te}$ Eulaye, proche du conuent des Carmes, laquelle il fait préparer en closture, bastir et dresser une église et des cellules pour la demeure religieuse de chacune, dresser des classes pour les escholières. Et, toutes choses meurement prestes pour garder la closture et faire leurs fonctions au mois d'apuril de ceste année, auant partir pour aller à l'Assemblée générale [du Clergé], il les y loge et les met en possession, leur donne le sieur de Lurbe, archidiacre de Blaye et son official (2), pour les gouuerner et auancer les bastimens, l'y fait son vicaire général et sur les compagnies des autres villes, Libourne et

(1) Guillaume Daffis, premier président de 1585 à 1610.
(2) Sur cet ecclésiastique vénérable et la part qu'il prit à la fondation des Ursulines de la congrégation de Bordeaux, on doit voir le travail très curieux et très documenté de M. Ant. de Lantenay : *Pierre de Lurbe, vicaire général de Bordeaux,* aux pp. 207-212 des *Mélanges de Biographie et d'Histoire* (Bordeaux, 1885, gr. in-8º).

Bourg, conuie tout le peuple à les chérir et visiter leurs églises, chapelles et oratoires par octroy d'indulgences, tant il gouste les fruicts de leur piété lesquels elles produisent en son diocèze. »

[Suit une lettre d'indulgences en faveur des fidèles qui visiteront à certains jours les chapelles des Ursulines, « afin de rendre de plus en plus recommandable cest institut de vierges si necessaire en l'Église pour donner les premières impressions et jetter les fondemens de saincteté, piété et religion aux jeunes filles et, par icelles, à toute la postérité chrestienne ».] — *Ibid.*, p. 672 seq.

— 1609. De grandes contradictions (troubles populaires, procès, arrêts, etc.) ayant été apportées à l'entrée chez les Ursulines de Christine et Suzanne Salomon, filles d'un riche marchand de Bordeaux (1), le Cardinal adressa aux fidèles une très ample instruction pastorale sur le devoir imposé aux parents par la loi de Dieu de ne pas empêcher leurs enfants de suivre les conseils évangéliques(2), « auec quelques particularitez de l'institut des vierges de

---

(1) Elles finirent par entrer aux Feuillantines de Toulouse. — Cf. sur cette grave affaire, la *Chronique d'Étienne de Cruseau, publiée par la Société des Bibliophiles de Guienne*. Bordeaux, 1881, in-8°, t. II, p. 56 seq.

(2) J'avais déjà transcrit sur le ms. de Bertheau les passages de cette lettre pastorale se référant à mon sujet, quand M. l'abbé L. Bertrand m'a appris qu'elle avait été imprimée. La Bibliothèque de la Ville possède un ex. de cette pièce : LETTRE | PASTORALE | DE TRES ILLUSTRE | ET TRES | REVEREND | PERE EN DIEV | *MONSEIGNEUR LE CARDINAL* | *de Sourdis, Archeuesque de Bourdeaus* | *et Primat d'Aquitaine* | *à tous* | *ceux de son Diocese de* | *Bourdeaus* | monstrant que les Peres et Meres, n'ont nulle authorité | d'empescher leurs enfans, de suyure les conseils Evan- | geliques, ny les enfans ne sont obligez de leur en de- | mander congé. Contenant aussi la loüange de la vir- | ginité et exhortation à vn chacun de l'ensuyure et em- | brasser. Auec quelques particularitez de l'institut des | Vierges de la Doctrine chrestienne, appelées de | Saincte Vrsule. | A *BOURDEAVS*, | par SIM. MILLANGES, imprimeur | ordinaire du Roy. 1609. pet. in-8° de 48-21 p. La lettre du Cardinal remplit les p. 3-44. — Mes extraits, que j'ai collationnés sur l'imprimé, se trouvent p. 38-41. — Aux p. 45-48, on lit un *Aduertissement sur un faict arriué apres que Monseigneur le Cardinal a eu donné le dernier fueillet de sa lettre à imprimer*, par *H. de Sponde, prestre*. [Il s'agit de l'entrée chez les Ursulines d'une fille de la famille d'Albret et de Pons, dont Bertheau a également parlé. Cf. ci-dessous p. 214.] — A la suite, avec une nouvelle pagination, la traduction de l'*Opuscule de S. Thomas, intitulé*: Opus contra pestiferam doctrinam retrahentium homines a religionis ingressu. — Quelques passages de la *Lettre Pastorale* ont été réimprimés au tome I, p. 10-12, du *Recueil des Ordonnances, Mandements et Lettres pastorales des Archevêques de Bordeaux de 1599 à 1836*. Bordeaux, 1848, 2 vol. in-8°.

la doctrine chrestienne apellées de S^te Ursule ». Voici les principaux passages les concernant : « L'institut de ces vierges de la doctrine chrestienne, apellées de Saincte Ursule, n'est aultre chose que l'institut apostolique. Ce sont des vierges qui se consacrent, et leur propre personne par la virginité et leur industrie, pour instruire et enseigner celles de leur sexe. S. Paul en fait mention en l'epistre *ad Philippenses* : *Adiuua illas quæ mecum laborauerunt in Euangelio*, Tu ayderas à celles qui ont trauaillé auecq moy en l'Euangile. [Ce] quy monstroit qu'il y en auoit de ce sexe qui enseignoient et dilatoient l'Euangile, non par prédications publicques, mais par instructions particulières de la doctrine chrestienne et ce, principalement, à celles de leur sexe. Que si jamais ville en eut besoing c'est bien ceste-cy pour la déprauation des mœurs qui y est cognue. Or cest ancien institut a esté perdu, et restably, principalement par le bienheureux Charles, cardinal Borromée, archeuesque de Milan, qui a fait plusieurs miracles et continue encores tous les jours en son sépulchre. La première institutrice feut une déclarée bienheureuse par le Sainct Siège, appelée la *beata Angela* (1) qui semblablement a fait plusieurs miracles. Vous pouuez penser si les règles et constitutions sont sainctes et vertueuses. Ie ne veux pas respondre à tant de médisances ou plustost inepties qu'on dit de cest institut. I'ayme mieux piorer le pesché de ceux-là que le poursuyure d'auantage. Nous auons ouy dire, de nostre temps, les mesmes choses et de pires, contre ceux de la Compagnie de IESVS, compagnie très chrestienne et vertueuse et absolument necessaire. Mais ces vierges icy font aucunement envers leur sexe ce que cette Compagnie exerce a celuy des hommes. Pour la seureté de leur virginité, personne n'entre dans leur enclos que de leur sexe et ne peuuent iamais sortir que pour grandes considérations et en compagnie les unes des autres. L'estat des Religieuses encloistrées ne peut point se dilater et communiquer comme cestuy-cy, et, encore

---

(1) Sainte Angèle Merici (1474-1540). La cause de béatification de cette admirable servante de Dieu avait été introduite à Rome par saint Charles Borromée dès 1581. Tous les écrits du temps la qualifient de Bienheureuse, comme le fait ici le cardinal de Sourdis, bien que le décret définitif n'ait été rendu que le 30 avril 1768. Les Arch. Dioc. possèdent (K 2) un intéressant dossier relatif à la béatification de la fondatrice des Ursulines. On sait qu'elle a été canonisée par Pie VII, le 24 mai 1807

qu'il soit plus parfait en soy, ne peut pas apporter l'ayde et l'instruction enueis son sexe que fait cestuy-cy. Pour ce, ie ne m'estonne pas si le diable persécute cest Institut, parce que c'est sa coustume de choquer plus rudement une société lorsqu'il préuoit qu'elle sera fructueuse à l'Eglise. Et la coustume du monde est de l'imiter et de faire et de dire tousiours plus de mal de ceux et celles qui luy font plus de bien, contre ce que dit l'Apostre aux Gallates que « celuy qui est catéchisé et aprend la doctrine chrestienne communique toute sorte de biens à son précepteur ». Au contraire le monde communique toute sorte d'ingratitude, rauit et la nourriture du corps, la renommée, le repos et la vie, s'il peut, à ceux qui trauaillent le plus à les instruire et à leur enseigner le chemin du ciel. Tantost à dire que ceste société de vierges ne sont point une Religion (1). Si elles ne font pas les trois vœux solemnels, elles ne laissent point de faire corps de Religion, comme ces premières sociétés d'hommes et de femmes, depuis le temps des Apostres, durant les trois ou quatre premiers siècles. Tantost diront qu'elles ne sont pas aprouuées du Sainct Siège, et il y a deux bulles, l'une du pape Grégoire, l'autre du pape Sixte, non seulement qui l'aprouuent, mais qui le loüent grandement (2). Tantost diront qu'elles n'ont pas les lettres d'approbation necessaires du Roy, ce qu'on sçait estre faux, voyant ceste société establie par toutes les meilleures villes de son royaume, mesme dans Paris (3), auecq un concours de déuotion merueilleuse. Et à Tholose, seconde ville de ce royaume, un conseiller au Parlement, nommé le sieur de Bourret, leur a achapté une maison et les a fondées auec faueur et applaudissement de la cour, d'où celles qui sont en ceste ville sont venues. Le sieur président de Lestang leur a donné sa maison paternelle à Briue, ne pensant point, en faueur de sa patrie, pouuoir faire une plus grande

---

(1) C. à d. congrégation ou ordre religieux.

(2) Grégoire XIII et Sixte V. Le premier avait publié en 1572, dès le commencement de son règne, une bulle par laquelle l'institut d'Angèle Merici était reconnu et approuvé. Je n'ai pu identifier jusqu'ici l'acte pontifical du « pape Sixte » auquel il est fait ici allusion.

(3) Sur l'établissement des Ursulines de la congrégation de Paris, il faut lire le beau livre de H. de Leymont, *Madame de Sainte-Beuve et les Ursulines de Paris, 1562-1630*. Lyon, 1890, in-8º.

charité que d'introduire un collège de ces vierges. Et en vérité, la charité et la virginité sont les deux plus grands ornemens de l'homme, la charité en l'âme et la virginité au corps. L'institut donc, duquel les exercisses visent plus à la pratique et à l'acquisition de ces deux vertus, sera le plus noble et le plus parfait. Or le but de cestuy-cy est l'exercisse de ces deux vertus. Qui en voudra veoir dauantage pourra lire le liure imprimé par les Pères de la Doctrine chrestienne où sont amplement descrites les règles et priuilèges de cest institut, les Bulles et lettres (1).

» Pour faire fin à ce discours, ie vous prie et vous exhorte, mes enfans, de n'estre point ennemis de vostre propre bien et ne reieter point les aides et moyens que Dieu vous enuoie pour instruire vos enfans et vos familles à la piété... » — *Ibid.*, p. 676 seq.

— 1609. « *Comment une fille de sang royal, au mesme temps se rend en ce collège* [des Ursulines]. — Est-ce pas une chose du tout admirable que lorsque les mondains estiment enseuelir les lustes en leur faueur et puissance, au mesme temps Dieu les vestit de la robe de honte et de confusion ? Ces gens de trafic, releués par l'hazard d'une nauire chargée de moulüe (2) et d'harans qui crient que ceste compagnie de Saincte Ursule n'est que pour la lie du peuple et pour des seruantes, voyent trois filles de grande maison qui s'y viennent rendre. L'une de la maison de Pons, portant le nom d'Albret, du costé paternel, race et lignée royalle, et de Pons, du costé maternel, race de tant de princes, choisit ceste société pour son salut ; elle y est conduite par sa déuote mère, elle y entre, elle y trouue des plaisirs qu'elle n'auoit iamais rencontré dans le monde. Ce qui apporta un fort étonnement à tous ceux qui auoient contrepoincté le dessein de Suzanne et Christine Salomon. Changeant d'aduis, [ils] disoient, l'un : « Quoy ! ceste marchande tempeste et est forcenée si ses deux » filles entrent en ceste compagnie, et voilà une fille yssüe de maison

---

(1) J'ai vainement cherché à la Bibliothèque Nationale et ailleurs ce « liure imprimé par les Pères de la Doctrine chrestienne ». Plusieurs de mes amis qui ont bien voulu s'occuper de la solution de ce petit problème bibliographique n'ont pas été plus heureux que moi-même. — Les Doctrinaires dont l'instituteur fut César de Bus auaient beaucoup contribué à la fondation de plusieurs maisons d'Ursulines en Provence.

(2) Morue. « La prononciation, dit Littré, a longtemps balancé entre molue et morue qui a prévalu. »

» royalle qui l'embrasse comme le paradis de ses desirs ! » — L'autre :
« Dire que ces petites gens accourent au Roy pour obtenir son
» apuy au diuertissement de leurs filles de ceste société, comme
» indigne de les auoir, et voicy une parente du Roy qui espouse la
» compagnie de ces douces colombelles ! » — « Que M. le Cardinal
» a fait gracieusement, disoient tous les déuotieux, d'auoir soutenu
» ces deux filles en leur propos de religion ! »

« Que le monde a ses voyes glissantes ; mais que celles de Dieu sont asseurées ! C'est Lui qui calme l'orage et la tempeste, commande aux vents et fait sortir la lumière des ténèbres. » — *Ibid.*, p. 714 seq.

— 1609. « *Comme il [le Cardinal] va à Bourg [et] bényt la pierre fondamentale de l'Eglise des Ursulines.* — ... Il se transporte processionnellement au collège des Vierges de S<sup>te</sup> Ursule, voit le lieu destiné au bastiment de leur Eglise, bénit solennellement la première pierre et la pose auec joye deuant le peuple nourry (*sic*) d'espérance par ceste cérémonie extraordinaire de veoir bientost une église esleuée pour l'accroissement de la déuotion. Or pour ce que la ville de Bourg est petite, qu'il y a peu de moyens pour paruenir à ce desseing, il donne pouuoir au prieur de l'abbaye de Bourg, dans l'archiprestré de Bourg, de bailler droit de sépulture ès églises d'iceluy à ceux qui en auroyent le desir, après auoir rendu leurs bienfaicts en icelles et aussy contribué de leurs moyens au bastiment de ceste église de S<sup>te</sup> Ursule ; et, en outre, fait don à ces vierges de quelque terre ou autrefois y auoit eu une église en ceste ville de Bourg, pour s'accommoder d'icelle par vente ou autrement. » — *Ibid.*, p. 860.

— 1618, 5 fév. *Bulle de Paul V, constituant la congrégation des Ursulines de Bordeaux.* [Je donne ici l'exposé historique, fort intéressant, à mon avis, et les principales dispositions de cette Bulle qui touchent à mon sujet (1). La traduction réimprimée ici est celle de l'édition des Règles publiée en 1683 (2).] « ... De vray, nostre bien-aymé fils François, Prestre cardinal de la Sainte Eglise Romaine, sous le tiltre de Saint Marcel, nommé de Sourdis et, par dispense

---

(1) Cette Bulle, datée de Rome, *apud Sanctam Mariam Maiorem, anno Incarnationis Dominicae millesimo sexcentesimo decimo octavo, nonis februarii, pontificatus nostri anno XIV,* commence par ces mots : *In suprema militantis Ecclesiae solio.*

(2) P. 29-56.

Apostolique, Archevesque de Bordeaux, tant en son nom que d'aucunes nos bien-aymées Filles en Nostre Seigneur, Vierges de la cité de Bordeaux, nous a fait nagueres exposer que depuis environ dix ans en ça, lesdites Vierges, poussées d'une pieuse devotion, se sont, avec l'authorité dudit François Cardinal, mises en une société, sous l'enseigne de sainte Vrsule, se proposant garder, à l'imitation de cette mesme sainte, la Virginité agréable à Dieu, et prenant pour leur particulier Institut l'instruction des Filles et l'exercice de la Doctrine Chrestienne à l'endroit des mesmes Filles. Et, non long temps apres (le Saint Esprit inspirant leurs âmes), considerant combien pourroient nuire et empescher à garder la Virginité et passer religieusement la vie les familieres conversations des hommes, et privez repas qu'ordinairement on a dans les maisons privées tant des hommes que des femmes, selon la façon de France; et afin qu'estans unies par le lien de société et separées de la compagnie des hommes, elles pussent plus assurement conserver l'honneur de Virginité, elles se sont retirées toutes ensemble, en une certaine maison, pour y garder la closture et mener une vie religieuse : et, le temps de deux ans de probation estant expiré, se sont, sous le bon plaisir du Siege Apostolique, liées par les Vœux simples de Perpetuelle Chasteté, Obeyssance, Pauvreté et Stabilité en la mesme Compagnie et iceux ont fait simplement et depuis environ (1), usant d'un habit qui convient à la modestie Virginale et à la pudeur et aussi à la Religion, ont vacqué et vacquent soigneusement à ladite instruction des Filles. Car plusieurs classes estans en cette maison, distinctes comme dans quelque college, elles enseignent en icelles à toute sorte de filles, premierement la Doctrine Chrestienne, et les instruisant de documens (2) salutaires, de peur que (ce qui est beaucoup à craindre), dès leurs tendres ans, elles ne goustent trop tost le suc amer de l'heresie; et afin qu'elles s'abstiennent du luxe, auquel est trop adonné le sexe feminin. Incontinent apres, elles leur apprennent toutes sortes d'arts honnestes et bien seants au sexe, et, pour attirer davantage les plus pauvres à l'estude de la Doctrine

---

(1) *Sic*, mais la traduction est ici défectueuse. Le texte porte : *inde citrà*, c. à d. : depuis ce temps-là.

(2) C. à d. leçons.

Chrestienne, elles enseignent avec un soin singulier aux pauvres et estrangeres les arts par le moyen desquels elles puissent gaigner leur vie; et aussi, avec pareil soin et vigilance, elles instruisent, aux jours de festes, les servantes et simples femmes qui n'ont jamais rien ou peu entendu ny ne sçavent aucune chose de la Foy, et exercent, par une très grande charité, le mesme office de doctrine et instruction à l'endroit des filles qui, pour leur éducation, sont, par la permission dudit François Cardinal, mises en ladite maison et vivent en lieu separé desdites Vierges Regulieres. Et parce qu'en cette charge d'enseigner et instruire qu'elles font gratuitement et pour l'amour de Dieu et qu'aussi, pour l'exemplaire regle de vivre qu'elles professent, elles ont jusques à present produit de tres grands fruits et qu'on en espère, Dieu aydant, de plus grands dans l'advenir; estant aussi certain, et l'experience journaliere l'enseignant, que plusieurs filles, lesquelles, si elles estoient destituées de cette commodité d'apprendre gratuitement, demeureroient dans les tenebres de l'ignorance, ainsi pieusement et catholiquement enseignées, outre le particulier bien-fait qu'elles reçoivent, ne servent pas aussi aux autres d'une ayde petite, si que leurs parents mesme et autres qui les surpassent en âge, apprennent d'elles, dans leurs privez et domestiques discours, les Dogmes de la Foy catholique. La renommée de ce pieux Institut épanduë par la France a incité les habitans de plusieurs Citez et endroits à se procurer l'establissement de tels Colleges en leurs Citez et lieux, et plusieurs, avec prieres ardentes, insistent vers ledit François Cardinal [pour] qu'il envoye quelques unes des susdites vierges en leurs lieux pour enseigner les Filles. Et attendu qu'icelle Maison (ainsi qu'ajoûtoit la mesme remonstrance) est, avec tous ses membres et parties requises et necessaires, reduite à la forme bienseante d'un Monastere et Closture et a, joignant elle, son eglise par dehors, avec grilles et treillis regardant de ladite Maison en icelle, à la façon des Religieuses, gentiment et decemment située et suffisamment munie de ses meubles sacrez, où la Messe se celebre tous les jours, et est, par la permission dudit François Cardinal, gardé devotement le Saint Sacrement de l'Eucharistie en lieu net et honorable et que lesdites Vierges demeurant en ladite Maison lesquelles, avec zele de Religion, se sont volontairement obligees ausdits Vœux simples et qui, depuis le temps de leur entrée, ont observé et observent une continuelle closture, desirent grandement que ladite Maison laquelle, outre qu'elle est reduite, ainsi que dit est, en forme convenable à un Monastere, a, tant par la liberalité dudit François Cardinal, fondateur d'icelle, que donation de Vierges qui y ont esté receües, un dot de plus de 600 escus d'or, consistant en biens stables et autres choses, revenus certains et assurez, soit erigée en Monastere de Religieuses de l'Ordre de Saint Augustin. Pour ces raisons, le mesme François Cardinal nous a fait humblement supplier, esdits noms, qu'il nous pleut, de benignité apostolique, pourvoir opportunement à ce que dessus. »

Paul V érige donc la maison des Ursulines de Bordeaux en monastère de l'ordre de Saint-Augustin, les autorise à faire profession après deux ans de noviciat, les soumet au « soin, visite, correction et subjection de l'Ordinaire » et interdit à jamais aux Réguliers de les diriger. Il fixe la dot des religieuses, attribue au couvent la propriété des biens qu'il possède actuellement et de ceux qu'il pourra acquérir, et en règle l'administration. Le Pape « concede et octroye » au nouveau monastère et « personnes d'iceluy » la jouissance « de tous et chacun des privileges, immunitez, exemptions, prerogatives, indults, graces et indulgences dont tous les autres monasteres dudit ordre et leurs Religieuses, personnes et biens, usent et ioüissent de droit, usance et coustume, ou tout autrement, et peuvent et pourront, en quelque maniere que ce soit, user et ioüir à l'advenir ».

« De plus, afin que lesdites Vierges puissent embrasser le particulier Institut, qu'elles desirent, d'instruire les autres Vierges et Filles ez mœurs et vertus catholiques et que, par cy apres, il soit perpetuellement observé dans le mesme Monastere, selon les Constitutions faites, Nous leur octroyons, sçavoir qu'outre les Vierges et Veuves qui seront admises dans le mesme Monastere a l'habict et profession reguliere, pour l'instruction des Vierges et Filles, d'autres pieuses femmes mariées puissent pareillement (ez cas seulement toutefois permis par les sacrez Canons et susdits Conciles et non autrement) estre receües pour compagnes de ce pieux Institut, lesquelles ensemblement avec lesdites Religieuses vacqueront à l'instruction des mesmes Filles dans la closture neantmoins du mesme Monastere ou

Maison reguliere, en lieu separé des cellules et habitation des Religieuses. »

Suivent des dispositions relatives au noviciat, à la hiérarchie de la Communauté (novices, sœurs, mères, converses ou compagnes).

« Les Meres, après la 25. année de leur âge, ou la 10. de Religion, seront tenües vacquer gratuitement par elles et par les Sœurs a l'instruction des Filles; et ce premierement en la pieté et vertu chrestienne digne d'une Vierge, sçavoir, enseignant le sommaire de la doctrine chrestienne, la façon d'examiner la conscience, confesser ses pechez, communier, ouïr la Messe, prier, reciter le Rosaire, mediter, lire les livres pieux, chanter cantiques spirituels, fuir les vices et occasions d'iceux, exercer les vertus et œuvres de misericorde, gouverner sa Maison, et enfin accomplir les Offices chrestiens. Puis, afin que les Vierges soient attirées à cette Institution et retirées des Ecoles heretiques et impures, elles seront instruites ez premiers Rudimens de lire et écrire, et en aprez, a diverses manieres de travailler à l'éguille, finalement en tous arts honnestes qui sont bien seants a une honneste Vierge... »

Prescriptions relatives à l'autorité de l'Ordinaire, au confesseur, à la supérieure, aux charges du Couvent, au « vestement et vivre », à la clôture.

« Quoy qu'on dise avoir esté fait autrement en France, avec fruict des ames et des familles, il n'a pas neantmoins semblé qu'il fust expedient aux Religieuses de cet Institut, que des filles seculieres vivent et soient instruites en mesme maison avec elles. A l'un des costez de l'Eglise (dans la closture toutefois du Monastere ou d'icelle maison), soit faite une grande cour avec bastimens tirez tout au tour, ou quand les Meres et Sœurs Maistresses arriveront pour enseigner, ouy que sera le dernier son des classes, les deux portes, sçavoir celle de dehors et de dedans, soient fermées a clef et que la, deux a deux, elles entrent devant et aprez midy, l'Assistante (1) estant presente; d'ou, deux heures environ par aprez, elles se retirent dans leurs cloistres Religieux, afin qu'iceux fermez et

---

(1) La Bulle explique ce mot un peu plus loin : « Pareillement [qu'il soit choisi] pour Assistantes trois ou quatre Matrones des plus recommandables, lesquelles, chacune à leur tour et semaine, soient, par chacun jour, presentes, lorsque les portes de la grande cour fermeront et ouvriront. »

non auparavant, les portes de la grande cour donnant au dehors soient fermées et que les Filles qui ne sont pensionnaires retournent chacune en leur maison. Mais cette façon d'introduire ainsi les filles non pensionnaires durera seulement tant qu'il nous plaira et au Saint Siege.

» Quant aux pensionnaires, elles se rendront chacune en leur chambre et demeureront en lieu separé de la demeure des Religieuses, mais en mesme closture, et ne seront admises en icelle closture autres personnes seculieres que les susdites. Deux auront charge d'elles toutes : sçavoir, une des Meres et une des Sœurs, auxquelles on donnera encore une compagne pour le menage ; et soubs elles, par chacune chambre des filles, une particuliere Prefecte seculiere des plus âgées qui demeureront ensemble au dedans et prez des cloistres et proche de l'Eglise... »

Les dispositions qui suivent regardent la discipline intérieure et les exercices journaliers. Rien n'y intéresse l'enseignement, sinon la dispense du chœur et du chant pour les religieuses qui y sont employées.

*Règles et Constitutions...* Éd. de 1683, p. 31-51.

2\ — *Articles des Règles relatifs à l'éducation et à l'enseignement* (1).

« [Qu'elles] ayent une mesme methode pour enseigner la doctrine chrestienne aux escolieres, se conformant entierement à l'Eglise romaine et gardant d'enseigner choses trop hautes et qu'elles n'enten-

(1) Nous possédons deux rédactions différentes des premières Règles des Ursulines : l'une dans le ms. de Bertheau (p. 718-749) ; l'autre dans une édition imprimée que je décris ci-dessous. Elle fournit, établi dans un ordre meilleur (je ne dis pas parfait), un texte plus complet. C'est donc celui-ci que je réimprime exactement ; mais il m'a paru utile d'emprunter d'abord au ms. quelques passages qui ne se retrouvent pas dans l'imprimé. — Dans l'ordonnance transcrite par Bertheau à la suite des Règles, le cardinal de Sourdis constate qu'elles lui ont été « présentées par les Vierges religieuses du College de S$^{te}$ Vrsule », et il les revêt de son autorité. La date de cette ordonnance a été soigneusement barrée dans le ms. ; mais on remarquera qu'elle est insérée aux actes de 1609. Quant à la première édition imprimée, il en existe un ex. à la Bibl. de la Ville. Elle est s. l. n. d., mais probablement de 1617, puisqu'elle donne l'approbation des Règles faite, cette année, par le cardinal de Sourdis, et ne contient pas la bulle de 1618. Le titre est gravé en taille-

dent point. C'est pourquoy, elles se contenteront d'enseigner ce qui est contenu au *Catechisme* du Reuerendissime cardinal Bellarmin, ordonné par le S. et sacré Concile de Trente, sçauoir le gros pour elles et le petit pour les escollieres...

» Les festes s'employeront en deuotion, frequentation des sacremens, sermons et catechisme, l'enseignant a celles qui les requereront pour cela, en temps qui sera de reste pour leurs exercises, comme aussi en lecture des liures spirituels ou autres œuures de pieté et deuotion.

» Toutes s'estimeront heureuses et indignes d'estre employées à l'instruction des escolieres et, pour ce, tesmoigneront un grand desir de profiter à ces petites âmes, souuenant que Nostre Seigneur dit : *Ce que vous faictes a l'une de ces plus petites, ie le tiens faict a moy mesme*. Donc, quand elles enseigneront, que ce soit auec attention et deuotion, tenant les yeux corporels sur la petite creature et les yeux de l'âme au Createur pour l'amour duquel elles le font et s'excitant à l'amour de Dieu et se corrigeant l'une l'autre en esprit de douceur et charité.

douce et signé *Iasne F[ecit]*: REGLES DES VIERGES RELIGIEUSES | *DE S. VRSULE, APROVVÉES PAR MON-* | *seigneur Illme et Rme Cardinal de Sourdis* | *Archeuesque de Bourdeaux et Primat d'Aqui-* | *taine et confirmées par nostre S. Pere le* | *Pape Paul cinquiesme*. [Une estampe finement gravée, représentant sainte Ursule couronnée abritant sous son manteau : à droite, les Vierges martyres ses compagnes, en costume du temps de Henri IV ; à gauche, des religieuses. Aux pieds des premières, des épées et des flèches ; aux pieds des autres, des livres.] Au dessous, S. VRSULA. *O quam pulchra est casta generatio cum cla-* | *ritate. Immortalis est enim memoria illius. Sap. 4.* — Le recueil se compose de quatre parties ayant une pagination distincte : 1ʳᵒ partie (20 pages), « De la fin principale de l'Institut des religieuses de Saincte Vrsule » ; 2ᵉ partie (25 p.), « Regle de S. Augustin à l'usage des religieuses de Saincte Vrsule » ; 3ᵉ partie (75 p. et 2 p. pour l'approbation du Cardinal), « *Iesus † Maria*. Au nom de la T. S. Trinité... Constitutions pour les religieuses de Sᵗᵉ Vrsule qui doiuent estre gardées de toutes celles de ceste compagnie » ; 4ᵉ partie (128 p.), sans titre général, commençant ainsi : « De l'office de la Supérieure. » — Madame la Supérieure du Monastère de Bordeaux a bien voulu me communiquer un exemplaire d'une autre édition du XVIIᵉ siècle, laquelle est substantiellement conforme à la première : RÈGLES ET CONSTITUTIONS DE L'INSTITUT et Compagnie des Religieuses de| Saincte Vrsule. | A Bordeaux | par G. DE LA COURT | Imprimeur du Roy, de Monsei-| gneur l'Archevêque et de l'Vniversité | M.DC.LXXXIII | *Avec approbation*. In-24 de 387 p.

» Aux iours d'escole, elles iront à l'instruction le matin à 7 h. 1/2, en esté, et l'hyuer à 8. Enuiron les 9 heures, toutes les Sœurs assisteront à la Messe et la feront entendre à leurs escolieres.

» Les Vierges assemblées pour la plus grande gloire de Dieu au nom de S$^{te}$ Vrsule ayant pour leur principal but et institut le gouuernement et instruction des espouses de Iesus Christ, tant à la pieté qu'aux mœurs, [il] faut qu'elles s'efforcent de viure et se comporter auec une telle pûreté que les filles qui leur sont commises puissent se mirer en elles et en leurs vertus. Car comment pourroient elles acheminer et conduire les autres en quelque vertu si elles ne l'ont, elles mesmes, premierement acquise ? Comment pourroïent-elles admonester et reprendre les filles de quelque faute qui se trouue et se void en elles ? Il est donc bien raisonnable que les religieuses de S$^{te}$ Vrsule menent une vie exemplaire, en laquelle les escolieres voyent un vif portraict de la vie qu'elles doiuent tenir, si que la consideration seule des mesmes religieuses soit suffisante pour animer et encourager celles qui les voyent à l'acquisition des vertus et à la pratique des œuures pieuses et sainctes. »

Arch. Dioc., C 1, p. 790 seq.

— I$^{re}$ partie, p. 1. « La fin principale pour laquelle les Religieuses de Saincte Vrsule sont instituées, apres le zele de la gloire de Dieu et leur propre salut, c'est pour instruire les filles tant à la pieté et bonnes mœurs qu'à lire et escrire; les conserver en pureté d'esprit et de corps en les disposant petit à petit à dignement s'approcher du S. Sacrement de confession et de la S$^{te}$ Communion, incitées à cela par le commandement de Nostre Seigneur qui dict en son Euangile : *Prenez garde de ne manquer d'assistance voire à l'un de ces petits enfans.* Leur zele s'estendra aussi iusques aux personnes aagées de leur sexe, comme il sera dict cy apres. »

P. 3-6. « Il y aura vn lieu separé dans la closture pour enseigner les filles qui viennent du dehors, à l'heure ordonnée pour estre instruictes.

» Il sera loisible aux Religieuses de tenir des pensionnaires en vn corps de logis separé à part des religieuses, mais enfermé dedans l'enclos du Monastere, dans lequel les dites pensionnaires demeureront, mangeront et dormiront et où elles seront instruictes par celles que la Superieure commettra pour cest effect.

» Les dites pensionnaires pourront aller voir leurs parens quelque fois auec la licence de la Superieure.

» Aucune des Religieuses ne pourra aller au corps du logis des pensionnaires, ny aux classes, que celles que la Superieure aura deputées pour l'instruction, tant des pensionnaires que des escolieres, sans une particuliere licence de la Superieure. »

P. 11-13. « De sept heures iusques à neuf et de..., les Sœurs destinées pour l'instruction s'employeront à enseigner la doctrine chrestienne aux filles leurs disciples, à lire et escrire ou à trauailler à l'ouuroir; et à l'heure de la messe toutes l'entendront et la feront entendre à leurs escolieres — ... [L'après-midi] celles qui sont destinées pour aller enseigner la doctrine chrestienne [le feront] d'vne heure apres midy iusques à quatre.

» De ces trois heures, il y en a vne qui est employée pour faire reciter le catechisme aux filles et leur apprendre à se confesser et communier : et vne Sœur est deputée pour cest effect. »

P. 16. « Tous les Dimanches apres midy, elles apprendront les seruantes et autres filles ignorantes, leur faisant reciter l'Oraison Dominicale, la Salutation Angelique, les articles de la Foy, les Commandemens de Dieu et de l'Eglise, le nombre des Sacremens, la manière de se confesser et communier dignement, et à la fin viendra le confesseur ou autre qui expliquera clairement les principaux articles de la doctrine chrestienne. » (Mêmes dispositions dans la III<sup>e</sup> partie, p. 48.)

— III<sup>e</sup> partie, p. 2-3. « L'on doit sçauoir que la Compagnie des Religieuses de Saincte Vrsule est instituée à la plus grande gloire de Dieu, pour vacquer, avec sa grace, non seulement à son propre salut et perfection ; mais encore, auec la mesme grace, s'employer de tout son pouuoir et procurer le bien et perfection des ames, par exemples et instructions enuers celles qui sont de leur sexe, pour enseigner aux filles, tant la doctrine chrestienne, pieté, deuotion et bonnes mœurs, que pour exercer, autant que leur vocation le permet, les œuures de misericorde spirituelles enuers le prochain. »

P. 7. « Qu'elles enseignent gratuitement sans aucune pretention de recompense, et s'il arriue que l'on leur fasse quelques presens, qu'elles les reçoiuent pour l'amour de Dieu, en aumosne, auec la licence de la Superieure et non autrement : leur faisant entendre qu'on les reçoit en ceste qualité et que Dieu en fera leur recompense. Et sera consigné entre les mains de la Superieure ce qui leur aura esté donné pour estre mis en communauté ou en disposer selon qu'elle iugera bon estre. »

P. 54. « Les regentes entreront en classe le matin, apres sept heures et demie en esté et en hyuer à huict. Auant d'y entrer, elles diront deuant le tres-Sainct Sacrement : *Veni sancte Spiritus*, etc., pour demander à Nostre Seigneur l'ardante charité de son Esprit sainct, afin d'apprendre la voye de sanctification et vne science affectiue qui produise les actes d'vne vraye deuotion vers ces petites ames, et imploreront l'assistance de la tres-sacrée Vierge, de saincte Vrsule et des onze mille vierges, pour obtenir par leur moyen la grace d'aduancer la gloire de Dieu en cest employ et de s'en pouuoir dignement acquitter, et diront l'hymne *O gloriosa Domina*, etc., et l'Antienne *Prudentes*, auec l'oraison. — Elles enseigneront aux filles, leurs disciples, la doctrine chrestienne, à lire, escrire et trauailler aux ouurages. — [L'après-midi,] celles qui instruisent iront enseigner d'vne heure iusques à quatre, et auant entrer en classe, iront deuant le tres-Sainct Sacrement dire l'*Aue Maris Stella* et l'Antienne *Prudentes*, auec l'oraison. De ces trois heures, il y en a une qui est employée pour faire reciter le Catechisme aux filles et à leur apprendre à se confesser et communier; vne sœur est deputée pour cet effect. »

P. 65-75. « *Constitution IX. Pour la direction et instruction des pensionnaires et escholieres.* Nostre Seigneur et Sauueur enseignant au S. Euangile ce que nous deuons faire et fuyr pour paruenir au salut veut que les vierges ayent en leurs mains des lampes des bonnes œuures allumées auec telle splendeur qu'en esclairant elles ediffient tous ceux qui les voient. Or, selon ceste doctrine, estant assemblées pour la plus grande gloire de Dieu, au nom de S$^{te}$ Vrsule, et ayant pour leur principal but et institut le gouuernement et instruction des espouses de Iesus Christ tant a la pieté qu'aux bonnes mœurs, il faut donc qu'elles s'efforcent de viure et de se comporter auec une telle pureté et saincteté que les filles qui leur seront commises se puissent mirer en elles et en leurs vertus...

» Sur tout elles se rendront fidelles en la garde du thresor precieux de ces petites ames que N. Seigneur a racheptées de son sang et qu'il met entre leurs mains : pour ce subiect, elles les estimeront et aymeront esgallement (1) comme bonnes et vrayes meres, tenant pour vn benefice de Dieu (2) d'estre employées à vn office qui appartient aux anges.

» Elles leur apprendront donc premierement à aymer Nostre Seigneur de tout leur cœur et faire toutes choses pour l'amour de luy, à estre deuotes à la tres-sacrée Vierge, à leur bon Ange et aux Saincts ou Sainctes dont elles portent le nom;

» D'auoir vne hayne et aduersion au peché mortel ou veniel et de vouloir plus tost mourir que d'offencer Dieu volontairement, ny faire aucune chose, pour petite qu'elle puisse estre, contraire à la volonté de Dieu ;

» La reuerence et deuotion auec laquelle elles doiuent s'approcher des Sacremens de confession et de saincte communion;

» L'honneur, l'amour et le respect qu'elles doiuent porter à leurs Pere et Mere et autres parens;

» A ne mespriser ni medire de personne et à faire estime du prochain;

» A s'entre honorer et aymer l'vne l'autre; de s'abstenir de tous mensonges et de ne rien prendre ni donner sans congé; d'estre douces, humbles et soubmises.

» Elles leur apprendront aussi à lire en françois et en latin, à escrire, compter, chiffrer, getter et orthographer (3).

» Qu'elles aient vn pareil zele à l'education et instruction des escholieres que des pensionnaires, suiuant l'obligation de leur institut, manifestant en cet exercice leur dilection enuers le prochain pour l'amour de Nostre Seigneur Iesus Christ qui dit que *celuy qui*

---

(1) Texte de Bertheau : « ... esgallement comme ses cheres espouses et se reputeront en leurs cœurs non comme leurs superieures, mais comme leurs vrayes meres... »

(2) Texte de Bertheau : « tenant pour vn singulier benefice de Dieu... »

(3) Texte de Bertheau : « Elles les apprendront à lire en françois et en latin, selon qu'elles seront aduancées. Enuiron les 9 heures, elles entendront la S$^{te}$ Messe ou elles diront leurs chapelets en pensant à quelques mysteres de la vie de Nostre Seigneur. A 10 heures, elles disneront et pendant le disner garderont le silence afin de se rendre attentiues à la lecture qui se fera, et, à l'issue, diront graces, lesquelles estant dites, elles iront a la recreation. Apres diront la Doctrine chrestienne, puis escriront... »

*fera et enseignera sera grand au royaume des Cieux.* Qu'elles soient soigneuses de trauailler fidelement à imprimer tous ces principes dans ces petites ames et à leur faire bien entendre les quatre parties de la Doctrine chrestienne.

» *Exercice iournalier pour les pensionnaires.* En tout temps, les pensionnaires se leueront à six heures. En se leuant feront le signe de la la saincte croix et donneront leur cœur à Dieu par vne briefue oraison.

» Estant decemment vestuës, elles feront le bon propos (1), toutes ensemble dans l'Oratoire, chacune le disant tout haut par sepmaine.

» Elles assisteront tous les iours à la Saincte Messe, durant laquelle elles s'entretiendront sur la methode que l'on leur enseignera. Celles qui ne sçavent lire diront le chapelet, s'entretenant sur quelque mystere de la vie, mort et passion de Nostre Seigneur.

» Après la Messe, elles escriront, desieuneront, diront leurs leçons et trauailleront aux ouurages iusques à dix heures.

» A dix heures et demie, elles disneront dans leur Refectoir, et vne des anciennes Sœurs y sera pour les retenir en leur deuoir.

» ... Auant se mettre à table, celle qui a fait le bon propos dira le Benedicité; durant le disner, elles garderont le silence pour escouter la lecture qu'elles feront par iour.

» A l'issuë du disner, celle qui a dit Benedicité dira Graces, lesquelles estant dites, elles iront à la recreation.

» Apres reciteront le catechisme, escriront, diront leurs leçons,

(1) Je trouve dans une ordonnance imprimée du cardinal de Sourdis l'explication suivante de ce terme : « *Pratique que chaque curé enseignera à ses paroissiens. A Bordeaux, le 1er avril 1616. Pour le matin. Le bon propos* : 1. Demander pardon à Dieu des pechez qu'on pourroit auoir commis depuis l'examen du soir. — 2. Remercier Dieu des biens qu'il nous a fait toute nôtre vie, et signamment la nuit passée. — 3. Demander lumiere à Dieu de cognoitre a queis pechez on est plus enclin, et les occasions qui nous y font tomber. — 4. Faire une resolution entiere auec la grace de Dieu de ne tomber en aucun de nos pechez accoûtumez, par pensées, paroles, œuures et omissions. — 5. Designer quelques heures du jour, afin de se recüeillir et auiser si on se souuient de maintenir et executer le bon propos du matin. — 6. Dire à cette intention, trois fois, *Pater* et *Aue*, et, une fois, *Salue Regina* et l'Oraison *Deus cui proprium est misereri*, etc. » (*Ordonnances et Constitutions synodales... du dioc. de Bordeaux*, éd. de 1680, p. 268.)

trauailleront aux ouurages et feront colation à deux heures, puis continueront leurs exercices.

» A quatre heures, l'on leur dira le subiect de la meditation; celles qui seront trouuées capables de faire oraison mentale en feront demie heure, les autres diront le chapelet.

» A cinq heures et demie, elles souperont et se comporteront tout ainsi qu'au disner; puis elles feront leur recreation.

» En esté, elles se trouueront au subiect de la meditation qui se donne à huict heures, diront les Litanies de Nostre Dame et autres prieres, feront l'examen et, à la fin, diront l'acte de contrition.

» En hyuer, elles feront les susdites prieres à sept heures et demie pour se coucher à huict.

» Auant se mettre au lict, elles prendront de l'eau beniste, offriront à Dieu leur sommeil et demanderont la benediction à la sacrée Vierge.

» *Du temps de la Confession et Communion des pensionnaires.* Puisque le premier thresor duquel Nostre Seigneur a enrichi son Eglise est l'institution des Saincts Sacremens, la principale instruction qu'on peut donner aux enfans est de les accoustumer de bonne heure à se bien et souuent confesser, et communier, et partant toutes les pensionnaires se confesseront et communieront (celles qui en seront capables) tous les dimanches et festes de Nostre Dame, de sainct Ioseph, des saincts Apostres, sainct Augustin, saincte Vrsule et de sainct Charles Borromée.

» Si quelqu'vne des pensionnaires demeure malade et que la maladie soit notable, la Superieure aura soin d'aduertir les parens pour faire venir le Medecin. S'il iuge que la maladie doiue durer non seulement trois ou quatre iours, mais qu'elle soit pour estre longue, elle procurera vers les parens, à ce qu'elle soit transportée hors le Monastere. Quand on cognoistra que quelqu'vne aura mal de teste ou quelqu'autre infirmité, il sera bon l'enuoyer pourmener au iardin pour la diuertir ou faire quelqu'autre petit exercice de santé. »

[A la suite de cette partie des *Règles*, approbation du Cardinal de Sourdis, en date du 29 novembre 1617.]

— IV<sup>e</sup> partie, p. 20. « Vne fois le mois, la Superieure assemblera les Regentes, auec la Mere des classes, pour traitter des moyens de bien instruire les filles en la pieté et deuotion, et leur apprendre toute sorte de modestie et bien-seance. »

P. 43. « Elle (la Mère de la Congrégation des Dames de la ville) commettra quelqu'vne des Dames de la Congregation pour apprendre la Doctrine chrestienne aux paures filles de l'Hospital et leur feront enseigner quelque mestier pour gagner leur vie. Elles les feront venir, tous les Dimanches, au college pour estre instruictes et les exhorter à bien faire. »

P. 51-54. « *La charge de la Mere des pensionnaires*. Celles à qui les pensionnaires seront commises en charge pour estre instruites en la vertu, pieté et crainte de Dieu, doiuent estre grandement zellées à leur vocation et au salut des âmes.

» Elles offriront souuent à Dieu ceste charge, afin de s'en aquitter dignement.

» Leur zelle doit estre tres grand pour les instruire à quitter le peché et pratiquer les vertus contraires, afin que Dieu soit vn iour seruy par elles.

» Elles les enseigneront non seulement à lire, escrire, coudre et toutes sortes d'ouurages : mais encore à dire l'office, le chapelet, faire l'examen de conscience, le propos du matin, à se bien confesser et communier, et leur donneront vne methode pour les instruire en l'oraison mentale et à faire des oraisons iaculatoires pour s'entretenir en la presence de Dieu.

» Les Meres des pensionnaires exerceront leurs filles à la mortification de leurs passions et rompre leur volonté, afin que, si Dieu les appelle à plus grande perfection pour estre religieuses, elles ayent l'instruction et la disposition d'acquerir la perfection que ceste vocation requiert.

» Les pensionnaires appelleront les Meres des pensionnaires : ma Mère; et les Meres les appelleront quelquefois : ma fille, et par leur nom; et les filles s'appelleront entre elles : ma sœur.

» Elles les accoustumeront de bonne heure d'aymer le silence et leur feront garder à certaine heure du iour.

» Lors que les parens les viendront voir, les Meres des pensionnaires les meneront au parloir et n'yront iamais seules. Si leurs parens veulent parler quelquefois en particulier aux filles, les Meres des pensionnaires leur permettront.

» Elles leur enseigneront quelques propos de deuotion pour entretenir les personnes qui les viennent voir auec edification.

» Elles feront aprendre les pensionnaires à s'abiller et à tenir proprement leurs petites besoignes, et feront le mesme de leurs coustures et escrire.

» Elles leur feront auoir de bons liures et, surtout, qu'elles sçachent la doctrine chrestienne par cœur et qu'elles les facent entretenir souuent en la lecture des vies des saincts.

» Les pensionnaires se confesseront tous les samedis et veilles des festes et feront la saincte communion tous les dimanches et festes de Nostre Dame, de saincte Vrsule et de sainct Charles Borromée.

» Les Meres des pensionnaires leur feront faire, vne fois par sepmaine, leur coulpe pour les fautes et negligences qu'elles commettent en leurs petits exercices de deuotion.

» Elles ne permettront à leurs filles de parler autre langage que françois et les accoustumeront de se porter respect l'vne à l'autre.

» Les Meres des pensionnaires auront vn grand soing de conseruer ces ieunes filles en pureté d'esprit et de corps, et les rendront amoureuses de ceste vertu qui nous rend semblables aux Anges.

» Et pour la conseruation de ceste vertu, elles les habilleront modestement et ne leur permettront de porter la gorge ouuerte, ny des poudres ; mais vn mouchoir de col et vn capuchon, au lieu de poudres et autres vanitez, à quoy les mondains se plaisent. »

P. 55-58. « *La charge de la Mere des classes*. La Mere des classes aura charge en general de toutes les classes et prendra soing que les Regentes y fassent leur deuoir et que le college soit en bon estat.

» C'est à elle de recepuoir les filles quand elles se presentent pour venir au college et les mettre aux classes selon leur capacité, comme aussi de faire monter les filles de classe à vne autre.

» Elle distribuera tellement les classes que les escolieres se confessent vne fois la sepmaine, au iour plus commode au confesseur, ou, pour le moins, de quinze en quinze iours, sauf celles qui font la saincte Communion qui se confesseront tous les samedis et feront la saincte communion tous les dimanches et festes de Nostre Dame, des saincts Apostres, de saincte Vrsule et de S. Charles Borromée.

» La Mere des classes ira, vne fois le iour, par toutes les classes, pendant les leçons, pour voir si les Regentes font leur deuoir, et y fera garder le silence.

» Outre l'instruction que chasque Regente doit donner à ses escolieres, la Mere des classes les instruira quelquefois à se confesser et communier et faire le propos du matin, l'examen de conscience, et à celles qu'elle iugera propres pour l'oraison, leur en donnera quelque methode.

» Elle leur fera leçon de la ciuilité, vne fois le mois.

» Si la Mere des classes a vne classe comme les Regentes, elle sera exempte de faire garder le silence par iour aux escolieres, comme les autres Regentes.

» Elle doit auoir grand soing que les filles aprennent vn mestier pour gaigner leur vie de leur trauail et surtout aux pauures et aux filles de maison pour esuiter l'oisiueté, mere de tous vices.

» Elle aura vn roole de toutes les escolieres et mettra vne table affichée au college, où seront les festes et ieusnes commandez de l'Eglise, et vne autre où seront escrits les iours auxquels il n'y a point de leçon au college.

» La Mere des classes fera que les filles qui sont de mesme leçon seront ensemble, separées des autres par classes ou par bancs. Celle qui sçaura mieux sa leçon sera mise la premiere de sa sorte, auec applaudissement de la Mere des classes.

» Elle fera que les Regentes diuiseront leurs escolieres par dixaines, baillant la charge de chasque dixaine à vne decurionne.

» Elle prendra garde que les Regentes n'vsent enuers leurs filles de chastimens indiscrets, qu'elles les corrigent plus par paroles que par coups, et ne permettra qu'elles leur donnent le fouët que pour quelque faute notable.

» Elle prendra garde que les Meres Regentes n'ayent autre occupation pendant qu'elles sont en classe qu'à aprendre les filles à bien lire et escrire et coudre, ou telle autre occupation qu'elles doiuent aprendre à leurs escolieres. »

P. 79-81. « *La charge des Meres Regentes.* Les Meres de chaque classe ne seront pas seulement Regentes à leurs escolieres pour les instruire, mais vrayes meres en les aymant tendrement, afin de les esleuer à la deuotion plus doucement.

» Elles aduiseront que nulle escoliere ne regarde ça ne là à l'Eglise et n'y caquette point.

» Elles tascheront d'imprimer en ces petites ames la crainte de Dieu, la deuotion et la modestie chrestienne tant exterieure qu'interieure et leur persuaderont de s'habiller fort modestement, selon leur qualité et auront vn voile sur la teste à l'Eglise ou pour le moins à la confession ou faisant la saincte Communion.

» Il est très expressement enioinct aux Regentes de faire aller leurs escolieres fort proprement et nettement vestuës et d'abhorrer la saleté et puanteur, mesmement es pauures filles qu'elles feront tenir si propres et nettes que, pour pauurement qu'elles soient, elles soient au moins si propres et nettes que les filles de maison n'ayent occasion d'esuiter leur compagnie.

» Si quelque escoliere ayant esté souuent reprinse pour sa saleté ne se corrige point, l'entrée du college luy sera interdicte, apres auoir aduerty ses parens qu'elle n'est reiettée pour sa pauureté, de laquelle les Regentes font profession, ains pour sa saleté.

» On n'admettra aucunes filles au college qui ayent le mal caduc ou les escruelles, de peur que d'autres ne viennent à prendre ce mal contagieux.

» Si les classes sont diuisées par chambres, chasque Regente nommera, à la fin de la sepmaine, les escolieres qui balieront, vne chasque iour qu'il y aura leçon la sepmaine suiuante, apres qu'on aura chanté le *Salue* de l'issue des escolieres; mais, si plusieurs classes sont en vne grande salle, la Mere des classes nommera, à la fin de la sepmaine, celles qui balieront, trois ou quatre chasque iour.

» Les Meres Regentes auront grand soing de bien instruire leurs filles, et, après la crainte et amour de Dieu qu'elles doiuent grauer en leurs cœurs, elles les aprendront à bien lire en latin et en françois, à escrire, compter, chiffrer à la plume et aux gets et leur aprendront toute sorte d'ouurages et de mestiers, afin que les pauures puissent gaigner leur vie, et surtout la doctrine chrestienne leur sera en tres grande recommandation.

» Enfin toute sorte d'ouurages et de mestiers conuenables à la deuotion seront enseignés au college des Vrsulines, autant que le nombre des religieuses le permettra, tant afin d'empescher que les filles ne hument l'air de la vanité et mondanité en aprenant ces arts et mestiers ailleurs, que pour ne destourner les meres catholiques mondaines, ny les heretiques mesmes, d'enuoyer leurs filles au College de cet Institut, comme elles pourroient [en] estre diuerties si on n'y enseignoit que la seule doctrine et pieté chrestienne.

» Elles aprendront à leurs filles de dire le Chappellet et le Rosaire et auront le soing de le leur faire dire chasque iour à l'honneur de Nostre Dame.

» Les Regentes auront soing que chascune de leurs disciples qu'elles trouueront capables, enseigne la première doctrine chrestienne à ses freres et sœurs, seruiteurs et autres filles domestiques de son logis, et s'informeront soubs main si leurs disciples s'acquittent bien d'vn si bon et profitable office.

» Elles auront à cœur à ce que les meres de famille qui auront esté leurs disciples enseignent ou facent enseigner la premiere doctrine chrestienne à leurs enfans et domestiques et qu'elles les esleuent à toute pieté, leur representant souuent la saincteté de sainct Augustin, de sainct Bernard, de sainct Louys, de sainct Emond et de plusieurs autres saincts et sainctes qui est attribuée au soing que leurs meres eurent de les y acheminer, car les meres peuuent plus contribuer à la bonne education des enfans et filles que les peres qui ne les ont continuellement pres d'eux comme les meres.

» Elles leur enseigneront des chansons spirituelles et en donneront à coppier pour les diuertir de chanter aucune chanson mondaine.

» Tout aussi tost que la cloche sonnera pour entrer en classe, les Regentes se trouueront au chœur deuant le tres sainct Sacrement et diront toutes ensemble les Litanies des saincts et apres iront prendre la benediction de la Superieure.

» La Superieure ou la Mere des classes tiendront les clefs du College pendant que les Regentes sont en classe et ne sortiront, y estans une fois entrées, que les leçons et la doctrine ne soit faicte. »

*Régles des Vierges Religieuses de S. Vrsule...* éd. s. l. n. d. — Arch. Dioc., C 1.

## C. — ORPHELINES DE SAINT-JOSEPH (1).

1638. « HENRY D'ESCOVBLEAV DE SOVRDIS, par la grâce de Dieu et du Sainct Siege apostolicq., archeuesque de Bordeaux et primat d'Aquitaine. A tous ceux qui ces présentes lettres verront et oyront, Salut en Nostre-Seigneur.

» POVR ce qu'il a pleu a la diuine bonté nous appeler et esleuer au régime et direction de ceste eglise métropolitaine de Bordeaux, après Monseigneur l'Eminentissime et R<sup>me</sup> Cardinal de Sourdis, nostre predecesseur et frère, de bonne mémoire, aussy a-t'il esté bien agréable a la mesme bonté, par sa miséricorde, de nous donner les mesmes sentimens pour la continuation de ses glorieux travaux au bien des âmes et soulagement des pauures. Or comme ainsy soit que, pendant le cours de sa vie laborieuse au gouuernement de ceste prouince, il ait soigneusement procuré et pourueu ce diocèse de maisons et communautez de piété et religion pour l'enseignement et instruction des jeunes filles, et, par ce moïen, porté et introduit les bonnes mœurs chrestiennes et catholiques dans les familles, les conseruant du venin de l'hérésie, poison et corruption du siècle; ce néantmoins, voyant que ces maisons et communautez de religion et de piété ne pouuoient pas estendre leur exercice et trauail jusques aux pauures filles orphelines de père et de mère, destituées et délaissées sans apuy et moyen pour estre esleuées chrestiennement, il eut pour agréable et aprouua très volontiers le soing de quelques vefues et personnes de piété et déuotion qui s'emploioient à l'éducation de ces pauures filles et conceut, dès lors, ceste bonne pensée et dessein d'instituer une société de certain nombre de vefues et filles d'âge meur et bien attrempé, lesquelles, viuantes soubz son auctorité et obéissance en une maison commune, fissent recherche et queste

---

(1) J'ai trouvé fort peu de documents importants sur cette congrégation. Je donne donc ici seulement l'ordonnance d'Henri de Sourdis, en confirmant la fondation et formulant ses premiers règlements. Cette pièce inédite que je publie d'après la minute originale fournit d'ailleurs, on le verra, tous les renseignements essentiels à son endroit.

des pauures filles orphelines, les receussent en ceste maison pour les instruire en la piété chestienne et en tout ce qui est requis en une fille pour viure chrestiennement dans le monde, chacune en la vocation qu'il plairoit à Dieu de l'appeler. Et d'aultant que ceste pensée sainctement inspirée n'a pu éclore ny estre menée à sa fin, à cause du décès de Mon dit seigneur le Cardinal, nostre prédécesseur, arriué en ung temps qu'il alloit porter ce dessein à sa fin et perfection, Novs, desirans de le suiure et paracheuer ce qu'il a si soigneusement et utilement commencé; et voyans les dites orphelines, en grand nombre en une petite leur maison de ceste ville de Bordeaux, instruites et esleuées par la peine et trauail de nostre chere et bien aymée fille en Nostre-Seigneur, Marie Delpech de l'Estang, damoizelle, nous aurions grandement aprouué cest exercice, soing et pieux trauail, mais bien plus sa charité et libéralité enuers les dites orphelines, en ce qu'elle s'est donnée, et elle et tous ses biens, pour donner ung commencement certain et asseuré d'une grande maison de Dieu à l'aduenir, pour la nourriture, instruction et éducation des pauures orphelines, selon que la dite damoizelle Delpech nous a fait representer l'acte de donation stipulée et acceptée par nos vicaires généraux, en la forme que s'ensuit :

« COMME AINSY SOIT que feu, de bonne mémoyre, Monseigneur l'Eminentissime et R$^{me}$ Cardinal de Sourdis, archeuesque de Bordeaux et primat d'Aquitaine, eust eu pour agréable les ser ices que rendoient quelques déuotes filles et vefues, en ceste ville de Bordeaux, aux pauures filles orphelines d'icelle, comme estant une œuure grandement louable et méritoire, l'une desquelles déuotes filles est Marie Delpech de l'Estang, damoizelle, laquelle continuant ses sainctes affections, soubs l'autorité de Très illustre et très Reuerend Père en Dieu, Messire Henry d'Escoubleau de Sourdis, archeuesque de Bordeaux et primat d'Aquitaine, conseiller du Roy en ses Conseils et commandeur des ordres de Sa Maiesté, dans une maison appartenante aux dites filles orphelines, située en la paroisse Saincte Eulaye de ceste ville, ayant jugé et recogneu la dite maison n'estre capable ny suffisante pour loger et contenir les dites filles, auroit, de ses propres deniers, acheté trois maisons joignantes la susdite et icelles faictes accommoder et préparer pour cest exercice de piété; et comme ainsy soit qu'il aye ainsy pleu à Dieu de lui donner ceste bonne pensée de se donner et vouer totalement au seruice des dites orphelines et à leur éducation et, par mesme moïen, donner tous ses biens, suppliant sa saincte bonté fauoriser ses sainctes pensées, bénir et faire éclore son dessein pour sa gloire et, à ces fins, inuoquant la Sainte Vierge Mère de Dieu et Immaculée, à ce qu'il luy pleust animer [?] par ses intercessions une œuure par laquelle elle sera dicte Bienheureuse, POVR CE EST-IL que, ce jour d'huy, 17ᵉ du mois d'auril 1638, après midy, pardeuant moy, Laurent Dautiège, notaire et tabellion royal en la ville et cité de Bordeaux et séneschaulcée de Guienne, soubsigné, présens les témoins bas nommés, a esté présente la dite damoizelle Marie Delpech de l'Estang, demeurant au dit Bordeaux, paroisse susdite Sainte Eulaye, laquelle, de son gré et volonté, a donné, par ces présentes, par donation pure et simple faicte entre vifz, tousiours valable et à jamais irréuocable, aux dites filles orphelines absentes et pour leur fondation, mais à ce présents et stipulant pour elles, Messieurs Maistres Jacques Miard, prebstre, licentié en droit canon, archidiacre de Cernez en l'église métropolitaine de S. André, prothonotaire du S. Siège apostolicq., et Pierre Caron, prebstre, docteur en théologie et archidiacre de Fronsac en la dite église métropolitaine, vicaires généraux au spirituel et temporel de Mon dit seigneur l'Archeuesque et soubz son autorité et adueu, sçauoir est tous et chacun les biens temporels que la dite damoizelle de Lestang a de présent et pourra auoir à l'aduenir, consistant, entre autres choses, en trois maisons qu'elle à acquises en la dite paroisse de Sainte Eulaye, joignantes et contiguës à celle des dites orphelines, l'une de Françoise et Jeanne Sage, héritieres de feu Joseph Sage dit Josse, leur père, pour le prix et somme de 1800 liures, à plein limitée et confrontée par le contract de vente du 10ᵉ may 1633, receu par Grenier, notaire royal à Bordeaux; l'autre de Mᵉ Jean Biré, aduocat en la cour de Parlement, pour pareille somme de 1800 liures, aussy à plein mentionnée, limitée et confrontée par le contract du 18ᵉ aoust 1635, receu par le dit Grenier, notaire, auec les reparations et augmentations que la dicte damoizelle y a faict, qui luy reuiennent, comme elle a dict, à plus de 1500 l.; la troisieme de Marie Torchon, damoizelle, pour le prix et somme de 1600 liures tournoises, aussy à plein mentionnée, limitée et confrontée, auecq son jardin, par le contract de vente du 4ᵉ jour de mars dernier, receu par le dict Grenier, notaire. Plus donne, comme dessus, la somme de 1200 liures tournoises qui prouiendra de la vente d'aultres ses biens aux charges et conditions néantmoins que s'ensuiuent :

» A sçauoir qu'il y aura certain nombre de vefues ou filles d'age, tel qu'il plaira à Mon dit seigneur et ses successeurs Archeuesques spécifier, lesquelles s'aggrégeront en société et seront choisies à l'aduenir à perpétuité par la Supérieure et ses associées et présentées à Mon dit seigneur l'Archeuesque, pour estre receues et admises en la dite société. Toutes lesquelles feront vœu simple d'obeissance entre ses mains pour receuoir, nourrir, enseigner et esleuer les filles orphelines de ceste dite ville de Bordeaux jusque à tel age qu'il sera aduisé et jugé par Mon dit seigneur, pour ensuite les colloquer selon leur condition et règles qu'il luy plaira donner, tant aux dites vefues et filles de la société qu'aux dites orphelines ; ensemble nourrir, entretenir et esleuer Marie Laserre, fille légitime et naturelle de Mᵉ Jacques Laserre, juge de Sᵗ Estephe, et de damoizelle Marie Delpech, niepce de la dite damoizelle de Lestang, jusque à l'age de 25 ans, si plus tôt Dieu ne l'appeloit à aultre condition de vie, sans toutefois que la dite damoizelle de Lestang et société soient teneues de luy bailler aultre chose lorsqu'elle sortira de la dite société ; et en cas que la dite fille niepce feust propre et vouleust estre aggrégée en ceste société pour le soing des orphelines, y sera receue en consideration de la susdite donation de la susdite damoizelle, sa tante, donatrice.

» Laquelle réception, nourriture et entretien des dites orphelines, se fera ès dites maisons données par la dite demoiselle de l'Estang, lesquelles demeureront affectées aux dites filles à perpétuité, auecq celle où elles demeuroient auparauant en laquelle la dite damoizelle [a] prins la charge de leur gouuernement.

» Suppliant très humblement la dite damoizelle Mon dit seigneur l'Archeuesque, et en son absence mes dits sieurs vicaires généraux, auoir pour agréable la dite donation et auecq les conditions susdites instituer et ériger la dite société et l'affermir de son autorité et, pour y donner commencement, la vouloir receuoir à faire le vœu simple d'obéissance, luy donner, et aux vefues et filles qui s'aggrégeront auecq elle en la dite société, ung prebstre qui leur sera agréable et qu'elles présenteront à Mon dit seigneur l'Archeuesque ou à ses vicaires generaux, à fin qu'il l'agrée et aprouue pour leur administrer les saincts Sacremens et aux dites filles orphelines, et à cet effect donner telles règles et institutions à la dite société qu'il jugera propres et efficaces pour exécuter ce dessein et paruenir au but de la dite société, qui est la gloire de Dieu et l'édification des âmes.

» Laquelle donation ainsy faite, les dits sieurs vicaires généraux, après auoir considéré le grand bien qui prouiendra au public de ceste institution, l'ont acceptée comme dit est cy dessus, à condition que la superiorité, direction et visite sera et appartiendra à Mon dit seigneur et à ses successeurs Archeuesques de Bordeaux, à perpétuité, et qu'aduenant que quelque autre personne de quelque condition et sexe (*sic*) qu'elle soit, veuille se rendre fondatrice de la dite société en y donnant plus de biens que la dite damoizelle de Lestang, elle y pourra estre receue selon qu'il sera aduisé et agréé par Mon dit seigneur et ses successeurs, sans préiudice des droits seigneuriaux deubs à l'Archeuesché à raison du fief de la dite maison.

» Et pour la plus grande validité et fermeté de la présente donation, les dits sieurs vicaires généraux et la dite damoizelle de Lestang ont vouleu et consenty, veulent et consentent qu'elle soit omologuée deuant monsieur le seneschal de Guienne et monsieur son lieutenant général et insinuée au greffe d'icelle. A ces fins ont constitué leur procuteur, sçauoir la dite damoizelle, pour y consentir, M. François de Gombaud [?] et les dits sieurs vicaires généraux, pour l'accepter, Mᵉ Estienne La Forest, procureur au dit siège, auxquels et à chacun d'eux ils donnent pouuoir de tout ce que besoin sera et promettent d'auuoir pour agréable tout ce qui par eux sera faict. Dont et de tout ce que dessus les dits sieurs vicaires généraux et la dite damoizelle m'ont requis acte. Fait à Bordeaux, dans le palais archiépiscopal, en présence de Mᵉ Jehan Bertheau, prebstre, curé de la paroisse de Carignan, secrétaire de Monseigneur l'Archeuesque, et Pierre Montassier, prebstre, archiprebstre de Blaye, tous sur ce requis, habitans dudit Bordeaux, paroisse S. Christolli, lesquels ont signé à la cede (1) auecq les dits sʳˢ Miard et Caron, vicaires généraux, et damoizelle de Lestang. Signé : Dautiège, not. roïal. »

(1) Minute.

» EN CONSÉQVENCE de laquelle donation, clauses et conditions d'icelle, la dite damoizelle de Lestang nous a très humblement supplié de vouloir bien instituer et ériger la dite société de certain nombre de vefues ou filles d'âge, en ceste ville de Bordeaux et ès dites maisons ainsy données, y donner telles règles et institutions qu'il nous plaira et que nous iugerons propres et efficaces pour la mettre en exercice, et à ceste fin la receuoir et celles qui se voudront associer auecq elle à faire le vœu d'obeissance simple et déclarer la dite société estre et auoir commencé pour demeurer ferme et stable à perpétuité sous nostre autorité, juridiction, correction et visite, selon les saincts décrets.

» POVR CE EST-IL que NOVS, après auoir considéré que les pauures filles orphelines sont délaissées et abandonnées à la divine bonté et à nostre soing et vigilance en l'exercice de nostre charge pastorale, et vu la susdite donation de la dite damoizelle Marie Delpech de l'Estang, à présent gouuernante des dites filles orphelines, des maisons et biens à elle appartenans pour la réception, logement, instruction et éducation des dites filles, louans et approuuans le dessein de nostre prédécesseur et la piété et déuotion de la dite damoizelle Delpech de l'Estang, comme très utile pour l'accroissement de la piété et bonnes mœurs en ceste ville de Bordeaux et nostre diocèse, par l'aduis de nos bien aymez confrères, les examinateurs de nostre congrégation, AVONS INSTITVÉ, erigé et estably, instituons, érigeons et establissons en ceste ville de Bordeaux une société et compagnie de vefues et filles d'âge, pour viure en communaulté, soubz nostre auctorité et direction, auecq vœu d'obeissance simple, pour vacquer au gouuernement, instruction, éducation et nourriture des pauures filles orphelines, comme estant le but et la fin de ceste société, le tout sous les règles et constitutions cy dessous prescriptes. Et, en ce faisant, auons approuué et ratifié, aprouuons et ratifions le consentement et stipulation faits par nos vicaires généraux de la dite donation, auecq toutes et chacune des clauses et conditions que ce soit mises et aposées en l'acte d'icelle, et voulons et ordonnons qu'elle sorte son plein et entier effect, et, conformément à icelle, auons attribué et affecté, attribuons et affectons toutes les dites maisons et biens, donnez par la dite damoizelle de l'Estang, à la dite société, ensemble tous les aultres oiens, charitez et libéralitez de toutes personnes charitables et pieuses qui seront cy après délaissez, donnez et léguez à icelle, à l'utilité et profit des dites orphelines. Si acceptons très volontiers le don de la dite damoizelle qu'elle faict de sa personne à la dite société pour y viure et mourir et le vœu d'obeissance simple qu'elle entend faire entre nos mains. Mandons à cest effect à nos vicaires généraux de la recevoir à ce faire, ensemble celles des vefues et filles qui voudront entrer dans cest institut. Et, dès à présent comme dès lors que la dite Marie Delpech de l'Estang aura faict le dit vœu d'obeissance simple, Déclarons la dite société auoir commencé et estre en estat de stabilité et en exercice de piété. Voulons et ordonnons qu'elle soit ferme et stable à perpétuité; Et pour donner les premiers mouuements a cest exercice de piété, nous auons faict et donné, faisons et donnons les règles et constitutions qui s'ensuiuent.

» 1. La dite société de vefues et filles associées sera nommée et appelée la *Société des Sœurs de Saint-Joseph pour le gouuernement des filles orphelines*, qui ne pourra passer le nombre de sept, y comprins la supérieure, si ce n'est que la multitude des filles orphelines en requist dauantage, auquel cas, il y sera pourueu.

» 2. Toutes les sœurs de la société, au nombre que dessus, ne pourront y entrer et faire le vœu d'obeissance simple qu'elles n'ayent atteinct l'âge de 33 ans.

» 3. De ce nombre des sœurs de la société, trois pour le moins s'emploiront au ménage commun de la maison.

» 4. L'une d'icelles sera supérieure pour trois ans; et, à la fin du trienne, toutes les sept nous en présenteront deux pour estre supérieure, l'une desquelles nous choisirons et la confirmerons supérieure pour les dits trois ans.

» 5. Toutes obéiront à cette supérieure au gouuernement de la maison et autrement, sans contredit, à peine de tumber en péché de désobeissance.

» 6. Leur habit ne sera autre que de leur condition séculière, le plus modeste que se pourra, sans y mesler aucune vanité du siècle.

» 7. L'ordre commun de la société pour l'exercice spirituel sera tel : Elles se lèueront à cinq heures du matin en tout temps et se coucheront à neuf heures du soir; — sitost qu'elles seront levées, elles feront et accommoderont leurs chambres; — vacqueront à faire le bon propos et l'oraison, enuiron une demie-heure; — auant le disner, elles iront en leur chapelle faire l'examen particulier et résolution, attendant l'heure du disner; — au soir, entre huit et neuf, feront l'examen général dans la chapelle, où assisteront les filles orphelines; — les dimanches et festes solennelles se confesseront et feront la sainte communion; ensemble le iour de Sainct Joseph, patron de la société; — oultre les jours de jeusne que l'Eglise commande, elles jeusneront tous les samedys et toutes les veilles de festes solennelles de Nostre-Dame, sauf pour les infirmes, ainsy qu'il sera aduisé par la supérieure; — ne pourront quitter la maison, soubs quelque prétexte que ce soit, qu'il ne demeure tousiours trois des sœurs en la maison pour le maintien des filles orphelines au deuoir; — se souuiendront, en leuant et habillant les petites filles et les traictant, de la douceur et amour de Nostre-Seigneur enuers les petits enfans quand il les appelloit à soy.

» 8. Aucun homme, de quelque condition ou âge que ce soit, n'entrera dans la maison de la société. Et s'il est nécessaire de parler à quelcung qui vienne à la maison, ce ne sera que dans la chapelle de la maison ou dans la première chambre basse qui regarde la rue, la porte d'icelle tousiours ouuerte, excepté toutefois pour les ouuriers et manœuvres, quand il sera nécessaire, qui pourront entrer auecq la licence de la supérieure.

» 9. Elles pourront receuoir les dames et damoizelles déuotes à visiter et voir la maison et l'instruction qu'on fait aux orphelines, à ce qu'elles prennent de là subiect d'assister la maison et d'emploïer leur faueur pour colloquer les dites jeunes filles selon leur vocation, estant venues en l'âge cy dessous spécifié.

» 10. Toutes les orphelines de père et de mère, légitimes, ou de père et mère[qui], bien qu'encore viuans, sont si pauures et impuissans qu'ils ne les peuuent nourrir et pouruoir, seront receues en la dite maison, tant que sera sa capacité et moyens de charité, pourueu que le nombre des dernières, à sçauoir qui ont père ou mère pauures, n'excède le quart de toutes les autres filles orphelines.

» 11. Elles porteront toutes une mesme robe et de mesme couleur, de la forme et façon néantmoins de la condition de leur naissance, d'aultant qu'il s'en peut rencontrer qui descendent de maisons de qualité, tumbées en pauureté.

» 12. Dès le matin, on les fera leuer et habiller; l'on dressera leur lit deuant elles, si elles sont encore en bas âge; et si elles sont grandettes et ont la force, on le leur fera faire et les emploira-t'on à leuer et habiller les plus petites.

» 13. Après cela, on les fera prier Dieu, en leur enseignant à faire le bon propos, à se mettre en la présence de Dieu et à dire le chapelet; on leur aprendra les principes de la foy et bonnes mœurs, à se bien accuser et confesser et dès l'âge de dix ou unze ans à faire la saincte communion.

» 14. Tous les jours elles oyront la saincte messe, dans la chapelle de la société, où les sœurs assisteront pour les contenir en modestie et attention.

» 15. Quand la cloche de l'*Aue Maria* sonnera en la paroisse, toutes se mettront de genoux et salueront la Saincte Vierge, mère de Dieu, récitant les oraisons propres et ordinaires à ce subiect.

» 16. Les plus grandes pourront estre menées aux prédications auecq les sœurs de la société pour aprendre le maintien honneste et modeste parmy les compagnies, en l'église de Dieu.

» 17. Toutes les orphelines ne coucheront point ensemble, si elles ne sont fort petites, mais dormiront séparément.

» 18. Elles seront enseignées à lire et escrire, selon qu'elles y seront propres; à coudre, faire linceuls (1), chemises, napes, et tous ouurages de l'esguille et autres choses nécessaires dans ung ménage;

» 19. Comme aussy à dresser ung ménage, nettoyer les chambres, dresser les lits, la vaisselle et tout ce qui est requis d'ordinaire pour le maintien et viure d'une maison.

» 20. Leur trauail se fera en commun, et seront les sœurs requises à ce trauail présentes, pour empescher les filles d'oysiueté et de caqueter.

» 21. Tout le profit qui prouiendra du trauail des sœurs et orphelines sera employé à l'entretien de la maison et société.

» 22. Elles tiendront tousiours les dites filles orphelines occupées et les instruiront à la diligence, fuir la paresse, aimer la vertu, et au comportement de filles sages sans légèreté.

» 23. Si quelqu'une des orphelines manque au deuoir, elles en

---

(1) Draps.

leront la correction, telle que la prudence et la charité chrestienne leur suggérera.

» 24. Quand les orphelines ainsy esleuées seront venues à l'âge de 14 ou 15 ans, les sœurs allant faire des visites en mèneront quelques unes auecq elles, à fin qu'elles aprennent comme il faut conuerser parmy les compaignies de leur sexe et comme il faut cheminer modestement par les rues.

» 25. Ceste instruction et éducation leur sera faite et continuée en ladite société jusques à l'âge de 16 ans accomplis ou 18 ans pour celles qui ne seroient encore robustes pour l'employ d'un seruice.

» 26. En cest âge et non au delà, les sœurs de la société auront soing de les colloquer hors la maison selon la capacité de chacune, selon leur esprit et industrie; à sçauoir ou par un honneste mariage sortable à leur condition ; ou les mettant au seruice d'honnestes familles de dames et damoizelles; ou pourront passer en couuent de religion si elles en ont la vocation, en cas qu'elles trouuent qui les vueille receuoir pour Dieu (1).

» 27. Les dites filles orphelines auront une heure de récréation chaque jour, de laquelle quelqu'une des sœurs ne s'esloignera pour faire que tout soit honneste et modeste dans l'entretien.

» 28. Déclarons que nous pouruoirons à la dite société de confesseur ordinaire qu'elles nous présenteront pour l'aprouuer, qui leur célébrera la messe chaque jour, sans préiudice des droits de la paroisse, et, à fin de tenir toutes choses en la vigueur de ces règles et constitutions et en donner d'autres et telles que les occurrences demanderont, nous ferons la visite de la dite maison et société chaque année et toutes fois et quantes qu'il sera requis pour le meilleur gouuernement d'icelle. Si donnons en mandement à nos vicaires généraux et à tous nos officiers de nos cours ecclésiastiques, en tant qu'à chacun touche et appartient, de mettre nos présentes lettres d'approbation, institution, erection de société, règles et constitutions à exécution selon leur forme et teneur.

» DONNÉ en nostre chasteau de Lormont, de nostre diocèse, sous nos seing, grand sceau et contreseing du secrétaire de notre archeuesché, le seiziesme jour du mois de juin, l'an mil six cent

(1) C.-à-d. *gratis* et sans dot.

trente huict, presents vénérables Messieurs Pierre Caron, prebstre, docteur en théologie, chanoine et archidiacre de Fronsac en l'église métropolitaine, nostre vicaire général, et Pierre Montassier, prebstre, archiprebstre de Blaye, demeurans à Bordeaux, présens et à ce appelez.

» SOVRDIS, *Arc. de Bord.*; *Caron*, pnt; *Montassier*, pnt. — Par commandement : *Bertheau*, pbtre, secrét. » — Arch. Dioc., K 1.

# V

## SUPPLÉMENT (1)

AILLAS. — 1785. Ordonnance concernant la pension du régent de cette paroisse. — Arch. Gir., C 147.

— 1789. Troussilh, régent. — Rotgès, *Histoire de l'Instruction primaire dans l'arrondissement de Bazas*, Bordeaux, 1893, in-8°, p. 351.

ANDRÉ-DE-CUBZAC (SAINT-). — 1781. Lafargue, m° écrivain de Bordeaux, régent. — Arch. Gir., C 1718, f° 54.

AUROS. — 1762. 100 l. au régent. — Arch. Gir., C 3209.
— 1790. Claverie, régent. — Rotgès, p. 351.

* AVIT-DU-SOULÈGE (SAINT). (2) — 1743. Un régent pour Saint-Avit et Eynesse. 150 l. de gages. — Arch. Gir., C 2651.

BAZAS. — 1604. Montmurat, m° écrivain de la ville. — Arch. Mp. Bazas, État civil. Ap. Rotgès, p. 14.

— 1632. Fondation du couvent des Ursulines par l'Évêque, Nicolas de Grillet, et les Jurats. « L'ouverture des classes publiques suivit de près l'installation », dit M. Rotgès. D'après un document cité par lui, « toutes les écolières qui s'y présentèrent y étaient reçues, d'autant plus volontiers que les Ursulines étaient suffisantes en nombre pour n'en refuser aucune. Elles eurent même, quelque

---

(1) Je réunis ici cent soixante renseignements nouveaux, fournis par d'obligeants amis ou découverts par moi aux Archives pendant l'impression de cet ouvrage; j'en ai emprunté aussi un certain nombre au livre récemment paru de M. Rotgès.

(2) Je fais précéder d'un astérisque le nom des quelques communes qui figurent ici pour la première fois.

temps après, quelques jeunes demoiselles à titre de pensionnaires. »
— Rotgès, p. 125,126.

— 1738. Mentionnés, dans l'état des habitants qui sollicitent l'exemption du logement des gens de guerre, « tous les régents soit gagés de la ville ou autres, enseignant le latin ou simplement à lire et à écrire ». — *Ibid.*, p. 20.

\* BERNOS. — 1790. Derancy, m<sup>e</sup> d'éc. — Rotgès, p. 353.

BLAYE. — 1556. « Guilhaume Pillet, regent des escolles de Blaye. » — Arch. Gir., E. Minutes de Delefont (1).

— 1760. S<sup>r</sup> de Lagny, supérieure des Dames de la Foi, demande à l'Intendant « de se prêter à leur procurer un peu plus de commodité dans la maison que MM. les magistrats de cette ville ont eu la bonté de leur louer ». — « Vu, dit-elle, le grand nombre d'écolières externes et de pensionnaires que nous avons, il n'est pas possible que nous puissions les contenir, sans le secours de deux chambres qui sont sur la rue, que ces MM. nous ont accordées, mais qui sont inhabitables. Il conviendroit d'y faire des réparations. Moyennant cela, nous serons moins gênées et les enfans profiteront beaucoup plus, surtout les pensionnaires qui ont un très grand besoin d'éducation et que nous sommes obligées de tenir dans une petite salle où nous faisons nos prières, où nous mangeons et recevons le monde, ce qui ne laisse pas de les détourner de leurs petits devoirs. » Le secrétaire de l'Intendance charge le subdélégué d'appuyer la demande des religieuses auprès du corps de ville : « M. de Tourny m'a fait recommander de vous engager à faire en sorte que le nouvel établissement des Dames de la Foi fût protégé de MM. les jurats comme il le mérite... » — *Ibid.*, C 375.

— 1762. Le subdélégué de Blaye au secrétaire de l'Intendance : « Vous sçaviés déja qu'on travailloit aux moyens d'assurer le logement de nos Dames de la Foy. J'ay l'honneur de vous apprendre avec autant de satisfaction que vous en aurez vous même que le contrat est passé, au commencement de cette semaine, avec le propriétaire de leur maison, pour une location de neuf années. » — *Ibid.*, C 376.

(1) Rens. comm. par M. Roborel de Climens.

— 1768. « Desnoyers, régent des humanités de cette ville », reçoit 450 l. de gages. — *Ibid.*, C 379.

— 1769. Nouvelles conventions pour le logement des Dames de la Foi, à raison de 280 l. par année, payables par l'Hôtel de Ville. — *Ibid.*, C 379.

BOMMES. — 1789. Dupernaut, m° d'école. — Rotgès, p. 353.

BORDEAUX. — 1619. Antoine Claveau, « précepteur d'enfans », témoin d'une donation. — Arch. Gir., E 91. Minutes de Chadirac (1).

— 1786. Lettre d'un des secrétaires de l'Intendance : « *Les Dames de la Foy*, qui sont les seules dans cette ville [de Bordeaux] employées gratis à l'instruction des jeunes filles, sont au nombre de huit. Elles ont actuellement 400 jeunes filles ou environ et 13 pensionnaires à instruire dans la religion catholique. L'utilité dont ces sœurs sont à Bordeaux ne vous paraîtra pas sans doute susceptible d'en diminuer le nombre. » — *Ibid.*, C 2515.

*Bordeaux. Saint-André.* — 1700. Bernard Fourcade, m° d'éc., demeurant dans la Sauvetat. — *Ibid.*, B. Procès non classés (2).

*Bordeaux. Sainte-Eulalie.* — 1614, 1615. Jehan Chapeau, « précepteur de jeunesse ». — Greffe du Tribunal civil de Bordeaux, Baptêmes de Saint-André (3).

*Bordeaux. Saint-Remy.* — 1748. Martin Dutreuil, m° d'éc. — *Ibid.* (4).

— 1762. Pierre Boussoutrot, répétiteur-latiniste, résidant aux Chartrons-lès-Bordeaux. — Arch. Gir., B 1455 (5).

*Bordeaux, Saint-Seurin* (6). — 1697. Permission à Dumontel, chantre renvoyé pour raison d'économie, « de tenir écholle, avec tableau, dans le présent bourg, pour apprendre à lire et écrire les enfans ». — *Ibid.*, G. Reg. cap. de Saint-Seurin.

(1, 3, 5) Rens. comm. par M. Dast Le Vacher de Boisville.

(2, 4) Rens. comm. par M. Roborel de Climens.

(6) J'ai donné dans la première partie de ce travail un certain nombre de renseignements empruntés aux Registres capitulaires de Saint-Seurin. En analysant, pour le tome II de l'Inventaire de la série G des Arch. Gir., ces précieux manuscrits, mon cher et savant ami, M. Brutails, archiviste du Département, a bien voulu, avec une attention extrême, y relever tout ce qui se rapporte à mon sujet, me donnant ainsi un nouveau témoignage de sympathie dont je suis infiniment touché.

— 1705. Requête du sieur Froger aux fins d'ouverture d'une école de lecture et d'écriture. Accordé, après enquête sur ses bonnes vie, mœurs et religion. — *Ibid.*

— 1716. Ferrand, autorisé pour la lecture et l'écriture. — *Ibid.*

— 1716. Même autorisation à Pierre Laforge. — *Ibid.*

— 1718. Autorisation d'enseigner à François Corneille de Saint-Malo. (Cf. ci-dessus, p. 37.) — *Ibid.*

— 1721. Renvoi aux commissaires du chapitre d'une requête en autorisation d'enseigner, présentée par le s' Dettrais. — *Ibid.*

— 1730. Autorisation à Antoine Coudroy. — *Ibid.*

— 1731. Requête aux fins d'autorisation, présentée au chapitre, par Nicolas Ferrant de Vignancourt. — *Ibid.*

— 1733. « Frère Orace, ermite », sollicite du chapitre l'autorisation de montrer « à escrire, l'arithmétique et mathématiques ». — *Ibid.*

— 1734. Christophe Sarraute, bourgeois de Bordeaux, autorisé pour la lecture, l'écriture et l'arithmétique. — *Ibid.*

— 1734. Joseph Rivière, également autorisé, mais pour la lecture et l'écriture seulement. — *Ibid.*

— 1735. Autorisation d'enseigner à Louis Maresques. — *Ibid.*

— 1735. *Idem* à Pierre Verdier, pour la lecture, l'écriture et la doctrine chrétienne. — *Ibid.*

— 1737. Renvoi pour enquête d'une demande du sieur Ségur qui désire créer une école « pour les pauvres filles, pour y être élevées par une fille de piété » et instruites dans la lecture, l'écriture et la religion. — *Ibid.*

— 1742. Délibération pour obtenir la mainlevée de 4,000 l. « dont le revenu est pour la fondation d'une écolle publique ». — *Ibid.*

— 1748. Mandat à un de « Messieurs » de convoquer les instituteurs et institutrices de Saint-Seurin, « pour se faire représenter leurs attestations de bonnes vie, mœurs et doctrine, les permissions du chapitre et la façon d'instruire ». — *Ibid.*

— 1748. Autorisation d'enseigner la lecture et arithmétique à François Tardieu, m° écrivain. — *Ibid.*

— 1749. Même autorisation au sieur Maugon : lire, écrire, « élever dans le christianisme ». — *Ibid.*

— 1750. Autorisation d'enseigner à Jean-Joseph Figuepeau. — *Ibid.*

— 1752. *Idem* à Jean Taillefer, clerc tonsuré du diocèse de Lescar. — *Ibid.*

— 1752. *Idem* à Georges Rastié, « ci-devant régent françois, maître écrivain juré et arithméticien de la ville de La Réolle ». — *Ibid.*

— 1753. Jean Lostau est autorisé, à condition « de se loger... à une distance convenable des autres maîtres d'école ». — *Ibid.*

— 1755. Autorisation à Pierre Nau, sous-trésorier du chapitre. — *Ibid.*

— 1756. Jeanne Pasquet, femme de Pierre Mazel, sollicite l'autorisation du chapitre. Renvoi pour enquête. — *Ibid.*

— 1757. Autorisation à Bernard-Nicolas de Malecoste. — *Ibid.*

— 1757. Arnaud Bouchet a été reconnu apte à enseigner la lecture, le catéchisme et un peu l'écriture, mais il tient un billard. Il changera de local et renoncera au dit jeu de billard. — *Ibid.*

— 1758. Autorisation au sieur Castets, « notaire, géomètre, arpenteur et « féodiste », pour la géométrie, l'arpentage et les matières féodales. — *Ibid.*

— 1758. Jean Rouillé, autorisé pour la lecture, l'écriture et l'arithmétique. — *Ibid.*

— 1759. Autorisation à Bernard Mérigon, à condition de tenir deux classes séparées pour les garçons et pour les filles. Il pourra placer sur sa maison un « tableau ou écriteau qui annoncera au public la profession de m⁰ d'école dudit Mérigon ». — *Ibid.*

— 1761. Joseph Simon autorisé pour la lecture et l'écriture. Les garçons et les filles auront des classes séparées. — *Ibid.*

— 1763. Autorisation à Catherine Silbouin. — *Ibid.*

— 1763. Ordre d'établir la liste des écoles du faubourg et de vérifier si elles sont autorisées. — *Ibid.*

— 1763. Autorisation à Jacques Cazabieille, clerc tonsuré. — *Ibid.*

— 1765. Greffy, autorisé après enquête, «... et luy a été assigné pour le quartier de son domicille, rue Pont-Long, ou environs d'icelle. » — *Ibid.*

— 1769. Autorisation au sieur Pambrun de Champlein d'établir un pensionnat dans le faubourg et de « mettre sur la porte un tableau sous le titre d'École du Parnasse ». — *Ibid.*

— 1710. Le chapitre autorise Charles Benoît à enseigner, « et luy a assigné pour quartier de son domicille la rue du Palais-Galien ». — *Ibid.*

— 1771. Autorisation à Lassale-Lala pour le français, le latin et les éléments de l'algèbre. — *Ibid.*

— 1771. *Idem* à Antoine Julien, du diocèse de Rodez : lecture et français. — *Ibid.*

— 1772. *Idem* à Thomas Dulacquay, dit Lapalme : langue française. — *Ibid.*

— 1773. *Idem* à Marguerite Holscher. — *Ibid.*

— 1773. *Idem*, après enquête, à Jean-Baptiste Moreau. — *Ibid.*

— 1774. Alexandre-Louis Leloup est autorisé à ouvrir une « école ou pensionnat ». — *Ibid.*

— 1777. Autorisation d'enseigner à Henri Clavierre, prêtre. — *Ibid.*

— 1785. *Idem* au sieur abbé Joux. — *Ibid.*

BOURG. — 1560. Étienne Blouin, régent. — Arch. Gir., E. Minutes de Merlet (1).

BOUSCAT (LE). — 1737. Autorisation d'enseigner à Antoine Boqua. — Arch. Gir., G. Reg. cap. de Saint-Seurin (2).

— 1756, 9 févr. Ordre au sieur Bernard de fermer une école mixte ouverte sans autorisation. Le 16 février, elle est autorisée, à condition que les filles y seront séparées des garçons. — *Ibid.* (3).

— 1758. Jean Bergé. Autorisation après enquête d'enseigner à lire, écrire et chiffrer, « à la charge de se conformer aux règlemens concernant les écoles publiques ». — *Ibid.* (4).

— 1785. Autorisation à J.-B. Lapre. — *Ibid.* (5).

CADILLAC. — 1767. J'ai publié ci-dessus (p. 34) un document de 1768 relatif à la suppression des gages du régent Troussain. Il en

---

(1) Rens. comm. par M. Roborel de Climens.
(2-5) Rens. comm. par M. Brutails, archiv. de la Gironde.

était question dès l'année précédente, comme on peut le voir dans une requête curieuse et superbement calligraphiée, adressée par l'intéressé à l'Intendant. Je l'ai retrouvée récemment aux Arch. Gir. En voici les principaux passages. Le suppliant s'y qualifie de « maître écrivain, reçu régent de Cadillac par délibération passée des maire et jurats et communauté de la ditte ville, autorisé et placé par M. de Tourny ». Il affirme que le projet de suppression de ses gages est la conséquence d'une vengeance personnelle. « Le suppliant deffie qu'on puisse lui rien imputer, du côté de la justice et de la probité, étant assidu à son devoir, et ne cessant de travailler nuit et jour à maintenir dans l'esprit de ses élèves l'amour de Dieu par dessus toute chose, leur faisant tirer de ce principe l'amour respectueux qu'ils doivent à leurs pères et mères, comme aussi la fidélité et obéissance envers nôtre souverain Monarque. Voilà, Monseigneur, quelle est la conduite du suppliant, aimant fort son état et étant fort assidu, et offrant de le prouver par la voix publique. » — Arch. Gir., C 280.

— 1782. Revenus et charges de la ville de Cadillac : « Gages d'un maître à écrire, 120 l. » — *Ibid.*, C 3656.

CASTELMORON-D'ALBRET. — 1745. « A MM. les Maire et jurats de Castelmoron, à Castelmoron. — A Bazas, ce 20e Xbre 1745. — Je vois, Messieurs, par tout ce que vous me dites de favorable en faveur de vôtre regent françois, que vous seriés bien aises de le garder. Ainsy je lui permets de continuer ses fonctions et je feray en sorte d'envoyer incessamment ses lettres d'approbation. Je ne vous suis pas, Messieurs, moins obligé de vôtre politesse et des bonnes dispositions où vous étiés en faveur du sujet que je vous avois proposé. Je suis avec la plus parfaite considération, Messieurs, vôtre très humble et très obéissant serviteur. † E., Evêque de Bazas. » — Transcrit sur l'original et obligeamment comm. par M. l'abbé Cyp. Thibaut, curé d'Aillas.

— 1745-1759. Pour les gages du régent français, 120 l. ; pour ceux du régent latin ou grammairien, 150 l. — Arch. Mp. Castelmoron, Reg. Jur. (1).

(1) Rens. comm. par M. l'abbé P. Rambaud.

— 1764. Mêmes gages pour les deux régents. — Arch. Gir., C 3209.

CASTETS-EN-DORTHE. — 1664. Jean Villeneufve, régent. — Rotgès, p. 15.

— 1744. Fabre; 1750. Vigneau; 1791. Bancon, m<sup>es</sup> d'école. — *Ibid.*, p. 354.

— Av. 1750. Carrère, m<sup>e</sup> d'école. — Arch. Gir., C 3078.

CASTILLON. — 1715. Pour un régent et une régente : 250 l. — Arch. Gir., C 2619.

— 1760. Plainte *anonyme* contre le régent de cette ville, qui, dit-on, reçoit force enfants de la R. P. R. dans son école, n'y fait ni la prière ni le catéchisme, dispense une partie des enfants d'aller à la messe, surtout ceux des religionnaires, et n'y en envoyant qu'un petit nombre sans y aller lui-même; aussi leur dissipation et leurs irrévérences y sont scandaleuses. — *Ibid.*, C 319.

— 1758-1763. J'ai retrouvé aux Arch. Gir. deux dossiers très intéressants, sur la fondation de Turenne à Castillon que j'ai mentionnée seulement ci-dessus (p. 40). Il en résulte très évidemment que les Intendants, l'Archevêque et le curé de Castillon, M. Amade, firent les efforts les plus louables pour assurer aux enfants de cette petite ville le bénéfice d'une éducation gratuite, par la fondation soit d'un petit collège de trois prêtres, soit d'une maison des Dames de la Foi qui auraient donné leurs soins aux malades de l'hôpital, en même temps qu'elles auraient fait la classe. L'insuccès de ces tentatives tint à l'opposition de la famille de Bouillon, de certains habitants et surtout du juge du lieu. La correspondance du curé avec l'Intendance, toute à l'honneur de ce vénérable ecclésiastique, est fort instructive à cet égard. Je regrette vivement que son étendue m'empêche de la publier ici.

On avait laissé s'accumuler, une fois l'église de Castillon construite sur le fonds primitif et les revenus de la fondation de Turenne, les arrérages de cette même fondation. Un des prédécesseurs de M. Amade, M. Baurs, avait légué tous ses biens aux pauvres de sa paroisse. Un avocat, nommé Royre, avait assuré par son testament, en 1737, une assez importante libéralité à la future maison des Dames de la Foi : « Je donne et lègue pour l'établissement qui pourra être fait d'une communauté des Dames de la Foi dans la ville de Castillon, de la même institution ou ordre que celles qui sont établies à présent en cette ville [de Bordeaux], rüe de Gourgues, la somme de 6,000 l. », à charge de faire célébrer deux messes basses par semaine. Dans le cas où l'établissement de Castillon ne pourrait se faire, le legs devait retourner aux Dames de la Foi de Bordeaux.

En 1760, une maison avait été accommodée à Castillon pour le logement de ces religieuses ; elle avait été convenablement meublée ; on avait fait venir des Sœurs de Paris. Elles n'allèrent pas plus loin que Bordeaux, les oppositions locales ayant été tellement fortes que tous ces efforts et sacrifices demeurèrent sans aucun résultat. — *Ibid.*, C 1108.

— 1759. Entre autres incidents survenus au cours des négociations relatives à l'attribution définitive du reliquat des legs faits par Turenne aux habitants de Castillon, il y eut un projet d'établissement dans cette ville de trois Frères des écoles chrétiennes. Là encore il y eut de vives oppositions. « Les maire, jurats et principaux habitants adressèrent à l'Intendant une longue requête où se déclarant fort satisfaits de leur nouveau régent, le s$^r$ Laroche (cf. ci-dessus p. 41), ils demandaient au lieu de Frères, deux prêtres pour aider leur curé qui succombait sous le poids du ministère et « enseigner la latinité ». En voici un fragment : « Supplient... les maire, jurats... disant que Votre Grandeur ayant eu la bonté de confirmer a leur priere et selon leurs dezirs par votre approbation par écrit le choix qu'ils ont fait du sieur Laroche pour regent principal de la ditte ville ; ils croyoient etre arrivés au terme ou ils auroient la satisfaction de voir leurs enfans se perfectionner non seulement dans l'écriture mais encore dans la science de tenir parfaitement les livres, objet très essentiel pour les pères don: le plus grand nombre sont marchands et commerçans, objet qui seul peut contribuer à donner une éducation utile et convenable à nombre d'enfans qui sont nés d'honnêtes parens, mais sans fortune et hors d'état de fournir à les élever hors de chés eux. — Le sieur Laroche n'est venu à Castillon que depuis un mois et demy et le progrès que les enfans qui vont chés luy ont déjà fait est sy grand qu'il donne aux parens les espérances les plus douces et les plus flatteuses de voir leurs enfans dans les voyes de parvenir bientôt et d'être à l'avenir propres à remplir les emplois auxquels on voudroit les destiner. — Les supplians furent au comble de leur joye lorsque, prenant la liberté de vous présenter à Castillon le sr Laroche, vous eutes la bonté de renouveller verbalement la permission que vous aviés donnée par écrit au sr Laroche d'enseigner à Castillon comme Régent principal. — Leur joye a cessé lorsque M. le Maire, peu de jours après, leur a fait part de la lettre de M. Bulle, votre subdélégué à Libourne qui marqua de votre part, Monseigneur, que la maison achetée du nommé P. Martineau doit servir de logement à trois Frères des écoles chrétiennes qui doivent venir à Castillon enseigner gratis les jeunes enfans. — Daignés permettre, Monseigneur, que les supplians, pleins de reconnoissance de vos attentions à chercher des moyens de leur faire du bien selon l'etendue de vos dezirs, prennent la liberté de vous faire de très humbles et très respectueuses representations d'un bien pour eux infiniment plus grand et plus précieux... »

De son côté, le principal intéressé adressa lui aussi, à l'Intendant, une requête fort bien tournée dont l'écriture est remarquable et l'orthographe à peu près irréprochable : « Supplie très humblement Jean Laroche, me écrivain juré de Bordeaux, disant que, suivant les lettres *de Regendo* qui lui ont été accordées par MM. les Vicaires generaux en datte du 9 may dernier, vôtre ordonnance d'imposition de 150 l. en date du 9 may aussi dernier au profit du suppliant et la délibération de la communauté de Castillon sur Dordogne, il auroit cessé ses classes à Bordeaux pour prendre la place de Régent principal dudit lieu de Castillon. Mais comme le suppliant vient d'être informé que V. G. auroit dessein d'établir audit lieu deux Frères des écoles chrétiennes pour y enseigner la lecture, l'écriture et le calcul aux enfans dudit lieu, le suppliant expose très respectueusement à S. G. que ces Frères enseignant gratis attireront tous les sujets, et le suppliant, qui c'est constitué en des fraix immences pour régir cette place, se trouveroit, étant chargé d'une grosse famille, réduit à la dernière nécessité. — Ce considéré, Monseigneur, il espère de l'équité de V. G. qu'ayant égard à sa situation, elle écoutera ce que sa bonté et sa charité ordinaire lui dictera et laissera le suppliant dans la place qu'il occupe et le droit d'enseigner conformément à la permission que S. G. lui a donnée par écrit le 10 may dernier, confirmée

verbalement, en présence de tous les principaux habitans et selon leurs desirs, le 3 juin, à Castillon. Plein de la plus vive reconnoissance le suppliant ne cessera de continuer ses prières pour la santé et prospérité de V. G. — A Castillon, ce 12 juillet 1759. *J. Laroche* (1). »
— *Ibid.*, C 2502.
— 1781. Laroche père, m° écriv. de Bordeaux, régent de Castillon. — Arch. Gir., C 1718, f° 54.

CAUDÉRAN. — 1703. Autorisation du chapitre de Saint-Seurin à François Paris. Il enseignera à « lire, écrire et prier Dieu ». — Arch. Gir., Reg. cap. de Saint-Seurin (2).
— 1755. Autorisation à Laurent Piveteau pour Caudéran. Il tiendra les garçons et les filles dans deux classes séparées. — *Ibid.* (3).

CAUDROT. — 1715. Pour un régent : 60 l. — Arch. Gir., C 2619.
— 1764. Imposition de 30 l. pour le loyer du régent. — *Ibid.*, C 3209.

* CAZALIS. — 1741. Hondas d'Aste, régent. — Rotgès, p. 21.

COUTRAS. — 1715. Pour un régent et une régente 120 l. — Arch. Gir., C. 2619.

DENIS-DE-PILLES (SAINT-). — 1752. Largeteau, régent. — Arch. Gir., B, procès non classés (4).

ÉMILION (SAINT-). — Av. 1768. Dessallon, m° ès-arts et d' en médecine, régent de la ville. — Arch. Gir., C 2670.

EYNESSE. — 1743. 150 l. de gages au régent commun à cette paroisse et à celle de Saint-Avit-du-Soulège. — Arch. Gir., C 2651.

---

(1) Les maire et jurats de Castillon tenaient tellement à s'assurer les services du m° écrivain Laroche qu'ils s'obligèrent à « lui fournir les tables et bancs de classe nécessaires et à payer les frais de transport de ses meubles ». (Arch. Gir., C 3088.)
(2, 3) Rens. comm. par M. Brutails, archiv. de la Gironde.
(4) Rens. comm. par M. Roborel de Climens.

FARGUES (de Langon). — 1789. Claverie, m° d'éc. — Rotgès, p. 356.

FERME (SAINT-). — 1764. Gages du régent : 150 l. — Arch. Gir., C 3209.
— 1789. Grenouilleau, régent. — Arch. Mp. du Puy. État civil (1).

FOY-LA-GRANDE (SAINTE-). — 1557. Bernard Dauzan, m° ès-arts, régent. — Arch. Gir., E. Minutes de Delalane (2).
— 1703. Volck, régent. — Arch. Mp. de La Réole. Reg. Jur. (3).
— 1739. Claude-Étienne Richard, « docteur-régent grammairien ». — Arch. Gir., B. Procès non classés (4).
— 1781. Laroche fils, m° écriv. de Bordeaux, régent de Sainte-Foy. — *Ibid.*, C 1718, f° 54.
— 1786. Le subdélégué à l'Intendant : « Pour prouver jusqu'à quel point la communauté des nouvelles catholiques de Sainte-Foy (Dames de la Foi) est utile et combien la religion et les pauvres familles dont la ville abonde perdroient par sa suppression, j'ay l'honneur de mettre sous les yeux de M$^{gr}$ l'Intendant un état exact des personnes qui reçoivent journellement des secours de cette maison charitable et qui, attirées par sa grande régularité et ses bonnes mœurs et converties par ses instructions, ont embrassé la religion catholique et la professent avec édification. Il est certain qu'on ne saurait donner trop d'éloges à cette communauté et trop faire valoir le zèle avec lequel elle s'emploie à l'instruction de la jeunesse... Le bien qu'elle y fait est infini... Les jeunes pensionnaires qui sont confiées à leurs soins et qui, dans ce moment, sont au nombre de 80, y reçoivent la plus excellente éducation. Les jeunes filles de la ville y apprennent sans frais à lire, à écrire, à faire des ouvrages et la religion. Les pauvres et surtout les familles honteuses trouvent dans cette communauté des secours extraordinaires. En un mot, elle fait en général trop de bien pour être supprimée. Elle jouit à juste titre de la plus grande réputation ; elle ne sçauroit être mieux composée, d'une conduite plus édifiante... » — *Ibid.*, C 2515.

(1) Rens. comm. par M. l'abbé Malsang.
(2) Rens. comm. par M. Daspit de Saint-Amand.
(3, 4) Rens. comm. par M. Roborel de Climens.

Fronsac. — 1771. Gages d'un régent : 150 l. — Arch. Gir., C 3186.

— 1774. Secours de 30 l. accordé par l'Intendant aux Filles de la Charité de ce lieu, pour aider à la réparation de la maison qu'elles occupaient. La lettre de demande est signée : *Sœur Damelincourt, Fille de la Charité, supérieure de Fronsac.* — *Ibid.*, C 333.

Gensac. — 1715. Pour un régent et une régente : 250 l. — Arch. Gir., C 2619.

— 1764. Gages d'un régent : 100 l. — *Ibid.*, C 3209.

— 1727, 1743, 1770. Le 2 octobre 1747, la d$^{lle}$ de Lajunie donna à loyer, pour le prix annuel de 36 l., sa maison à Anne Gadet, supérieure des Dames de la Foy. — Le 22 juillet 1743, ladite demoiselle, dit le subdélégué (1770), « fit un acte aux Dames de la Foy en vuidange de sa maison et, en conséquence assigna la supérieure, le 3 août suivant, devant le sénéchal de Castelmoron ». Suit une série de procédures sans intérêt, après quoi le subdélégué ajoute : « Par tout ce qui vient d'être rapporté cy-dessus, il paroist évident que la communauté de Gensac ne cherche qu'à se soustraire [à l'obligation] de fournir un logement aux Filles de l'Enfant Jésus. » — *Ibid.*, C 402 ; Cf. C 389.

— 1770, 9 juillet. « Je sens, comme vous, Monsieur, écrit l'Intendant au subdélégué, les difficultés qui se présentent par rapport au logement des religieuses de Gensac. Le corps municipal reconnoît par sa délibération du 11 mars dernier qu'on ne peut se dispenser de loger ces religieuses en considération de leur utilité pour l'éducation de la jeunesse, et on veut bien se soumettre pour cet objet à une dépense de 100 l. dont on me demande l'imposition. » — *Ibid.*, C 402.

— 1771. A la suite de la lettre de l'Évêque de Bazas du 27 mai de cette année dont j'ai donné ci-dessus l'essentiel (p. 66), l'Intendant écrivait en ces termes à « MM. de la ville de Gensac » (Bordeaux, 27 mai 1771) : « M. l'évêque de Bazas m'a représenté, Mrs, que les Dames de la Foy établies dans votre ville pour l'instruction de la jeunesse étoient sur le point d'être privées de leur logement, si vous ne preniez incessamment des mesures à ce sujet. Vous voudrez bien y pourvoir sans perte de temps, soit en prenant des arrangemens avec le propriétaire de la maison qu'elles occupent, soit en leur en procurant une autre. Il est de règle et d'usage que les villes fassent cette dépense à laquelle vous seriez contraints au besoin, par des ordres supérieurs. » — *Ibid.*, C 403.

— 1772, 1ᵉʳ mars. Le subdélégué au secrétaire de l'Intendance : « J'ay fait part, Monsieur, aux officiers municipaux de Gensac de ce que vous m'avez fait l'honneur de m'écrire au sujet du logement des Filles de l'Enfant Jésus qui y sont établies et je les presse vivement de finir cette affaire. Je leur ai écrit, le 20 décembre dernier, en conséquence des ordres de M. l'Intendant, à cette occasion. Mais ils ont gardé là dessus un profond silence. Dès qu'ils se seront mis en règle, je ne perdrai pas un moment d'en rendre compte... » — *Ibid.*, C 404.

— 1772. (Cf. ci-dessus p. 66.) La conclusion de cette affaire fut l'achat de la maison Lajunie par la ville de Gensac. Les officiers municipaux y avaient consenti dès le 22 novembre 1771, mais avec l'intention d'en faire un Hôtel de Ville. Sur les réclamations de l'Intendant, ils se décidèrent à prendre, le 27 mars 1772, une nouvelle délibération où il était dit que « leur intention est d'achepter la maison du sieur Lajunie pour y fournir un logement aux dames religieuses de l'Enfant-Jésus, tant que la communauté les jugera nécessaires pour l'éducation des jeunes filles (1). » Un arrêt du Conseil, en date du 19 mai 1772 (2), autorisa, pour le coût de l'acquisi-

---

(1) En envoyant cette délibération à l'Intendant, le subdélégué lui écrivait, le 26 avril 1772 : « Je suis enfin parvenu à obliger les officiers municipaux de Gensac à prendre une nouvelle délibération au sujet du logement qu'ils veulent acquérir du sieur Lajunie pour les Filles de l'Enfant-Jésus établies dans cette ville pour l'éducation des jeunes filles qui leur sont confiées. Encore n'ont-ils pas voulu suivre ce qui est prescrit par votre lettre du 14 du mois de décembre dernier, portant que cette délibération feroit mention que leur intention étoit de fournir dans cette maison le logement aux religieuses de l'Enfant-Jésus tant qu'elles seront chargées de l'éducation publique dans cette ville, au lieu qu'ils y ont inséré : « tant que la communauté le trouvera nécessaire pour l'éducation des jeunes filles », ce qui marque l'esprit de parti et le peu de subordination qui règnent dans cette communauté. » (Arch. Gir., C 53.)

(2) Voici la lettre qu'écrivait l'Intendant à M. d'Ormesson (9 mai 1772) pour solliciter cet arrêt du Conseil : « J'ay l'honneur de vous envoyer les délibérations qui ont été prises par la ville et communauté de Gensac pour obtenir du Roi la permission d'imposer sur son territoire, au marc la livre de la taille, la somme de 5,000 l. en trois années pour acheter et faire réparer une maison destinée au logement des religieuses

tion de cette maison, réalisée « à l'effet de continuer d'y fournir le logement aux Religieuses de l'Enfant-Jésus, chargées de l'éducation des filles de ladite ville et communauté », pour les frais accessoires et les réparations, l'imposition de la somme de 5,000 l. sur Gensac et sa juridiction. — *Ibid.*, C 53.

— 1786. Note du subdélégué : « J'ay l'honneur d'envoyer à M. l'Intendant les éclaircissements qu'il m'a demandés sur le nombre des protestants que la maison des Filles de l'Enfant-Jésus de Gensac instruit chaque année depuis 3 ou 4 ans, qui est à peu près le nombre compris dans l'état ci-joint (21 noms). Cet aperçu fera connaître combien cette communauté est utile dans la ville de Gensac qui est habitée par un grand nombre de religionnaires. La religion et les pauvres familles qui ne sont pas en état de faire élever leurs enfants perdroient beaucoup par sa suppression. Les deux sœurs qui la gouvernent font par leurs instructions et leurs exemples le plus grand bien... » — *Ibid.*

— 1786, 21 juin. L'Évêque de Bazas à M. de Vergennes : « Dans le diocèse de Bazas, les villes de Gensac sur Dordogne et de Casteljaloux sont les seules où ces Dames [de la Foi], spécialement établies pour élever la jeunesse issue des religionnaires, aient un établissement. Elles sont toujours nécessaires à Gensac. La moitié des habitants de cette ville et de ceux des paroisses de sa juridiction est encore infectée de l'erreur. » — *Ibid.*, C 2515.

GIRONDE. — 1764. Gages du régent, 150 l. — Arch. Gir., C 3209.

GRIGNOLS. — 1655. Le curé, Samson Lamothe, tient l'école. — Rotgès, p. 15.

---

de l'Enfant-Jésus qui sont chargées de l'éducation des jeunes filles. Cette destination, Monsieur, est très légitime. L'établissement de ces régentes dans un pays rempli de protestants a eu principalement pour objet d'en faciliter l'instruction. Ce n'est qu'avec beaucoup de peine que les familles catholiques ont obtenu la pluralité des suffrages lors de ces délibérations pour assurer un logement à ces Filles qui étoient sur le point d'en manquer. C'est pourquoi il paroît juste et instant d'accueillir cette demande. Dans la confiance que vous en porterez le même jugement, j'ay joint le projet d'arrêt nécessaire pour autoriser l'imposition. » (Arch. Gir., C 52.)

— 1764. Pour le loyer du presbytère et le régent, 204 l. — Arch. Gir., C 3209.

— 1791. Baylard, m⁰ d'école. — Rotgès, p. 357.

HOURTIN. — 1788. « Thomas Seguin, m⁰ d'école, habitant du bourg et paroisse de Hourtin. » — Arch. Gir., B. Procès non classés (1).

HURE. — 1764. Gages du régent, 150 l. — Arch. Gir., C. 3209.
— 1781. Gaye, régent. — Arch. Mp. de la Réole, Reg. Jur. (2).

LANGON. — 1717. Thomas Despaigne enseigne concurremment avec les Carmes. — Rotgès, p. 20.

— 1771. Concurremment avec un Frère lai du couvent des Carmes, chargé d'enseigner gratuitement la lecture, l'écriture et l'orthographe, et, d'après un document cité par M. Rotgès, s'en acquittant fort mal, les jurats ont dû tolérer l'établissement d'un maître à écrire qui fait payer « fort cher » ses leçons. — *Ibid.*, p. 292.

— 1789. Bouchu, Cazaubon, Coutures, Derancy, Ricaud (3), m⁰ˢ d'école. — *Ibid.*, p. 357.

LESPARRE. — 1770. Je n'avais pu préciser ci-dessus (p. 78) la date d'entrée en fonctions du s⁰ Marimpoy, régent de cette ville. J'ai retrouvé récemment d'autres pièces concernant sa nomination et ses gages. En novembre 1770, les habitants adressaient une requête à l'Intendant, identique pour le fond à celle qu'ils avaient présentée à l'Archevêque. En voici les principaux passages : « Les habitants de la ville de Lesparre, capitale du Médoc, ont l'honneur de représenter à V. G. qu'étant pour la plupart hors d'état de faire élever leurs enfans dans des villes étrangères, le juste regret de les voir privés d'un bien aussi précieux ne leur laisse cependant pas d'autre ressource à cet égard que d'attirer chés eux des maîtres capables de montrer les principes de la lecture, l'écriture et l'arithmétique,

---

(1) Rens. comm. par M. Roborel de Climens.
(2) Doc. comm. par M. Daspit de Saint-Amand.
(3) Il résulte d'un doc. cité par moi ci-dessus (p. 76) que ce maître d'école enseignait dès 1781.

trois connoissances qui suppléent souvent au défaut d'une meilleure éducation. » Ils avaient obtenu pour leur précédent régent une imposition de 200 l. Mais il s'était trouvé insuffisant. « Ils espèrent enfin avoir réussy a trouver un sujet tel qu'ils le desiroient et après beaucoup de recherches, leur choix s'est fixé sur le s' Marinpoy... qui réunit en sa faveur la beauté de l'écriture et une intelligence profonde du calcul. On a, d'ailleurs, pris sur sa conduite et sur ses mœurs les informations les plus exactes avant de le proposer à M<sup>gr</sup> l'Archevêque dont le suffrage contribuera sans doute à déterminer celui de V. G. Aussy les exposans espèrent-ils d'en obtenir pour luy la même grâce que M. de Boutin leur accorda pour le s' Benoît, c'est-à-dire une imposition de 200 l. qui sera faite par un rôle séparé sur tous les habitans de la communauté, réparty au marc la livre de leurs autres impositions, pour qu'il en perçoive le montant et le payer au dit s' Marinpoy sur sa simple quittance qui luy servira de décharge valable. » L'Intendant prescrivit la communication de la requête aux habitants assemblés aux formes ordinaires. Ils se réunirent le 2 décembre et conclurent unanimement dans le même sens, en ajoutant que « les 200 l. seroient payées au régent, quartier par quartier, pendant que la communauté sera contente dudit régent ». — Arch. Gir., C 3186.

— 1785. La place de régent de cette ville est en contestation entre les sieurs Lamy et Bellard. — Arch. Gir., C 147.

LIBOURNE. — 1781. Sonis, m<sup>e</sup> écrivain de Bordeaux, enseigne à Libourne. — Arch. Gir., C 1718, f<sup>o</sup> 54.

— 1786. Le subdélégué à l'Intendant (7 juin). « Les Dames de l'Union chrétienne de cette ville (1), fondées par M. de Marillac, doyen du chapitre de Saint-Émilion, l'an 1676, en vertu de lettres-patentes, pour travailler à la conversion des femmes et filles protestantes, et au soulagement des pauvres familles honteuses de cette ville, ainsi qu'à l'instruction de la jeunesse, ont constamment rempli ces trois objets; ce dernier pourtant a souffert quelque interruption par la disette des sujets, mais l'acquisition que cette communauté

---

(1) Cf. Guinodie, *Histoire de Libourne* (Bordeaux, 1845, 3 vol. in-8°), t. I, p. 285; t. II, p. 22, 36.

vient de faire, depuis, de deux religieuses l'a mise en situation de reprendre ses instructions pour le catéchisme qui est la partie la plus essentielle et la principale que l'on se soit proposée dans cet établissement... » — « L'utilité de cet établissement dans cette ville est des plus avantageux (*sic*), écrivait trois mois auparavant le même subdélégué, et l'on ne verroit qu'avec regret une suppression ou diminution dans le nombre des Dames qui composent cet institut. Elles doivent bientôt ouvrir un cours de classe pour remplir avec plus de succès l'instruction qui leur a été confiée. Leur impuissance ne leur avoit pas permis de ménager encore dans l'enceinte de leur communauté un corps de bâtiment destiné pour cela, mais aujourd'hui cet objet est rempli, et ce cours s'ouvrira incessamment. » — *Ibid.*, C 2515.

MACAIRE (SAINT-). — 1774-76. J. Rouzier, choriste du prieuré, régent humaniste. — Arch. Gir., D. Procès non classés (1).

— 1775-76. Jude, aussi choriste du prieuré, régent abécédaire. — *Ibid.* (1).

— 1784. Le sieur Aubin Roux, régent de Saint-Macaire, étant proposé pour les fonctions de secrétaire greffier de la ville, le subdélégué déclare qu'il est très intelligent et le meilleur sujet que cette communauté puisse choisir pour le travail auquel elle le destine. — Arch. Gir., C 3656.

MAGNE (SAINT-) DE CASTILLON. — 1715. Pour un régent et une régente : 120 l. — Arch. Gir., C 2619.

MONSÉGUR. — 1618-1624-1630. Arrêt du Conseil du 24 octobre 1624 prorogeant pour six nouvelles années l'imposition de 497 l. accordée à la ville en 1618, sur lesquelles 100 l. devaient être employées au traitement du régent. — Arch. Gir., C 3824, f° 316.

— 1670. Un régent. — Arch. Mp. de La Réole. Reg. Jur. (2).

— 1690. Caze, régent. — *Ibid.* (2).

— 1764. Budget de la communauté de Monségur : « Gages d'un régent latin, y compris son loyer de maison, 230 l.; gages d'un

---

(1) Rens. comm. par M. Roborel de Climens.
(2) Rens. comm. par M. Daspit de Saint-Amand.

régent françois, y compris son loyer de maison, 200 l. » — En envoyant leurs propositions, les officiers municipaux « supplient l'Intendant, avec toute l'instance possible, de les favoriser pour ce qui concerne l'éducation des jeunes personnes du sexe, en nombre dans la ville, et presque généralement privées de la recevoir par l'impuissance des parents à les mettre dans les couvents ». Il faut remarquer, pourtant, qu'il y avait à l'hôpital deux Filles de la charité. — Arch. Gir., C 1106.

NOAILLAN. — 1678-1682. « M. Comet a retrouvé deux fois pour parrain, de 1678 à 1682, Jean Dutaret, régent. L'influence de cette école paraît avoir été assez considérable. Vers cette époque, les actes de l'état civil ne sont pas seulement signés des greffier, procureur, praticien, notaire et chirurgien, comme dans tous les bourgs, mais encore d'artisans et d'une douzaine de cultivateurs, dont une femme. » — Rotgès, p. 15.

— 1791. Debats, régent. — *Ibid.*, p. 360.

PELLEGRUE. — 1764. Gages du régent : 150 l. -- Arch. Gir., C 3209.

\* POMPÉJAC. — 1784. Giraut-Boucaut, m° d'école. Il était, paraît-il, pourvu d'une orthographe des plus irrégulières. — Rotgès, p. 23.

\* PRÉCHAC. — 1789. Andreu, m° d'école. — Rotgès, p. 361.

PUJOLS (canton). — 1715. Pour un régent : 100 l. — Arch. Gir., C 2619.

— 1764. 150 l. de gages au régent. — *Ibid.*, C 3209.

PUY (LE)-ET-COUTURES (1). — 1777. « Le vingt-huit juin mil sept cent soixante dix sept, nous, prêtre et curé de la présente paroisse

(1) Les sept pièces qui suivent ont été obligeamment recherchées et transcrites à mon intention par mon excellent confrère, M. l'abbé Malsang, curé du Puy-et-Coutures, que je prie d'agréer ici la nouvelle expression de ma vive reconnaissance. Malgré les quelques répétitions qu'on y pourra remarquer, je les publie intégralement en raison du grand intérêt qu'elles présentent. — J'ai retrouvé dernièrement (Arch. Gir., C 3209) un état de 1764 portant 94 l. de gages pour le régent de Coutures.

Sainte-Anne du Puy, en vertu des édits de nos Rois et notamment en vertu de l'article 25 de celui de 1695 qui donne plain pouvoir à tous prêtres et curés ayant charge d'âmes d'établir des écolles de charité dans leurs paroisses et d'y nommer les régens ou régentes de bonnes vie et mœurs qu'ils trouveront à propos, connoissant les talens et bonnes qualités de Jean Bailly, fils aîné de notre sacristain, nous lui avons accordé le pouvoir de régenter dans cette paroisse, à la charge par lui de nous reconnoître pour son supérieur en cette partie, et réservant la correction de ses mœurs, si elles venoient à manquer, à M$^{gr}$ l'Evêque ou son archidiacre qui a seul droit d'en connoître dans ce cas ; à la charge encore de faire dire le catéchisme, pendant une heure de temps, en commençant au lever du soleil, dans la présente église du Puy, tous les jours des Avents et du Carême et une fois par semaine dans son écolle dans tous les autres temps de l'année ; et promettant de se comporter envers ses disciples avec toute la douceur et la modération qu'exige son état. A cause de la cherté des vivres qui augmente chaque jour, nous lui avons permis de prendre pour sa peine et de se faire payer par mois, à conter du jour de l'entrée des écoliers, dix sols pour les lecteurs ; quinze, pour les écrivants et vingt sols pour ceux qui apprendront l'arithmétique. Et pour preuve de contentement et d'acceptation de tout ce dessus, ledit Bailly a signé avec nous, en mentionnant sa nouvelle qualité. — Bailly, régent du Puy ; Boniol, curé du Puy. » — Arch. Mp. du Puy. Etat civil.

— 1781. « Le vingt-quatrième jour du mois de novembre mil sept cent quatre-vingt-un, nous, prêtre et curé de la présente paroisse du Puy, soussigné, instruit que M. Gauvry, ci-devant régent françois résidant à Couture avoit abandonné cette profession depuis les vacances dernières, à cause de son âge et de ses infirmités qui lui en défendoient l'exercice, envisageant le grand dommage que causeroit la privation d'un régent dans une paroisse aussi étendue que celle-ci(1), en vertu des édits de nos Rois et notamment en vertu de l'article 25 de l'édit de 1695 qui donne plein pouvoir à tous prêtres

---

(1) Les communes du Puy et de Coutures, administrées, actuellement comme au XVIIIe siècle, par un seul curé, ont ensemble aujourd'hui une population de 538 habitants et une étendue de 1146 hectares.

et curés ayant charge d'âme d'établir des écoles dans leurs paroisses et d'y nommer les régens ou régentes de bonnes vies et mœurs qu'ils trouveront à propos, connoissant la capacité suffisante, la maturité d'âge et les bonnes qualités de M⁰ Jacques Clément, notre paroissien dudit Couture, qui nous a prié de lui accorder notre approbation pour remplacer ledit Gauvry et lui succéder dans la fonction de régent françois, nous le lui avons accordé avec d'autant plus de droit et de raison que nous ne connoissons point, quant à présent, de plus capable que lui de remplir cette place, à la charge par lui de nous reconnoître pour son seul et unique supérieur en cette partie, réservant à Mgr l'Evêque ou à son grand archidiacre, selon l'intention de la loi, la correction publique de ses vie et mœurs, si elles venoient à lui manquer; à la charge encore de faire dire à ses disciples le catéchisme du diocèse une fois toutes les semaines, qui sera ordinairement le samedi soir, et de se comporter envers eux, dans tous les temps, avec toute la douceur, la patience et la modération qu'exige cet état. Et attendu que le prix des vivres augmente chaque jour ainsi que toutes les choses nécessaires à la vie, et qu'il n'est pas juste que le dit Clément tienne école publique à ses dépens, tout considéré et mûrement réfléchi, nous lui avons permis de prendre pour sa peine et de se faire payer par chaque écolier dix sols par mois pour les lecteurs, quinze sols pour les écrivains et vingt sols pour les arithméticiens, et, pour preuve de consentement et d'acceptation de tout ce que dessus, ledit Clément a signé le registre avec nous le même jour et an que dessus. — Clément, régent de Coutures; Boniol, curé du Puy. » — *Ibid.*

— 1783. « Le 26 octobre 1783, a comparu devant nous, curé du Puy, soussigné, Jacques Clément, laboureur et régent françois du village de Coutures, en cette paroisse, lequel nous a représenté que ses affaires domestiques et sa santé ne lui permettent plus d'exercer ses fonctions de régent et nous prioit de vouloir l'en dispenser et de pourvoir un autre à sa place quand nous le jugerions nécessaire et quand nous trouverions à propos, et nous avons tout de suite acquiescé à ses désirs. En signe de quoi, nous avons signé l'un et l'autre sur le registre, le même jour et an que dessus. — Clément, ancien régent de Coutures; Boniol, curé du Puy. » — *Ibid.*

— 1783. « Le premier jour du mois de novembre de l'année mil

sept cent quatre-vingt-trois, le nommé Jean Bouron, régent françois de la paroisse de Saint-Sulpice de Guilleragues, s'étant présenté devant nous, curé du Puy, soussigné, muni d'un certificat de vie et mœurs à lui donné par le sieur Lusseaut, curé de Monségur, aux fins d'obtenir notre permission de régenter dans la présente paroisse, notamment dans le village de Coutures où il a choisi son domicile, sur la démission qu'il savoit qu'en avoit faite, devant nous, dimanche dernier, Jacques Clément, régent de ce lieu, nous l'avons examiné sur tout ce qu'il savoit faire, et, l'ayant trouvé suffisamment instruit et capable d'enseigner à la jeunesse les premiers principes de la lecture, de l'écriture et de l'arithmétique, nous lui avons permis, par ces présentes, de remplacer ledit Clément et de faire fonction de régent partout où il voudra dans notre paroisse, aux trois conditions suivantes, lesquelles non remplies par lui il nous sera loisible d'en choisir un autre plus assidu et plus exact. La première qu'il nous reconnoîtra toujours pour son supérieur dans cette fonction, en recevant de bonne part tous les avis dont il pourra avoir besoin. La seconde, qu'il se comportera envers ses écoliers avec toute la douceur, la patience et la modération qu'exige son état. La troisième, qu'après le premier livre qu'on donne aux enfants, appelé l'ABC, ou, ce qui revient au même, dès qu'ils auront fini de sillaber et qu'ils commanceront à lire les mots entiers en françois, il leur faira passer et repasser plusieurs fois d'un bout à l'autre par préférance le catéchisme du diocèze avant de leur faire voir aucun autre livre, lui donnant la liberté de faire lire en latin tout ce qu'il voudra. Et attendu que toutes les choses nécessaires à la vie augmentent chaque jour et qu'il n'est pas juste que le dit Bouron qui n'est point pensionné d'ailleurs, tienne école publique à ses dépens, nous lui avons permis de se faire payer par chaque écolier 10. 15 et 20 sols par mois, savoir dix sols pour les lecteurs, quinze pour les écrivains et vingt pour les arithméticiens, et pour preuve de consentement et d'acceptation de tout ce dessus, le dit Bouron a signé avec nous, comme il suit. — Bouron, régent du Puy ; Boniol, curé du Puy. »
— *Ibid.*

— 1788. « Le onze novembre mil sept cent quatre vingt huit, s'est présenté à nous, curé du Puy, soussigné, Mathurin (*sic*) Bouron, de la paroisse Saint-Sulpice de Guilleragues, que nous avions approuvé depuis plusieurs années pour apprendre les enfans de cette paroisse à lire, écrire et chiffrer dans le cartier de Coutures ; et nous ayant exposé que ses infirmités naissantes ne lui permettoient plus de s'occuper de cet exercice, il nous a prié de recevoir sa reconnoissance du plaisir que nous lui avions fait et en même temps sa démission pour n'être plus au service de la présente parroisse, laquelle démission nous avons couché sur ce registre et nous l'avons signée réciproquement. — Bouron, ancien régent du Puy ; Boniol, curé du Puy. » — *Ibid*.

— 1789. « Le premier jour du mois de janvier mil sept cent quatre vingt neuf, s'est présenté à nous, curé du Puy soussigné, Louis-Martin Grenouilleau, habitant de cette paroisse, garçon de vingt-deux ans, et fils aîné du sieur régent de Saint-Ferme, lequel nous a dit qu'il désireroit occuper la place de régent françois de cette dite paroisse, vacquante par la démission de Mathurin Bouron, dernier régent d'icelle, si nous jugions à propos de lui donner pour cela notre approbation et les pouvoirs nécessaires. Sur quoi, après avoir mûrement réfléchi, à cause des variations de son âge (*sic*), et après avoir seulement examiné sa capacité, ses vie et mœurs nous étant assez connues, nous l'avons jugé capable de remplir cette place, et, pour des raisons de justice et de bienséance, en nous conformant toujours aux édits et déclarations de nos Rois, nous lui avons permis, par la vertu du présent écrit sur ce registre, de remplacer ledit Bouron, c'est à dire de faire fonction de régent pour apprendre à lire, écrire, conter [à] tous les jeunes gens de cette paroisse qui s'adresseront à lui et tous autres de quelque paroisse qu'ils puissent être, moyennant les conditions suivantes, lesquelles non exécutées par lui et sérieusement négligées me mettroient en droit de le révoquer pour toujours et lui substituer un autre. La première de ces conditions est qu'il n'ira jamais à Saint-Ferme tenir l'école de son père, qui se retire ici tous les soirs, que lorsque son père soit par maladie, infirmités ou fâcheux accidents, ne pourra s'y rendre, auquel cas ils pourront se remplacer l'un par l'autre, pourvu que cela plaise aussi à la ville de Saint-Ferme. — La seconde, qu'il se conformera exactement aux usages établis par tous les régens des environs en ne donnant qu'un jour de *vacat* par semaine et en ne suspendant ses exercices que durant le temps de la moisson et des vendanges. — La troisième, que lesdits exercices, tant du matin que du soir, dureront deux heures complètes sans absance ni interruption et qu'il aura, pour cet effet, une horloge de sable qui se vuidera, pendant ces deux heures, en la présence de ses écoliers. — La quatrième, qu'après que les enfans auront suffisamment vu et repassé l'A B C D qui est le premier livre qu'on leur donne, il leur faira prendre le catéchisme du diocèze jusqu'à ce qu'ils le sachent lire passablement et qu'il obligera ses écoliers les plus sçavants qui n'auront pas fait leur première communion de le repasser au moins une fois d'un bout à l'autre. — La cinquième, que tous les mercredis matins et tous les samedis soirs, pendant les deux susdites heures d'exercice, il faira relire tout ce qui aura été lu et corrigera tout ce qui aura été écrit pendant les quatre exercices précédens; et, pour ce qui regarde les chiffreurs, il corrigera toutes leurs règles avant de leur en proposer d'autres. — La sixième, que tous les exercices commenceront par une courte prière à genoux que nous lui prescrirons et finiront de même, ayant soin de la faire réciter, à genoux aussi, à tous les amusards qui ne seront pas arrivés assez tôt pour la réciter en commun. — La septième, qu'il se comportera toujours envers ses écoliers avec toute la douceur, la patience et la modération qu'exige son état et qu'il ne sortira jamais de sa bouche des paroles capables de les effrayer, encore moins de les scandaliser et de blesser leur innocence, si de tout cela il pouvoit être capable. — La huitième et la dernière, que nous nous réservons d'aller faire librement et quand il nous plaira la visite de son école sans qu'il puisse s'en formaliser ni le prendre en mauvaise part, pour, sur ce que nous y remarquerons, ou lui donner des preuves de notre contentement, ou le charger des avis charitables dont nous croirons qu'il aura besoin. — Et, en signe d'un véritable contentement et d'une bonne acceptation de tout ce dessus, il a signé le présent original avec nous. — Grenouilleau, régent du Puy, approuvant et acceptant les huit conditions ci-dessus; Boniol, curé du Puy. » — *Ibid.*

— 1789. « Le 30 juillet 1789, le nommé Louis-Martin Grenouilleau, régent françois de cette paroisse, comme en fait foi son approbation du 1ᵉʳ janvier dernier, nous ayant représenté qu'il seroit bien aise de nous donner sa démission pour aller se perfectionner dans une école célèbre, nous l'avons reçue, et, en ce faisant, nous l'avons remis dans sa première liberté. En foy de quoi nous avons signé. — Boniol, curé du Puy. » — *Ibid.*

RAUZAN. — 1715. Pour un régent : 100 l. — Arch. Gir., C 2619.

— 1764. Au régent latin, 150 l.; au régent français, 100 l. — *Ibid.*, C 3209.

RÉOLE (LA) (1). — 1707, 10 septembre. Le sieur Limouzin, régent écrivain de la ville, en exercice depuis 1701, demande à être exonéré de ses engagements attendu qu'il veut suivre sa fille à Libourne où elle est mariée. Accordé. — Arch. Mp. de La Réole. Reg. Jur.

— 1707, 8 avril. Le sieur Thomas Cauvillon, régent principal depuis le 28 mai 1705, a reçu d'abord 200, puis 250, puis 300 l., à cause des progrès qu'il a fait faire à ses élèves. Il consent à résigner une cure dont il vient d'être pourvu, à condition qu'il sera maintenu, toute sa vie, dans ses fonctions de régent. Accordé. — *Ibid.*

— 1707, 2 août. Le sieur Barrère est nommé régent françois aux conditions suivantes : il enseignera l'écriture et l'arithmétique, trois heures le matin et trois heures le soir; il aura un jour de vacance par semaine; il fera le catéchisme, également un jour par semaine; il aura 80 l. de gages et recevra de chaque écolier, pour l'écriture 10 s. et pour l'arithmétique, 15 s. Personne autre ne pourra enseigner à écrire et à compter aux enfants de la ville. — *Ibid.*

— 1764. Aux deux régents, 240 l. — Arch. Gir., C 3209.

RIONS. — 1780-1782. Le régent Mazettier, révoqué en 1779 (Cf. ci-dessus, p. 124), n'avait pas tardé à rentrer en grâce auprès du corps de ville, car les comptes municipaux font, dans les trois années suivantes, plusieurs fois mention du paiement de ses gages. Le loyer de l'école coûtait 48 l. en 1780 et 36 l. en 1781. En 1782, 36 l. pour le loyer de l'école, 36 l. pour le loyer du régent. Je relève dans les comptes de 1785, 2 l. pour les bancs de l'école. — Arch. Gir., C 3656.

---

(1) Je dois ces nouveaux renseignements à l'inépuisable obligeance de mon érudit ami, M. Daspit de Saint-Amand.

SAUVETERRE. — 1744. La ville paie 100 l. à J.-B. Guyon, régent abécédaire. — Arch. Gir., C 3081.

SAVIGNAC (d'Auros). — 1744. Un m⁰ d'école. — Rotgès, p. 363.

SYMPHORIEN (SAINT-). — 1712. « Bernard Martin, régent, figure onze fois comme témoin pour chaque année 1712 et 1713. Son nom devient ensuite plus rare, ses écoliers ayant sans doute appris à signer. Par intervalles, d'autres signatures de maîtres d'école se retrouvent dans les registres jusqu'à la Révolution. » — Rotgès, p. 20.

— 1790. Lafargue, régent. — *Ibid.*, p. 362.

VILLANDRAUT. — 1790. « A Villandraut, en 1790, existaient deux écoles, l'une que dirigeait un sieur Félix, approuvé par l'Archevêque de Bordeaux, l'autre ouverte sans autorisation par « la demoiselle Jeanne Bousquet ». Se réclamant des lettres à lui données, le sieur Félix demande au conseil de la commune d'interdire à la régente de tenir école chez elle « et d'enseigner à lire aux petits enfants », d'autant plus qu'il est actuellement « sans pain et dénué de toute » autre ressource que celle de son école ». Répudiant les errements du passé, le conseil déclare « que la confiance des citoyens est libre » et qu'il n'y a pas lieu de faire droit à la requête du régent. » — Rotgès, p. 29.

DAMES DE LA FOI DE BORDEAUX. — 1687. « *Délibération pour affermer une maison et acheter des meubles pour les Filles de l'Enfant Jésus.* — Du samedy 13 décembre 1687. Sur ce qui a esté représenté par le procureur scindicq que le Roy a enuoyé dans cette ville des filles des escoles du S⁺ Enfant Jesus au nombre de quatre pour l'instruction des filles et enfans nouuellement conuertis et que S. M. vouloit (suiuant que M. de Besons, intendant dans la prouince (1), l'auoit escrit par une lettre du (2) nouembre dernier à M. de Méri-

---

(1) Louis Bazin de Besons, frère d'Armand, archevêque de Bordeaux, et de Jacques, maréchal de France; intendant de Guienne de mars 1686 au 9 septembre 1702, date de sa mort.

(2) Le quantième est resté en blanc au registre.

gnac, premier jurat, laquelle a demeuré en son pouuoir parce qu'elle contient d'autres ordres) [qu'elles] fussent logées aux despens de la Ville, mesme que la Ville leur fournist tous les meubles et ustancilles nécessaires pour habiter ladite maison : c'est pourquoy requiert led. procureur scindiq, attendu qu'on auoit trouué une maison commode pour l'habitation desd. filles dans la paroisse Saint Pierre, rue Maucodinat (1), appartenant au sieur Lamotte, auocat (2), lequel ne veut pas relascher du prix de 500 liures pour la location d'icelle et pour chascune année, qu'il soit passé contract pour le temps et espace d'une année et pourueu incessamment à l'amublement de lad. maison. — Les Maire et jurats gouuerneurs de Bordeaux, juges criminels et de police, faisant droit du requis du procureur scindiq... executant l'ordre du Roy, ont ordonné qu'il sera passé... acte de location de lad. maison pour cinq ans, à raison... et que lad. maison... habitée par... (3). » — Arch. Mp. Bordeaux, BB, Reg. Jur. 1687-89, f° 9.

— (Du dit jour.) « Sur ce qui a esté representé par le procureur scindiq que le Roy, voulant donner des marques continuelles de sa bonté et de sa charité pour l'instruction des nouueaux conuertis auoit choisy et enuoyé dans lad. ville quatre Filles preposées aux escolles du S¹ Enfant Jesus dont l'employ et l'exercice n'estoit que pour cette action de piété, mais par ce que cest establissement nouueau dans la ville pouuoit n'estre pas sceu de toutes les personnes qui auroient besoing de ce secours ou volontiers plusieurs le dissimuleroient et ne voudroient point s'en seruir pour l'éducation de leurs enfans; à ces causes led. procureur scindiq, pour ne rien oblier des deuoirs de sa charge, requiert qu'il soit ordonné à tous curés, ou vicaires en leur deffaut, des paroisses de la presente ville d'auertir leurs paroissiens aux prones des grandes messes, pendant 4 dimanches consecutifs, que l'establissement desd. Filles a esté faict dans leur presente ville par ordre du Roy, pour l'instruction des filles et enfans des nouueaux conuertis, exorter et enjoindre en vertu de l'ordonnance qui interuiendra sur le present requis a tous

---

(1) Deux mots en surcharge; il y avait auparavant « rue de la Devise », ce qui a été rayé.

(2) En surcharge, à la place des noms et qualités du propriétaire de la maison de la rue de la Devise.

(3) Le bas du feuillet est brûlé; de là les lacunes indiquées par des points.

peres, meres, parens, tuturs, curaturs et autres administraturs des jeunes filles et petits enfans, nouueaux conuertis d'enuoyer leurs filles et petits enfans ou leurs pupilles à l'escole desd. Filles à telles peines que de droict. — Les Maire et jurats gouuerneurs de Bordeaux; juges criminels et de police faisant droict... Jesus pour l'instruction des filles et petits enfans des nouueaux conuertis sera publiée par les sieurs prestres curés et vicaires en leur deffaut...(1).»
— *Ibid.* (2).

— S. d. (Entre 1710 et 1717). « Monseigneur (3), Les Sœurs des escoles charitables ont représenté très humblement le besoin qu'elles ont que la Ville leur donne de quoy renouveller leur linge de la communauté qui ne l'a point esté depuis leur établissement à Bordeaux. Elles n'auroient pas mesme fait cette demande si on ne leur avoit pas retenu 300 et quelques livres pour le 10$^e$ (4) et le liart pour livre sur les pensions que V. G. eut la bonté de leur faire païer, il y a près de deux ans, et qu'elles devoient aux personnes qui leur avoient fait crédit. De plus elles peuvent faire voir près de 1000 francs qui leur sont du par des pensionnaires dont elles ne peuvent pas estre païées. Elles ont toujours fourni du linge à plusieurs nouvelles catholiques et mesme l'entretien en ce qui est de leur maison depuis dix ans, et la pension leur est due depuis 1708. Le délai des notres qui autrefois estoient païées d'avance, tous ces articles (*sic*) ne leur permettent pas de mettre 200 francs en linge, dont la communauté a grand besoin. Ces MM. de la Ville ont fait difficulté de leur accorder ce secours. Ce qui leur fait supplier très humblement V. G. d'avoir a bonté d'en parler à Monseigneur le c$^{te}$ de Courson (5). Elles continueront leurs vœux pour votre conservation. » — Arch. Dioc., K 1.

---

(1) Le bas du feuillet est brûlé.
(2) Ces deux pièces ont été publiées, mais avec quelques fautes de lecture, dans la *Vie du P. Barré*, par le R. P. Henri de Grèzes, pp. 40-46.
(3) C'est une requête adressée à l'Archevêque de Bordeaux, A. Bazin de Besons.
(4) Impôt établi en 1710 à la suite des désastres de la guerre et supprimé en 1717, pour reparaître en 1733 et en 1741 (Clergier, *Notions historiques sur les impôts et les revenus de l'ancien régime*. Paris, 1882, in-8°, p. 23).
(5) Guillaume-Urbain de Lamoignon, comte de Launay-Courson, intendant de Guienne, d'août 1709 à octobre 1717.

— 1764. « *État des revenus et charges des communautés établies dans la Ville de Bordeaux, dressé en exécution et pour satisfaire à la Déclaration du 11 février 1764.* — Les sœurs des écoles charitables du Saint Enfant Jésus, de Paris, sont établies dans la Ville de Bordeaux par S. M. depuis l'an 1685 pour l'instruction des jeunes filles et particulièrement des nouvelles converties.

» S. M. leur a assigné sur son trésor royal une pension de 900 l. pour leur nourriture et entretien. La Ville de Bordeaux est chargée par S. M. de fournir un logement auxd. sœurs. La Ville ne leur ayant point donné de logement fixe, elles ont toujours été dans une maison louée par la Ville.

» La Ville de Bordeaux donne chaque année la somme de 150 l. pour drogues et médicamens.

» La communauté des sœurs est composée de 8 sœurs appliquées à l'instruction gratuite d'un très grand nombre de pauvres filles qu'elles élèvent dans la connoissance des principes de la religion cath., apost. et Rom. Elles leur enseignent à lire et à écrire, aussi gratuitement.

» La Ville de Bordeaux [étant] chargée par S. M. de fournir un logement auxd. sœurs, elles sont, par nécessité et du consentement de la Ville, dans une maison à loïer du prix de 1500 l. par an. La Ville ne payant que 1200 l. pour leur logement, elles sont obligées d'employer pour payer le loïer 300 l. sur la pension qu'elles reçoivent du trésor royal, laquelle se trouve réduite ainsi à 600 l. Ces 600 l. estant insuffisantes pour le pur nécessaire des sœurs, elles se sont trouvées dans la nécessité de prendre des pensionnaires passagères. » — Arch. Mp. Bordeaux, GG 281.

— 1775. Requête des Dames de la Foi à l'Intendant (1). Elles représentent que d'après les lettres de leur établissement elles doivent être logées aux frais des villes où elles sont établies. Néanmoins sur 1600 l. du loyer de leur maison on en a laissé 200 à leur charge. Elle ne devraient être que 6 par leur fondation; elles sont obligées d'être 10, 2 étant infirmes et « parce qu'il a fallu appeler 2 sujets de plus à cause de l'accroissement du travail ». Elles ont plus de 400 filles dans leurs classes. — Arch. Gir., C 291.

(1) M. de Clugny, intendant de Guienne de 1775 à 1776.

# VI

## NOTES COMPLÉMENTAIRES

Les documents relatifs à l'existence des petites écoles dans nos diocèses au moyen âge sont en fort petit nombre dans mon recueil. C'est pourquoi je crois bon de publier ici les notes suivantes :

1128. « A deux lieües de Basas est l'abbaye de FONT-GUILLEN (1) possedée par des religieux reformez de l'ordre de Cisteaux. Nous y trouvâmes deux chartes qui nous apprennent que dans le temps de sa fondation, qui fut l'an 1128, on y enseignoit les petits enfans. Ce sont deux donations faites au monastère *ad docendum puerum...* » — [Martène et Durand]. *Voyage littéraire de deux religieux bénédictins de la Congrégation de Saint-Maur.* Paris, 1717, in-4°. II° part., p. 10 (2).

— 1262. « *Constitutiones D[omini] P[etri] Burdegalensis archiepiscopi, facte apud Copriniacum* (Cognac), *anno M. CC. LX* (3). — *De Bello gallorum.* Quia ex duello gallorum quod in partibus istis, *tam in scholis grammaticalibus quam in aliis*, fieri inolevit, nonnulla mala aliquotiens sunt exorta, sub interminatione anathematis prohibemus, ne amodo fiat duellum predictum, cum hoc tam mali materia quam temporis amissio existere dignoscatur. » — *Constitutiones synodales Xantonensis ecclesie...* MDXLI. *On les vend a Poictiers, a l'enseigne du Pelican*, in-12 goth. non paginé.

— 1372. D'un acte de cette année il résulte qu'à Izon les serfs questaux, dans les hommages qu'ils prêtaient à leurs seigneurs,

---

(1) L'abbaye de Fontguilhem était située dans la paroisse de Masseilles, annexe actuellement de Grignols.

(2) Cet extrait m'a été donné par M. Brutails.

(3) Cette date est inexacte. Pierre de *Roscida-Valle*, qui présida un concile provincial à Cognac, fut pourvu par Urbain IV de l'archevêché de Bordeaux, le 23 mai 1261, et ledit concile fut célébré en 1262 (*Gallia christiana*, éd. Piolin, t. II, c. 825).

s'engageaient à ne pas mettre à l'école sans son agrément leurs enfants mâles. Les tenanciers affranchis le pouvaient au contraire.— Leo Drouyn. *Izon, étude historique et archéologique.* Bordeaux, s. d.; in-8°, p. 147 seq. (1).

1686. J'ai simplement mentionné (ci-dessus, p. 18), une ordonnance des jurats de BORDEAUX sur le fait des petites écoles. Elle me semble offrir assez d'intérêt pour que je reproduise *in extenso* le passage de la *Chronique bordeloise* qui nous en a conservé le souvenir.

« Le 7 [août 1686], MM. les Jurats firent publier une Ordonnance au sujet de l'instruction des enfans des nouveaux convertis, par laquelle il est fait inhibitions et défenses à toutes sortes de personnes, de quelque qualité, condition et sexe qu'elles soient, de s'ingérer dorénavant de tenir Ecoles publiques et particulières dans l'étenduë de la Ville et Fauxbourgs d'icelle et de se mêler d'enseigner et d'instruire la jeunesse pour quelque cause et prétexte que ce soit, à peine de 300 l. et de prison, pour la première contravention, et d'être procédé extraordinairement contr'eux, en cas de récidive; Et afin que les jeunes gens puissent recevoir le secours et les instructions nécessaires à leur état, il sera fait choix du nombre des Ecclésiastiques ou autres personnes de piété et d'une suffisance et capacité nécessaire pour élever la jeunesse, lesquels tiendront des Ecoles publiques dans les lieux qui seront indiqués par lesdits seigneurs Maire et Jurats et à chacun desquels il sera décerné un pouvoir et Mandement par le Clerc et Secrétaire de la Ville, de lui signé et scellé du Scel et Armes de l'Hôtel de Ville, après avoir été délibéré par lesdits seigneurs Maire et Jurats, et à la charge par les personnes éluës à cet effet de mettre un Tableau sur la porte des Maisons où elles tiendront lesdites Ecoles, avec ces mots écrits en gros caractères, Ecole publique par la permission de MM. les Maire et Jurats, et que les Ecoles destinées pour l'éducation des garçons seront désignées dans des lieux commodes et les plus éloignez que faire se pourra du collège de Guyenne, le tout néanmoins sans préjudice du droit des Maîtres Ecrivains jurez de ladite ville, auxquels il sera permis de tenir leurs Ecoles pour l'Instruction des jeunes gens dans

(1) Ces deux textes, pour vagues qu'ils soient, prouvent au moins que les petites écoles n'étaient pas chose inconnue dans notre province aux XIIIe et XIVe siècles.

es préceptes de leur Art, conformément aux Statuts. En exécution de cette Ordonnance, il fut donné permission à plusieurs honnêtes Ecclésiastiques et des bourgeois de bonnes vie et mœurs et d'une réputation bien établie, de tenir des Ecoles publiques pour l'Instruction de la jeunesse tant dans la présente Ville que Fauxbourgs d'icelle. » — *Chronique bordeloise.* Bordeaux, Simon Boé, 1703, in-4°, IV° partie, p. III.

1752. « *Etat du corps des* MAITRES ÉCRIVAINS DE BORDEAUX. — Ce corps est en jurande par statuts revêtus de lettres-patentes du mois de juin 1636, enregistrées au Parlement le 9 aoust dudit an.

» *Revenus du corps.* Il jouit de 60 l. de gages, pour 1320 l. qu'il a payées, dont 1200 l. au principal et 120 l. pour les 2 s. pour l., suivant la quittance du trésor royal du 1er mars 1747, à cause de la réunion de six offices d'inspecteurs et contrôleurs. Revenu.......... 60 l.

» *Charges du corps.* Il en coûte au corps pour l'office et les messes qu'il fait dire dans la chapelle qu'il a aux Cordeliers........ 40 l.

» *Droits de réception.* Les non fils de maîtres donnent 30 l. à la boete; les fils de maîtres donnent 6 l. à la boete.

» *Droits de l'Hôtel de Ville.* Chaque aspirant indistinctement donne pour la prestation du serment et pour avoir le droit de mettre placard........................................................ 24 l.

» Ce corps est obligé par les statuts d'assister des fonds de la boete ceux d'entre eux qui se trouvent dans l'indigence, et, à défaut d'argent dans ladite boete, les maîtres se cottisent pour subvenir à ce secours. — Ils sont 18 maîtres payant en communauté leur capitation montant en principal et 4 s. pour l. à la somme de 1890 l. — Trois desdits maîtres possèdent pour environ 18,700 l. de biens fonds. » — Arch. Gir., C 1810.

AILLAS. — 1747-1748. Il paraît y avoir eu deux maîtres d'école à Aillas ces années-là. J'ai indiqué ci-dessus (p. 2), d'après Arch. Gir., C 3089, le nommé Blanchard qui avait, des habitants, 150 l. d'appointements. Or, dans les registres baptistaires, Julien Vigneau, « régent de cette paroisse », signe douze fois comme témoin; son écriture était belle et régulière. — Arch. Mp. d'Aillas. (Rens. communiqué par M. l'abbé Cyprien Thibaut, curé d'Aillas.)

*Renseignements tirés des Registres de baptêmes, mariages et sépultures, et communiqués par M. Gaston Ducaunnès-Duval.*

ANDRÉ-DE-CUBZAC (SAINT-). — 1689. Pierre Lesnier, « précepteur ». — 1737. Pierre-Denis Lacroix, « régent ». — 1744. Pierre Duvigneau, m⁰ d'éc. — 1749-55. Louis Gaignan, latiniste. — 1750. Jacques Abzac, m⁰ d'éc. — 1756. Joseph Tardieu, « rég. écriv. ». — 1757. Louis-Jean Clerc-Dumontet, « rég. latiniste ». — 1760. Dubarry, « rég. lat ». — 1769. Joseph Tardieu, « rég. principal ». — 1772. François-Philibert-Jean-Louis des Bois-Rochefort, « écuyer, m⁰ ès arts et rég. lat. ». — 1784. Jacques de Lamothe, m⁰ d'éc.

AUBIE-ESPESSAS. — 1702. Jean Dubuisson, m⁰ d'éc., mort en 1747.

AUDENGE. — 1733. Gabriel Carré, m⁰ d'éc. au village de Certes.

GAURIAGUET. — 1737. Pierre Soulignac, m⁰ d'éc. (1).

GERVAIS (SAINT-). — 1753. Pierre Page, m⁰ d'éc. — 1767. Jean Cornet, id. — 1782. Jean Page, id.

---

## CORRECTIONS

Page xxxvi, ligne 29, *au lieu de* nn, *lisez* en.
 » xxxviii, » 8, *au lieu de* aussi, *lisez* ainsi.
 » xlii, » 39, *ajoutez, après* Gayau, 1751.
 » xlii, » 40, *au lieu de* p. 663, *lisez* même p.
 » 4, » 30, *au lieu de* C 536, *lisez* C 356.
 » 9, » 13, *au lieu de* 1726, *lisez* 1724.
 » 15, » 4, *ajoutez à la fin* Arch. Dioc., L 10.
 » 16, » 7, *au lieu de* 271, *lisez* 272.
 » 46, » 4, *au lieu de* Arch. Dioc., *lisez* Arch. Dép.
 » 58, » 30, *au lieu de* L 394, *lisez* C 394.
 » 61, » 25, *au lieu de* 1787, *lisez* 1737.
 » 63, » 2, *au lieu de* L, *lisez* L 11.
 » 116, » 27, *ajoutez, à la fin*, Ibid.
 » 207, » 35, *supprimez* en *après* point.
 » 226, » 37, *au lieu de* 1680, *lisez* 1686.

(1) Jusqu'ici je n'avais trouvé pour Gauriaguet que des renseignements négatifs.

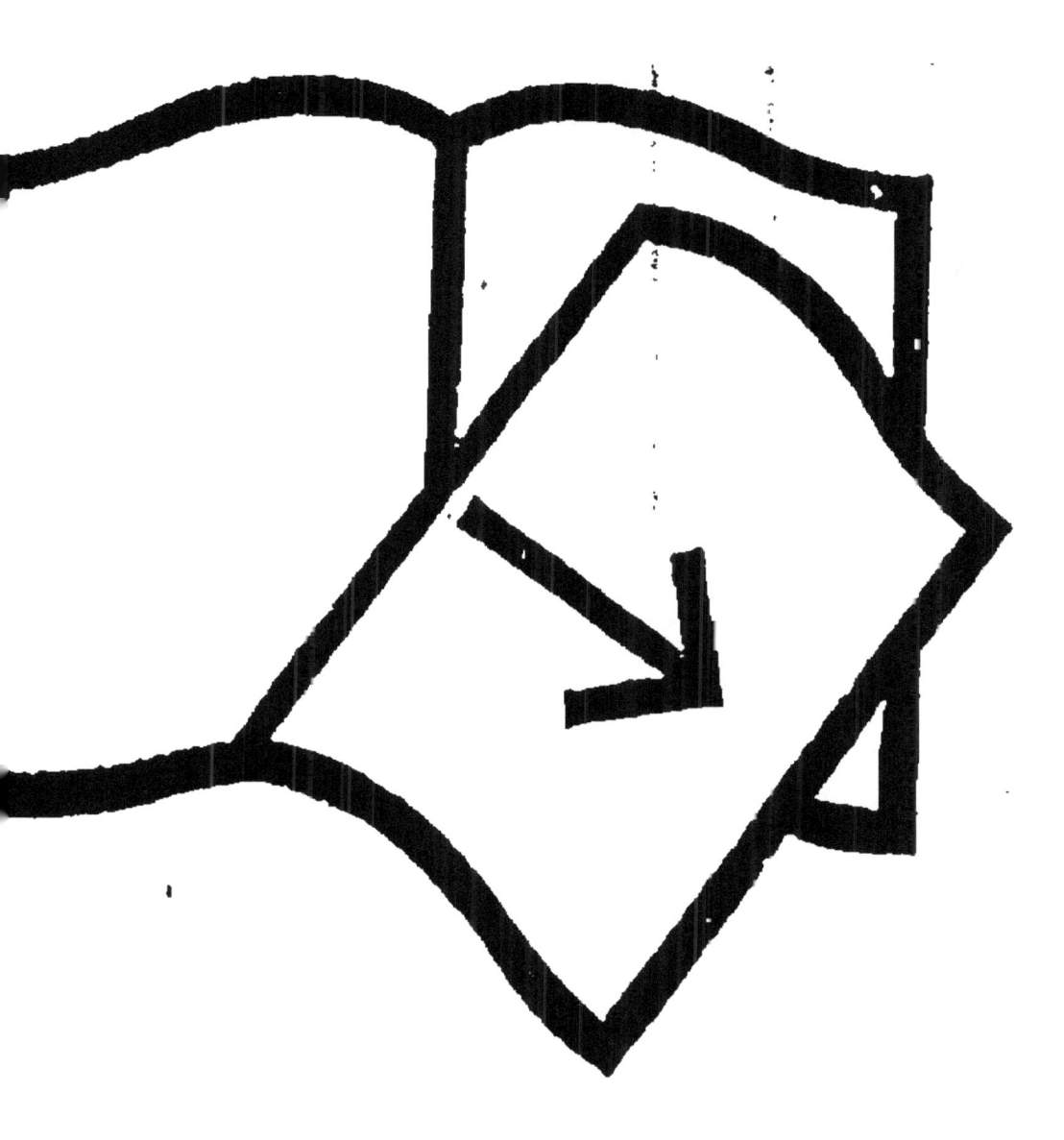

Documents manquants (pages, cahiers...)
NF Z 43-120-13

www.ingramcontent.com/pod-product-compliance
Lightning Source LLC
Chambersburg PA
CBHW050249170426
43202CB00011B/1615